邯郸学院学术著作出版基金资助出版

2023 年度河北省社会科学发展研究课题
"荀子思想理论范畴及体系"（编号：20230605001）成果

刘振英

田 青 著

荀子思想
理论范畴
及体系

社会科学文献出版社
SOCIAL SCIENCES ACADEMIC PRESS (CHINA)

序

李金善

刘振英、田青两位博士《荀子思想理论范畴及体系》一书主研荀子思想理论与方法论，作为中华优秀传统文化的重要组成部分，荀子思想也是燕赵文化的核心组成部分。

整理荀子思想理论的有益成分，并做好创造性转化和创新性发展是当前研究荀子思想的难点，翻阅全书稿，可以发现作者在此方面的努力。该研究成果具有以下几个特征。

积学以储宝，研阅以穷照。该书不是作者乘一时之兴会，一时之心血来潮的结果，而是拿出坐冷板凳的精神，潜心学术而结出的果实。例如对荀子礼学六大属性的总结，不仅立足于先秦道德仁学的传统内涵，而且贯通了西方政治经济学的视野，把荀子礼学的研究推进了一大步，使以往以文献整理为中心的传统文化研究为之一新。又如第一章第四节的论述。作者梳理了先秦儒家思想领域里的"礼""仁""王""霸"等理论范畴，阐述了儒学先师们在治理国家、管理百姓、构建健康安宁有序的社会等方面的理想。荀子"群"的概念是在孔孟思想的基石上提出的，作者指出荀子的贡献在于突出国家、社会的组织力，突出君主的权力与核心地位，强调国家君主对构建一个发展强劲、关系和谐、凝聚力强大的理想社会的重要作用，努力构建人的组织由生物性向社会性转变的思想理论，以"群"的内容为核心建构的王制思想体系，将"小康"社会的理念具体化，开辟了先秦儒学的新天地，成为儒学发展过程中一个崭新的里程碑。

观同见异，融汇思想。在第二章作者把荀子思想理论与商鞅法家思想、墨家兼爱理论、韩非子法术思想进行了梳理和比较，有融通思想史与政治史之贡献。关于荀子、商鞅的比较，作者指出两家学术关于人的解放的两种途径，荀子通过儒家的化性起伪，架设了一条普通人转化为君子和圣人的思想解放之路，而商鞅通过粟爵粟任、武爵武任为奴隶们打破身份枷锁，获得社会地位，实现个人价值铺平了道路，为先秦社会解放思想和社会生产力提供了智慧。对于荀、墨两家思想，作者归纳了他们的异同。荀、墨两家同根同源，反对战争，都以社会的正理平治作为自己的学术品格、学术使命和学术责任。不同之处在于荀子之爱有差等，墨子之爱无差等，荀子讲养人之欲，墨子讲平等互利；墨子强调舍己为人的集体主义精神，而荀子注重学者为己，学为君子。两家学术具有不同的价值观，二者思想理论的不同内容可以为构建社会主义核心价值观提供借鉴。关于荀子、韩非子的学术思想比较，作者指出了韩非子对荀子思想的扬弃之处。其继承发扬之处，即学术成为公器与国君的结合，礼学与法术之学都以政治为中心，学术品格独特而鲜明。其摒弃转变之处，即从王与礼的统一转向人主与法的统一，从纷繁复杂的礼学系统转向简明扼要的法术之学，学术品格从自由、独立转向功利化、依附性。从四家学术思想的比较中，我们不难发现中国传统思想的勃勃生机及转化之点、发展之点。

在思想史的长河中对荀子思想的精髓进行研究，寻找荀子思想理论进行创造性转化和创新性发展的关捩点。以和合学勾连古今，寻找解答时代课题，应对社会变局的办法，以化性起伪的六种方法来优化当前的人文素质教育，丰富教育教学的方法论。

作者从和合学的视野把董仲舒之大一统、天人感应、合偶等三个思想范畴与荀子《乐论》篇中的"审一合奏"、《议兵》篇中的"壹民附民"、《富国》篇中的"明分使群"等思想范畴贯通起来，阐述和合思想对国君的领导力、听众的向心力、军队的战斗力、国家的凝聚力等方面的重要作用。作者归纳荀子、董仲舒等思想家关于和合思想的精髓，尤其指出和合学对应对21世纪中国文化面临的挑战的借鉴意义。

作者善于归纳荀子思想的有益成分，把荀子化性起伪的途径归纳为两个层面的六种方法。在心理层面包括虚、壹、静三种方法，即内心悟道、思虑选择、恒久持一。在实践行为层面包括礼法的引导、老师的教育、环境与习俗的熏陶三种方法。化性起伪主要是为了改造恶，这样六种方法，从心理思维的内心悟道、思虑选择、恒久持一，到实践行为上的践行礼法、师生切磋、风俗熏陶，就能够完成人格的全面培养，对恶的深刻改造。很显然，作者的论述是科学的全面的，具有创新思维。基于这心性化育的两个层面的六种方法，我们在当代教育教学中应注意对学生心理思维和行为实践的双重引导和示范。

任何思想理论都以解决时代问题为目的。荀子也不例外。正如作者所言说，荀子要解决的问题有两个，第一，如何得君行道，借助帝王之势推行其礼学治世的学术主张。韩非子在理论上解决了这一问题。荀子《君道》篇、《臣道》篇演化为韩非子《说难》篇。李斯在实践上解决了这一问题，荀子思想在某种程度上经由李斯在秦国得到实践。如何尊王？李斯"焚书坑儒"的政策就是尊王的集中体现，李斯"焚书坑儒"的理论依据是荀学。李斯放弃了尊儒，另当别论。第二，如何实现人伦文明社会。实现它，先要有一个好的学术思想体系，然后在尊王隆礼的基础上制定一系列的王政措施，并论证其合理性、科学性、高效性，最后在某个地域达成实践。第一个问题是前提，解决了第一个问题，第二个问题的解决才成为可能。第二个问题是根本问题，只解决第一个问题，第二个问题得不到解决，荀子思想体系就会失去其存在价值和根本意义。

正如作者所说，荀子思想理论体系有三大维度，包括王道维度、成圣维度与方法论维度。这三个维度在尊王隆礼这一总纲的统率下，形成三大主要脉络，把荀子思想理论体系的主要范畴和核心论断组织成一个有机整体。其中成圣维度、王道维度是内容主线，是思想范畴，而方法论维度是逻辑主线，是形式范畴。所谓方法论维度，是指荀子思考战国时代社会重大课题时所恪守的主要思维逻辑原则和思维方法，关乎天人相分、伦类统一、正名枢要等，这种逻辑原则和方法是荀子思想理论体系得以构建的根本，是荀子思想理论体系的基本思路，这使得荀子思想理论体系呈现出科学而严谨、全面而深刻、宏富而扼要的风格。

荀子是赵国人，曾与赵孝成王议兵于赵都邯郸。该书第一作者振英博士是邯郸人。他年过五旬，中学执教十年，大学执教约二十年，笔耕不辍，可谓壮心不已。他们虽生不共时，但地有所同，学有同趣。研究河北的地域文化于河北的学者而言是义不容辞的使命。对此，我们应该加以鼓励，是为序。

目　　录

第一章

《荀子》思想理论主要范畴

第一节　《荀子》心、性范畴发凡

自先秦至当代，心、性范畴是人对自身属性、状况、发展前途等重大问题不断进行探索、认知、研讨并解答的多学科理论概念，是复杂而丰富、古老而又不断更新的诸多矛盾统一体。现仅就《荀子》一书所涉及之内容进行讨论。

一　性恶说有具体而丰富的内涵

性恶说是荀子学术理论的根本点，不可否认，不可回避，不可苛责，期待还原古经古义，并给予充分的理解和更好的解释。

第一，人性之恶，本于不能得到节制、达不到满足的欲望。人"生而有好利焉"，"生而有疾恶焉"，"生而有耳目之欲、有好声色焉"，是天赋予人的恶之源。郭齐勇认为性包括情和欲两个层面，"情乃性之实质，欲乃是性的发用和具体表现"。[①] 他有两个依据，一是"性者，天之就也；情者，性之质也；欲者，情之应也"[②]，二是"夫人之情，目欲綦色，耳欲綦声，口欲綦味，鼻欲綦臭，心欲綦佚。此五綦者，人情之所必不免也"[③]。那么，情就成了构成要素，而欲就成了它的体现形式。消除恶的一种方法

[①]　郭齐勇主编《中国哲学通史》（先秦卷），江苏人民出版社，2021，第691页。

[②]　（清）王先谦撰，沈啸寰、王星贤点校《荀子集解》，中华书局，2013，第506页。

[③]　（清）王先谦撰，沈啸寰、王星贤点校《荀子集解》，第249页。

是"给人之养",满足人的欲求,这是人必须面对的问题,实现"养五綦者有具",否则,"无其具,则五綦者不可得而致也",① 人性必然向恶的方向发展。

第二,"今人性恶"之"今",限定了性恶的时代性。荀子将战国末期人性特征概括为:好利争夺、疾恶残贼、声色淫乱、犯分乱理。即"争夺生而辞让亡","残贼生而忠信亡","淫乱生而礼义文理亡"。

第三,性恶说,尤其是指国君性恶,强调了国君性恶的危害。人性恶的学说仍然以处理人与人的关系为中心。荀子人性说针对的主要对象,是荀子生世之秦昭襄王、齐湣王等国君,他们崇尚战争,杀戮生命,掠夺土地与财产。《史记》:"荀卿嫉浊世之政,亡国乱君相属,不遂大道。"② 据笔者统计,秦昭襄王在位期间多次发动战争,杀戮他国士兵百万余人。

第四,人性恶导致的最终结果,是指向"暴",即武力,暴力,非正义的战争。荀子反对战争,他认为战争不是改造社会的良方。他说:"行一不义、杀一无罪而得天下,仁者不为也。"③ 又说:"彼兵者,所以禁暴除害也,非争夺也。"④这里所说的"兵"是"王者之兵""汤武之师"。这里所说的"暴"是指"齐之技击""魏氏之武卒""秦之锐士""桓、文之节制"。这些没有以礼义为原则组建起来的军队,就是"暴"的象征,必然会带来不义的战争。

第五,荀子对善恶有明确的定义。他说:"凡古今天下之所谓善者,正理平治也;所谓恶者,偏险悖乱也。是善恶之分也矣。"⑤ 荀子对善恶的定义有着明确的界限,这决定了性善与性恶的矛盾性和不可调和性。事实上,人作为一个无时无刻不断生长和发展的活体,往往集自然属性与社会属性于一身,是多种矛盾的统一体。

二 先天与后天的矛盾统一,伪与性合

人性学说是中国先秦哲学思想的闪光之处,是中国思想史的源头活水,是以处理人与人关系为核心的中国哲学要讨论的根本问题。首先,荀

---

① (清)王先谦撰,沈啸寰、王星贤点校《荀子集解》,第 249~250 页。
② 《史记》,中华书局,1982,第 2348 页。
③ (清)王先谦撰,沈啸寰、王星贤点校《荀子集解》,第 240 页。
④ (清)王先谦撰,沈啸寰、王星贤点校《荀子集解》,第 330 页。
⑤ (清)王先谦撰,沈啸寰、王星贤点校《荀子集解》,第 519 页。

子的人性说是恶与善、先天与后天的矛盾统一体。荀子一方面划定人性善恶的边界，指出二者先天与后天的不可调和性，恶生于性，善生于伪："不可学，不可事，而在人者谓之性；可学而能，可事而成之在人者谓之伪。"① "生之所以然者谓之性"②，"人之性，恶；其善者伪也"③。另一方面，荀子主张人性恶，并没有否定人性中善的成分，他更注重后天之伪对性恶的作用，提出"圣人化性而起伪"的命题。荀子强调性与伪之间的关系："性者，本始材朴也；伪者，文理隆盛也。无性则伪之无所加；无伪则性不能自美。"④其次，处理好性伪二者的关系，直接关乎政治的兴衰。"性伪合，然后成圣人之名，一天下之功于是就也"，"性伪合而天下治"。⑤ 再次，荀子之性伪二者的相互作用，必然带来善恶的转化，即人性是可以变化的，甚至是可以改变的。最后，荀子的性是指生命全过程之性，不囿于局部，而是一个全面而立体的概念，不是仅指先天之天赋，也指后天之习伪。

三 道德之性与智识之性的统一

从人的生命发展纵向来看，荀子之性是先天与后天的统一；从人的生命共时横向来看，荀子之性有道德之性和智识之性，即心与性的统一。当我们论及荀子"人之性恶"，我们往往把荀子之学归属为道德仁学，认为"'仁本礼用'是先秦儒家共有的核心价值观"⑥。当论及荀子"凡以知，人之性也"，就发现了人性的更多内容，"知"属于人的智识。

第一，心性统一于知。荀子这样描述人心："道经曰：'人心之危，道心之微。'危微之几，惟明君子而后能知之。故人心譬如盘水，正错而勿动，则湛浊在下而清明在上，则足以见须眉而察理矣。微风过之，湛浊动乎下，清明乱于上，则不可以得大形之正也。心亦如是矣。"⑦ 设喻法是中国古代文史哲诸领域解释概念的传统方法。十六字心诀，是儒家首肯的尧舜相传的道统，荀子赋予这一抽象方法论更为容易感悟的视觉情景，

① （清）王先谦撰，沈啸寰、王星贤点校《荀子集解》，第515页。
② （清）王先谦撰，沈啸寰、王星贤点校《荀子集解》，第487页。
③ （清）王先谦撰，沈啸寰、王星贤点校《荀子集解》，第513页。
④ （清）王先谦撰，沈啸寰、王星贤点校《荀子集解》，第432页。
⑤ （清）王先谦撰，沈啸寰、王星贤点校《荀子集解》，第433页。
⑥ 吴光著，张宏敏编《从道德仁学到民主仁学》，孔学堂书局，2014，第15页。
⑦ （清）王先谦撰，沈啸寰、王星贤点校《荀子集解》，第473～474页。

引导我们顿悟出心与知的基本关系：理藏于虚、心可知"道"。启示我们适时调整认识客观规律的心理状态，以获得对人、天、社会发展规律的正解。

荀子认为"心可以知道"。他在《解蔽》篇阐明了心的六个特性："心未尝不臧""心未尝不满""心未尝不动""心卧则梦""偷则自行""使之则谋"。如何处理心的六种特性，关键在于"使之"，即"不以所已臧害所将受"，使之虚；"不以夫一害此一"，使之一；"不以梦剧乱知"，使之静。这是实现心的"知"性的核心三要素。① 因此，荀子说："凡以知，人之性也。"荀子把知也归为人的先天之性，天赋之命。这样就把心性二者统一在"知"上，荀子这里讲的性，是智识之性。

第二，智识之性与道德之性统一于学礼。荀子在先天范畴强调性之恶，他并没有否定后天之性善，这恰恰是他的学术归宿。荀子说"性善者伪也"，心性转化的关键在于"化性起伪"，而实现"化性起伪"的关键又在于礼。在这一逻辑推理中，荀子对心的界定是一个重要根据。

首先，道德之性体现于礼对后天之善的作用。"礼以顺人心为本，故亡于《礼经》而顺于人心者，皆礼也。"②《礼记》："礼也者，义之实也。协诸义而协，则礼虽先王之未有，可以义起也。"王天海按："不载于《礼经》而顺人心者，依恃的仍是礼也。"③ 荀子又说："贵贵、尊尊、贤贤、老老、长长，义之伦也。行之得其节，礼之序也。""贵""尊""贤""老""长"五者，是出于义之理，依其节制，躬行仁义，就是礼的次序。这些都是培养后天之心性的重要内容，它们与性善有着血肉联系。

怎样才能达于性善？"注错习俗"是化性的根本途径，其实质就是学习，而学习属于智识范畴。这是道德之性与智识之性的结合之处，也是人与天、地并列的伟大之处。荀子说："性也者，吾所不能为也，然而可化也……注错习俗，所以化性也；并一而不二，所以成积也。习俗移志，安久移质，并一而不二则通于神明，参于天地矣。"④ 天命之性，不能创造，但是可以通过不懈地学习来改变它。对人的安排措施以及习惯风俗可以造就培养人的环境，从而改变人的本性。专心学习而无杂念可以成就知识的

---

① （清）王先谦撰，沈啸寰、王星贤点校《荀子集解》，第 467 ~ 469 页。
② （清）王先谦撰，沈啸寰、王星贤点校《荀子集解》，第 579 页。
③ 王天海校释《荀子校释》，上海古籍出版社，2005，第 1046 页。
④ （清）王先谦撰，沈啸寰、王星贤点校《荀子集解》，第 170 页。

累积。得学习之助，就可以让人挺秀于天地之间。学习什么？礼义是学习的根本内容。

荀子说："今之人，化师法、积文学、道礼义者为君子；纵性情、安恣睢而违礼义者为小人。用此观之，然则人之性恶明矣，其善者伪也。"① 当今之人，感化于师长和法度，积累文献经典所承载的知识，遵行礼义，就可以成为君子，反之，则为小人。人性中的善，来源于对礼义的学习，由后天人为而得。因此，道德善性与智识之性，都集中体现并统一于"注错习俗""礼义积伪"。

其次，道德之性更体现于礼对群治的作用。荀子在《乐论》篇指出："乐合同，礼别异。礼乐之统，管乎人心矣。"② 对音乐的倾听，可以让人们同心同德，礼转化为王制，可以让人们区别出鲜明的等级差异，礼制和音乐的纲领可以统一人们的心灵。荀子此处所讲的心性是一个大共名，即百姓之心性。

荀子论"狂妄之威"时也提到了不合礼义的国君之心对百姓之心的重要作用："无爱人之心，无利人之事，而日为乱人之道，百姓讙敖，则从而执缚之，刑灼之，不和人心。如是，下比周贲溃以离上矣，倾覆灭亡可立而待也。"③ 一个国君没有仁爱礼义之心，不做对百姓有益的事情，不去统一民心，而专注于扰乱百姓的歪门邪道，百姓怨声载道，就用刑法去逮捕他们、灼烧他们，那么，必然导致民心离散、国家覆亡的结局。荀子对国君"狂妄之威"的论述集中在"人心"上，这也是十六字心诀中"人心惟危"的最根本阐述。这里的"人心"即民心，关乎群治和国家命运。

荀子说："立君上之势以临之，明礼义以化之，起法正以治之，重刑罚以禁之，使天下皆出于治、合于善也。是圣王之治而礼义之化也。"④ "化性起伪"对群治也发挥着不可替代的作用，"明礼义之化"是荀子王制的核心，充分发挥礼在治国理政中的作用，举国之民学习礼，才能弘扬全体国民之道德性善，实现圣王之治。

---

① （清）王先谦撰，沈啸寰、王星贤点校《荀子集解》，第514页。
② （清）王先谦撰，沈啸寰、王星贤点校《荀子集解》，第452页。
③ （清）王先谦撰，沈啸寰、王星贤点校《荀子集解》，第346～347页。
④ （清）王先谦撰，沈啸寰、王星贤点校《荀子集解》，第520页。

四 性作为多元融合体的层次与功能

荀子对性的论述不是孤立的、平面的，而是联系的、多面体的。他不仅阐述了性与伪、性与心、道德之性与智识之性的关系，而且阐述了性与情、欲、智的关系。他说："性者，天之就也；情者，性之质也；欲者，情之应也。以所欲为可得而求之，情之所必不免也；以为可而道之，知所必出也。"① 在荀子看来，性虽然是天然所成，但与情、欲、智形成一个相互作用的系统。情感是人性的实质内容，欲望则是情感的镜像，是情感外发的必然需求，在追求满足的过程中体现人的智识安排。因此，性是一种多元的融合统一体。

荀子阐述了这种统一体中的多元融合性。荀子这样解释性："生之所以然者谓之性；性之和所生，精合感应，不事而自然谓之性。"此定义包含三种要义：第一，人之性是物质世界的必然产物；第二，精合感应是指人的精神世界与外在物质世界的触发、融合；第三，人性是一种生动的自然自为的活动。以此为基础，荀子进一步阐发了性与其他元素的派生、作用、制约、体现、评价关系。

他说："性之好、恶、喜、怒、哀、乐谓之情。情然而心为之择谓之虑。心虑而能为之动谓之伪。虑积焉、能习焉而后成谓之伪。正利而为谓之事。正义而为谓之行。所以知之在人者谓之知。知有所合谓之智。所以能之在人者谓之能。能有所合谓之能。性伤谓之病。节遇谓之命。"② 以性为本，多元融合，是理解荀子心性说的关键。性的概念包含了情、虑、伪、积习、事、行、知、智、能、病、命等多种元素，分为四个层次。首先，性是核心层，是最内层，是生命体的核心和根本，没有了它其他层次皆不复存；其次为"情然心虑层"，这是性的活动层，包括情感的发动、外需与心智思索、抉择；再次是"行伪层"，这是性的外部表现层，表现为对情感外需、心虑抉择的践行和行为事件的实施；最后是自我评价层，它通过"正利而为""正义而为""知有所合""能有所合"进行自我评价和体验。这四种层次是一个整体系统，各自具有不同的功能。

多元融合体的四种层次包含了诸多功能。具体包括：好、恶、喜、

---

① （清）王先谦撰，沈啸寰、王星贤点校《荀子集解》，第506页。
② （清）王先谦撰，沈啸寰、王星贤点校《荀子集解》，第487~488页。

怒、哀、乐等主动情感元素的动力作用；"心为之择""知有所合"等心智的自我制约控制作用；积伪、习俗等自我行为功能；"正利而为""正义而为""知有所合""能有所合"等自我评价功能。因此，性是一个复杂而丰富的，多元而立体的，层次鲜明而各具功能的，传统而又生机勃勃的概念。

唐代李翱的复性说在本质上是灭情论。他的学术起点与孔孟一致，强调人性之善。但学术终点与佛家一致，沾染了"空"的概念，是一种有首无尾的儒学。他说："人之所以为圣人者，性也；人之所以惑其性者，情也。喜怒哀惧爱恶欲七者，皆情之所为也。情既昏，性斯匿矣。""人之昏久矣，将复其性必有渐。""弗虑、弗思，情则不生。情既不生，乃为正思。""情者，性之邪也。知其为邪，邪本无有，心寂不动，邪思自息，惟性照明，邪何所生？以情止情，是乃大情也。"① 李翱之"复性说"本于孟子"收放心"之论，人能不能恢复其善良本真之性，关键在于对情的控制，"无情"，则能"复性"，其受唐代释家情性观的影响较深。

宋代的王安石立足于孔孟性善论，注意到了这一概念的层次性。主张"性情一也""性本情用"。在性与情、性恶与性善的界定上有独创性。他说："喜、怒、哀、乐、好、恶、欲未发于外而存于心，性也。喜、怒、哀、乐、好、恶、欲发于外而见于行，情也。性者情之本，情者性之用，故吾曰性情一也。"② 他以"未发存中为性，已发见行为情"，用中节与不中节来区分性之善恶。③ 未发与已发体现了性的层次性，不否定性恶体现了道德之性的公允、公正性，其说是对前代心性论的超越。

第二节　《荀子》王、圣范畴商榷

我们对荀子思想的研究，要选择它的核心范畴，"王""圣"两个理论范畴是荀子思想体系的核心，对这两个概念的解释，是荀子思想研究的基石，什么是"王"？什么是"圣"？是两个首先要解决的问题。

一　王之意义与政治属性

荀子对"王"的概念的提出和界定。《荀子》三十二篇，提到"圣

---

① 郝润华等校注《李翱文集校注》，中华书局，2021，第13~19页。
② （宋）王安石：《情性》，《王安石全集》，复旦大学出版社，2017，第1216页。
③ 钱穆：《宋明理学概述》，九州出版社，2011，第20页。

王"40处，"先王"49处，"王制"6处，"王霸"5处，"齐桓"6处，
"晋文"2处，"楚庄王"5处，"勾践"2处，"阖闾"4处，"尧"51处，
"舜"54处，"禹"59处。关于"王"的论述主要集中在《王制》《非十二
子》《天论》《礼论》《性恶》等篇中。

首先，王的第一种意义是"王者"，社会领袖。也就是"尧""舜"
"禹""齐桓""晋文"等先代帝王和在荀子眼中理想化的国家君主。他对
这些国家君主做了分类：上君、中君、下君。他在《王制》篇中有这样的
论述："故君人者，欲安则莫若平政爱民矣，欲荣则莫若隆礼敬士矣，欲
立功名则莫若尚贤使能矣，是君人者之大节也。三节者当，则其余莫不当
矣；三节者不当，则其余虽曲当，犹将无益也。孔子曰：'大节是也，小
节是也，上君也。大节是也，小节一出焉，一入焉，中君也。大节非也，
小节虽是也，吾无观其余矣。'"① 在这段文字中，荀子在孔子思想基础上
提出王者必须具备三项基本素质：其一是平政爱民，其二是隆礼敬士，其
三是尚贤使能。也就是说国家君主要实现"王天下"的理想，必须做到公
平执政、爱护百姓；必须做到尊崇礼仪、敬重士人；必须做到推崇贤良、
任用能人。按照这个标准，荀子遵从了孔子的意见将国家君主分为上君、
中君、下君，表达了自己对贤明君主的界定和思慕，自己渴望的是上君，
在这样的国家君主的统治下，方能天下大治，这也是我们当今社会要思考
的问题，即国家政要应具备的素质问题。国家君主必须是"修礼者"。"成
侯、嗣公，聚敛计数之君也，未及取民也；子产，取民者也，未及为政
也；管仲，为政者也，未及修礼也。故修礼者王，为政者强，取民者安，
聚敛者亡。"② 荀子在提到国君素质时，按照素质的高低进行论述，聚敛
者，搜刮民财，工于心计；取民者，百姓爱戴，民心所向；为政者刑赏治
国，条律严明；修礼者，尊崇礼仪，成就帝王之业。国家君主的最合适的
人选就是尊崇礼仪的人。尊崇礼仪的人可以"王天下"，荀子讲道："王夺
之人，霸夺之与，强夺之地。夺之人者臣诸侯，夺之与者友诸侯，夺之地
者敌诸侯。臣诸侯者王，友诸侯者霸，敌诸侯者危。"③ 在论述王者素质
时，荀子又提出了"霸者"和"强者"的概念，用二者与"王者"做对

---

① 安小兰译注《荀子》，中华书局，2007，第77～78页。
② 安小兰译注《荀子》，第78页。
③ 安小兰译注《荀子》，第79页。

比。"用强者，人之城守，人之出战，而我以力胜也，则伤人之民必甚矣……人之民恶我甚，则日与我斗。人之城守，人之出战，而我以力胜之，则伤吾民必甚矣。"① 倚仗强大武力的君主，不但伤害敌方百姓，而且也伤害自己百姓的生命，使统治的人口锐减。用霸者，"辟田野，实仓廪，便备用，案谨募选阅材伎之士，然后渐庆赏以先之，严刑罚以纠之"②。奉行霸道的君主鼓励国民开辟田野，充分利用生产工具，增加粮食产量，广泛地选拔、任用各方面的杰出人才，并用厚重的恩赏鼓励他们，用严苛的刑法控制他们，这是霸主的素质。而王者有区别于前二者的地方。"王者之人：饰动以礼义，听断以类，明振毫末，举措应变而不穷。夫是之谓有原。是王者之人也。"③ 成就王业的国君，能用礼义来调控自我的言行，能秉持法令来管理政务，洞察一切，随机应变，灵活而精准地施政，这是政治的根本，是王者的基本素质。荀况按照自己的政治伦理逻辑描摹了理想化的古代帝王或同时代的帝王，他们是能够在地域上、政治上、经济上及思想文化上实现完全统一的统治者。荀子推崇"后王"，即"能够实现封建统一的地主阶级统治者"④。

其次，王的第二种意义是"王与霸、安存与危亡"等政治状况，王的至善状态是"一天下"。荀子提出的"王道"主张，包括三个层面。在政治层面，尊王隆礼，以等级、职分来建立国家治理体制。在人才管理层面，不拘一格拔擢贤能之人，加强中央集权，贯彻刑赏原则。在富国裕民层面，加强农业生产，注重山林湖泽的休养生息，促进生产与生活资料的流通。战国时期，诸侯割据混战。荀子顺应历史潮流，为地主阶级统一中国，大造舆论。他认为，统一的中央集权的封建国家是最好的"王制"，能够完成统一事业的"治国之道"就是"王道"，能够"一天下"的封建君主是最贤明的"圣王"。因此，"王天下"的思想是荀子政治思想的一个重要内容。荀子主张"隆礼尊贤而王"，"修礼者王"，"尊圣者王"，这就是说，要统一天下，必须完全按照地主阶级的礼仪去做，并大胆任用有贤能的人才。在《王制》篇中荀子"从王者之论、之法、之制、之人等各方面提出了一系列的主张来争取民心，统一思想，发展经济，巩

---

① 安小兰译注《荀子》，第80页。
② 安小兰译注《荀子》，第81页。
③ 安小兰译注《荀子》，第84页。
④ 北京大学《荀子》注释组注《荀子新注》，中华书局，1979，第524页。

固地主阶级专政，以达到统一天下的目的"①。王霸论是荀子政治理论中一个重要部分。"用国者，义立而王，信立而霸，权谋立而亡"，治理国家的人"树立礼仪就可以称王天下，树立信用就可以称霸天下，玩弄权术就会灭亡"②。

二　圣的概念界定

荀子对圣的概念的提出与界定。《荀子》三十二篇谈及"圣人"概念的有 84 处。根据《荀子新注》列出最主要的 18 处③如下："圣人者，以己度者也"（《非相》），"多言而类，圣人也"（《非十二子》），"修百王之法……应当时之变……如是则可谓圣人矣"（《儒效》），"圣人也者，道之管也"（《儒效》），"圣人也者，本仁义、当是非、齐言行"（《儒效》），"涂之人百姓，积善而全尽，谓之圣人"（《儒效》），"圣人也者，人之所积也"（《儒效》），"非圣人莫之能王。圣人备道全美者也，是县天下之权称也"（《正论》），"天下者，至大也，非圣人莫之能有也"（《正论》），"圣人者，道之极也"（《礼论》），"宇中万物、生人之属，待圣人然后分也"（《礼论》），"故仁者之行道也无为也，圣人之行道也无强也。仁者之思也恭，圣人之思也乐"（《解蔽》），"圣也者，尽伦者也；王也者，尽制者也"（《解蔽》），"故圣人之所以同于众其不异于众者，性也，所以异而过众者，伪也"（《性恶》），"故圣人者，人之所积而致也"（《性恶》），"言之千举万变，其统类一也，是圣人之知也"（《性恶》），"备而不矜，一自善也，谓之圣"（《君子》），"水至平，端不倾，心术如此象圣人"（《成相》）。

在荀子的理论体系中，圣，即圣人，是具有卓越智慧和高尚品德的思想家或政治家。圣人是国家政策、制度、法律、礼法的制定者和修订者，只有圣人才具备实现文化思想、政治经济等方面大统一的能力。此外，圣人还具备超级的道德，他的言行可以作为衡量万事万物的准的，是人们效法的楷模。也就是说圣人是在"格物、致知、诚意、正心、修身、齐家、治国、平天下"诸方面做得最好的人，如果社会成员都向他看齐，那么我们每一个社会成员都能"明明德、亲民、止于至善"了。

---

① 北京大学《荀子》注释组注《荀子新注》，第 522 页。

② 殷晓明：《荀子》，南京大学出版社，2010，第 89 页。

③ 北京大学《荀子》注释组注《荀子新注》，第 544～545 页。

三　最高智慧与超级道德的体现

圣人是社会精英群体，是管理国家、推动国家发展繁荣的智力支持，是最高智慧和超级道德的集中体现。"修百王之法，若辨黑白，应当时之变，若数一二；行礼要节而安之，若运四枝；要时立功之巧，若诏四时，平正和民之善，亿万之众而抟若一人；如是，则可谓圣人矣。"①"曷谓一？曰：执神而固。曷谓神？尽善挟治之谓神。曷谓固？曰：万物莫足以倾之之谓固。神固之谓圣人。"②圣人是社会万千成员中的一员，同时也是社会发展的政治枢纽，他可以团结社会中的每一位成员，高效地安排他们的工作，妥善地处理好发展过程中遇到的各种利益纷争，形成合力，即"一"，并使之朝着正确的意志、美好的愿景行进，最后"止于至善"。"执神而固"，讲的是圣人的素质，即圣人必须具备坚定不移、任何外力都不能动摇的意志力和执行力，以最好的完备的方法治理国家。"井井兮其有理也。严严兮其能敬己也。介介兮其有终始也。猒猒兮其能长久也。乐乐兮其执道不殆也。炤炤兮其用知之明也。修修兮其用统类之行也。绥绥兮其有文章也。熙熙兮其乐人之臧也。隐隐兮其恐人之不当也。"③做事有条有理，严于律己，意志坚定，始终如一，内心坦荡安宁，智慧光明深远，行为端正，合乎礼仪，文采风流，从善如流，疾恶如仇。荀子从性格、思想、智慧、行为、品德诸方面概括了圣人的基本素质，为一个社会、一个国家树立了楷模。

四　育人与成圣过程

圣人不是天生的，而是在后天的磨炼中逐步形成的。"以从俗为善，以货财为宝，以养生为己至道"，是普通民众的品德。"行法至坚，不以私欲乱所闻"是"劲士"具备的品德。"行法至坚，好修正其所闻，以矫饰其情性；其言多当矣，而未谕也；其行多当矣，而未安也；其知虑多当矣，而未周密也；上则能大其所隆，下则能开道不己若者"④，这是笃厚君子的美德。"修百王之法"，"应当时之变"，"行礼要节而安之"，"要时立

---

① 北京大学《荀子》注释组注《荀子新注》，第98页。
② 北京大学《荀子》注释组注《荀子新注》，第99～100页。
③ 北京大学《荀子》注释组注《荀子新注》，第99页。
④ 北京大学《荀子》注释组注《荀子新注》，第98页。

功之巧","平正和民之善","亿万之众而抟若一人",这是圣人品德。从普通民众到"劲士",再到君子,最后到圣人,这是一个在思想上"格物、致知、诚心、正意、修身"的过程,是一个"内圣"的过程。"积土而为山,积水而为海,旦暮积谓之岁,至高谓之天,至下谓之地,宇中六指谓之极,涂之人百姓,积善而全尽谓之圣人。彼求之而后得,为之而后成,积之而后高,尽之而后圣;故圣人也者,人之所积也。"① 普通的民众要不断地进取才能够度己到彼岸,成为一个"劲士";不断地实践自己的计划才会成功,成为一个"笃厚君子",不断地积累经验才会提高,达到至善至美,最终成为一个圣人。在《性恶》篇中,荀子指出"今使涂之人伏术为学,专心一志,思索孰察,加日县久,积善而不息,则通于神明,参于天地矣。故圣人者,人之所积而致也"②。在这里他强调了"积"在"圣人"成长过程中的重要作用。积善可以使"涂之人"为"圣人",这也是在讲后天的培养。

五 平——圣的理政标准

"平"不仅是圣人处理日常事务的指导思想,也是"王者"处理政事的根本原则,是礼法的枢纽。"水至平,端不倾,心术如此象圣人。而有埶,直而用曳必参天"③,"故公平者,听之衡也;中和者,听之绳也"④,"刑政平,百姓和,国俗节,则兵劲城固,敌国案自诎矣"⑤,"经田野之税,平关市之征,省商贾之数,罕兴力役,无夺农时,如是则国富矣"⑥,"修礼以齐朝,正法以齐官,平政以齐民"⑦,"出若入若,天下莫不平均,莫不治辨,是百王之所同而礼法之大分也"⑧。圣人的思想态度像水一样至平而不倾,听讼像衡一样公平,刑罚制度、税收政策的执行非常公允适中,用礼来整顿朝廷,用法纪来管理百官,用公平政治来治理国家,普天之下百姓的根本利益都处理得得当、公正、公平,这是"礼法之大分"。

---

① 北京大学《荀子》注释组注《荀子新注》,第109页。
② 北京大学《荀子》注释组注《荀子新注》,第399页。
③ 北京大学《荀子》注释组注《荀子新注》,第415页。
④ 安小兰译注《荀子》,第74页。
⑤ 安小兰译注《荀子》,第102页。
⑥ 北京大学《荀子》注释组注《荀子新注》,第142页。
⑦ 北京大学《荀子》注释组注《荀子新注》,第159页。
⑧ 北京大学《荀子》注释组注《荀子新注》,第179页。

"平"的原则在国家政策的制定、执行、推进的过程中起着关键作用，有了"平"，国家管理就会出神入化，日臻善境。没有"平"，就没有"礼法"，没有圣人，没有"王者"，国家的政治、经济、思想文化就不会统一起来，"平天下"就不能实现，个人的愿景、国家的意志、民族的前途都将成为泡影。

第三节 《荀子》礼学范畴探讨

朱熹称《中庸》《大学》《论语》《孟子》四部经典作品为四书，以此四部儒家文献为载体的中国儒家思想有着丰富的活力和无限的创造力。荀子秉持"博学之、审问之、明辨之、慎思之、笃行之"[①] 的学术精神，通过研读、解释、传授、讲习以《中庸》《大学》为中心的《礼记》《论语》《孟子》，将《论语》《孟子》哲学推向了一个崭新的高度，并建立了自己的学派。王先谦在《荀子集解》序中指出："荀子论学论治，皆以礼为宗，反复推详，务明其指趣，为千古修道立教所莫能外。其曰'伦类不通，不足谓善学'，又曰'一物失称，乱之端也'，探圣门一贯之精，洞古今成败之故，论议不越几席，而思虑浃于无垠；身未尝一日加民，而行事可信其放推而皆准。"[②] 王先谦从学术史和范畴学的角度开辟了《荀子》一书"论学""论治"两个领域，打开了荀学研究的门径，以礼为中心范畴，探讨荀子与孔孟的关系，厘定荀子学术与前代学术的异同，找到荀子礼学思想的理论基点，探讨"群治"与"修身"的内容，有益于做好荀子学术的价值定位，有益于揭示荀子的学术精神：经世致用。

一 荀子所谓礼的六种属性

礼是中国儒家思想中一个古老的学术范畴，中国古代先哲用它来论述社会群体中成员的个体属性和社会属性。《中庸》讲："仁者，人也，亲亲为大。义者，宜也，尊贤为大。亲亲之杀，尊贤之等，礼所生也。"又说："曰君臣也，父子也，夫妇也，昆弟也，朋友之交也，五者天下之达道也。"[③]

---

① 朱杰人等主编《朱子全书》第 6 册，上海古籍出版社、安徽教育出版社，2010，第 48 页。
② （清）王先谦撰，沈啸寰、王星贤点校《荀子集解》，第 1 页。
③ 朱杰人等主编《朱子全书》第 6 册，第 45 页。

在古代社会人与人的交往过程中，知识的多少、能力的大小、道德的厚薄等要素使人的个体属性发生了改变，在这些方面占据优势的人就成为贤人，人们对待他的态度就是礼，这种态度首先适用于古代的政治权力层，君臣之间应该以礼相待，同样，也适用于在同一宗族中对待德高望重的长辈。推而广之，在社会交往中人们也应遵从礼的规范。这是《中庸》所论礼产生的根源及适用的范围。

根据《中庸》中礼的三个适用范围——"尊贤""亲亲""君臣"，可以归纳出礼的三种本质属性，一是社会群体中的道德属性，二是宗族群体中的伦理属性，三是政治群体中的政治属性。这三种本质属性是中国古代社会中人的社会属性和个体属性的综合反映，是一种理论规定性。这种理论规定性以文字的形式出现，成为社会成员共同遵守的准则，接近法律的效应。

以礼为核心，《中庸》构建了治理国家的九个范畴，谓之九经，并对九经的内容做了详细的阐述："凡为天下国家有九经，曰修身也，尊贤也，亲亲也，敬大臣也，体群臣也，子庶民也，来百工也，柔远人也，怀诸侯也。修身则道立，尊贤则不惑，亲亲则诸父昆弟不怨，敬大臣则不眩，体群臣则士之报礼重，子庶民则百姓劝，来百工则财用足，柔远人则四方归之，怀诸侯则天下畏之。齐明盛服，非礼不动，所以修身也；去谗远色，贱货而贵德，所以劝贤也；尊其位，重其禄，同其好恶，所以劝亲亲也；官盛任使，所以劝大臣也；忠信重禄，所以劝士也；时使薄敛，所以劝百姓也；日省月试，既禀称事，所以劝百工也；送往迎来，嘉善而矜不能，所以柔远人也；继绝世，举废国，治乱持危，朝聘以时，厚往而薄来，所以怀诸侯也。"① 子思对这九个范畴进行了定义，指出了各自的规定性，并进一步指出这九个范畴在提升个体修养、治理国家、管理百姓、处理外交、建立强大国家等方面的功效。上古社会部族群落纷繁芜杂、千头百绪，怎样处理各种矛盾冲突，怎样用意识统率群体，用理想来建构政治制度，使其成为一个有序的有组织的国家天下，这是九经范畴论述的核心。荀子之前，礼的范畴已成系统，统治者以之有效地管理着国家，礼也成为夏商周三代治理国家的经典政治策略。

关于礼的产生和本质，在前人论述的基础上，荀子进行了补充和理论创新，指出了礼的经济属性、生物属性和教育属性。《礼论》篇指明礼的

---

① 朱杰人等主编《朱子全书》第6册，第46～47页。

起源："人生而有欲，欲而不得，则不能无求；求而无度量分界，则不能不争；争则乱，乱则穷。先王恶其乱也，故制礼义以分之，以养人之欲，给人之求，使欲必不穷于物，物必不屈于欲，两者相持而长，是礼之所起也。"①礼是在人欲争夺的背景下产生的，礼的本质是"养人之欲，给人之求"，在人欲和物质分配之间建立秩序，使之均衡，避免社会群体中的争夺与杀伐。大卫·李嘉图（David Ricardo，1772~1823）提出：政治经济学的核心问题就是如何建立一个方针以分配人们的物质资源。②荀子用礼的原则来分配物质资料。养人之欲，给人之求，是中国战国时期的政治经济学问题。"礼者，以财物为用，以贵贱为文，以多少为异，以隆杀为要"③，荀子在《中庸》的基础上对礼做出了精细的规定，财物、贵贱、多少、隆杀四项内容成为践行"礼"过程中的核心要素，严格了等级制和分配制，用财物来推行"礼"，用车马服装、旗帜图案作为区别贵贱的文饰，用多少来区别上下级，用"隆""厚""减""降"来把握礼节的程度，这些内容使荀子的"礼"更富实践性和操作性。荀子从物质利益分配的角度出发，重点探讨礼的物质经济属性，具有朴素的政治经济学意义。

荀子在《礼论》篇指出"礼有三本：天地者，生之本也；先祖者，类之本也；君师者，治之本也。无天地恶生？无先祖恶出？无君师恶治？三者偏亡焉，无安人。故礼上事天，下事地，尊先祖而隆君师，是礼之三本也"④。荀子所说的天地、先祖是指自然生物界和人的种群，这是人产生和成长的根本环境，人本身来源于这个根本，衣食住行也源于这个根本，这是礼的生物属性，荀子所谓"事天地、尊先祖"的礼本思想是建立在这个意义基础上的。上古社会君师合一，政教合一，国君和王公大臣既负责管理国家，又承担着老师的职责，既要教育百姓，提高国民素质，又要致力于富国强兵，抵御外侮。因此，荀子在强调礼的政治属性的同时，也强调礼的教育属性。

《中庸》指出了礼的政治属性、道德属性和伦理属性，荀子在肯定这三种属性的基础上，又对礼的生物属性、经济属性、教育属性进行了

① （清）王先谦撰，沈啸寰、王星贤点校《荀子集解》，第409页。
② David Ricardo, *On the Principles of Political Economy and Taxation*, Cambridge University Press, 1817, p. 5.
③ （清）王先谦撰，沈啸寰、王星贤点校《荀子集解》，第422页。
④ （清）王先谦撰，沈啸寰、王星贤点校《荀子集解》，第413页。

探讨，在这六种属性中，荀子着力思辨的是礼的政治属性，沿着这一思路，我们可以将《荀子》三十二篇进行分类，并与《中庸》"九经论"进行比较。

在荀子思想学术体系中，《礼论》篇、《王制》篇、《王霸》篇、《君道》篇是对九经的一个总的概述，是荀子思想的理想皈依，荀子既关注天道，也关注人道，但最主要还是关注人道，关注群治，关注礼制。《劝学》篇、《修身》篇、《性恶》篇、《君子》篇、《不苟》篇、《荣辱》篇则可以作为"修身"一经，荀子用众多篇目来阐述修身的重要性，提高国民素质，认为修身一靠自修，二靠教化，荀子遵循这两个思路论述社会成员提高自身素质的必要性、重要性和可能性。庶人可以成为君子，君子可以成为圣贤，主要靠修身的工夫，修身是荀子礼学范畴的第一个原理。《中庸》是论述工夫理论的祖宗："博学之，审问之，慎思之，明辨之，笃行之。有弗学，学之弗能，弗措也；有弗问，问之弗知，弗措也；有弗思，思之弗得，弗措也；有弗辨，辨之弗明，弗措也；有弗行，行之弗笃，弗措也。人一能之，己百之；人十能之，己千之。果能此道矣。虽愚必明，虽柔必强。"[1] 荀子的《劝学》篇、《修身》篇、《性恶》篇、《君子》篇、《不苟》篇、《荣辱》篇从渊源上讲，是对《中庸》此段文字的进一步阐发，它的理论核心是修身。《儒效》篇、《仲尼》篇、《非相》篇可以归为"尊贤"一经，这也是在间接讨论修身原理。《强国》篇、《议兵》篇可以归为"怀诸侯"一经，《富国》篇可以归为"来百工"一经，《致士》篇可以归为"柔远人"一经，在《臣道》篇荀子谈到了"敬大臣""体群臣"的内容，在《王霸》篇和《荣辱》篇谈到了"来百工"一经的内容。在《礼论》篇和《大略》篇谈到了"亲亲"一经的内容，在《王制》篇、《王霸》篇、《富国》篇、《宥坐》篇谈到了"子庶民"一经的内容。从《强国》篇到《宥坐》篇荀子探讨了礼学范畴的第二个原理：群治。

毫无疑问，《中庸》这部文献是荀子思想的一个重要来源。在荀子思想与《中庸》对比中，我们能够清晰地看到荀子对前代学术的继承和发展，荀子以"礼之三本"为中心，以治国"九经"为范畴，建立了自己的学术体系。其中，礼是它的核心，它的政治属性即群治，是它的灵魂，它的经济属性即"养人之欲"，是它的根本内容，而养人之欲又建立在荀子

---

[1] 朱杰人等主编《朱子全书》第6册，第48~49页。

对战国末期人性的概括之上："今人之性，生而有好利焉，顺是，故争夺生而辞让亡焉；生而有疾恶焉，顺是，故残贼生而忠信亡焉；生而有耳目之欲，有好声色焉，顺是，故淫乱生而礼义文理亡焉。然则从人之性，顺人之情，必出于争夺，合于犯分乱理而归于暴……用此观之，人之性恶明矣。"① 荀子将战国末期人性特征概括为：好利争夺、疾恶残贼、声色淫乱、犯分乱理。即人性恶，也就是说荀子礼学范畴的理论基点是性恶论。以性恶为起点，从而有人之欲，从而有养人之欲，从而有"礼论"和"分"之义，从而有"事天地""尊先祖""隆君师"，从而有"仲尼""儒效"，从而有"君道""王霸""王制"，从而实现荀子的群治理想。

二　礼与修身

《荀子》学术的经世致用不仅表现在群治上，更表现在对社会个体的教育功能上，荀子吸收了《论语》《孟子》礼学的精华，高扬"推行礼治，人人可以为尧舜"的旗帜，沿着修身教化的思路提出了"治生死""化性起伪"的理论，充分发挥礼学的教育作用，他的着眼点在培养人才。

《论语》二十篇，中心是讲"礼""仁""学""政"。"学"是修身的途径，"仁"是修身所达到的境界，"政"是"学"和"仁"的致用和旨归，而礼则是为政之术。《论语》有四十二则谈到了"礼"，其中最重要的一则是颜渊问仁。"子曰：'克己复礼为仁。一日克己复礼，天下归仁焉。为仁由己，而由人乎哉？'颜渊曰：'请问其目。'子曰：'非礼勿视，非礼勿听，非礼勿言，非礼勿动。'"② 孔子在此处提出了两个主张，其一，克己复礼；其二，非礼勿视，非礼勿听，非礼勿言，非礼勿动。礼是指中国古代文献《礼记》中对人的社会性的规定和概括，即指夏商周代三代之"礼"，孔子要推行的就是这种"礼"，他主张要从思维感知和立身行事上去推行"礼"，从个体的"视、听、言、动"出发，身体力行，达到"仁"的境界。

荀子在《修身》篇讲道："扁善之度，以治气养生则后彭祖，以修身自名则配尧、禹。宜于时通，利以处穷，礼信是也。凡用血气、志意、知虑，由礼则治通，不由礼则勃乱提僈；食饮、衣服、居处、动静，由礼则

---

① （清）王先谦撰，沈啸寰、王星贤点校《荀子集解》，第 513～514 页。
② 杨伯峻译注《论语译注》，中华书局，1980，第 123 页。

和节，不由礼则触陷生疾；容貌、态度、进退、趋行，由礼则雅，不由礼则夷固僻违、庸众而野。故人无礼则不生，事无礼则不成，国家无礼则不宁。《诗》曰：'礼仪卒度，笑语卒获。'此之谓也。"① 荀子在孔子视听言动四者的基础上，进一步细化与深化礼所约束、调节的内容。礼是一种标准和规范，是一种价值取舍，关涉到个体本身的修养，具体包括血气、志意、智虑、食饮、衣服、居处、动静、容貌、态度、进退、趋行等诸多方面，每一个个体必须从人的这些最基本存在方式入手，取善舍恶，才能前进到至善之境，这是一个修身的过程。礼是人的存在方式和存在属性，个体与国家无时无刻不与礼共生。治国的过程本质上是育人的过程，育人的过程客观上是个体心理成长的过程，而礼则是陶冶人的内容和手段，也是修身的内容和手段。"礼者，谨于治生死者也。生，人之始也；死，人之终也：终始俱善，人道毕矣。故君子敬始而慎终，终始如一，是君子之道、礼义之文也。"② 生是人的起点和过程，死是人的终点和归宿，人的起点和过程是需要形式的，"礼"是人生命过程最重要的形式，它根据人对社会贡献的大小，通过一种合适的形式来彰显这种贡献，是人价值的体现，也是人应得的尊重和享受。人的死，在物质上化为一撮灰或一抔土，人的精神归宿也至关重要，死的形式也应该被尊重，所以荀子将"礼"提到生死的高度，提到君子"敬始慎终"的高度，这种"敬始慎终"不只是一种礼的形式，它承担了社会教化的功能，这是礼的价值属性，是孔子"克己复礼"学说的新发展。

人们历来认为孟子和荀子的关系是对立的，因为他们分别提出了"性善论"和"性恶论"，但是荀孟之间在学术上有着更密切的联系。杨伯峻在《孟子译注》导言中根据《四库全书总目提要·孟子编年略》推测孟子的生年为周安王十七年（公元前385年），卒年为周赧王十一年（公元前304年）。《荀子集解》点校说明中指出荀子生卒年月无考，活动的年月约为公元前298年至公元前238年，两人的生活年代相距不远。齐襄王时，荀子曾在齐国稷下讲学，《孟子》中记录了孟子与齐宣王的多次对话，两人活动的地域在齐国有交集，从时间和地域上讲，荀子不可能不受到孟子这位大思想家的影响。

① （清）王先谦撰，沈啸寰、王星贤点校《荀子集解》，第25～27页。
② （清）王先谦撰，沈啸寰、王星贤点校《荀子集解》，第424页。

孟子对礼有明确的解释："恻隐之心，仁之端也；羞恶之心，义之端也；辞让之心，礼之端也；是非之心，智之端也。人之有是四端也，犹其有四体。有是四端而自谓不能者，自贼者也；谓其君不能者，贼其君者也。凡有四端于我者，知皆扩而充之矣，若火之始然，泉之始达。苟能充之，足以保四海；苟不充之，不足以事父母。"① 孟子指出礼是"人之四端"之一，并以"孺子入井"为例解释"仁"，见孺子入井而起恻隐之心就是仁爱之心，这是一个根本和前提，接下来提到了"礼"这一范畴，并用"辞让之心"来诠释，孟子的这种诠释停留在情感态度层面，或者说停留在道德层面，通过"辞让之心"来约束个人行为，来调节人与人之间、集团与集团之间的利益冲突和矛盾，从而达到"事父母""保四海"的社会理想状态，而这种社会理想状态的实现要靠人才培养来实现，那么，人才培养的途径又是什么呢？

《孟子·告子》："乡为身死而不受，今为宫室之美为之；乡为身死而不受，今为妻妾之奉为之；乡为身死而不受，今为所识穷乏者得我而为之，是亦不可以已乎？此之谓失其本心。""孟子曰：'仁，人心也；义，人路也。舍其路而弗由，放其心而不知求，哀哉！人有鸡犬放，则知求之；有放心而不知求。学问之道无他，求其放心而已矣。'"② 这段话表面上是解决日常生活中的问题：人的欲望与人生信仰的矛盾。但实质上是解决人才培养的途径问题，修身问题。孟子指出培养人才的途径是"收放心"，心是何心，按照孟子的逻辑必然是恻隐之心、羞恶之心、辞让之心和是非之心，即性善。这是孟子的理论基础，他认为"人之四心"是与生俱来的善心，"收放心"就是恢复本性，也就是通过学习和修身来恢复先天形成之善良本性，本性得以恢复，人才就得以成长，社会就得以治理。

在人才培养方面，荀子也强调修身，但是荀子的修身不是如孟子那样恢复善良的自我本性，而是"化性起伪"。荀子在《性恶》篇中说："若夫目好色，耳好听，口好味，心好利，骨体肤理好愉佚，是皆生于人之情性者也，感而自然，不待事而后生之者也。夫感而不能然，必且待事而后然者，谓之生于伪。是性、伪之所生，其不同之征也。故圣人化性而起伪，伪起而生礼义，礼义生而制法度。然则礼义法度者，是圣人之所生

① 杨伯峻译注《孟子译注》，中华书局，1960，第80页。
② 杨伯峻译注《孟子译注》，第266~267页。

也。故圣人之所以同于众，其不异于众者，性也；所以异而过众者，伪也。"① 荀子使用自己的学术理论来解决日常生活中人的欲望问题，提出了"化性起伪"这一主张。"化性"之性为何性？"化性"之性为性恶，荀子的学术信仰是性恶。

其在《性恶》篇中指出："今人之性，生而有好利焉，顺是，故争夺生而辞让亡焉；生而有疾恶焉，顺是，故残贼生而忠信亡焉；生而有耳目之欲，有好声色焉，顺是，故淫乱生而礼义文理亡焉。然则从人之性，顺人之情，必出于争夺，合于犯分乱理而归于暴……用此观之，人之性恶明矣。"② 好利争夺、疾恶残贼、声色淫乱、犯分乱理，是对战国末期战乱社会现实下人性的客观概括，以此为基，荀子提炼出性恶之论。由于"性恶"，荀子提出了"化性起伪"，如何化性起伪？荀子使用了"礼义法度"这个概念，荀子认为普通人和圣人相同的地方是性恶，不同的地方在于"伪"，人在好色、好听、好味、好利、好愉佚等欲望之后遭到了危害必然改变自己以上恶的本性，这种改变之后的状态就是"伪"。圣人通过学习、修身能达到这种"伪"，普通人通过"礼义法度"来达到这种"伪"。故而，荀子之修身与孟子之"收放心"不同，它指向了"伪"的境界和状态，这是一种后天修为的人性，而不是与生俱来的本性。在这一方面荀子是冒险创新，荀子在否定孔孟"性本善"学术推理的基础上，通过概括战国末期人性客观状况，提出性恶论，开辟出了一种新的学术视野，以此作为学术基点，对"礼"进行了理论创新和学术构建。这显示了荀子卓越的理论勇气和理论胆识。

总之，在培养人才方面，荀子强调修身，修身的过程就是"化性起伪"的过程。荀子礼学范畴的理论基点是性恶论，从而有"化性起伪"，从而有"劝学""修身""君子"等，从而达到"人人可以为尧舜"的理想境界。

三 语言与修身境界

荀子的修身原则，不仅仅指道德修养水平的提升，也包括认知水平的提高。按照礼的原则选择语言、认识语言、运用语言是思想认知提升的过

---

① （清）王先谦撰，沈啸寰、王星贤点校《荀子集解》，第517~518页。
② （清）王先谦撰，沈啸寰、王星贤点校《荀子集解》，第513~514页。

程，也是修身进德的过程，"解蔽""知道"，既是荀子对高级认知水平的概括，也是对修身最高境界的精炼概括。

美国文学评论家乔治·斯坦纳在《语言与沉默：论语言、文学与非人道》中说："语言是人类和其他动物的分界线，人类有了语言，地位才高于沉默的植物和只会咕哝的动物，这是在亚里士多德之前就已存在的古人观念。"① 语言是人类意识的一个标志，它使人类离开自然节奏和莫名状态的动物界，这是一个古今中外都公认的真理，在人的意识世界里，人们用语言来描述稍纵即逝的理念（ideal）和范畴（category），语言是意识的物化形式和外壳，而在孔子的学术里，语言又被提到一个新的高度，那就是语言和礼的有机统一。"颜渊问仁。子曰：'克己复礼为仁。一日克己复礼，天下归仁焉。为仁由己，而由人乎哉？'颜渊曰：'请问其目。'子曰：'非礼勿视，非礼勿听，非礼勿言，非礼勿动。'"② 仁是孔子学术观念中最崇高的理想境界，怎样实现仁，孔子提出"克己复礼"，而"复礼"的过程中有一个重要的环节就是"非礼勿言"，非礼勿言指的是凡不合乎礼法规范的欲念和思想，不要用语言表达出来，这是一个心理过程，也是一个自我教育过程，人在每一个瞬间会产生成千上万个想法，然后根据现实需要去选择，去强调这种想法，语言可以将符合需要的想法凝固下来，进一步强化，如果加以表达，则会充分发挥语言的力量影响别人，礼是衡量思想的一个标准，在孔子看来，用语言表达出来的想法是经过礼的甄别之后的正确思想。孔孟儒学都非常重视语言的作用，语言要合乎礼法规范，在表达之前要有一个甄别、遴选的心理过程。

孟子将"非礼勿言"论述得更为详细，并提出"知言"的主张："'何谓知言？'曰：'诐辞知其所蔽，淫辞知其所陷，邪辞知其所离，遁辞知其所穷。——生于其心，害于其政；发于其政，害于其事。圣人复起，必从吾言矣。'"③ 孟子的"知言"论，实质上讲是一种思维辨别力，"知"是一种"是非之心"，能够对"诐辞""淫辞""邪辞""遁辞"进行分析判断，找到它们各自的要害，各个击破。"诐辞"是指一种偏颇之言，杨伯峻认为"诐"是古"颇"字，使用了朱熹的义例："诐，偏陂也。""淫

① 〔美〕乔治·斯坦纳：《语言与沉默：论语言、文学与非人道》，李小均译，上海人民出版社，2013，第44页。
② 杨伯峻译注《论语译注》，第123页。
③ 杨伯峻译注《孟子译注》，第62页。

辞"是一种过分的言辞，"邪辞"是指一种离开了正确方向的言辞，"遁辞"是指一种躲闪的言辞。"诐辞"的缺陷是被对方蒙蔽，不能透彻明白，"淫辞"的缺陷是陷入对方的圈套和迷阵，"邪辞"的缺陷是偏离了正确的轨道，"遁辞"的缺陷是逃避，闪烁其词，有所遮掩。孟子指出这些言辞在处理国家政治事件的时候，会给执政者带来危害，必须辨别它，纠正它，纠正它的工具就是"思"。孟子指出："耳目之官不思，而蔽于物，物交物，则引之而已矣。心之官则思，思则得之，不思则不得也。此天之所与我者，先立乎其大者，则其小者弗能夺也。此为大人而已矣。"① 孟子提出一个著名的论断："心之官则思。"如果要避免四种不当的言辞带来的危害，就要充分开动思维的机器，发挥人脑的功能，关注逻辑，抓住主要矛盾，理解言辞之意，明辨是非，洞察危害，经过这样的思维训练，人就会成为正确的执政君子，而思维的过程就是与礼统一的过程。用礼法来纠正这四种言论，通过思辨来实现认知水平的提高。

荀子继承了孟子的"知言"论，并将其发展为"知道"论。荀子的《解蔽》篇主要针对孟子的"诐辞知其所蔽"展开议论："凡人之患，蔽于一曲，而暗于大理。治则复经，两疑则惑矣。天下无二道，圣人无两心。今诸侯异政，百家异说，则必或是或非，或治或乱。乱国之君，乱家之人，此其诚心莫不求正而以自为也，妒缪于道而人诱其所迨也。"② 荀子主张当国者必须专心致志，"治则复经"，不能"蔽于一曲""暗于大理"以致"乱家""乱国"。这里的"治则复经"指的是治理"蔽言"，坚信"天下一道"，从而恢复九经之正道。那么"蔽"存在的根源在哪里？荀子指出："故为蔽：欲为蔽，恶为蔽，始为蔽，终为蔽，远为蔽，近为蔽，博为蔽，浅为蔽，古为蔽，今为蔽。凡万物异则莫不相为蔽，此心术之公患也。"③ 心被遮蔽，被迷惑的根源是万物相异，"欲"与"恶"、"始"与"终"、"远"与"近"、"博"与"浅"、"古"与"今"诸要素之间的不同，使人不能透彻理解言辞，这受人的认知水平状况所限。荀子举出国君夏桀和殷纣、人臣唐鞅和奚齐被蒙蔽的例子，国君成汤和文王、人臣召公和吕望不被蒙蔽的例子，夏桀、殷纣败亡，唐鞅、奚齐被杀，而成汤、文

---

① 杨伯峻译注《孟子译注》，第 270 页。
② （清）王先谦撰，沈啸寰、王星贤点校《荀子集解》，第 456～457 页。
③ （清）王先谦撰，沈啸寰、王星贤点校《荀子集解》，第 458 页。

王"受九牧"而"不失道","生则天下歌,死则四海哭"。召公、吕望"能持周公而名利福禄与周公齐"。荀子强调无论做国君还是做大臣,都应该明辨不同言辞和政治见解,取道于中,不被蒙蔽。在此基础上荀子将言辞和政治见解扩展为学术,指出在学术界也存在被蒙蔽的事例。荀子列举学术界不同学术领域存在的"蔽塞"之病:"墨子蔽于用而不知文,宋子蔽于欲而不知得,慎子蔽于法而不知贤,申子蔽于埶而不知知,惠子蔽于辞而不知实,庄子蔽于天而不知人。"① 进一步指出这些学术领域存在的"内以自乱,外以惑人,上以蔽下,下以蔽上"的祸患,是不合乎立法规范的。

处理"蔽"的问题,需要提高认知水平,使之达到理想境界,由此荀子提出了"知道"说:"故治之要在于知道。何以知道?曰:心。心何以知?曰:虚壹而静。心未尝不臧也,然而有所谓虚,心未尝不满也,然而有所谓一;心未尝不动也,然而有所谓静。人生而有知,知而有志。志也者,臧也;然而有所谓虚,不以所已臧害所将受谓之虚。心生而有知,知而有异,异也者,同时兼知之。同时兼知之,两也,然而有所谓一,不以夫一害此一谓之壹。"② 在此段论述中,荀子提出了"知道"的范畴,其中"知"是核心概念,关于"知",荀子又指出"心生而有知"、"知而有异"和"不以夫一害此一谓之壹"的主张。"心生而有知"与孟子的"心之官则思"的主张一脉相承,心天生就有认知和思维的功能,这是荀孟的相同之处,在此基础上荀子指出,人的思维是复杂的,不是纯一无二的。这就需要经过自身的加工和提炼,使自己的思维和意念由二至一甚至由多至一,心是处理这个过程的机器,它的表现状态是"虚"和"静",由二至一或由多至一的思维过程就是分析理解、怀疑、辨别、深思洞明的过程,只有经过这个过程,人才能"知道","知道"是认知水平的最高境界,是经由智力发展过程而实现的,这一智力发展过程就是修身的过程。

荀子在《正名》篇中又阐明了言辞和辩说的区别,"辩说"、"道"和"心"三者之间的关系。荀子说:"辞也者,兼异实之名以论一意也。辩说也者,不异实名以喻动静之道也。期命也者,辩说之用也。辩说也者,心之象道也。心也者,道之工宰也。道也者,治之经理也。心合于道,说合

---

① (清)王先谦撰,沈啸寰、王星贤点校《荀子集解》,第463~464页。
② (清)王先谦撰,沈啸寰、王星贤点校《荀子集解》,第467~468页。

于心，辞合于说。"① 言辞是表达一个事件或一种意思，而辩说是要搞清楚两种事件或多种事件的同异，弄明白一个事物的两个对立方面或多个矛盾方面，从言辞到辩说，是一个从简单到复杂、从浅显到深隐、从低级到高级、从单向到多向的语言表达过程。道是政治实践的规律，心是道的主宰，可以把握政治实践的规律，同时，心可以描述政治事件规律，心要描述政治实践规律，必须要借助辩说这一途径和工具。

荀子在孔子"非礼勿言"和孟子"知言"理论基础上，提出"知道"说，不仅指出"蔽言"在政治领域的危害，也指出其在学术领域中的祸端，荀子界定言辞和辩说的区别，指出"辩说"、"道"和"心"之间的关系，"知言"和"知道"的根本在于人的心灵，在荀子看来，心灵世界对礼的体悟就是"知道"，礼是对人思维世界的道德和价值判断，正确思想成长和发展的过程是认知水平提高的过程，离不开礼的校正和判断，语言的成熟表达和心理的高级认知水平是修身的重要内容和目标。

梁启超在《清代学术概论》中指出："启超谓孔门之学，后衍为孟子、荀卿两派，荀传小康，孟传大同；汉代经师，不问为今文家古文家，皆出荀卿（汪中说）；两千年间，宗派屡变，壹皆盘旋荀学肘下，孟学绝而孔学亦衰。"② 梁启超从学术史的角度强调了荀学对后世的深远影响。晚清研究诸子之学成为一种潮流，学者文人关注荀学的文献很多，郑吉雄在《清儒文集所见荀子文献管窥》中列举了讨论荀子其人其书之文献 48 条、作者 24 人。③ 文明之所以不中断，是因为学术的绵亘接续，正如雪溪细流之于东海，荀学就是其中一股水流，荀子礼学就是这一股水流中的绚丽浪花。

溯源学术史，荀子继承了先秦儒家的经典文献《中庸》《大学》《论语》《孟子》中的有益成分，创立了自己的理论体系，礼是荀子思想最核心的范畴，从社会群治角度讲，礼是一个政治经济学范畴，从进德修身角度讲，礼是一个道德伦理学范畴。在《中庸》提倡的"天下达道""国家九经"、《大学》论述的"三纲八条目"、《论语》精心结撰的"克己复礼"、《孟子》所谓"收放心""仁者四端""知言养气"等诸多思想中，礼是这些先贤论述的核心，事关进德修身和社会群治，"四书"也由此成

---

① （清）王先谦撰，沈啸寰、王星贤点校《荀子集解》，第 500 页。
② 梁启超：《清代学术概论》，上海古籍出版社，2011，第 84 页。
③ 康香阁、梁涛主编《荀子思想研究》，人民出版社，2014，第 286 页。

为道德伦理学和政治经济学中的经典。荀子把战国末期人性的特点概括为"性恶"，并将其作为礼学范畴的基点，进一步构建了"养人之欲""化性起伪""解蔽""知道""礼""分""群"等一系列理论范畴，并从古典政治经济学、教育心理学的高度描绘了群治和修身的最高境界，开创了有别于孔孟的新学术，更具经世致用性。荀子礼学范畴可以概括为一个理论基点，两个理论原理，这对当代政治学有指导意义。

第四节 《荀子》群的范畴解析

在先秦儒家思想领域里，孔孟二先师对中国古代理想社会做出了比较客观而严密的阐述，孔子提出了"礼""仁"等理论范畴，孟子提出了"王""霸"等理论范畴。这些思想表达了儒学先师们在治理国家，管理百姓，构建健康、有序、安宁的社会等方面的构想。其同《礼记》中的"大同""小康"等概念互为羽翼，共同勾勒了中国古代理想社会的轮廓。荀子在孔孟思想的基石上，提出了"群"的概念，充分论述了人的组织由生物性向社会性转变的理论过程，在此基础上突出国家、社会的组织力，突出君主的权力与核心地位，强调国家君主对构建一个强劲发展、关系和谐、凝聚力强大的理想社会的重要作用。荀子以"群"的内容为核心建构的思想体系，将"小康"社会的理念具体化，开辟了先秦儒学的新天地，成为儒学发展过程中一个崭新的里程碑。

一 "群"的概念的提出及其社会性

"群"是荀子思想体系中的一个重要概念，《荀子》三十二篇提到"群"这一概念的有32处，其中在《劝学》《王制》《富国》《君道》《礼论》《宥坐》等章节中有深入的阐述。荀子在《劝学》中首次提到了"群"。"草木畴生，禽兽群焉，物各从其类也。"[1] 这里指出了"群"的自然性和生物性，树木花草聚集而生，走兽飞禽群聚而存，群聚是生存繁衍的需要，是同自然界抗争的必然结果。在《王制》中，荀子从社会关系的角度进一步提出了"群"的概念。"水火有气而无生，草木有生而无知，禽兽有知而无义，人有气、有生、有知，亦且有义，故最为天下贵也。力不若

---

[1] （唐）杨倞注，耿芸标校《荀子》，上海古籍出版社，2014，第3页。

牛，走不若马，而牛马为用，何也？曰：人能群，彼不能群也。"① "草木
畴生，禽兽群焉"，但是他们的 "畴" "群" 与人的 "群" 是有区别的，
前者或 "有生而无知"，或 "有知而无义"，而人 "有气、有生、有知，
亦且有义"。郝懿行曰："知者，匹也。"《诗》曰："乐子之无知。" 此草
木 "有生无知" 之说也。《曲礼》曰："禽兽无礼，故父子聚麀。" 此禽兽
"有知无义" 之说。杨倞注 "知谓性识"。盖因有性识然后有匹偶，故此二
义兼之乃备。李涤生云：气，形质。生，滋长、生机。知，性识、知觉。
义，理性。《解蔽》："人有生而知（理智）。"② 人的 "群" 与禽兽之
"群" 的区别在于人的社会性，人生而有知觉、有理性，人是社会关系的
总和，能妥善处理好群体之中各成员之间的和谐关系。《说文解字》对
"群" 字的解释是 "朋辈，朋也，类也"。《辞源》对 "群" 字的解释有五
个义项：群兽聚合；人群、朋辈；种类；合群、会和；犹诸、众。荀子在
其著作中较多地使用了第二个、第四个义项。在这两个义项的基础上构建
了 "群" 的理论。"群" 的概念可以首先解释为承载着物质文明、精神文
明并且有无穷创造力、有共同聚居地的社会有机组织群体，可以指一个部
落、一个民族、一个国家的民众集体。"是故权利不能倾也，群众不能移
也，天下不能荡也。"③ 此处的 "群众" 即民众的意思。"狂惑戆陋之人，
乃始率其群徒，辩其谈说，明其辟称，老身长子，不知恶也。"④ 此处 "群
徒" 的意思应该是指一个团体的成员，即信仰邓析、惠施学说的门徒。其
次 "群" 可以解释为合群的意思，即在共同居住地的种族、部落或社会内
部、成员与成员之间的有机组织关系。"今以夫先王之道，仁义之统，以
相群居，以相持养，以相藩饰，以相安固邪？以夫桀、跖之道，是其为相
县也，几直夫刍豢稻粱之县糟糠尔哉！"⑤ 此处的 "群" 就是指社会群体中
成员与成员之间的态度和关系，这种关系是合群、和同的关系。有了这种
关系，才能 "以相群居"。"以治情则利，以为名则荣，以群则和，以独则
足，乐意者其是邪？"⑥ 懂得《诗》《书》《礼》《乐》，群居则和同，独处

① （唐）杨倞注，耿芸标校《荀子》，第98页。
② （唐）杨倞注，耿芸标校《荀子》，第256页。
③ （唐）杨倞注，耿芸标校《荀子》，第8页。
④ （唐）杨倞注，耿芸标校《荀子》，第71页。
⑤ 北京大学《荀子》注释组注《荀子新注》，第44页。
⑥ （唐）杨倞注，耿芸标校《荀子》，第38页。

则自足，这里就突出了成员与成员之间"和同"共处的和谐关系。

二　"群"与"分""礼"之关系

一个种族、一个部落、一个社会怎样才能有效、有机地组织在一起并能和谐相处，最大限度地发挥它的创造力呢？荀子在他的著作里思考了这个问题。人"何以能群"？"人有气、有生、有知亦且有义，故最为天下贵也。力不若牛、走不若马而牛马为用，何也？曰：人能群，彼不能群也。人何以能群？曰：分。分何以能行？曰：义。故义以分则和，和则一，一则多力，多力则强，强则胜物，故宫室可得而居也。故序四时，裁万物，兼利天下，无它故焉，得之分义也。"① 荀子认为"分"是一个原则，是一个准绳，是古代社会群体赖以维系的根本守则。坚守这一原则，古代社会群体就能牢牢团结在一起，形成"一"，力量就会变得强大，就能够战胜自然，获得财富，即"裁万物，兼利天下"，住得舒适，生活得美好。"人之生不能无群，群而无分则争，争则乱，乱则穷矣。故无分者，人之大害也，有分者天下之本利也。"② "离居不相待则穷，群而无分则争。穷者患也，争者祸也，救患除祸，则莫若明分使群矣。"③ "分"的原则意义十分重大，关系到国家与社会的安危与福祉。有"分"，人人富足，社会稳定，天下太平；无"分"，人们的物质文化生活需求就得不到满足，社会就会发生暴乱，甚至危害到最广大人民群众的根本利益，整个天下就会穷困不堪，危机四伏。

然而什么是"分"？如何"分"？在对"分"的众多解释中，最重要的解释是职分及其利益分配。"故先王案为之制礼义以分之，使有贵贱之等，长幼之差、知贤愚能不能之分，皆使人载其事而各得其宜，然后使悫禄多少、厚薄之称，是夫群居和一之道也。"④ 其中"人载其事而各得其宜"讲的就是职分，"使悫禄多少、厚薄之称"讲的就是利益分配要与职分相称。社会成员之间"以相群居，以相持养，以相藩饰，以相安固"，就必须满足每一个成员的物质文化生活需求，只有这样，人们才会安于"群"，乐于"群"。荀子所谓的"分"就是指按照职分等级进行合理的利益分配。

---

① （唐）杨倞注，耿芸标校《荀子》，第98页。
② （唐）杨倞注，耿芸标校《荀子》，第110页。
③ （唐）杨倞注，耿芸标校《荀子》，第106页。
④ （唐）杨倞注，耿芸标校《荀子》，第38页。

而这种等级、职分、合理就是指"礼",即荀子所谓"贵贱之等,长幼之差,知愚、能不能"。荀子在《强国》篇中说道,"古者明主之举大事、立大功也,大事已博,大功已立,则君享其成,群臣享其功,士大夫益爵,官人益秩,庶人益禄。是以为善者劝,为不善者沮,上下一心,三军同力,是以百事成而功名大也"①。明确提出按照礼仪分封建功立业的人,士大夫、官人、庶人分别得到了"爵""秩""禄",这样就会形成"为善者劝,为不善者沮,上下一心,三军同力"的综合效应,振兴军队和国威,从而使各项事业兴旺发达。荀子还在《王制》篇中谈到了"群""分""礼"的关系。"故人生不能无群,群而无分则争,争则乱,乱则离,离则弱,弱则不能胜物;故宫室不可得而居也,不可少顷舍礼义之谓也。"②"群"的生存、发展和繁荣要坚守"分"原则,而"分"的执行必须按照"礼"的原则。没有"分"就会出现"争",国家离乱,降低战胜自然、获取财富的创造力,同时如果丢掉了"礼",从国君到庶民都不能安居乐业,不能"以相群居,以相持养,以相藩饰,以相安固"。此外,礼"以饰群别"是"群"与"礼"的又一重要关系。"三年之丧何也?曰:称情而立文,因以饰群别、亲疏、贵贱之节而不可益损也。"③ 三年之丧是根据哀情轻重而制定的丧礼规定,这样的礼节用以分别群类、亲疏、贵贱,丧礼的特征,呈现为不同种族的"别"及与他群迥异的文化状态。它体现了礼的一个重要作用,即"别",在族群内部别"差等",在族群与族群之间别"种属"。

三 "群"与"君""礼"之关系

对"群"这一概念的解析,必须从"群"与"君"的关系出发,把君这一概念放在二者关系上来考量,这样就会深刻得多,准确得多。首先,"君"是"群"的组织者、管理者、实现者。也就是说"君"是"群"的领袖和首脑。荀子说:"君者何也?曰:能群也。"讲的就是这个意思。其次,"君"与"群"关系是"生养"的关系、"班治"的关系、"显设"的关系和"藩饰"的关系。荀子在《君道》篇中指出:"道者何

① (唐)杨倞注,耿芸标校《荀子》,第188页。
② (唐)杨倞注,耿芸标校《荀子》,第243页。
③ 安小兰译注《荀子》,第186页。

也？曰：君道也。君者何也？曰：能群也。能群也者何也？曰：善生养人者也，善班治人者也，善显设人者也，善藩饰人者也。善生养人者人亲之，善班治人者人安之，善显设人者人乐之，善藩饰人者人荣之。四统者俱而天下归之，夫是之谓能群。不能生养人者人不亲也，不能班治人者人不安也，不能显设人者人不乐也，不能藩饰人者人不荣也。四统者亡而天下去之，夫是之谓匹夫。"① 什么是"生养"的关系？荀子指出："省工贾，众农夫，禁盗贼，除奸邪，是所以生养之也。"发展农业，抑制工商业，禁止盗窃，严明法纪，使老百姓休养生息。什么是"班治"的关系？荀子指出"天子三公，诸侯一相，大夫擅官，士保职，莫不法度而公，是所以班治之也。"王天海云："班"本有分别之义。班治，分等级而治。什么是"显设"的关系？荀子指出："上贤使之为三公，次贤使之为诸侯，下贤使之为士大夫，是所以显设之也。"只有君上才能行使君权，设"三公""诸侯""士大夫"的职位，使有才能的人显耀尊荣。什么是"藩饰"的关系？荀子指出："修冠弁、衣裳、黼黻、文章、雕琢、刻镂，皆有等差，是所以藩饰之也。"君主行使权力，使有才能的人不但得到显位，而且得到荣光和实惠的待遇。那么，"君"与"群"的关系说到根本，也就是"君"以礼治"群"，以"礼"治国。

再次，"君"是"群"的本源，是"亲爱"关系，这一关系决定着国家的存亡绝续。荀子在《君道》篇指出："君者民之原也，原清则流清，原浊则流浊。故有社稷者而不能爱民、不能利民，而求民之亲爱己，不可得也。民之不亲不爱，而求为己用、为己死，不可得也。民不为己用、不为己死，而求兵之劲、城之固，不可得也。兵不劲、城不固，而求敌之不至，不可得也。"② "君"与"群"的关系也就是水与舟的关系，水能载舟亦能覆舟。

最后，"君"的终极意义是"善群"。"善群"是"君"的"至善"之境。"君者，善群也。群道当则万物皆得其宜，六畜皆得其长，群生皆得其命。故养长时则六畜育，杀生时则草木殖，政令时则百姓一、贤良服。"③ 荀子认为，"君"的终极使命和唯一意义就是"万物皆得其宜""六畜皆得其长""群生皆得其命"。百姓和同，贤良为用，政治清明，天下太平之时

① （清）王先谦撰，沈啸寰、王星贤点校《荀子集解》，第 280 页。
② （唐）杨倞注，耿芸标校《荀子》，第 149 页。
③ （唐）杨倞注，耿芸标校《荀子》，第 98 页。

就是"君"与"群"关系最得当、融洽的时候。荀子所谓"君道当"即圣王或者国君操控天下的合理性，就是提高国君的素养，以简驭繁，以"礼"来"制"天下，以"礼"来"齐一"百姓。荀子指出"圣王之用也，上察于天，下错于地，塞备天地之间，加施万物之上，微而明，短而长，狭而广，神明博大以至约。故曰：一与一是为人者谓之圣人"。① 王先谦着重解释了两个"一"："与，读为举。上言'以一行万'，是上之一也。丧祭、朝聘、师旅诸事，皆所以一民，是下之一也。以上之一举下之一，故曰'一举一'。"② 笔者认为荀子的这段话及王先谦的解释都是围绕着"君"与"群"的关系展开的，"一"是核心内容。所谓"以一行万"就是"上之一"，是圣人、国君对礼的理解和把握，是统治集团内部统一思想，制定用来实施"王制"的制度和措施，也就是将礼的内容理论化、政策化，这一个"一"，是一个政治理论统一的过程；下一个"一"，是一个实践过程，是"王制"理论的实施过程，是"礼""分"等内容的具体化、物质化、实践化，将理论变为实践，使全天下的百姓合一于"群"，以实现王天下的政治理想，理论与实践的结合就是"善群"。

荀子"群"的概念是荀子思想体系中的一个重要的理论范畴，是荀子以"礼"治国的政治追求，这一理论的深化，就是"善群"，以"礼"治国的实施者是君，是圣王，他"善群"的核心原则是"礼"，"分"是"礼"的内容和具体化，"分"的过程就是圣王"善群"的过程，就是"一举一"的过程，也是王制天下的过程，如果这个过程实现得好，整个社会群体中成员与成员之间的态度和关系就会向好的方向发展，达到"群居则和同，独处则自足"的状态，整个社会呈现为"小康"的理想状态。

第五节 《荀子》分的范畴与社会和谐的达成

在荀子思想体系中，"分"是一个重要的理论范畴和中心建构。荀子在其著作中首先提出"分"的概念，并在大量的篇章中对"分"进行阐发，明确指出"分"的组织者、实现者是"人君"、"圣人"和"治国者"，"分"的过程中遵守的原则是"礼"，深刻揭示了"分"对中国古代

---

① （清）王先谦撰，沈啸寰、王星贤点校《荀子集解》，第 195～196 页。
② （清）王先谦撰，沈啸寰、王星贤点校《荀子集解》，第 196 页。

社会和谐关系达成的作用：实现群体的高度团结、高度和谐；完成统治者对国家政治的管理；促进社会分工的多样性，行业内部资源优化，促进整个社会经济的和谐发展；维护社会稳定、国家安宁。

一 "分"的提出及其内涵

"分"是荀子思想中的一个重要理论范畴，在《荀子》三十二篇中，提到"分"的有126处，"分"的出现频率是非常高的，值得我们重视。许慎在《说文解字》中对"分"这样解释："别也。从八从刀，刀以分别物也。"分开、分别应该是"分"的最基本的内涵。《辞源》对"分"字做了详细的解释，共有12条义项。其中第9条义项这样解释："职分、名分。"《王制》篇："分均则不偏。"① 杨倞注："'分均'谓贵贱敌也。"② 这是一条非常重要的解释，荀子指出：名分等级应该有所区别，而不应人人平等。荀子说："分均则不偏，埶齐则不壹，众齐则不使。"③ 安小兰解释：名分等级均等了就不能有所统属，势位权力相同了就难以统一，大家平等了就无法役使。按照这种解释，"分"就成了"礼"的一项最重要的内容，即别，即"贵贱有等，长幼有差，贫富轻重皆有称者"④。荀子在《君道》篇提到"故职分而民不慢，次定而序不乱，兼听齐明而百事不留"⑤，"修饬端正，尊法敬分而无倾侧之心，守职循业，不敢损益，可传世也而不可使侵夺，是士大夫官师之材也"⑥。其中"职分""次定""敬分""守职"都是讲名分等级的重要性。荀子在《王霸》篇论述"相者"的管理职能时讲："论列百官之长，要百事之听，以饰朝廷臣下百吏之分，度其功劳，论其庆赏，岁终奉其成功以效于君。"⑦ 其中"百吏之分"的"分"也是职分、名分的意思。

"分"意义可以解释为：按照等级界限进行分配。荀子在《礼论》篇中论述"礼"产生的原因："礼起于何也？曰：人生而有欲，欲而不得，则不能无求；求而无度量分界，则不能不争；争则乱，乱则穷。先王恶其

---

① （清）王先谦撰，沈啸寰、王星贤点校《荀子集解》，第197页。
② （唐）杨倞注，耿芸标校《荀子》，第89页。
③ 安小兰译注《荀子》，第75页。
④ 安小兰译注《荀子》，第159页。
⑤ （唐）杨倞注，耿芸标校《荀子》，第151页。
⑥ （唐）杨倞注，耿芸标校《荀子》，第154页。
⑦ （唐）杨倞注，耿芸标校《荀子》，第143页。

乱也，故制礼义以分之，以养人之欲，给人之求，使欲必不穷于物，物必不屈于欲，两者相持而长，是礼之所起也。"① 荀子说，先王"养人之欲"时要使用"分"，这里的"分"就是指通过区分等级界限，来分配"养人之欲"的俸禄或财富。也就是说"分"定，利益分配就按照等级界限来定，这是一种根本利益分配的原则。荀子在《王霸》篇中更深入细致地使用"分"："然后皆内自省以谨于分，是百王之所同也，而礼法之枢要也。然后农分田而耕，贾分货而贩，百工分事而劝，士大夫分职而听，建国诸侯之君分土而守，三公总方而议，则天子共己而止矣。出若入若，天下莫不平均，莫不治辨，是百王之所同而礼法之大分也。"② 各行各业，都要根据对本行业的土地、货物、管理情况进行分配："农分田而耕，贾分货而贩，百工分事而劝，士大夫分职而听，建国诸侯之君分土而守"，然后各自进行本行业的生产劳动。此处的"分"也是按等级分配的意思。

二 "分"的执行者及原则

"分"的执行者就是社会群体和国家的管理者、组织者和根本利益分配者，荀子认为这一群体应该是"先王"、"人君"、"圣人"和"治国者"。荀子在《礼论》篇中指出："宇中万物、生人之属，待圣人然后分也。"③ 荀子在《君道》篇中说："请问为人君，曰：以礼分施，均遍而不偏。"④ 荀子在《王霸》篇中讲："治国者，分已定，则主相臣下百吏各谨其所闻，不务听其所不闻；各谨其所见，不务视其所不见。所闻所见，诚以齐矣。则虽幽闲隐辟，百姓莫敢不敬分安制以化其上，是治国之征也。"⑤ 通观以上三例，"分"的执行者是统治者，国君使用"分"来协调各个集团、各级官吏，甚至是人与人之间的关系，按照等级制度合理地分配职事、财富、俸禄。"分"是一种重要的管理过程，也是一种处理各种关系和各种利益矛盾的核心原则。统治者强调这种原则，这种原则不是均等的原则，而是不均等的原则，或者说是一种级别的"差等"。这种级别

---

① 安小兰译注《荀子》，第158页。
② 北京大学《荀子》注释组注《荀子新注》，第179页。
③ （唐）杨倞注，耿芸标校《荀子》，第238页。
④ （唐）杨倞注，耿芸标校《荀子》，第148页。
⑤ 北京大学《荀子》注释组注《荀子新注》，第182页。

的"差等"体现了贵贱之等、尊卑之别、长幼之序和亲疏之别。统治者要求"主相""臣下""百吏""百姓"各安其分，贯彻统治者指定的"分"。如果君、相、百吏都能够按照统一的原则处理自己职分内的事件，无论京畿还是蛮荒的百姓都会各安其分，遵守国家制度，心向国君，国家内部的关系就会变得和谐，利益矛盾就会变得缓和，国家才能安定团结、兴旺发达。

"分"的最重要的原则就是"礼"。什么是"礼"，"礼"的核心就是"别"与"养"，即"别"贵贱和"养人之欲"。

首先，要做到"以'礼'之'分'"，就必须做到"别"，即"贵贱有等，长幼有差，贫富轻重皆有称者"①。荀子在《王制》篇中指出："先王恶其乱也，故制礼义以分之，使有贫富贵贱之等，足以相兼临者，是养天下之本也。"②"别"是"养人之欲"的前提，人人有职分，人人有名分，人人有差等，就是实现"以'礼'之'分'"的第一步。

其次，要做到"以'礼'之'分'"就必须在"别"的基础上做到"养人之欲"。"礼"规范了人的欲望，合理地分配了社会财富，即按照"别"分配了社会财富，维持了社会的稳定。荀子在《礼论》篇中论述："先王恶其乱也，故制礼义以分之，以养人之欲，给人之求，使欲必不穷于物，物必不屈于欲，两者相持而长，是礼之所起也。"③人生来就是有欲望的，对欲望的追求，让人不择手段，导致世界混乱，没有秩序。因此"先王制礼义以分之"，制约了人的欲望，做到合理适度地"养人之欲"，这是实现"以'礼'之'分'"的第二步。

实现"以'礼'之'分'"是荀子论述"分"这一理论范畴遵循的重要原则，并且将这一原则贯穿"分"的全过程，不但要做到"别"，而且要做到"养"，这就巧妙地处理了社会群体中人与人、团体与团体之间的根本利益和根本矛盾问题。

三 "分"的重要功能

在荀子思想体系中，"分"的内容是重要建构，尤其是对"分"的功

---

① 安小兰译注《荀子》，第159页。
② 安小兰译注《荀子》，第76页。
③ 安小兰译注《荀子》，第158页。

能的论述更表现出了"分"的中心地位。

首先，"分"的功能表现在能够高效地组织群体形成"一"，即通过对社会成员之间根本矛盾的处理和根本利益的分配来实现群体的高度团结、高度和谐。荀子指出："人何以能群？曰：分。分何以能行？曰：义。故义以分则和，和则一，一则多力，多力则强，强则胜物，故宫室可得而居也。故序四时，裁万物，兼利天下，无它故焉，得之分义也。"① "故人生不能无群，群而无分则争。争则乱，乱则离，离则弱，弱则不能胜物，故宫室不可得而居也，不可少顷舍礼义之谓也。"② 实现"以'礼'之'分'"可以使社会群体团结一致，增强人们战胜自然、获得财富的力量，反之，舍"礼"之"分"就会使社会群体土崩瓦解，力量削弱，社会矛盾众多，社会陷入混乱，百姓甚至居无定所。荀子从正反两个方面论述合"礼义"之"分"对社会组织群体的重要意义，不但使有限的力量形成合力，而且使社会群体内部的根本矛盾得到高效处理，"使群"如"使一人"。中国古代社会和谐关系的达成全有赖于这种"礼义"之"分"。

其次，荀子将"分"的功能放到统治者对国家政治管理的层面上来论述，并且指出国家首脑是"管分之枢要"。荀子在《富国》篇中指出"故无分者，人之大害也；有分者，天下之本利也；而人君者，所以管分之枢要也"③。荀子创造性地将"人君"放到了一个极其重要的位置，即国家管理的中枢、本源，并且由此生发开来，推及百官，最后推及庶人。荀子在《王霸》篇中指出："治国者，分已定，则主相臣下百吏各谨其所闻，不务听其所不闻；各谨其所见，不务视其所不见。所闻所见，诚以齐矣。则虽幽闲隐辟，百姓莫敢不敬分安制以化其上，是治国之征也。"④ "治国者"制定"分"，即制定"礼义"的总原则，然后从上到下将其贯彻至"主相""臣下""百吏"，使各等级的官吏都能够做到"明分使群"，国家管理就会井井有条，治国者才会得到百姓拥戴，这是国家安定、社会和谐的象征。

再次，"分"的功能还表现在社会分工的多样性、各个行业之间的合理组合，以及行业内部资源的整合上，这些都促进了社会的和谐、繁荣和

① （唐）杨倞注，耿芸标校《荀》，第98页。
② （唐）杨倞注，耿芸标校《荀》，第98页。
③ 北京大学《荀子》注释组注《荀子新注》，第143页。
④ 北京大学《荀子》注释组注《荀子新注》，第182页。

长足发展。荀子在《王霸》篇中指出："皆内自省以谨于分，是百王之所同也，而礼法之枢要也。然后农分田而耕，贾分货而贩，百工分事而劝，士大夫分职而听，建国诸侯之君分土而守，三公总方而议，则天子共己而止矣。出若入若，天下莫不平均，莫不治辨，是百王之所同而礼法之大分也。"[1] "农""贾""百工""士大夫""诸侯""三公""天子"是社会不同的分工，需要各方形成合力，即相互促进、相互包容，做到整齐合一。同时，各行业内部要做到"分田而耕""分货而贩""分事而劝""分职而听""分土而守""总方而议""共己而止矣"，充分合理利用各行业的资源整体特色优势，发挥其在整个国家政治经济发展中的作用，荀子在《富国》篇中论述道："兼足天下之道在明分。掩地表亩，刺草殖谷，多粪肥田，是农夫众庶之事也。守时力民，进事长功，和齐百姓，使人不偷，是将率之事也。高者不旱，下者不水，寒暑和节而五谷以时熟，是天之事也。若夫兼而覆之，兼而爱之，兼而制之，岁虽凶败水旱，使百姓无冻馁之患，则是圣君贤相之事也。"[2] 他指出，使整个天下富足在于明"分"，在于社会的分工的合理性，在于行业内部的特色经营，其对"农夫众庶"的论述更具体地体现了这一点。

最后，"分"的功能还表现在对社会稳定、国家长治久安所发挥的作用上。从人本身的角度讲，荀子在《性恶》篇中指出："从人之性，顺人之情，必出于争夺，合于犯分乱理，而归于暴。"[3] 人的本性就是好利，顺着这个本性，就会争夺利益，打破等级名分，去做破坏礼义的坏事并激化社会矛盾，产生社会暴乱。国君如果充分发挥"分"的功能，社会就会长治久安。荀子在《君子》篇中论述了这一点："圣王在上，分义行乎下，则士大夫无流淫之行，百吏官人无怠慢之事，众庶百姓无奸怪之俗，无盗贼之罪，莫敢犯上之禁。"[4] 如果封建等级关系的准则能够得到贯彻执行，不但"士大夫""百官"能够忠于职守，普通的老百姓也能够遵守国家法纪，不会"作奸犯科"，那么社会就呈现出稳定、安宁的良好政治状态。荀子在《大略》篇也进行了同样的论述："国法禁拾遗，恶民之串以无分

---

① 北京大学《荀子》注释组注《荀子新注》，第 179 页。
② （清）王先谦撰，沈啸寰、王星贤点校《荀子集解》，第 216～218 页。
③ 安小兰译注《荀子》，第 267 页。
④ 北京大学《荀子》注释组注《荀子新注》，第 405 页。

得也。有分义，则容天下而治；无分义，则一妻一妾而乱。"① 这里也强调了"分"对社会稳定的作用，有了等级名分整个天下就会得到治理，相反，没有等级名分，一个小家都治理不好。由此可见，荀子认为名分等级对中国古代社会的繁荣稳定、长治久安、和谐发展起着至关重要的作用。

---

① 北京大学《荀子》注释组注《荀子新注》，第 472 页。

第二章

《荀子》思想与诸子学说举要

第一节　儒学危机下《荀子》礼学与《商君书》
法术的交锋

秦国在"奋六世之余烈"的崛起进程中，有两大事件值得关注。一是秦孝公任用商鞅变法。秦孝公渠梁与公孙鞅、甘龙、杜挚经过激烈的讨论，议定国家大计"垦草令"，公孙鞅主政秦国。① "商君治秦，法令至行，公平无私……法及太子，黥劓其傅。期年之后，道不拾遗，民不妄取，兵革大强，诸侯畏惧。"② 二是秦昭王委婉拒绝荀子治国思想，提出"儒无益于人之国"之问，③ 荀子提出构建人伦文明社会。继而荀子与秦国应侯议兵之后，离开秦国。此事之后，秦国持续推进法学思想而彻底摒弃儒学。秦国为什么会"纳商"而"拒荀"？商、荀思想的差异又在何处？这需要认真研究和梳理。

一　商鞅之遇秦孝公与荀子之遇秦昭襄王

《史记》言：大费佐禹治水，佐舜调顺鸟兽。恶来有力，可手裂虎兕。飞廉善走，为坛霍太山。造父为周穆王御，一日千里而救乱。费昌为汤御，以败桀于鸣条。秦庄公破西戎，为西垂大夫。秦穆公"益国十二，开地千里，遂霸西戎"。④

---

① 高亨注译《商君书注译》，中华书局，1974，第 17~18 页。
② 缪文远等译注《战国策》，中华书局，2012，第 60~61 页。
③ （清）王先谦撰，沈啸寰、王星贤点校《荀子集解》，第 138 页。
④ 《史记》，第 195 页。

秦统一六国之前的崛起过程中，享国较久，国策稳定的国君当属秦孝公和秦昭襄王。秦孝公在位二十四年，秦昭襄王在位五十六年，这是秦国最为重要的两个发展阶段，为秦统一六国奠定了基础。其重要国策为重农重战。"三年，卫鞅说孝公变法修刑，内务耕稼，外劝战死之赏刑。"① 秦孝公与秦昭襄王是执行这两项国策最坚决的国君。

秦孝公时，建立四十一县，为田开阡陌。刑罚始于太子，黥其傅师。秦孝公八年，与魏战元里。秦孝公二十二年击魏，获魏公子印。秦孝公二十四年与晋战雁门，虏其将魏错。秦昭襄王时尚"首战之功"，其执政五十六年间，因战争斩首百万余人。《史记·秦本纪》载："六年，庶长奂伐楚，斩首二万。""十四年左更白起攻韩、魏于伊阙，斩首二十四万。""三十二年，相穰侯攻魏，至大梁，破暴鸢，斩首四万。""三十三年，客卿胡攻魏卷、蔡阳、长社，取之。击芒卯、华阳，破之，斩首十五万。""四十三年，武安侯白起攻韩，拔九城，斩首五万。""四十七年，秦使武安君白起，打破赵于长平，四十余万尽杀之。""五十年，王龁攻晋军，斩首六千，晋、楚流死河两万人。""五十一年，将军摎攻韩，取阳城、负黍，斩首四万。""攻赵，取二十余县，首虏九万。"② 这些战役大大削弱了韩、赵、魏、楚、晋五国之力。

秦孝公与秦昭襄王都侧重使用军事人才，少用儒学之士。秦孝公摒弃复古派甘龙、杜挚的"法古无过，循礼无邪"的主张，而重用商鞅。秦孝公二十二年击魏，二十四年与晋战，皆获胜。③ 秦昭襄王使用的人才有相严君疾、相魏冉、相范雎、庶长奂、武安君白起、客卿胡阳、大将王龁、将军摎，大多为拔城略地的一代名将。

王先谦举出《荀子》一书所涉九事皆在秦昭襄王在位期间。④ 第一，齐灭宋。《史记》载：齐湣王强，南败楚相唐昧于重丘，西摧三晋于观津，遂与三晋击秦，助赵灭中山，破宋，广地千余里。⑤《王霸》篇："故用强齐……故强、南足以破楚，西足以诎秦，北足以败燕，中足以举宋。"⑥

① 《史记》，中华书局，1982，第203页。以下皆出此本。
② 《史记》，第210~218页。
③ 高亨注译《商君书注译》，第16页。
④ （清）王先谦撰，沈啸寰、王星贤点校《荀子集解》，第32~36页。
⑤ 《史记》，第2428页。
⑥ （清）王先谦撰，沈啸寰、王星贤点校《荀子集解》，第244页。

"中足以举宋"即齐湣王三十八年,伐宋,宋王死于温。王先谦《荀卿子年表》系之秦昭襄王二十一年。

第二,五国灭齐。《史记》载:齐湣王四十年,乐毅以燕、赵、楚、魏、秦破齐,湣王出奔莒也。《荀子·王制》:"湣王毁于五国。"① 《荀子·王霸》:"燕、赵起而攻之,若振槁然,而身死国灭,为天下大僇。"② 王先谦《荀卿子年表》系之秦昭襄王二十三年。

第三,田单行离间计,燕惠王以骑劫代乐毅,齐收复失地。《史记》载:"(乐毅)下齐七十余城,唯独莒、即墨未服。""(田单)乃纵反间于燕","燕惠王固已疑乐毅,得齐反间,乃使骑劫代将,而招乐毅","齐田单后与骑劫战,果设诈诳燕军,遂破骑劫于即墨下,而转战逐燕,北至河上,尽复得齐城"。③ 《荀子·议兵》:"齐之田单……是皆世俗所谓善用兵者也。"④ "燕能并齐,而不能凝也,故田单夺之。"⑤ 王先谦《荀卿子年表》系之秦昭襄王二十八年。

第四,白起攻楚。《荀子·议兵》:"秦师至而鄢、郢举,若振槁然。"⑥ 《史记》载:"白起攻楚,拔鄢、邓五城。其明年,攻楚,拔郢,烧夷陵,遂东至竟陵……秦以郢为南郡。"⑦ 王先谦《荀卿子年表》系之秦昭襄王二十九年。

第五,楚与秦为仇敌,却与秦讲和。《荀子·强国》:"今楚父死焉,国举焉,负三王之庙而辟于陈、蔡之间,视可、司间,案欲剡其胫而以蹈秦之腹,然而秦使左案左,使右案右,是乃使仇人役也。"⑧ 王先谦解释:父谓怀王,为秦所虏而死也。秦之役楚,使左则左,使右则右。《荀子·仲尼》:"楚六千里而为仇人役。"⑨ 王先谦《荀卿子年表》系之秦昭襄王三十五年。

第六,荀子入秦,向秦昭襄王提出"大儒之效"之主张,向应侯范雎

---

① (清)王先谦撰,沈啸寰、王星贤点校《荀子集解》,第 186 页。
② (清)王先谦撰,沈啸寰、王星贤点校《荀子集解》,第 244 页。
③ 《史记》,第 2429~2430 页。
④ (清)王先谦撰,沈啸寰、王星贤点校《荀子集解》,第 326 页。
⑤ (清)王先谦撰,沈啸寰、王星贤点校《荀子集解》,第 342 页。
⑥ (清)王先谦撰,沈啸寰、王星贤点校《荀子集解》,第 334 页。
⑦ 《史记》,第 2331 页。
⑧ (清)王先谦撰,沈啸寰、王星贤点校《荀子集解》,第 355 页。
⑨ (清)王先谦撰,沈啸寰、王星贤点校《荀子集解》,第 129 页。

提出"教诲、调一"①之强国策略，求自试于秦。《荀子·儒效》载荀子答秦昭襄王之问："儒无益于人之国？"②荀子盛赞周公旦"因天下之和，遂文、武之业，明枝主之义，抑亦变化矣，天下厌然犹一"③，是当之无愧的大儒。周公辅佐周成王绩续周文王、周武之业即是大儒之效，这也是荀子的学术追求。《荀子·强国》载荀子答应侯范雎之问："入秦何见？"荀子称自秦孝公、秦惠文君、秦武王至秦昭襄王执政的秦国为"四世有胜"之强国。④王先谦《荀卿子年表》系之秦昭襄王四十一年。

第七，荀子入赵，与赵孝成王、临武君议兵。《荀子·议兵》："临武君与孙卿子议兵于赵孝成王前。王曰：'请问兵要？'"⑤在荀子看来，战争的性质有两种，一是不义之战，攻城略地，夺取人口、财富。二是义战，用正义之师消灭不义之师，即"禁暴除害"。因此荀子推崇"彼兵者，所以除暴禁害也，非争夺也"⑥。因此，荀子虽然提出秦国"四世有胜"，"齐之技击不可以遇魏氏之武卒，魏氏之武卒不可以遇秦之锐士"，秦兵最强，但是他仍然坚定地认为："秦之锐士不可以当桓、文之节制，桓、文之节制不可以当汤、武之仁义，有遇之者，若以焦熬投石焉。"⑦王先谦解释"焦熬投石"即"以指焦熬，以卵投石"。"以指焦熬"即"以指挠沸"。荀子对战争的论断：仁义之师无敌。王先谦《荀卿子年表》系之秦昭襄王四十二年。

第八，秦、赵上党之战。《荀子·议兵》："韩之上地，方数百里，完全富足而趋赵，赵不能凝也，故秦夺之。"⑧《史记》载："秦攻上党，冯亭以上党降赵，以为韩、赵为一，则可以挡秦。应侯行反间计使马服子代廉颇，阴使白起将兵大破马服子于长平，坑杀赵军四十余万而夺其地。"⑨王先谦《荀卿子年表》系之秦昭襄王五十年。

第九，信陵君窃符救赵。《荀子·臣道》："平原君之于赵，可谓辅矣；

---

① （清）王先谦撰，沈啸寰、王星贤点校《荀子集解》，第344页。
② （清）王先谦撰，沈啸寰、王星贤点校《荀子集解》，第138页。
③ （清）王先谦撰，沈啸寰、王星贤点校《荀子集解》，第137页。
④ （清）王先谦撰，沈啸寰、王星贤点校《荀子集解》，第358页。
⑤ （清）王先谦撰，沈啸寰、王星贤点校《荀子集解》，第313页。
⑥ （清）王先谦撰，沈啸寰、王星贤点校《荀子集解》，第330页。
⑦ （清）王先谦撰，沈啸寰、王星贤点校《荀子集解》，第324页。
⑧ （清）王先谦撰，沈啸寰、王星贤点校《荀子集解》，第343页。
⑨ 《史记》，第2332~2334页。

信陵君之于魏，可谓拂矣。《传》曰：'从道不从君。'此之谓也。"①"争然后善，戾然后功，生死无私，致忠而公，夫是之谓通忠之顺，信陵君似之矣。"②王先谦认为：信陵君谏魏王，请救赵，不从，然矫君命破秦，而魏国以安，故似之。③《史记》载："秦之围邯郸，平原君合纵于楚，并求救于魏。""平原君尽散家中之资聚三千敢死之士，却秦军三十里。""春申君、信陵君将兵至，存邯郸。"④王先谦《荀卿子年表》也系之秦昭襄王五十年。其中七件事涉及战争，两件事是荀子入秦、入赵的干谒活动。

荀子入秦，王先谦系之秦昭襄王四十一年，故《荀子·儒效》值得研究。《荀子·儒效》是一封自荐书，类似于曹植《求自试表》、王安石《上仁宗皇帝万言书》、辛弃疾《美芹十献》。荀卿自陈治国方略，干谒于秦昭襄王。《荀子·儒效》的基本内容对秦孝公以来在秦国已经稳定沿用的农战思想提出了挑战。

第一，荀子盛推周公旦，"文、武之业"，提出"一"的范畴。何谓"一"？即"因天下之和，遂文、武之业，明枝主之义，抑亦变化矣，天下厌然犹一也"⑤。王先谦注解：厌字有二义，一曰迫也；一曰合也。荀书此厌训合。周公旦与天下人勠力同心，完成了文王、武王未竟之业，以庶嫡关系为王位承继原则，中有权变之宜，凝聚天下诸侯使之合一。"一"是荀子对周公治理天下的判断。十年之后，秦昭王灭西周，九鼎入秦。《史记》载："秦使将军摎攻西周。西周君走来自归，顿首受罪，尽献其邑三十六城，口三万。秦王受献，归其君于周。五十二年，周民东亡，其器九鼎入秦。周初亡。"⑥秦昭襄王灭周、迁九鼎是对周公旦、周文王、周武王之业的否定。因此提出"儒无益于人之国"之问。由此可见，秦昭襄王的国策与荀子的主张是根本对立的。秦昭襄王不任用荀子是必然的。

第二，盛推孔子，围绕"一"的精神，提出"法先王""隆礼义"，揭示出儒者易风化俗的作用。他说："儒者，法先王，隆礼义，谨乎臣子而致贵其上者也。"⑦荀子认为"法先王""隆礼义"是治国理政的要诀，

---

① （清）王先谦撰，沈啸寰、王星贤点校《荀子集解》，第 295 页。
② （清）王先谦撰，沈啸寰、王星贤点校《荀子集解》，第 303 页。
③ （清）王先谦撰，沈啸寰、王星贤点校《荀子集解》，第 303 页。
④ 《史记》，第 2366～2369 页。
⑤ （清）王先谦撰，沈啸寰、王星贤点校《荀子集解》，第 137 页。
⑥ 《史记》，第 218 页。
⑦ 张觉撰《荀子译注》，上海古籍出版社，2012，第 73 页。

而儒者是以"法先王""隆礼义"为手段，凝聚国家官吏之力，进行治国理政的执行者。他称赞孔子为"王公之材""社稷之臣""国君之宝"，赞扬其治国理政、移风易俗的高明之处："仲尼将为司寇，沈犹氏不敢朝饮其羊，公慎氏出其妻，慎溃氏逾境而徙，鲁之粥牛马者不豫贾，必蚤正以待之也。居于阙党，阙党之子弟罔不必分，有亲者取多，孝弟以化之也。"① 孔子任鲁国司寇来管理国家，沈犹氏就不敢用喝饱水的羊去欺骗买主，公慎氏就会休掉淫乱的妻子来维护社会风化，慎溃氏就会羞愧自己生活不检点而越境搬走，鲁国卖牛马的人就不会漫天要价，这是因为孔子本身就是仁义礼智的象征，影响到了境内百姓。孔子居阙党，这里的子弟网获的鱼兽，一定要多分配给有父母的子弟，因为孔子的孝悌之义已经成为此地的风俗了。荀子概括这种"法先王""隆礼义"治国的效果："四海之内若一家，通达之属，莫不从服。"

荀子在这里强调的"一"和"一家"，即周公之"天下厌然犹一也"之"一"。荀子甚至把"法先王""隆礼义"推崇为一种哲学意义的"道"，视之为一种儒家治国理政的精神信仰。他说："先王之道，仁之隆也，比中而行。曷谓中？曰：礼义是也。道者，非天之道，非地之道，人之所以道也，君子之所道也。"② 荀子礼学范畴是一种复古主义，渴望社会回到周文王、周武王、周公的时代，认为"法先王""隆礼义"是治理人类社会的基本规律，即人之道，而君子以此道来管理人、管理社会。尤其需要指出的是，这种治国理政不依靠武力、刑罚。他说："行一不义，杀一无罪而得天下，不为也。"这一点与秦昭襄王治国理政的原则相背离，秦国尚首战之功，秦昭襄王借助军队的力量，发动战争，在位期间攻城略地，斩敌国将士首级百万余颗。《史记》："荀卿疾浊世之政，亡国乱君相属，不遂大道……于是推儒墨道德之行事兴坏，序列著数万言而卒。"③ 很显然，荀子对秦昭襄王重战思想所造成的斩将坑兵的现实是极为不满的。

第三，秦昭襄王提出用什么标准拔擢人才、如何实现人的价值的问题。即"我欲贱而贵，愚而智，贫而富，可乎？"荀子回答，只有一个途径，"其唯学乎"。学习首先要从征圣、宗经入手。荀子认为通过学可以使

---

① 张觉撰《荀子译注》，第 73 页。
② 张觉撰《荀子译注》，第 75 页。
③ 《史记》，第 2348 页。

个体达到贵、智、富的境界，由"浑然途之人"而"并乎尧、禹"；由"门室之辨，浑然曾不能决"之人而成为"原仁义，分是非，图回天下于掌上而辨白黑"的人；由"胥靡之人"而成为"治天下之大器"。学习可以改变人，根据努力程度可以成为"劲士""笃厚君子"，甚至"圣人"。荀子提倡学习的内容有二。其一，征圣。从圣人那里得到先王之法令，先王之礼义，先王之管理国家的办法。所谓"圣人也者，道之管也"，"天下之道管是矣"。圣人是思想原则的枢纽，天下的思想原则都集中在圣人身上。所以要"修百王之法，若辨白黑；应当时之变，若数一二；行礼要节而安之，若生四枝；要时立功之巧，若诏四时；平正和民之善，亿万之众而搏若一人"①。

　　商鞅也提倡征圣，但所征内容不同。"归心于壹""归心于农"是治国根本。这是商鞅征圣得出的结论。《商君书·壹言》："圣人之为国也，不法古，不修今，因世而为之治，度俗而为之法。故法不察民之情而立之，则不成。治宜于时而行之，则不干。故圣人之治也，慎为察务，归心于壹而已矣。"②《商君书·农战》："圣人知治国之要，故令民归心于农。归心于农，则民朴而可正也。"③ "惟圣人之治国作壹，抟之于农而已矣。"④《商君书·算地》："圣人之为国也，入令民以属农，出令民以计战。夫农，民之所苦；而战，民之所危也。犯其所苦，行其所危者，计也。故民生则计利，死则虑名。名利之所出，不可不审也。利出于地，则民尽力。名出于战，则民致死。入使民尽力，则草不荒。出使民致死，则胜敌。胜敌而草不荒，富强之功，可坐而致也。"⑤ "圣人之为治也，刑人无国位，戮人无官任。刑人有列，则君子下其位；衣锦食肉，则小人冀其利。君子下其位则羞功，小人冀其利则伐奸。故刑戮者所以止奸也。而官爵者所以劝功也。今国立爵而民羞之，设刑而民乐之，此盖法术之患也。"⑥

　　其二，宗经。从五经中寻找先王的思想原则。即"百王之道一是矣，故《诗》《书》《礼》《乐》之归是矣"。这两种内容也恰恰是《商君书》

---

① 张觉撰《荀子译注》，第 82 页。
② 高亨注译《商君书注译》，第 84 页。
③ 高亨注译《商君书注译》，第 37 页。
④ 高亨注译《商君书注译》，第 40 页。
⑤ 高亨注译《商君书注译》，第 65 页。
⑥ 高亨注译《商君书注译》，第 70 页。

农战思想所反对的。《商君书·农战》指出："《诗》、《书》、礼、乐、善、修、仁、廉、辩、慧，国有十者，上无使守战。国以十者治，敌至必削；不至必贫。国去此十者，敌不敢至；虽至，必却；兴兵而伐，必取；按兵不伐，必富。"① 国家有《诗》、《书》、礼、乐、善、修、仁、廉、辩、慧这十样事物，君上就无法使百姓守土争战。朝廷用这十样来治民，敌人一来，国土就必被侵削；敌人不来，国家就必定贫穷。国家去掉这十样，敌人就不敢来；即使来了，也必定败退；兴兵去攻打别国，就必定取得他的土地；按兵不动，国家也必定富饶。《商君书·去强》："国有礼有乐，有诗有书，有善有修，有孝有弟，有廉有辩。国有十者，上无使战，必削至亡……国用《诗》、《书》、礼、乐、孝、弟、善、修治者，敌至必削国，不至必贫国。"② 《商君书·说民》："辩慧，乱之赞也。礼乐，淫佚之征也。慈仁，过之母也。任举，奸之鼠也。乱有赞则行，淫佚有征则用。过有母则生。奸有鼠则不止。八者有群，民胜其政。国无八者，政胜其民。民胜其政，国弱。政胜其民，兵强。故国有八者，上无以使守战，必削至亡。国无八者，上有以使守战，必兴至王。"③

第四，荀子尊重师法，鼓励儒学之士作帝王师，强调化性起伪，"习俗移志，安久移质"。荀子认为："有师法者，人之大宝也；无师法者，人之大殃也。人无师法，则隆性矣；有师法，则隆积矣。而师法者，所得乎情非所受乎性。不足以独立而治。性也者，吾所不能为也，然而可化也；情也者，非吾所有也，然而可为也。注错习俗，所以化性也；并一而不二，所以成积也。习俗移志，安久移质；并一而不二，则通于神明，参于天地矣。"④ 商鞅尊重师法，鼓励官吏成为"天下师"，以治国家。《商君书·定分》："今先圣人为书，而传之后世，必师受之，乃知所谓之名；不师受之，而人以其心意议之，至死不能知其名与其意。故圣人必为法令置官也，置吏也，为天下师，所以定名分也。名分定，则大诈贞信，民皆愿悫，而各自治也。故夫名分定，势治之道也；名分不定，势乱之道也。故势治者不可乱，势乱者不可治。夫势乱而治之愈乱，势治而治之则治。故

---

① 高亨注译《商君书注译》，第 36 页。
② 高亨注译《商君书注译》，第 45 页。
③ 高亨注译《商君书注译》，第 52 页。
④ 张觉撰《荀子译注》，第 88～89 页。

圣王治治不治乱。"①《商君书·定分》："故圣人为法，必使之明白易知，名正，愚智遍能知之；为置法官，置主法之吏，以为天下师，令万民无陷于险危。故圣人立天下而无刑死者，非不刑杀也，行法令，明白易知，为置法官吏为之师，以道之知，万民皆知所避就，避祸就福，而皆以自治也。故明主因治而终治之，故天下大治也。"②

第五，荀子在《儒效》一篇中多处引用《诗经》用以陈述大儒的作用，但这恰恰与《商君书》农战思想相违背，与秦昭襄王推行的国策相背离。③ 其一，大儒为圣人，可以治理天下，使天下之人宾服来朝。"志意定乎内，礼节修乎朝，法则度量正乎官，忠信爱利形乎下。行一不义，杀一无罪，而得天下，不为也。此若义信乎人矣，通于四海，则天下应之如讙。是何也？则贵名白而天下治也。故近者歌讴而乐之，远者竭蹶而趋之，四海之内若一家，通达之属莫不从服。夫是之谓人师。《诗》曰：'自西自东，自南自北，无思不服。'此之谓也。"④

其二，摒弃"坚白""同异"之无益治国的学说，他称持此说之人为狂惑、戆陋之人。"狂惑、戆陋之人，乃始率其群徒，辩其谈说，明其辟称，老身长子，不知恶也。夫是之谓上愚，曾不如好相鸡狗之可以为名也。《诗》曰：'为鬼为蜮，则不可得；有靦面目，视人罔极？作此好歌，以极反侧。'此之谓也。"⑤

其三，荀子强调君子应修内、积德，才能无爵而贵，无禄而富，不言而信，不怒而威，穷处而荣，独居而乐。"君子务修其内而让之于外，务积德于身而处之以遵道。如是，则贵名起之如日月，天下应之如雷霆。故曰：君子隐而显，微而明，辞让而胜。《诗》曰：'鹤鸣于九皋，声闻于天。'此之谓也。"⑥

其四，荀子指出鄙夫所作，是自取灭亡。"鄙夫反是。比周而誉俞少；鄙争而名俞辱；烦劳以求安利，其身俞危。《诗》曰：'民之无良，相怨一方，受爵不让，至于己斯亡。'此之谓也。"⑦

---

① 高亨注译《商君书注译》，第 190 页。
② 高亨注译《商君书注译》，第 192 页。
③ 秦国的统治者认为学习《诗》耽误农战。
④ 张觉撰《荀子译注》，第 74 页。
⑤ 张觉撰《荀子译注》，第 76 页。
⑥ 张觉撰《荀子译注》，第 78 页。
⑦ 张觉撰《荀子译注》，第 79 页。

其五，荀子讲述明主"谲德序位"才能实现"治辨之极"。"明主谲德而序位，所以为不乱也；忠臣诚能，然后敢受职，所以为不穷也。分不乱于上，能不穷于下，治辨之极也。《诗》曰：'平平左右，亦是率从。'是言上下之交不相乱也。"①

其六，君子、小人之根本区别，在于能否致力于学、能否化性起伪。这是荀子的逻辑。"人知谨注错，慎习俗，大积靡，则为君子矣；纵情性而不足问学，则为小人矣。为君子，则常安荣矣；为小人，则常危辱矣。凡人莫不欲安荣而恶危辱，故唯君子为能得其所好，小人则日徼其所恶。《诗》曰：'唯此良人，弗求弗迪；唯彼忍心，是顾是复。民之贪乱，宁为荼毒？'此之谓也。"②

第六，荀子以"大儒"自况，求自试，渴盼相秦，希望秦国国民人人习儒，以"儒"来构建人伦文明的广厦。何谓大儒？"虽隐于穷阎漏屋，无置锥之地，而王公不能与之争名；在一大夫之位，则一君不能独畜，一国不能独容，成名况乎诸侯，莫不愿得以为臣；用百里之地，而千里之国莫能与之争胜；笞棰暴国，齐一天下，而莫能倾也：是大儒之征也。其言有类，其行有礼，其举事无悔，其持险、应变曲当；与时迁徙，与世偃仰，千举万变，其道一也：是大儒之稽也。其穷也，俗儒笑之；其通也，英杰化之，嵬琐逃之，邪说畏之，众人愧之。通则一天下，穷则独立贵名，天不能死，地不能埋，桀、跖之世不能污，非大儒莫之能立，仲尼、子弓是也。"③"用大儒，则百里之地久，而后三年，天下为一，诸侯为臣；用万乘之国，则举错而定，一朝而伯。"④

秦昭襄王在位五十六年，重战轻儒，斩虏六国士兵首级百万余颗，与荀子见面辄发问"儒无益于人之国"？便不足为奇。商鞅变法的本质是废除先王之礼，其"更法"之"法"应是"礼"，只是惮于与儒家礼法尖锐的矛盾，用了更法二字。《更法》篇记录了这一真相，秦孝公、公孙鞅、甘龙、杜挚就是围绕"更礼"这一重大问题展开争论的。秦孝公提出："今吾欲变法以治，更礼以教百姓，恐天下之议我也。"⑤

---

① 张觉撰《荀子译注》，第 79 页。
② 张觉撰《荀子译注》，第 90 页。
③ 张觉撰《荀子译注》，第 85 页。
④ 张觉撰《荀子译注》，第 86 页。
⑤ 高亨注译《商君书注译》，第 14 页。

秦孝公提出"更礼"这一范畴，高亨注译谓改革礼制。变革礼制应该是部分废除礼制，只有这样做天下人才会非议国君。商鞅则指出礼的本质是利民。按照这样的逻辑，他提出"苟可以利民，不循其礼""苟可以强国，不法其故"，为秦孝公废除礼制，推行农战思想提供了有力的理论依据。甘龙强烈反对以"更礼"为中心的变法，他说："今若变法，不循秦国之故，更礼以教民，臣恐天下之议君。"[①] 废除礼制而以农战思想为国策，就会引起舆论危机，使老百姓非议国君。商鞅反驳甘龙，认为"贤者更礼，而不肖者拘之"，制定国策，不能与受礼制约束的人商讨国家大事，直接把甘龙排除在议政人员之外。杜挚提出"法古无过，循礼无邪"[②]。商鞅反对"循礼无邪"，提出"治世不一道"[③]。他举证伏羲、神农、皇帝、尧、舜，以至周文王、周武王等古代圣王，"不同教""不相复"，"各当时而立法，因事而制礼"的做法，并且尖锐地指出："汤、武之王也，不循古而兴。殷、夏之灭也，不易礼而亡。"高亨解释这一意思为：商汤、周武兴起，正是因为他们不拘守古法；殷纣、夏桀的灭亡正由于他们不改革旧礼。

综上，秦昭襄王是否接纳荀子，取决于秦国的国策，而秦国的国策在秦孝公之世已经确定，即废除前代礼制。在废除前代礼制这一前提下，秦孝公任用商鞅推广农战思想，经六世实践秦日益走向富强。至秦昭襄王仍然重农战，荀子以礼学干谒，谋求相位，是一种艰难的思想挑战，遭到拒绝是有原因的。

二 商鞅、荀子思想的理论起点：农战思想与"今人性恶"

商鞅是法家的杰出代表，农战思想是其思想体系的立论之基。商鞅认为："百人农一人居者王。十人农一人居者强。半农半居者危。"从事农业的人口数量是衡量一个国家王道与霸道、强盛与衰落、危险与安全的根本标准。"圣人治国之要，故令民归心于农。归心于农，则民朴而可正也，纷纷则易使也，信可以守战也。"[④] 治国的要领在于鼓励老百姓专心从事农业生产，顺从的百姓也有利于役使，使之参加军事活动。

---

① 高亨注译《商君书注译》，第15页。
② 高亨注译《商君书注译》，第16页。
③ 高亨注译《商君书注译》，第17页。
④ 高亨注译《商君书注译》，第378页。

所谓重农思想，即通过国家政策（诸如地税制度、商品税制度、徭役制度、刑罚制度）的调整，重塑社会风尚，最大限度地扩大农民队伍，调动农民积极性使之从事农业生产，耕垦荒地，提高粮食产量。整顿吏治实现"无宿治，则邪官不及为私利于民"的政治局面，从而达到"农不败而有余日"；坚持"訾粟而税"，实现农民负担地税的公平，从而使"壮民疾农不变，则少民学之不休"；任用官吏不推崇学问、不借助外来势力，那么"民不贱农则勉农而不偷"；不增加贵族俸禄，那么"辟淫游惰之民无所于食"，无所事事的人就会成为农民；限制商人买卖粮食，"窳惰之民勉疾，商欲农"；国家限制音乐、杂技等娱乐活动的地域，使农民"意壹而气不淫"，有利于农业生产；禁止雇佣农民做工，就会"农事不伤，农民益农"；禁止开设旅馆，"逆旅之民无所于食"，这些人就会从事农业劳动；国家加强对山林大泽的控制，"恶农、慢惰、倍欲之民无所于食"，从山林大泽中渔利的人也会转向农业生产；提高酒肉价格，征收酒肉之税，"上不费粟，民不慢农"，商贾也会转向农业生产；加强社会治安，"重刑而连其罪"，那么"五民者不生于境内"，老百姓积极从事农业生产；限制农业人口迁移，"农静诛愚"就会实现农业生产的稳定；不免除贵族子弟徭役，禁止闲居，引导贵族子弟"不游事人"，"愚农不知，不好学问""知农不离其故事"。这些政策的调整，最终增加了秦国的粮食储备。

所谓重战思想，即通过战争提高军队战斗力，使国家走向强大。第一，商鞅认为战争的胜败是决定帝王成败的唯一条件，直接关系到帝王的尊崇与卑微、国土的增扩与减缩。他说："名尊地广，以至王者，何故？名卑地削，以至于亡者，何故？战罢者也。不胜而王，不败而亡者，自古及今，未尝有也。"第二，扩大服兵役的范围，举国为兵。《商君书·画策》中说："民勇者战胜，民不勇者战败。能壹民于战者，民勇；不能壹民于战者，民不勇。圣王见王之致于兵也，故举国而责之于兵。"[1] 商鞅认为百姓的勇敢保证了战争的胜利，百姓的胆怯导致了战争的失败。国君能够让百姓专一于战争，百姓就会勇敢；否则，民心离散，百姓就会胆怯。圣明的君主懂得，成就王业在于武力。所以全国的百姓都要从军。第三，怎样让"三军之众，从令如流，死而不旋踵"？以军功作为晋升官爵的唯一标准。他说："兴兵而伐，则武爵武任。"明确指出："宗室非有军功，论

---

[1] 高亨注译《商君书注译》，第138页。

不得为属籍。"老百姓在战争中立了战功就要给予官职，相反，没有战功，即使是皇室宗族，也不得做官。

商鞅的农战国策，为秦国统一六国奠定了物质基础，具有重要意义。第一，农战思想使秦国在战国纷争、掠夺鲸吞的残酷现实下生存下来并强大起来。它是使秦国军队精良，国家富强的根本途径。第二，农战思想使得秦国权力结构重组，新兴地主阶层通过土地所获粮谷和军功而获得爵位，进入统治集团。第三，解放了奴隶，奴隶成为战争中的生力军。奴隶因为农耕中突出的业绩和战争中斩获敌人首级的数量，就可以改变奴隶的身份，脱去附庸的枷锁，甚至获得土地和爵位，成为中下层官吏。法家对待战争的态度与儒家相异。孔子主张立国之根本在"民信"，甚至可以"去兵""去食"。①孟子甚至认为主张农战的人是历史的罪人，他说："善战者服上刑……辟草莱、任土地者次之。"②儒家认为农战思想与仁直接对立。因为"争地以战杀人盈野，争城以战杀人盈城，此所以率土地而食人肉，罪不容于死"。

荀子对人性做了哲学层次的概括，人性人人平等、人人相同，无贵贱之分，无道德之分，无善恶之分，具有普遍意义。他指出："凡人之性者，尧、舜之与桀、跖，其性一也；君子之于小人，其性一也。"③荀子又提出"今人之性"的范畴，即战国所特有的"兼并掠夺"的时代下人性的特征："今人之性，生而有好利焉"，"生而有疾恶焉"，"生而有耳目之欲，好声色焉"。一味放纵，就会"争夺生而辞让亡""残贼生而忠信亡""淫乱生而礼义文理亡"，起于争夺，"合于犯分乱理而归于暴"。战国时期是燕、赵、秦、韩、楚、魏、齐七个主要国家对峙的大分裂、大动荡、大战乱、大变革的时代。鉴于此，荀子对"今人之性"做了哲学判断：人之性恶。性恶是战国时期国与国之间竞为贪乱、礼崩乐坏的根本原因。止住了人性恶，就止住了大分裂、大动荡、大战乱。从而使整个社会进入"治""富""强""王"的时代。

以商鞅为代表的法家与以荀子代表的儒家，其思想体系的理论基石是不同的，即逻辑起点是不同的。商鞅着眼于战争和农业，解决了这两个问

① 程树德撰《论语集释》，中华书局，2014，第1089～1091页。
② 杨伯峻译注《孟子译注》，第175页。
③ （清）王先谦撰，沈啸寰、王星贤点校《荀子集解》，第522页。

题，国家和社会就会向着他们预设的方向前行。荀子着眼于性恶，改变了人性恶的状况，解决了人的问题，实现了"涂之人可以为禹"，社会与国家就会向着他们预设的轨道前行。由于逻辑起点相异，他们思想体系的核心也呈现为不同的状态，商鞅以法的精神为中心，并将其贯彻于思想体系的各类范畴，荀子则以学的精神，把"化性起伪"贯彻于思想体系的各个范畴。因此荀子隆礼的途径在于教化，商鞅农战思想的推行在于刑法。

三 人的解放的两种途径：化性起伪重在学、礼；刑赏重在利、法

《墨子·节葬》："天子杀殉，众者数百，寡者数十。将军大夫杀殉，众者数十，寡者数人。"① 战国时代普通人没有自由的身份，更没有独立的社会地位，是贵族的附属品，秦国有人殉之史实。秦国殉葬之制从武公始，至献公止，穆公时殉葬问题最为突出。《史记·秦本纪》："二十年，武公卒，葬雍平阳。初以人从死，从死者六十六人。"② "献公元年止从死。""三十九年，穆公卒，葬雍。从死者百七十七人，秦之良臣子舆氏三人名曰奄息、仲行、鍼虎，亦在从死之中。"③《诗经·黄鸟》对秦国殉葬之制有着生动的描绘："谁从公穆？子车仲行。""如可赎兮，人百其身！"④《小序》："《黄鸟》，哀三良也，国人刺穆公以人从死而作是诗也。"⑤《黄鸟》是对人的价值的呐喊，也是对普通人卑微身份的控诉。值得注意的是《尚书·秦誓》中秦穆公把个人的价值推向了极致："邦之杌陧，曰由一人；邦之荣怀，亦尚一人之庆。"⑥ 贤佞各异，或给国家带来荣光，或给国家带来危难。抛开该篇作者是否为秦穆公不谈，其对人的价值的推崇值得肯定。郭沫若说"秦穆公的时代应该是新旧正在转换的时代，这儿正是矛盾的冲突达到高潮的时候"，"《秦誓》在高调人的价值，《黄鸟》同时也在痛悼三良，所以人的发现我们可以知道正是新来时代的主要脉搏"。⑦ 郭沫若所说"人的发现"，就是当时人对生命价值的认知，以及要求摆脱被

---

① 吴毓江撰，孙启治点校《墨子校注》，中华书局，2006，第259页。
② 《史记》，第183页。
③ 《史记》，第194页。
④ 陈子展撰述《诗经直解》，复旦大学出版社，1983，第392页。
⑤ 陈子展撰述《诗经直解》，复旦大学出版社，1983，第390页。
⑥ （汉）孔安国传，（唐）孔颖达正义《尚书正义》，上海古籍出版社，2007，第818页。
⑦ 郭沫若：《中国古代社会研究》，商务印书馆，2011，第160页。

束缚的身份、实现个体解放的渴求。商鞅法学与荀子礼学都在人本身的解放上迈出了一大步。

从"性恶论"走向"化性起伪",是荀子礼学思想的必然逻辑。化性起伪化育个体之"恶"与社会之"偏险悖乱",个体向"君子""圣人"迈进,群体向"正理平治"之理想社会迈进。荀子的思路非常明确,选择善而摒弃恶,选择"伪"而摒弃性,选择"正理平治"而摒弃"偏险悖乱"。《劝学》《修身》两篇即是荀子实施化性起伪的途径指南。荀子的化性起伪重在教化,重在学、事。

何谓化性起伪?荀子做了充分的理论创新和安排。性恶是一个前提和基础,自不待言。何谓性?何谓伪?"不可学、不可事而在天者谓之性,可学而能、可事而成之在人者谓之伪。"① 因此荀子所讲人性即天然之性,天理之性,性天。人为之伪即人事之伪,人学之伪,伪人。性、伪统一于人。何谓善?何为恶?荀子认为:"凡古今天下之所谓善者,正理平治也;所谓恶者,偏险悖乱也。""化性起伪"之范畴是在明确性伪之分和善恶之分的界限基础上提出的。顺人之性就会产生"偏险悖乱"之恶,"若夫目好色,耳好声,口好味,心好利,骨体肤理好愉佚,是皆生于人之情性者也,感而自然不待事而后生之也。夫感而不能然,必且待事而后然者,谓之生于伪。是性、伪之所生,其不同之征也。故圣人化性而起伪,伪起而生礼义,礼义生而制法度"② 。在荀子的论述中,他的结论是性恶,善即是伪,礼义亦是伪。因此学和事皆属于伪,是仁义礼智产生的根源。

荀子化性起伪有两个重要范畴,一是修身,即个体的化性起伪,通过学习、事伪实现个体的解放,达到"途之人可以为禹"的境界。荀子明确指出:"今使途之人伏术为学,专心一志,思索孰察,加日悬久,积善而不息,则通于神明、参于天地矣。故圣人者,人之所积而致矣。"③ 但是荀子又提出"可以而不可使也",他说:"途之人可以为禹则然,途之人能为禹未必然也。"④ 这里荀子明确"途之人可以为禹"是一种可能性,"途之人能为禹"是一种必然性,二者不能画等号,从可能性到必然性是一种挑战、一种飞跃。如何实现这种飞跃?荀子在《劝学》《修身》《解蔽》等

---

① (清)王先谦撰,沈啸寰、王星贤点校《荀子集解》,第515页。
② (清)王先谦撰,沈啸寰、王星贤点校《荀子集解》,第517页。
③ (清)王先谦撰,沈啸寰、王星贤点校《荀子集解》,第524页。
④ (清)王先谦撰,沈啸寰、王星贤点校《荀子集解》,第524页。

篇给出了答案。"学不可以已",是一种信仰,是对个体化性起伪的阐释。这种学习有三个阶段。第一,初见习,养成良好的学习行为。"诵数以贯之,思索以通之,为其人以处之,除其害者以持养之。"① 诵读并融会贯通群经之要,思考探索力求明白通晓,以良师益友为楷式,务必身体力行,摒除有害之处,持养良好作风、气度。这是"涂之人可以为禹"的基础阶段。第二,心好之,如其天性。"使目非是无欲见也,使口非是无欲言也,使心非是无欲虑也。及至其致好之也,目好之五色,耳好之五声,口好之五味,心利之有天下。"② 这一阶段是化性起伪的精进阶段,是由"涂之人可以为禹"至"途之人能为禹"的必经阶段。第三,"德操之",持养成为一种心性。"权利不能倾也,群众不能移也,天下不能荡也。生乎由是,死乎由是,夫是之谓德操。德操然后能定,能定然后能应。能定能应,夫是之谓成人。"③ 这是化性起伪的质变阶段。由习染转化为热爱,由热爱转化为品德,就完成了化性起伪的过程。最后成为"天见其明,地见其光"的至全至粹的"成人""君子"。

性是心之性。化性起伪是化心性起伪,化性起伪与心之"大清明"的实现是相辅相成的,并借助对心的管理、控制而实现。"今之人"借助"师法""文学""礼义"等制度,"矫饰""扰化"人的情性,从而成为达到"解蔽""知道"的修身境界④的人,即荀子所说"今之人,化师法、积文学、道礼义者为君子"⑤。"大清明"如何实现呢?荀子说:"虚壹而静,谓之大清明。"⑥ 何谓虚壹而静?他说:"心生而有知,知而有异;异也者,同时兼知之。同时兼知之,两也,然而有所谓一,不以夫一害此一谓之壹。心,卧则梦,偷则自行,使之则谋。故心未尝不动也,然而有所谓静,不以梦剧乱知谓之静。未得道而求道者,谓之虚壹而静。"⑦ 虚壹而静的过程就是对心的管理控制过程。性是心性,此段文字,荀子阐释了什么是心性,如何控制管理心性。所谓心性,是与荀子性的范畴相一致的。心生而有知,是不学而能,是天性。它呈现为三种状态。第一,"卧则

① (清)王先谦撰,沈啸寰、王星贤点校《荀子集解》,第21~22页。
② (清)王先谦撰,沈啸寰、王星贤点校《荀子集解》,第22页。
③ (清)王先谦撰,沈啸寰、王星贤点校《荀子集解》,第23页。
④ 刘振英:《〈荀子〉礼学范畴的理论基点与渊源》,《河北学刊》2017年第4期,第192页。
⑤ (清)王先谦撰,沈啸寰、王星贤点校《荀子集解》,第469页。
⑥ (清)王先谦撰,沈啸寰、王星贤点校《荀子集解》,第513页。
⑦ (清)王先谦撰,沈啸寰、王星贤点校《荀子集解》,第468页。

梦"。即睡眠情况下,心进入自由活动状态,即孟子所谓"牛山之木"休息、萌生的状态。第二,"偷则自行"。即放纵的状态,不加控制管理的状态。这种状态必然导致偏险悖乱,呈现为性恶的状态。第三,"使之则谋"。即对心的良好的控制和管理,使之进入"虚壹而静"之"大清明"状态。

如何"使之"?"使之"即选择,"择一而壹焉",就能够虚壹而静。也就是说探求到普遍的"道"。荀子做了详细的阐述:"心枝则无知,倾则不精,贰则疑惑。以赞稽之,万物可兼知也。身尽其故则美,类不可两也,故知者择一而壹焉。"① 荀子认为道是唯一的。心必须把握这唯一的道。这唯一的道是"类",统类万物。所以心不能枝蔓,不能为外物动荡,更不能首鼠两端,无所选择,这样才能够精于道。荀子又说:"《道经》曰:'人心之危,道心之微。'危微之几,惟明君子而后能知之。"② 只有明君子才能具备道心,才能够洞察道。

化性的过程也就是求道的过程,要"导之以理,养之以清"。他说:"人心譬如盘水,正错而勿动,则湛浊在下,而清明在上,则足以见须眉而察理矣。微风过之,湛浊动乎下,清明乱于上,则不可以得大形之正也。心亦如是矣。故导之以理,养之以清,物莫之倾,则足以定是非、决嫌疑矣。"③ 通过对心性进行引导、培养,心才能够如清明之水,烛照万物,洞见事理。

荀子认为知就是心性,唯心才可以知。培养知就是化性。以学养知,化性起伪,则可成为士、君子、圣人。他说:"凡以知,人之性也;可以知,物之理也。……故学也者,固学止之也。恶乎止之?曰:止诸至足。曷谓至足?曰:圣也。圣也者,尽伦者也;王也者,尽制者也;两尽者,足以为天下极矣。故学者以圣王为师,案以圣王之制为法,法其法,以求其统类,以务象效其人。向是而务,士也;类是而几,君子也;知之,圣人也。"④ 化性养知,但不用有限之智追逐无涯之知,不为愚人和妄人,而要成为圣、成为王。这是化性起伪的终极目标和价值归宿。

二是群治,即圣人通过王制对群体进行起伪。管理天下百工,通过礼义制度的实施实现群体的解放,实现《王制》篇描述的"以类行杂、以一

---

① (清)王先谦撰,沈啸寰、王星贤点校《荀子集解》,第471页。
② (清)王先谦撰,沈啸寰、王星贤点校《荀子集解》,第473页。
③ (清)王先谦撰,沈啸寰、王星贤点校《荀子集解》,第474页。
④ (清)王先谦撰,沈啸寰、王星贤点校《荀子集解》,第480~481页。

行万"的境界。孔孟把礼义作为性本善的重要根据和内容，而荀子与孔孟不同，他认为，礼义不是人性善，礼义生于圣人自身的化性起伪。他说："圣人积思虑，习伪故，以生礼义而起法度，然则礼义法度者，是生于圣人之伪，非故生于人之性也。"① 因此荀子认为圣人是产生礼义法度的根源，并且是礼义法度的制定者，礼义法度是圣人的属性和素质，是卓越超凡于众人的本质区别，并称之为"圣人之伪"。"故圣人化性而起伪，伪起而生礼义，礼义生而制法度。然则礼义法度者，是圣人之所生也。……所以异而过众者，伪也。"② 圣人之伪，生礼义以制法度，其目的是什么？

荀子说："礼义者，治之始也。""君子者，礼义之始也。"③ 礼义是实现国家大治的根本，是万事之"类"，是万物之"一"。它既是实现国家大治的起点，也是国家大治的终点。君子是推行礼义的根本，没有君子则没有礼义，礼义由君子化性起伪而生，没有礼义也无从谈君子。他说："为之、贯之、积重之、致好之者，君子之始也。"这是一个化性起伪的过程。因此他这样论述君子、礼义与国家大治的关系："以类行杂，以一行万。始则终，终则始，若环之无端也，舍是而天下以衰矣。"④ 君臣、父子、兄弟、夫妇，是礼义之要，是"类"，是"一"，是国家大治之本。故荀子说："君臣、父子、兄弟、夫妇，始则终，终则始，与天地同理，与万世同久，夫是之谓大本。"⑤ 荀子把礼义作为杂物之"类"、万事之"一"即上之一。推类而及丧祭、朝聘、师旅、贵贱、杀生、予夺，他认为："君君、臣臣、父父、子子、兄兄、弟弟一也；农农、士士、工工、商商一也。"也就是说君子或圣王推行了礼义，也就实现了群治，实现了正理平治。按照荀子的逻辑，"无君子则天地不理，礼义无统，上无君师，下无父子，是之谓至乱"，进而争夺生、残贼生、淫乱生，整个社会陷于偏险悖乱的困境。

荀子同时提出义分能群的原理，即圣王按照礼义的原则，处理社群中人与人之间的地位、职分、权力、财物等关系，使社会各阶层的力量形成一个整体，实现"一"的状态。荀子说："人何以能群？曰：分。分何以

---

① （清）王先谦撰，沈啸寰、王星贤点校《荀子集解》，第517页。
② （清）王先谦撰，沈啸寰、王星贤点校《荀子集解》，第517～518页。
③ （清）王先谦撰，沈啸寰、王星贤点校《荀子集解》，第192页。
④ （清）王先谦撰，沈啸寰、王星贤点校《荀子集解》，第192页。
⑤ （清）王先谦撰，沈啸寰、王星贤点校《荀子集解》，第193页。

能行？曰：义。故义以分则和，和则一，一则多力，多力则强，强则胜物，故宫室可得而居也。故序四时，裁万物，兼利天下，无它故焉，得之分义也。故人生不能无群，群而无分则争，争则乱，乱则离，离则弱，弱则不能胜物，故宫室不可得而居也，不可少顷舍礼义之谓也。"①

什么是分？它是指按照礼义规定的人的职分，职分有了，社会分工、荣辱地位、物质财富、贵贱隆杀自然分开。因此分的根本意义是指与礼义关系密切的职分，表现为圣王之制，所谓圣王之制，即"衣服有制，宫室有度，人徒有数，丧祭械用皆有等宜，声则非雅声者举废，色则凡非旧文者举息，械用则凡非旧器者举毁。夫是之谓复古，是王者之制也"②。

实施"圣王之制"的前提是"序百官"。因此荀子为众官制序，精详地阐述了宰爵、司徒、司马、大师、司空、治田、虞师、乡师、工师、巫觋、治市、司寇、冢宰、辟公、天王等十五种官位的事业和职分内涵，分工明确。宰爵掌管宾客、祭祀、飨食、牺牲等事业；司徒掌管百宗、城郭、立器的事业；司马掌管师旅、甲兵、乘伯的事业；③ 大师负责申饬法令和音乐，避免蛮夷风俗和淫荡之乐扰乱雅颂之声；司空负责修建桥坝、沟渠、水库等工程以利农事；治田负责考量土壤肥瘠，根据时历安排农事，力劝农桑；虞师负责制定樵采、渔猎的法令，养护山林湖泊；乡师负责引导孝敬友爱之乡里民风，种植五谷，驯养六畜，使百姓安居乐业；工师负责考评工匠技艺，检查产品质量、使用情况，确保器具和礼服的制造不能出于私人；巫觋负责观察天象变化，占卜吉凶祸福，为国家祓除不祥；治市负责城市管理，严防盗贼，负责商旅安全，保障货物钱财流通；司寇负责用刑罚来惩治罪犯，制裁狡猾奸诈、强暴凶悍的人，防止淫乱邪恶的事发生；冢宰负责考核官吏、评定奖赏、衡量功劳，敦促官吏竭心尽力，使百姓勤勉工作；辟公负责制定礼义音乐，推广教化百姓，使百姓协调一致；天王负责完善礼仪制度，使政治达到道德境界，做到明察秋毫，使士民亲附天下归一。

其中冢宰、辟公、天王三种职位处于政治枢要地位。荀子说："政事乱，则冢宰之罪也；国家失俗，则辟公之过也；天下不一，诸侯俗反，则

---

① （清）王先谦撰，沈啸寰、王星贤点校《荀子集解》，第194页。
② （清）王先谦撰，沈啸寰、王星贤点校《荀子集解》，第187页。
③ 王先谦认为"乘白"一词当为"乘伯"，百人为伯也，见（清）王先谦撰，沈啸寰、王星贤点校《荀子集解》，第197页。

天王非其人也。"① 这是官吏机构中各类官员之分。

荀子同时指出，普通百姓也应各具自己的职分。百姓之分是指士、农、工、商的职分，尤其是农、工、商。荀子认为他们是"精于物"而非"精于道"之人。这就规定了百姓的分。他说："农精于田，而不可以为田师；贾精于市，而不可以为市师；工精于器，而不可以为器师。"明于百官之分和百姓之分，则实现了圣王之制，即建立了以礼义为中心的国家管理制度和措施。

"圣王之用"就是推行"圣王之制"，这需要精于道的圣人。荀子指出："圣王之用也，上察于天，下错于地，塞备天地之间，加施万物之上，微而明，短而长，狭而广，神明博大以至约。故曰：一与一是为人者谓之圣人。"② 王先谦认为一与一，即一举一。上之一是指"以类行杂，以一行万"，是指礼义制度，下之一是指礼仪制度的具体化，即礼义制度与人相结合，与分相结合，全天下的官吏与百姓都在自己的职分上践行礼义制度，建立人与人之间的良好和谐关系。

荀子说："有人也，不能此三技而可使治三官，曰：精于道者也，精于物者也。精于物者以物物，精于道者兼物物。故君子壹于道而以赞稽物。壹于道则正，以赞稽物则察，以正志行察论，则万物官矣。昔者舜之治天下也，不以事诏而万物成。"③ 因此圣王是精于道者，百官与士农工商是精于物者。古代圣王精于道，就能够全面地支配各种事物，专心于道，就能够深究万物，用正确的思想来处理事物的客观矛盾，就能更好地驾驭利用万物。圣王的代表舜，治理天下，不需要事必躬亲，只要任贤使能，就能管理好天下。

如前文所述，商鞅认为农战思想是立国和强国之本，并且大力推行农战思想，而刑法则成为农战思想实施的关捩和直接动力。商鞅倡导："圣王者，不贵义而贵法——法必明，令必行，则已矣。"④

1. 以赏刑之法实现重农政策

商鞅以赏刑之法推动农政，重赏那些在农业生产中出力的人，重刑惩罚那些在农业生产中懒惰的人。使赏刑之法成为政策实施的推动力。第一，

---

① （清）王先谦撰，沈啸寰、王星贤点校《荀子集解》，第202页。
② （清）王先谦撰，沈啸寰、王星贤点校《荀子集解》，第195~196页。
③ （清）王先谦撰，沈啸寰、王星贤点校《荀子集解》，第472页。
④ 高亨注译《商君书注译》，第144页。

以废除奴隶身份为奖赏，以贬为奴隶身份为惩罚来推行农政。《史记·商君列传》载："僇力本业，耕织致粟帛多者复其身。事末利及怠而贫者，举以为收孥。"[①] 秦国以农桑为本，如果奴隶努力耕织，创造出大量的农产品，就会除其奴隶籍，恢复其庶民身份。相反，从事工商末业，怠惰于农桑导致贫困而被检举者，就会一家子被收为奴隶。这样就保证了从事农业生产的人数，极大地激发了广大奴隶从事农业生产的积极性和创造性。第二，用粮食可以捐得官职和爵位。《商君书·靳令》说："民有余粮，使民以粟出官爵，官爵必以其力，则农不怠。"[②] 老百姓有剩余的粮谷，国家就让他们用粮谷捐得官爵。老百姓想得到官位，必须致力于农桑而不懒惰、懈怠。《商君书·去强》又说："按兵而农，粟爵粟任，则国富。"[③] 按兵不动，从事农业，就按照百姓捐粮的多少奖励给他们爵位与官职，国家就会富裕。

第三，提高粮食价格来推行重农政策。《商君书·外内》说："欲农富其国者，境内之食必贵，而不农之征必多，市利之租必重。则民不得无田。无田不得不易其食。食贵则田者利。田者利则事者众。食贵，籴食不利，而又加重征，则民不得无去其商贾、技巧，而事地利矣。"[④] 商鞅指出，依靠农业来促进国家富裕，就要提高粮谷的价格，增加不从事农业生产的人的徭役和商人的市场税。不耕田的人买高价的粮食，耕田的人有利可图，种田的人就会增多。商人与手工业者由于粮食价格高，政策上徭役与赋税过重，所以被迫离开商业和手工业而从事农业，从事农业的人口增加，力量集中，农业生产就扩大了。高亨总结刑赏之法在重农政策中的作用有三：为奴隶解放提供了途径，保证了农民努力耕作，给地主阶层提供了做官发财的机会。

2. 以赏刑之法实现重战政策

第一，商鞅赏刑之法对军吏和士兵的赏赐都规定得极为详细，赏赐极为丰厚，刑罚极为惨重，关乎将士的生死荣辱，商鞅以此来提高军队战斗力。《商君书·画策》："能攻城围邑，斩首八千已上，则盈论；野战，斩首二千，则盈论。吏自操及校以上大将尽赏。行间之吏也，故爵公士也，

---

① 《史记》，第 2230 页。
② 高亨注译《商君书注译》，第 103 页。
③ 高亨注译《商君书注译》，第 50 页。
④ 高亨注译《商君书注译》，第 167 页。

就为上造也。故爵上造，就为簪袅。故爵簪袅，就为不更。故爵不更，就为大夫。"① 攻城部队在战役中斩敌人首级八千颗以上，就达到了赏赐的标准，野战部队在战役中斩敌人首级两千颗以上，就达到了赏赐的标准。军中官吏从"操士""校徒"以上至"大将"，都能得到奖赏。队伍中的官吏，原来爵位是"公士"，就升迁为"上造"。原来爵位是"上造"，就升迁为"簪袅"。原来爵位是"簪袅"，就升迁为"不更"。原来爵位是"不更"，就升迁为"大夫"。普通士兵也有奖赏。"能得甲首一者，赏爵一级，益田一顷，益宅九亩，一除庶子一人，乃得入兵官之吏。"普通士兵在战役中如获一颗敌方甲士首级，就能得到爵位一级、田地一顷、住宅地九亩、仆人一人的赏赐，并且有了做军中官吏的资格。军队中刑罚也很严苛。军队中有同伍、连坐的法律。"其战也，五人来簿，一人羽而轻其四人，能人得一首则复。"五个人注在一个簿册上，编成一伍。五个人中有一个人逃跑，就加刑于其余四个人；如果四个人中有人能够获得一颗敌人的首级，就恢复他的身份。《史记·商君列传》："令民为什伍，而相牧司连坐。不告奸者腰斩，告奸者与斩敌首同赏，匿奸者与降敌同罚。"② "其战，百将，屯长不得斩首。"③ 在战争中管理五个士兵的屯长，及管理一百个士兵的"将"，如果没有获得敌人的首级，就会被斩首。

第二，对敢死之人和畏死之人奖惩分明。"陷队之士，面十八人。陷队之士知疾斗，而得斩首队五人，则陷队之士、人赐爵一级，死则一人后，不能死之，千人环规，谏黥劓于城下。"④ 敢死队的战士，能够冒死决战，每条战线斩了敌人五颗首级，就赏赐每个敢死队员爵位一级，如果牺牲，则由家人继承爵位。如果有畏敌情绪，不肯拼死作战，就要在千人围观下，临阵接受刺面、割鼻的刑罚。

3. 以赏刑之法实现对儒术、儒书及学习的抵制

教化百姓不应该以学习"《诗》《书》"和学做"商贾"为方向，如果国民崇尚"《诗》《书》""商贾"，并以之为取得官职爵位的途径，从而逃避农业和战争，国力就会削弱，国家就会陷入危险的境地。他说："今境

---

① 高亨注译《商君书注译》，第149页。
② 《史记》，第2230页。
③ 高亨注译《商君书注译》，第147页。高亨认为"不得斩首"当作"不得首，斩"。见此书，第148页注。
④ 高亨注译《商君书注译》，第153页。

内之民，皆曰：'农战可避，而官爵可得也。'是故豪杰皆可变业，务学
《诗》、《书》，随从外权，上可以得显，下可以得官爵；要靡事商贾，为技
艺，皆以避农战。具备，国之危也。民以此为教者，其国必削。"① 因此
《商君书》反对以"《诗》《书》""商贾"为教。

　　《商君书》反对儒术，反对选拔并任用有"材能知慧"的儒生担任官
职。他说："今上论材能知慧而任之，则知慧之人希主好恶，使官制物，
以适主心。是以官无常，国乱而不壹，辩说之人而无法也。如此，则民务
焉得无多？而地焉得无荒？《诗》、《书》、礼、乐、善、修、仁、廉、辩、
慧，国有十者，上无使守战。国以十者治，敌至必削；不至必贫。"② 儒生
"使官制物，以适主心"，扰乱政治秩序，国家政策混乱，巧言善辩的人就
会目无法度。这样老百姓追求的职业方向就会增多，农民就会减少，从而
使大量土地荒芜。因此国家不能让儒生担任要职，不能让儒生治理国家、
带兵打仗。否则，大兵压境，军队没有抵抗之力；天下太平，儒生治国，
农业人口减少，粮食减产，国力也会衰弱。

　　商鞅认为，儒家学者游学谈说，影响远大，社会风尚因之而重塑，客
观上引导人们学习儒术，以言谈饰说为高尚职业，逃避农战，而且使农战
之事懈怠，危害国之根本。《商君书》论述甚详："今世主皆忧其国之危而
兵之弱也，而强听说者。说者成伍，烦言饰辞，而无实用。主好其辩，不
求其实。说者得意，道路曲辩，辈辈成群。民见其可以取王公大人也，而
皆学之。夫人聚党与，说议于国，纷纷焉，小民乐之，大人说之。故其民
农者寡，而游食者众。众则农者怠。农者怠则土地荒。学者成俗，则民舍
农，从事于谈说，高言伪议，舍农游食，而以言相高也。故民离上，而不
臣者成群。此贫国弱兵之教也。"③ 大量的儒生高谈阔论，街谈巷议，游说
王侯获得利益，民风败坏，进而使"学者成俗"，百姓放弃农业，以谈论
争雄，百姓与国君离心离德，叛国不臣的人比比皆是。《商君书》的结论：
儒术败坏国家，以儒为教，必然走向灭亡。

　　《商君书》通过"壹赏"、"壹刑"与"壹教"来推行刑罚政令，使国
家政策及教育方针皆出于"壹"，使百姓的思想和事业都集中到农战上来，

---

①　高亨注译《商君书注译》，第32页。
②　高亨注译《商君书注译》，第35～36页。
③　高亨注译《商君书注译》，第40页。

摒除儒士、儒术和儒学。秦国政策的指导思想就是以是否有利于农战而进行赏罚。

《商君书》所说的统一赏赐，指官爵利禄专出于军功，而不用在其他方面。即只有通过在战场上冲锋陷阵、斩将搴旗、攻城略地这一个途径，才能够获得官爵和利禄。"所谓壹赏者，利禄官爵抟出于兵，无有异施也。夫固知愚、贵贱、勇怯、贤不肖，皆知尽其胸臆之知，竭其股肱之力，出死而为上用也。天下豪杰贤良从之如流水。是故兵无敌而令行于天下。"[①]如果统一了赏赐，所有的老百姓就都会竭尽自己的智慧，全力以赴，为君主的事业舍生忘死。天下之豪杰与贤良之士，追随君主如"水之就下"，军队无敌，政令畅通，天下咸服。

《商君书》认为刑罚面前人人平等。"所谓壹刑者，刑无等级，自卿相将军以至大夫庶人，有不从王令、犯国禁、乱上制者，罪死不赦。"[②]统一刑罚，就是刑罚是普遍适用于全体国民的。不论等级，从卿相将军到大夫平民，如果违反国王的命令、违犯国家的法禁，破坏国家制度，那就是死罪，绝不赦免。而且在量刑上也做到公平公正，《商君书》这样论述："有功于前，有败于后，不为损刑。有善于前，有过于后，不为亏法。"曾经立过功，现在犯了罪，不会因此减轻刑罚，此前有过善行，现在有了过错，不会因此而破坏法律。《商君书》还对"忠臣孝子""守法官吏""周官之人"的违法犯罪行为做了明确的规定。他说："忠臣孝子有过，必以其数断。守法守职之吏有不行王法者，罪死不赦，刑及三族。周官之人，知而讦之上者，自免于罪。无贵贱，尸袭其官长之官爵田禄。"[③]忠臣孝子犯了罪，一定要据实量刑，平等对待，以公正判罪。掌管国家法令，负担职务的官吏，知法犯法，就是死罪，绝不赦免，并加刑于三族。对于犯罪者周围的同事，如果向上级揭发，不仅免罪，而且可以接替那个官长的爵位、俸禄和土地。

《商君书》重视国家教育政令的颁布，从思想上为国民指出学习的方向。以家庭为单位，推广至全社会，务习农战。"所谓壹教者，博闻、辩慧、信廉、礼乐、修行、群党、任誉、清浊，不可以富贵，不可以评刑，

---

① 高亨注译《商君书注译》，第127页。
② 高亨注译《商君书注译》，第130页。
③ 高亨注译《商君书注译》，第130页。

60

不可独立私议以陈其上。坚者破，锐者挫。虽曰圣知巧佞厚朴，则不能以非功罔上利。然富贵之门，要在战而已矣。"①所谓统一教育，就是明确学习什么可以获得爵位和俸禄。见闻多、会辩论、有智慧、诚实、廉洁、懂礼乐、修品德、结党羽、行侠义、有声名、清高，这都不是取得富贵的凭据，也不是批评刑赏的根据。不允许以私议干涉君上行政。圣智、巧辩、忠厚、朴实的人，不得利用对国家无益的东西，来兜揽君上的利禄。国民取得富贵的门户只有获得军功一个。

"彼能战者，践富贵之门。强梗焉，有常刑而不赦。是父兄、昆弟、知识、婚姻、合同者，皆曰：'务之所加存战而已矣。'夫故当壮者务于战，老弱者务于守，死者不悔，生者务劝，此臣之所谓壹教也。"② 那些能够接受国家教诲，勇于在战争中献身的人，就踏入富贵之门，相反，对于强悍顽固不服从国家教化和逃避农战的人，绝不赦免对他们的刑罚。因此整个社会中父子、兄弟、朋友、亲戚、同乡等都意识到国家的教育方向，一致说出："务之所加存战而已矣。"这样，《商君书》所推行的教化就会成功，尊尚农战的社会风尚也逐步养成。

《商君书》厚赏的政策使大量的下层奴隶得到了自身解放的三种途径：立农功、立战功、告奸（告奸者与斩首同赏）。解放了奴隶，就解放了生产力，增加了从事农业的人口。增加了兵员，增强了战斗力。

《商君书》重刑政策是为了"明刑不戮"。他把这一思想阐述得非常详细："重刑，连其罪，则民不敢试。民不敢试，故无刑也。夫先王之禁，刺杀，断人之足，黥人之面，非求伤民也，以禁奸止过也。故禁奸止过，莫若重刑。刑重而必得，则民不敢试，故国无刑民。国无刑民，故曰：明刑不戮。"③ 加重刑罚，一人犯罪，连坐他人，株连九族，国民就不敢尝试犯罪。先代帝王的法律，或者杀死罪犯，或者砍断罪犯的手足，或者在罪犯的脸上刻画，其本质不是为了伤害人，而是为了禁止罪过，杜绝奸邪。禁罪过，绝奸邪，最好的办法是加重刑罚。刑罚加重了，犯罪而获重刑，就成了国民的警示，国民不敢违法，国内就没有了作奸犯科的人。一国之内如果呈现因重刑警示而没有人作奸犯科的局面，就叫作

---

① 高亨注译《商君书注译》，第133页。
② 高亨注译《商君书注译》，第133页。
③ 高亨注译《商君书注译》，第130页。

"明刑不戮"。

荀子礼学思想的重要价值在于帮助普通民众通过学习，沿着化性起伪的路径实现对自身的解放，实现自身的价值和功用，在这一过程中突出礼和分，通过制度来约束人。这是一种和缓的文明手段。商鞅农战思想的成功之处，在于帮助普通民众通过农垦之绩，军战之功，摆脱奴隶的身份枷锁，甚至可以进入社会上层，满足自身对物质生活的需求。农战思想的精髓在于法刑，法刑促进农战目的的达成。因此商鞅农战思想是触手可及的幸福，是一种在较短时间内通过自身的努力就可以实现人生价值的方法论。这是一种立竿见影的暴力手段。而荀子礼学思想则要穷极一生，所谓"学不可以已"，这种学首先是化性、修身，学为圣人，是一种众人的"化性起伪"，是众人向圣人方向转化的过程。即由性恶，由纵性情、安恣睢、违礼义的小人，向"伪善"、化师法、积文学、道礼义的君子维度化育，是一个较为艰难的修身过程。其次是圣人起伪、学为王制。礼义法度也是圣人"积伪"而成的。圣人可以做到立君上之势、明礼义之化、起法正之治、重刑罚之禁，改变因人性恶而产生的"偏险而不正、悖乱而不治"的社会面貌，使之趋向"治""善"的境界。商鞅的农战思想，尤其是战争思想，虽然能够在当时的社会情况下立竿见影地使民众自身地位和价值得到实现，但仍然不能建立人与人之间的和谐关系，难以避免对土地、人口、社会财富的掠夺。这与荀子礼学思想无法相比。

四 商鞅、荀子理论的结穴及荀学的自新

商鞅农战思想的政治目的在于"治""富""强""王"。"名尊地广以至于王者。"[1]"今夫人众兵强，此帝王之大资也。"[2] 荀子礼学范畴的政治目的是构建人伦文明。

商鞅不法先王，针对战国社会大形势及秦国自身发展的特点，制定农战国策。其政治目的的核心要素即"治""富""强""王"。《商君书》24300 余字，"治"字凡 200 见，"富"字凡 66 见，"强"字凡 154 见，"王"字凡 96 见。

所谓"治"，即治理、管理，其主要意义是法治、政治。例如"治

---

[1] 高亨注译《商君书注译》，第 138 页。
[2] 高亨注译《商君书注译》，第 161 页。

兵"。从法治的意义谈："凡用兵，胜有三等：若兵未起而错法，错法而俗成，俗成而用具。此三者必行于境内，而后兵可出也。"① 商鞅认为，任何国家使用兵力，要想获胜，必须经过三个步骤。第一，军队发动之前，要建立法度来治军。第二，依据法度治军，才能养成军队重战的风俗和风尚。第三，依据法度治军一旦养成重战的风俗、风尚，军队在战争中所需要的各种能力就已具备。因此，治军的关键不在于"恃其众""恃其备饰""恃誉目"，而在于依据法度。指挥者仰仗人数众多而没有法度，军队就如同一盘散沙；指挥者仰仗装备精良而军队没有法度，那就是取巧；指挥者仰仗有计谋的大臣而军队没有法度，就是在行骗。这三种情况必然导致战争的失败。

从政治的意义上谈："行三者有二势：一曰辅法而法行，二曰举必得而法立。"商鞅认为，在军队中推行法度必须具备两个条件，才能使军队和政治结合得更紧密。第一，国君辅助树立法度，法度上升到国家权力层面，才能得到贯彻执行。第二，国君行政措施得当，军队的法度就会得到确立。政治有利于治军法度的确立、重战风俗的养成、军队战斗力的形成。因此，商鞅得出结论："兵生于治而异，俗生于法而万转，过势本于心而饰于备势。"兵力与政治结合得得当与否，决定兵力的强弱；重战的风俗，从法度中来，蕴藏着千万种变化；国君运用权力来治军，使军队的力量出于一心，就能够营造无往不胜的形势。

又如"治民""治国"之"治"的意义，也包含法治和政治两种意义。从法治意义上讲，商鞅强调："国之所以治者三：一曰法；二曰信；三曰权。""法者，君臣之所共操也。""君臣释法任私，必乱。"②法是治国的第一要素，位居"信"和"权"之先。法度至高无上，是君臣共同遵守的东西。君臣如果抛弃法度，听任各自的私意，国家就会混乱。因此商鞅说："立法明分，而不以私害法，则治。"建立法令制度，明确分界，不以私意损害国家法度，国家就会实现治理。

从政治意义上讲，商鞅强调："惟明主爱权重信，而不以私害法。"这是突出治的政治意义。国君应珍惜、合理地运用自己的权柄，以之裁断，并以法令制度为信，不以私意损害法度。商鞅认为："公私之交，存亡之

---

① 高亨注译《商君书注译》，第96页。
② 高亨注译《商君书注译》，第110页。

本也。"① 公私的分界是国家存亡的根源，这取决于国君对国家权力的运用和裁断。商鞅认为"三王""五霸"做到了这一点，他说："尧舜之位天下也，非私天下之利也，为天下位天下也。论贤举能而传焉，非疏父子，亲越人也，明于治乱之道也。故三王以义亲，五霸以法正诸侯，皆非私天下之利也，为天下治天下。"尧舜治理天下，不是以天下为一己私利，而是为天下人谋福利，故能做到选贤任能，以天下之位禅让。尧舜并不是疏远自己的儿子，亲近外人，而是讲政治，明晓治乱的道理。夏禹、商汤、周武王用道义来爱护天下之百姓，齐桓公、晋文公、楚庄王、吴王阖闾、越王勾践用法度来匡正诸侯，都不是独占天下利益，而是为天下百姓治理天下。相反，如果不能做到公私分明，那么就会造成"奸臣鬻权以约禄，秩官之吏隐下而渔民"的混乱局面。②

"大臣争于私而不顾其民，则下离上。下离上者，国之隙也。秩官之吏隐下以渔百姓，此民之蠹也。故有隙蠹而不亡者，天下鲜矣。"③ 商鞅认为大臣出卖国家权力来追求利禄，国君的权力就会出现"下离上"的真空状况，官吏机构中，小官隐瞒下情，侵害百姓，就会成为百姓的蠹虫。国家权力若呈真空之状，官吏机构如有蠹虫，国家走向灭亡，便是必然的。

因此，《商君书》中的"治"，包含了法治和政治两层重要含义。

《商君书》"富"字凡66见，分别出自《农战》《去强》《说民》《算地》《壹言》《错法》《战法》《立本》《靳令》《来民》《赏刑》《画策》《弱民》《外内》等篇。所谓"富"，主要是指国家通过调整国策，增加农业人口，扩大耕地面积，提高粮食产量，积存物资，能够充足供应战备需要。其以重农思想促进家国富裕，贯彻了法的精神，形成治国的制度。商鞅称之为"壹务"。

首先，"法"即国策，是"富"的根本保障。"壹务则国富"④，商鞅认为，只要应用重农重战的国策，国家就富。他进一步解释："制度时，则国俗可化，而民从制。治法明，则官无邪。国务壹，则民应用。事本抟，则民喜农而乐战。夫圣人之立法、化俗，而使民朝夕从事于农也，不可不知也。夫民之从事死制也，以上之设荣名，置赏罚之明也。不用辩说

---

① 高亨注译《商君书注译》，第113页。
② 高亨注译《商君书注译》，第114页。
③ 高亨注译《商君书注译》，第114页。
④ 高亨注译《商君书注译》，第33页。

私门而功立矣，故民之喜农而乐战也。见上之尊农战之士，而下辩说技艺之民，而贱游学之人也，故民壹务，其家必富，而身显于国。"① 圣人创立法令制度，移风易俗，是为了使老百姓全天候全身心扑在农业生产上，这一思想是商鞅法学思想的灵魂。只有合乎时宜的制度，转变了社会风尚，老百姓才会乐于遵守；明确的法律让官吏心无奸邪，使政务统一，百姓才会效命。国君在法律上摆出的光荣名誉，设置的赏赐刑罚都非常明确，百姓就会主动干事，并且为了服从法令而牺牲，更不会用巧辩谈说、走私人门路的方法去立功。如果百姓看到君主尊重农民和战士，看到君主轻视巧辩的说客和手工业者，看到君主鄙视游学无根的人，那么，百姓就会喜欢农业和战争。国家的法令和百姓的努力都集中于一个途径，百姓才会富裕，个体价值才会彰显，这就是"壹务"。

这个"壹务"从国家层面上来讲，就是颁布重农政策，开垦荒地，扩大良田，使之形成法律。《商君书·垦令》所述重农政策，包括"邪官不及为私利于民，而百官之情不相稽"，"訾粟而税，则上壹而民平"，"无以外权爵任与官"，"以其食口之数，赋而重使之"，"使商无得籴，农无得粜"，"声服无通于百县"，"无得取庸"，"废逆旅"，"壹山泽"，"贵酒肉之价，重其租，令十倍其朴"，"重刑而连其罪"，"使民无得擅徙"等二十种具体办法。② 其实质是耕垦荒地的命令。《垦令》之论前文详述，此不赘言。

其次，用法令制度促进国家人口持续增长。保证国内农业生产人口充盈，同时吸收从事农业生产的外来人口。"民泽毕农则国富。六虱不用，则兵民毕竞劝，而乐为主用，其境内之民，争以为荣，莫以为辱。"③ 老百姓都从事农业生产，国家就会富裕，六种情况——农民游惰，使年岁歉收，谓之"岁之虱"；农民不务本业，白吃粮米，谓之食之虱；商人贩卖华丽的东西，谓之美之虱；商人贩卖玩好的物品，谓之好之虱；官吏拥有营私舞弊的思想，谓之志之虱；官吏贪赃枉法的行为，谓之行之虱——就不会出现，国内的老百姓以齐心努力耕战为荣，反之则以为耻。

秦国吸引六国人口从事农业生产，提高粮食产量。《商君书》曰："今

---

① 高亨注译《商君书注译》，第81页。
② 高亨注译《商君书注译》，第19~30页。
③ 高亨注译《商君书注译》，第105页。

以故秦事敌，而使新民作本，兵虽百宿于外，境内不失须臾之时，此富强两成之效也。"①在军事上，秦国用秦之旧民抗击敌人，在耕作上，用新招徕的百姓从事农耕事业，即使军队长期在外作战，国内也不会荒废顷刻的生产时间，这就会实现国家富且强的目的。"今王发明惠，诸侯之士来归义者，今使复之三世，无知军事；秦四境之内，陵阪丘隰不起十年征，著于律也，足以造作夫百万。"②秦国把归服的诸侯的百姓转化为农民而不准其参与军事，祖孙三代免租免役。秦国四境内，凡岭坡丘岗洼湿之地，十年不征赋税，把这些写入国家法令，这样的国策，足以为秦国招徕百万农民。

再次，刑罚赏赐是法的灵魂，是实施重农政策的推动力。商鞅推崇法的精神，他认为"所谓'治主无忠臣，慈父无孝子'，欲无善言，皆以法相司也，命相正也"③。法治下的国家，君臣、父子之间不用良言相劝，都以法律互相监督，以国家法令互相纠正。这种法的精神贯彻于对于农业生产的奖励，即所谓"粟爵粟任，则国富"④，按照人们捐粮的多少给他们相对应的爵位和官职，这是提高粮食产量，促进国家富裕的有效途径。这种因农业生产而赏赐官职和爵位的现象历代少有，在秦朝却被写进法律。

最后，商鞅富的范畴，其意义不只停留在堆积如山的粟米珠玉上，因此提出了"所谓富者，非粟米珠玉也"的观点，无秩序的乱国之富、亡国之富，是他所反对的。"国乱者，民多私义，兵弱者，民多私勇，则削国之所以取爵禄者多途。亡国之欲，贱爵轻禄，不作而食，不战而荣，无爵而尊，无禄而富，无官而长，此之谓奸民。"⑤他注重物质资料的合理分配，必使衣食有制，饮食有节。"所谓富者，入多而出寡。衣食有制，饮食有节，则出寡矣。女事尽于内，男事尽于外，则入多矣。"他认为富的本质就是收入多而支出少。人们的衣服、饮食有制度，有节度，支出就会变少。人们各司其职，女人务内尽心尽力，男人在外辛勤劳作，收入就会增多。

《商君书》之"强"字凡 154 见，见于《更法》《农战》《去强》《说民》《算地》《开塞》《壹言》《错法》《战法》《立本》《兵守》《靳令》

---

① 高亨注译《商君书注译》，第 121 页。
② 高亨注译《商君书注译》，第 120 页。
③ 高亨注译《商君书注译》，第 142 页。
④ 高亨注译《商君书注译》，第 50 页。
⑤ 高亨注译《商君书注译》，第 141～142 页。

《赏刑》《画策》《弱民》《君臣》《禁使》《慎法》等篇。强的含义，有时指"富强"，有时指"政强"，有时指"兵强"，有时指"民强"，各有侧重。

所谓国强，就是农业得到发展，赋税收入丰富，粮仓和金库得到充实，国家经济力量强大。即《商君书·去强》所说："民不逃粟，野无荒草，则国富，国富者强。"[1] "国好生粟于境内，则金粟两生，仓府两实，国强。"[2] 老百姓不逃避赋税，大量开垦农田，粮食产量增加，货币储备丰足，经济得到发展，国力就会日渐强盛。

所谓政强就是国家持久推行正确的法令，并且无懒政现象，政治机构运行高效，政治能力就会强大。"十里断者，国弱；九里断者，国强。以日治者王，以夜治者强，以宿治者削"。政令严明，执法如山，有了案件，地方政府能做出正确的判决，不必申报到上级权力机关。权力机关高效运转，日常事务处理迅速，国家就会强大，如果懒政和拖延，国力就会削弱。"国作壹一岁，十岁强；作壹十岁，百岁强"[3]。在一年内坚持推行一个正确的政策，国家就有十年的强盛；能推行一个正确的政策持续十年，国家就有一百年的强盛。

所谓兵强就是指国家军事力量强大，士兵战斗力强。"威以一取十，以声取实，故能为威者王。能生不能杀，曰自攻之国，必削；能生能杀，曰攻敌之国，必强。"[4] 国家有了威力，可以用一分实力取得十分利益，用虚声威胁取得实利，政治强大、经济强大、军事强大就能成为有威力有实力的国家。一个国家在平时能够积蓄力量，却不主动发动战争，以消耗实力取胜，军事实力必然日渐降低。相反，一个国家在平时能够积蓄力量，而能主动发动战争，并取得胜利，在与敌作战中培养战斗力，必然使国家军事力量变得强大。商鞅认为，"攻官，攻力，攻敌。国用其二，舍其一，必强"，[5] 即治理国家，管理官吏，铲除"虱害"[6]，政治就会强

---

[1] 高亨注译《商君书注译》，第48页。
[2] 高亨注译《商君书注译》，第49页。
[3] 高亨注译《商君书注译》，第47页。
[4] 高亨注译《商君书注译》，第47页。
[5] 高亨注译《商君书注译》，第47页。
[6] 六虱：曰礼、乐；曰诗书；曰修善；曰孝弟；曰诚信；曰贞廉；曰非兵；曰羞战。虱害：第一是"岁"虱（农民每年收成减少）；第二是"食"虱（农民浪费粮食）；第三是"美"虱（商人贩卖华丽物品）；第四是"好"虱（商人贩卖玩好物品）；第五是"志"虱（官吏存自私之心）；第六是"行"虱（官吏有舞弊的行为）。见高亨注译《商君书注译》，第44、106页。

大；发动战争，运用国家实力来取胜，就会获取威慑力；发动战争在与敌作战的生死较量中培养士兵战斗力，军事就会强大。以上三项举措，能够做到其中两项，国家就会强盛。

所谓民强，就是国民素质高，商鞅看中的是老百姓殷勤于农、忘死于战的品格。"百人农一人居者王。十人农一人居者强。半农半居者危。故治国者欲民之农也。"① 商鞅重视农业人口，希望国内百姓多为能种田的农民，农业人口要占总人口比例的 90%，甚至 99%，反对读"诗书"之人与"商贾"，认为他们是"闲居"之人，这样的人多了，必然产生危害。商鞅说："豪杰务学《诗》、《书》，随从外权；要靡事商贾，为技艺，皆以避农战。民以此为教，则粟焉得无少，而兵焉得无弱也！"② 才干杰出的人努力读书，谋求官位和荣誉，微末小民经营商业，搞手工业谋利，用以逃避战争，那么就会导致农民减少，粮食减产，兵员不足而且疲弱。所以商鞅要求国民勤于农事。所谓"民壹则朴，朴则农，农则易勤，勤则富"。

商鞅要求的国民应具备的另一种素质，即农民能在战争中做到勇于杀敌、舍生忘死。"怯民使以刑必勇，勇民使以赏则死。怯民勇，勇民死，国无敌者强，强必王。"③ 对于怯懦的百姓，要用刑罚来管教，他们必定勇敢；对于勇敢的百姓，要用赏赐来激励，他们就肯牺牲。怯懦的百姓有了勇气，勇敢的百姓能够舍生忘死，国家就会无敌于天下。相反，其他的品德是不能培养的。商鞅说："国有礼有乐，有《诗》有《书》，有善有修，有孝有弟，有廉有辩。国有十者，上无使战，必削至亡。"④ 在商鞅看来，对于礼、乐、《诗》、《书》、善、贤、孝、悌、廉洁、巧辩等这些素养，国民一旦具备，国君便无法驱使其参与战争，当然，国家必然走向灭亡。

《商君书》之"王"字凡 96 见，见于《更法》《农战》《去强》《说民》《算地》《开塞》《壹言》《错法》《战法》《靳令》《修权》《来民》《赏刑》《画策》《弱民》《禁使》等篇。首先，《商君书》认为秦国的"王"的精核意义是"更法废儒"。即废除以礼为中心的儒家思想，推行以法为中心的法家制度。"伏羲神农教而不诛，黄帝、尧、舜诛而不怒。及至文、武，各当时而立法，因事而制礼。礼法以时而定。制令各顺其宜。

---

① 高亨注译《商君书注译》，第 37 页。
② 高亨注译《商君书注译》，第 33 页。
③ 高亨注译《商君书注译》，第 46 页。
④ 高亨注译《商君书注译》，第 45 页。

兵甲器备各便其用。臣故曰：治世不一道。便国不必法古。汤、武之王也，不循古而兴。殷、夏之灭也，不易礼而亡。"① 商鞅把古代能够实现"王天下"的人分为三组：伏羲、神农以"教而不诛"之法"王天下"；黄帝、尧、舜以"诛而不怒"之法"王天下"；周文王、周武王以"当时而立法""因事而制礼"之法"王天下"。从而得出"兴王有道，而持之异理"的结论，秦国"王天下"之法是"易礼"而"不循古"，即必须走出一条符合秦国实际情况的"王天下"之路。

那么，秦国的"王天下"之路是什么？回答这个问题之前，商鞅对"义""刑"之辩做出了价值判断："所谓利者，义之本也。"（高亨沿用陶鸿庆说，"利乃刑字之误"）即刑法是道义的根本。他认为古代的人朴实而忠厚，古代的王道是德治，把道德放在第一位，而秦国当世的人"巧而伪"，那就要实行法治，把刑罚放在第一位。人们喜爱的东西莫过于国君的恩赏，憎恶的东西莫过于国家的刑罚。在上者建立人们喜爱的东西（赏赐），而废除人们憎恶的东西（刑罚），往往被世俗的观念称为"义"，顺此而作，用"义"来教导百姓，百姓快乐就要荒淫，荒淫就要懒惰、放肆，国家就要乱。国家乱，百姓就要受害于他们所憎恶的东西（刑罚）。商鞅反世俗而论，用不义的令人憎恶的东西（刑罚）来统治百姓，百姓就会害怕，如此才能没有奸邪。没有奸邪，百姓才会真正享受快乐。因此商鞅得出结论："夫正民者以其所恶，必终其所好；以其所好，必败其所恶。"② 使用百姓憎恶的东西（刑）治理国家，百姓必定得到他们所喜爱的东西（义），如果用百姓喜爱的东西（义）管理国家，百姓就会受害于他们所憎恶的东西（刑）。

在"刑治""义治"之辩的理论基础上，《商君书》提出："治国刑多而赏少，故王者刑九而赏一，削国赏九而刑一。"③

政治修明的国家，刑罚繁多而赏赐微少，因此，成就王业的国家，刑罚多至九分，而赏赐只有一分。不言而喻，"刑九而赏一"是秦"王天下"之途。他的理论根据有二。其一，"刑加于罪所终，则奸不去。赏施于民所义，则过不止。"百姓已经犯了罪，再去施加刑罚，不会根除邪恶，赏

---

① 高亨注译《商君书注译》，第 17 页。

② 高亨注译《商君书注译》，第 77 页。

③ 高亨注译《商君书注译》，第 78 页。

赐用在百姓认为"义"的事情上，也不会杜绝罪过。其二，"刑用于将过，则大邪不生；赏施于告奸，则细过不失"①。把刑罚用在犯罪之前，大的奸邪才不会产生；把赏赐用在告发奸人方面，小的罪过也不致遗漏。

因此，《商君书》认为"刑九赏一"是王者之道。所谓"天下行之，至德复立。此吾以效刑之反于德，而义合于暴也"。如果天下每个国家都实施"刑九赏一"之法，最高的道德就会重新建立起来了。杀戮、刑罚能够归于道德，而"义"反倒合乎残暴。这是《商君书》以"刑""法"治理天下的含义。又说："夫利天下之民者，莫大于治；而治莫康于立君；立君之道，莫广于胜法；胜法之务，莫急于去奸；去奸之本，莫深于严刑。故王者以赏禁，以刑劝；求过不求善，借刑以去刑。"② 社会大治是对百姓最有利的事情。要实现社会大治，立君是最好的办法。立君制度的重要意义在于执行法度。而执行法度就是为了迫切铲除邪恶。以此为基，王道行于天下，国君必然用赏赐来禁止百姓做坏事，用刑罚来鼓励百姓做好事。寻究百姓的罪过，而不寻求百姓的善行，目的就是用刑罚来去掉刑罚。

因此，《商君书》"王""法"两个范畴是紧密结合在一起的，法是"王"之根本，"王"之基础，"王"之前提，"王"之方法。用于农，则"富"；用于战，则"强"；用于政，则"治"；用于天下万事，则"王"。"法""治""富""强""王"是一个有机统一的思想体系。"法"是实现"治""富""强""王"的手段和保障，"治""富""强"是"王"的不可或缺的组成部分和根本特征，"王"是"治""富""强"综合发展的理想状态，是国君和百姓的终极追求。

我们看《商君书》所述"富"、"强"与"王"的关系："国无怨民曰强国。兴兵而伐，则武爵武任，必胜。按兵而农，粟爵粟任，则国富。兵起而胜敌，按兵而国富者王。"农民拿起武器走向战场，就严格依据战功分配官职和爵位，战役必胜。士兵拿起锄头，从事农业生产，就严格依据捐粮的多少分配官职和爵位，粮堆积如山，国家必然富足。"粟爵粟任"保证国家走向富足。"武爵武任"保证国家有强大的军队。如果一个国家做到了"兵起而胜敌，按兵而国富"，那么这个国家就成就了王业。而

---

① 高亨注译《商君书注译》，第79页。
② 高亨注译《商君书注译》，第79~80页。

"武爵武任""粟爵粟任"，则是国家实现既富且强，并走向王者之路的法律保障。

我们看《商君书》所述的法与农、战、治的结合所实现的"王"的状态："善为国者，官法明，故不任知虑；上作壹，故民不偷营，则国力抟。国力抟者强，国好言谈者削。故曰：农战之民千人，而有诗书辩慧者一人焉，千人者皆怠于农战矣。农战之民百人，而有技艺者一人焉，百人者皆怠于农战矣。国待农战而安，主待农战而尊。夫民之不农战也，上好言而官失常也。常官则国治，壹务则国富，国富而治，王之道也。故曰：王道作，外身作壹而已矣。"① 治理国家要摒弃儒家智慧、计谋，而以法令制度为本，以法度为治理的唯一准绳。君上和官吏管理国家和百姓，统一使用既定的农战政策，百姓就不懒惰、不迷惑，粮食与货币就会积贮起来形成雄厚的实力，军队的力量就会凝聚并形成强大的战斗力，国家实力就会强盛。但是如果农战政策不能适用于全体国民，在千百人的集体中有一人不遵守农战法令，而去读诗书、讲智慧、学辩论、搞手工业（"虱害"），这个因农战思想团结在一起的集体的力量就会被削弱。官吏们持久用统一的农战法令施政，就会实现社会的长治久安，用统一的农战政策去治理农民与军队，国家就会实现富裕和强大。经济富裕、军事强大的国家必然能够走上成就王业的道路。

因此，所谓"王"的含义，是指《商君书》所描绘的在思想上统一重更法、重农战，坚持法令制度改革；在经济上，扩大农业人口，重视农业生产，充实国家粮食和货币储备，使国家富足，经济实力雄厚；在政治上，统一农战思想，废除礼制，铲除"虱害"，使国家权力机构高效运转，形成强有力的保障机制；在军事上，主动与外敌发动战争，取得胜利，从而壮大武装力量。具体表现为府库充盈、政治严明、军事强大、百姓忠厚的现实状况。

由此我们看到了商鞅之学与荀子之学的三个对立的方面。第一，好战与反战的对立。商鞅以战争为强国之路，荀子以化性起伪为实现社会文明的路径。第二，重法与隆礼的对立。商鞅以重刑尊法为基本国策，荀子以礼法融合为治国方略。第三，废儒贬学与尊儒重学的对立。商鞅排斥儒学和儒士活动，荀子把大儒的政治地位视同于圣王。

---

① 高亨注译《商君书注译》，第35页。

《荀子》"人伦"范畴凡4见，见于《富国》《儒效》《荣辱》《臣道》四篇。《儒效》"人论"之"论"，王念孙解释为"伦"："伦，类也，等也。谓人之等类，即下文所谓'众人''小儒''大儒'也。下文又云：'人伦尽矣。'《荣辱》：'斩而齐，枉而顺，不同而一，夫是之谓人伦。'作'论'者，借字耳。"① 那么"人伦"范畴就可以解释为依照礼的原则和精神所构建起来的社会关系的总和，是中国古代社会的一种文明属性。

它包括三个要素。第一，个人的学术修养与人伦文明有着重要关系，学术修养是实现"人伦"文明的关键，化性起伪是增进学术修养的基本途径，而礼是实现"人伦"文明的"检式"。

荀子把人类社会个体划分为三类：众人、小儒、大儒。这一分类结果，是经过化性起伪的过程而产生的。他在《儒效》篇有详尽的论述："人论：志不免于曲私而冀人之以己为公也，行不免于污漫而冀人之以己为修也，甚愚陋沟瞀而冀人之以己为知也，是众人也。志忍私然后能公，行忍情性然后能修，知而好问然后能才，公修而才，可谓小儒矣。志安公，行安修，知通统类，如是则可谓大儒矣。大儒者，天子三公也。小儒者，诸侯大夫士也。众人者，工农商贾也。礼者，人主之所以为群臣寸尺寻丈检式也。人伦尽矣。"② 客观上，这种"人伦"划分的标准是个体学术修养的程度，而"公修而才""知通统类"等学术修养的培养有赖于"化性起伪"。"志忍私然后能公，行忍情性然后能修，知而好问然后能才"，就是社会个体"化性起伪"的具体过程：一个人在思想上克服了私欲、私利和私德，就会思想纯正；在行为上能够抑制邪恶情性，就会生成善良美好的品德；在智识上，能以多问弥补无知，就会多才多艺，就会精通纲纪法度。通过后天之"伪"，后天之学，实现个体学术修养的精进。化性起伪是通向人伦文明社会形态的根本路径。这是荀子所论人伦文明社会形态的根本构架，以尊儒重学、起伪成材为中心。

而荀子认为："礼者，人主之所以为群臣寸尺寻丈检式也。人伦尽矣。"人类社会之"人伦"，必须经过个体的化性起伪的过程，从而形成众人、小儒、大儒三个学术层次，产生不同的学术修养和社会价值等文化属性，同时按照礼的要求细化为工、农、商、贾、诸侯、大夫、天子、三公

---

① （清）王先谦撰，沈啸寰、王星贤点校《荀子集解》，第171页。
② （清）王先谦撰，沈啸寰、王星贤点校《荀子集解》，第171~172页。

等具有不同社会地位、功用等社会属性的个体。荀子认为礼是划分群臣的"检式"，这里的群臣是指小儒和大儒，具有较高的社会地位，得到全社会的认同和尊重。荀子在这里更强调礼对小儒和大儒的划分，即大夫、诸侯、三公、天子的划分，突出礼的地位，礼是划分阶层的标准，但是"化性起伪""为学"也改变着礼对群臣的划分，在这一点上《荀子》与《商君书》有着根本不同，《商君书》突出了法的重要性，"粟"和"武"可以改变个体的社会地位，即"粟爵粟任""武爵武任"。奴隶也可以进入群臣之列。

第二，荀子的"人伦"文明与社会分工有着密切关系，社会分工与职业趋异是"人伦"文明的重要特征，"分"的思想范畴在实现"人伦"文明的过程中起着不可替代的作用，这种"分"的原则是从古礼中来，《荀子》引用《诗经·商颂·长发》可以证明荀子心向三代之礼的复古倾向，这与孔子"克己复礼"说同向而行，而与《商君书》"废礼"论背道而驰。

荀子在《荣辱》篇中说："夫贵为天子，富有天下，是人情之所同欲也。然则从人之欲则势不能容、物不能赡也。故先王案为之制礼义以分之，使有贵贱之等，长幼之差，知愚、能不能之分，皆使人载其事而各得其宜，然后使谷禄多少厚薄之称，是夫群居和一之道也。故仁人在上，则农以力尽田，贾以察尽财，百工以巧尽械器，士大夫以上至于公侯，莫不以仁厚知能尽官职，夫是之谓至平。故或禄天下而不自以为多，或监门、御旅、抱关、击柝而不自以为寡。故曰：'斩而齐，枉而顺，不同而一。'夫是之谓人伦。《诗》曰：'受小共大共，为下国骏厖。'此之谓也。"① 荀子在这段文字中首先提出"天下之物"与"天下之势"无法满足每一个社会成员对"贵为天子"之社会地位及"富有天下"之物质财富的需求的问题。然后按照礼的原则对每一位社会成员进行分类，以"贵贱之等，长幼之差，知愚、能不能"相区别，并使他们"载其事而各得其宜"，然后分配"谷禄"等物质财富，"多少厚薄"与社会地位相适应。这就解决了"势不能容""物不能赡"与"从人之欲"之间的矛盾。

荀子关于人论的另一个要义是"明分使群"。在解决如何分配物质财富和划分社会地位的问题的过程当中，荀子指出，只有"至平"的社会分工，才能实现"斩而齐，枉而顺，不同而一"的"人伦"文明社会。什么

① （清）王先谦撰，沈啸寰、王星贤点校《荀子集解》，第82～84页。

是"至平"的社会分工?"斩而齐,枉而顺,不同而一"指的是一种什么状态?在荀子看来,所谓的"至平"的社会分工,是按照礼的原则区分贵贱、智愚等,并与社会不同的职业分工相结合,然后给予"各当其分"的社会地位和物质财富,无疑,这种社会分工也是有高低贵贱之分、智愚长幼之别的。所谓"斩而齐,枉而顺,不同而一",其中"斩""枉""不同",是指按照礼的原则划分的社会分工的差异、谷禄的厚薄、地位的高低。"齐""顺""一"是指社会分工与谷禄的厚薄、地位的高低相称,各得其分。故整个社会成员之间不因谷禄厚薄的差异而争夺,也不因地位高低的不同而冲突,全社会呈现各安其分、各乐其业、各得其所的和谐局面,这就是天下大治,就是社会的人伦文明。

"斩而齐,枉而顺,不同而一"所蕴含的以礼治国思想,来源于何处?王先谦解释为:"旧有词语,引以喻贵贱虽不同,不以齐一,然而要归于治也。"① 旧有词语,也就是说,这句话是旧时的固定俗语。显然,荀子的以礼治国的思想不可能来源于固定的俗语。但是,段末的引用暗示了荀子思想的一个来源。"受小共大共,为下国骏厖",出自《诗经·商颂·长发》。《小序》:《长发》,大禘也。何谓"大禘"?孔颖达疏:"《长发》诗者,大禘之乐歌也。禘者,祭天之名。谓殷王高宗之时,以正岁之正月,祭其所感之帝于南郊,诗人因其祭也而歌此诗焉。"② 这告诉我们一个信息,荀子所引内容描述的是殷高宗祭天时的礼乐之歌,表达的是一种礼的精神。《礼记》:"王者禘其祖所自出,以其祖配之。"无论是祭天之礼,还是祭祖之礼,都产生于商代的礼乐制度,是一种群治手段。荀子引文为"受小共大共,为下国骏厖",《毛诗》中完整的文本为:"受小共大共,为下国骏厖。何天之龙。敷奏其勇,不震不动,不戁不竦,百禄是总。"③ 陈子展解释此段意思为:"言汤伐夏桀而敷奏其勇,此对强暴者之道。首言小共大共者,谓夏太史令'出其图法''出奔如商'也。所谓图法,犹今言图书法令也。"④ 孔颖达注此段:"毛以此诗又言成汤之用事也。受小

---

① (清) 王先谦撰,沈啸寰、王星贤点校《荀子集解》,第83页。
② (汉) 毛亨传,(汉) 郑玄笺,(唐) 孔颖达疏,(唐) 陆德明音释《毛诗注疏》,上海古籍出版社,2013,第2138页。
③ (汉) 毛亨传,(汉) 郑玄笺,(唐) 孔颖达疏,(唐) 陆德明音释《毛诗注疏》,第2146页。
④ 陈子展撰述《诗经直解》,第1200页。

玉之法，受大玉之法，施之诸侯，成诸侯之性行，为下国之大纯厚，能荷
负天之和道也。汤之陈进其勇，不可震，不可动，不戁恐，不竦惧，所征
无敌，克平天下，百众之禄于是总聚而归之，故能荷天之和道也。……郑
以为此又复述上章，言汤受小玉而执之，受大玉而执之。执此二玉，与诸
侯会同，为下国作英俊厚德之君，能荷负天之荣宠。"①

根据毛传、郑笺、孔疏、陈子展直译，《诗经·商颂·长发》讴歌的
是商汤，其具备贤明君主的才能和品德，即所谓"受小玉之法，受大玉之
法，施之诸侯，成诸侯之性行"，"陈进其勇，不可震，不可动，不戁恐，
不竦惧，所征无敌，克平天下"，"执此二玉，与诸侯会同，为下国作英俊
厚德之君"，因此才能使"百众之禄于是总聚而归之"，"荷负天之荣宠"。

由此观之，商汤正是荀子《儒效》篇所言之"大儒"，能够"以仁厚
知能尽官职"，是荀子"禄天下而不自以为多"的明证。由此观之，荀子
以礼治国之"礼"，来源于夏礼或商礼，《诗经》中的"颂"或可为荀子
礼学思想的立论根据和理论来源之一。

第三，富国是实现"人伦"文明的根本物质保障。"明分使群"，是人
伦文明的最根本状态，只有遵循"分"的原则，才能适应并调和人类个体
智识水平，满足其因智识不同而产生的物质、精神的需求差异，从而走向
人伦文明。

荀子指出："人伦并处"必然产生"穷"和"争"两大社会问题，所
谓"离居不相待则穷，群居而无分则争"②。其危害无穷，必然产生"强胁
弱""知惧愚""下违上""少陵长"的现象，甚至导致"老弱有失养之
忧"，"壮者有分争之祸"，夫妇"有失合之忧"，"人有树事之患，而有争
功之祸"的局面。社会这样发展，荀子所推崇的人伦文明社会必然崩溃。
如何解决"穷""争"这两大社会问题，荀子指出了几种富国途径，不言
而喻，富国是诊疗"穷""争"问题的最好办法。

首先，采用"节用以礼，裕民以政"③的富国方针。荀子认为，节约
费用要靠礼制，使民众富裕起来，要靠政策。所谓"节用以礼"，就是

---

① （汉）毛亨传，（汉）郑玄笺，（唐）孔颖达疏，（唐）陆德明音释《毛诗注疏》，第
2146~2147 页。
② （清）王先谦撰，沈啸寰、王星贤点校《荀子集解》，第 208 页。
③ （清）王先谦撰，沈啸寰、王星贤点校《荀子集解》，第 209 页。

"由士以上则必以礼乐节之"①，对于天子、三公、诸侯、大夫、士这些贵族就必须用礼乐制度来节制他们，他们的德行必须与官位相称，官位必须与俸禄相称，俸禄必须与费用相称。所谓"裕民以政"，就是"众庶百姓则必以法数制之"。什么是"法数"？即"量地而立国，计利而畜民，度人力而授事，使民必胜事，事必出利，利足以生民，皆使衣食百用出入相掩"②。国家用法度来统治普通百姓，使之都能胜任被授予的工作，工作一定要产生经济效益，而这种收益又足够用来养活民众，普遍地让他们衣食以及各种费用等支出大约与收益相平衡，同时鼓励百姓及时储藏多余的财物和粮食。这一管理政策就是荀子所倡导的"法数""法度"。荀子的"法数"制度注意到了人口数量与自然资源的平衡，但是没有最大限度地解放农民，与《商君书》之"粟爵粟任则国富"有很大差异。但是荀子认为这种政策能够实现富国裕民，所谓"裕民则民富，民富则田肥以易，田肥以易则出实百倍。上以法取焉，而下以礼节用之，余若丘山，不时焚烧，无所臧之"③。国家财富，"余若丘山"，必然为解决"穷""争"等社会问题奠定坚实的物质基础。

其次，"明分使群"，是解决"穷""争""乱"等问题的根本手段。荀子认为"无分"是造成人伦社会"穷""争"问题的根本原因，他说："人之生不能无群，群而无分则争，争则乱，乱则穷矣。故无分者，人之大害也。"④ 因此，荀子提出"兼足天下之道在明分"的观点。⑤ "明分使群"，既解决了"穷""争"的问题，又实现了国家富足的愿望。那么，什么是"分"，"明分使群"，又怎样"分"呢？

所谓"分"，即"古者先王分割而等异之也，故使或美或恶，或厚或薄，或佚或乐，或劬或劳"，"为之雕琢、刻镂、黼黻、文章，使足以辨贵贱而已"，"为之钟鼓、管磬、琴瑟、竽笙，使足以辨吉凶，合欢定和而已"，"为之宫室台榭，使足以避燥湿、养德辨轻重而已"，"将以明仁之文、通仁之顺也"⑥。"分"是荀子礼学的核心，国君对社会群体划分名分

---

① （清）王先谦撰，沈啸寰、王星贤点校《荀子集解》，第211页。
② （清）王先谦撰，沈啸寰、王星贤点校《荀子集解》，第211页。
③ （清）王先谦撰，沈啸寰、王星贤点校《荀子集解》，第209页。
④ （清）王先谦撰，沈啸寰、王星贤点校《荀子集解》，第212页。
⑤ （清）王先谦撰，沈啸寰、王星贤点校《荀子集解》，第216页。
⑥ （清）王先谦撰，沈啸寰、王星贤点校《荀子集解》，第212～213页。

等级，按照等级名分给予与之相应的待遇，这种待遇要符合所属该等级个体的职分。这种等级名分通过雕刻图案的器具、绘有彩色花纹的礼服、适合不同场合演奏的乐器、用于修养德性的宫室台榭来体现。这种形式彰明了仁厚的礼仪制度，体现了仁德的社会秩序。因此，等级和名分是天下的根本利益，而国君是掌管等级名分的枢要。

同时，荀子引用"雕琢其章，金玉其相，亹亹我王，纲纪四方"之句来佐证"明分使群"的理论是有用意的。这些诗句出自《诗经·大雅·棫朴》。此诗第五章曰："追琢其章，金玉其相。勉勉我王，纲纪四方。"[①]《小序》："《棫朴》，文王能官人也。"陈子展《诗经直解》："古语官人原有举贤授职之意。胡承珙云：'《大戴礼》《逸周书》皆有《文王官人篇》。《荀子》亦云，文王以官人为能。并与此序语合。'"孔颖达疏："言治宝物为器，所以可以雕琢其体以为文章者，以金玉本有其质性故也。以喻文王所以可修饰其道以为圣教者，由本心性有睿圣故也。言勉勉然行善道不倦之我王，以此圣德纲纪我四方之民。善其能在民上，治理天下。郑以为，申上政教可美之意。言工人追逐此玉，使其成文章而后用之。以兴文王精研此政教，合于礼义，其出，民皆贵而爱之好而乐之。"[②]《诗集传》："言文王之德，有以振作纲纪天下之人，而人归之。自此以下至《假乐》，皆不知何人所作，疑多出于周公也。"[③]

《诗集传》言此诗可能是周公所作。荀子崇尚周礼，隆尊文王，故尊奉郑玄笺注所说"此政教，合于礼义"。荀子礼学范畴之基，在于《诗经》，尤在《大雅·棫朴》。从荀卿始，中国古代知识分子已开始推尊三代之政教，即以夏礼、商礼、周礼为中心的政教，直至宋代达到高潮。

怎样"分"？事业分则职业分。荀子认为"农夫众庶之事"就是"掩地表亩，刺草殖谷，多粪肥田"[④]。"将率之事"就是"守时力民，进事长功，和齐百姓，使人不偷"。"圣君贤相之事"就是"兼而覆之，兼而爱之，兼而制之，岁虽凶败水旱，使百姓无冻馁之患"[⑤]。这样分的依据是

---

① （汉）毛亨传，（汉）郑玄笺，（唐）孔颖达疏，（唐）陆德明音释《毛诗注疏》，第1439页。

② 陈子展撰述《诗经直解》，第877～878页。

③ （宋）朱熹集注《诗集传》，中华书局，1980，第182页。

④ （清）王先谦撰，沈啸寰、王星贤点校《荀子集解》，第217页。

⑤ （清）王先谦撰，沈啸寰、王星贤点校《荀子集解》，第218页。

"君子以德,小人以力;力者,德之役也"①。

职业分,则爵位分、荣养分,荣辱贵贱则显矣。荀子认为一旦职业分,等级名分确定,就要美饰这一等级名分。例如,针对"人主""圣君贤相",就要"撞大钟,击鸣鼓,吹笙竽,弹琴瑟,以塞其耳;必将雕琢刻镂,黼黻文章,以塞其目;必将刍豢稻粱,五味芬芳,以塞其口"。因为,"不美不饰之不足以一民也,不富不厚之不足以管下也,不威不强之不足以禁暴胜悍也"②。荀子认为,只有国君对等级名分予以尊隆、美化装饰才能够统一民心,只有凭借富足的财产、优厚的待遇才能够实现对百姓的管理。等级名分足够威严,才能够禁止残暴的敌人,战胜凶悍的恶棍。

再次,君上要努力做到"赏行罚威",举贤任能,天下才会富足。因此,荀子倡导:"众人徒、备官职、渐庆赏、严刑罚以戒其心。使天下生民之属皆知己之所愿欲之举在是于也,故其赏行;皆知己之所畏恐之举在是于也,故其罚威。赏行罚威,则贤者可得而进也,不肖者可得而退也,能不能可得而官也。"③国君要扩充属下,设置多种官职,增加奖赏,严厉刑罚来警诫震慑百姓,使天下百姓知道自己想要的奖赏及自己恐惧的刑罚都在国君这里,因此,国君的奖励才能够执行,国君的处罚才有威力。只有奖赏得到实行,处罚具有威力,德才兼备的人才会被提拔任用,卑劣昏聩的人才会被罢黜贬谪,能够管理黔首的能人才会脱颖而出担任国君授予的官职。"赏行罚威",充分体现了国君身处"分"的枢要地位,以及国君的无上君权。

荀子把"赏行罚威"归入"礼义"范畴,归结为"儒术"之能。他说:"先王明礼义以壹之,致忠信以爱之,尚贤使能以次之,爵服庆赏以申重之,时其事,轻其任,以调齐之,潢然兼覆之,养长之,如保赤子。"④古代帝王所说的用礼制道义来统治百姓,就是爱护民众要做到忠信;安排各级职位,要做到尊贤任能;激励民众,能做到用爵位、财物奖赏功臣;依据天时安排农事,减轻徭役调解百姓生活;庇护、抚养百姓,做到"如保赤子"。同时,在《富国》篇中他还说:"儒术诚行,则天下大而富,使而功,

① (清)王先谦撰,沈啸寰、王星贤点校《荀子集解》,第215页。
② (清)王先谦撰,沈啸寰、王星贤点校《荀子集解》,第220页。
③ (清)王先谦撰,沈啸寰、王星贤点校《荀子集解》,第221页。
④ (清)王先谦撰,沈啸寰、王星贤点校《荀子集解》,第226页。

撞钟击鼓而和。"① 如果儒家的学说能够在政治上得到践行，天下的财富就会堆积如山，儒家学说如果被用于帝王的政教，就会天下大治，成就帝王非凡功业，天下和谐如同击鼓撞钟之乐，浑厚而融通。

为了说明富国之"儒术"产生的效用，荀子引证了"钟鼓喤喤，管磬玱玱，降福穰穰，降福简简，威仪反反。既醉既饱，福禄来反"的诗句，认为《富国》之儒术，阐明的就是此诗的境界。诗句出自《诗经·周颂·执竞》，《小序》：祀武王也。郑笺云："武王既定天下，祭祖考之庙，奏乐而八音克谐，神与之福又众……群臣醉饱，礼无违者，以重得福禄也。"②

荀子重《周礼》推崇文王的礼乐治国精神，其用意是复兴周礼。其富国论体现了这一倾向。

荀子认为，以儒术礼义治天下，则"中得人和"，必然天下盈足，这也是"人伦"文明所达到的最高境界。他夸张地说："若是则万物得宜，事变得应，上得天时，下得地利，中得人和，则财货浑浑如泉源，汸汸如河海，暴暴如丘山，不时焚烧，无所臧之。夫天下何患乎不足也。"③ 他认为，如果儒家的富国理论得到实施，世间万物就会充分得到利用，危机和变局就会得到及时处理，得天之时，得地之利，会让国内百姓人心凝聚，和谐相处，并心向国君。天下财物多得没有地方放置，财物滚滚犹如源头活水，浩浩荡荡犹如江海澎湃，堆积厚重犹如高山峻岭。

最后，在富国理论上，除了上文所提到的"节用以礼，裕民以政""明分使群""赏行罚威"等措施之外，荀子还提出了"节流开源"的富国主张。首先，荀子认为，儒家的富国理论必须建立在对财货"源"与"流"、"本"与"末"的充分认识上。"故田野县鄙"是"财之本"，"百姓时和，事业得叙"是"货之源"。相反，"垣窌仓廪"为"财之末"，"等赋府库"为"货之流"。④ 即大城池之外的广袤田野与偏僻乡村是产生财富的根本，百姓乐业不误农时，生产有序，是财富的源头，而谷仓米屯、地窖封窖是财物的末梢，赋税和国库是钱财的支流。

在充分认识财富源流本末的基础上，荀子说："明主必谨养其和，节

① （清）王先谦撰，沈啸寰、王星贤点校《荀子集解》，第221~222页。
② （汉）毛亨传，（汉）郑玄笺，（唐）孔颖达疏，（唐）陆德明音释《毛诗注疏》，第1924页。
③ （清）王先谦撰，沈啸寰、王星贤点校《荀子集解》，第221页。
④ （清）王先谦撰，沈啸寰、王星贤点校《荀子集解》，第230页。

其流,开其源,而时斟酌焉。潢然使天下必有余,而上不忧不足。如是,则上下俱富,交无所藏之。是知国计之极也。"开源节流,是国计民生的根本准则,国君开明,必定维护安定和谐的社会状况以养民生,对财富的收支时常调节,鼓励生产,广开财富之源,严格消费,节约非必要的支出,那么天下财富如大水涌来,绰绰有余,公私库房无法安放。

《强国》篇、《议兵》篇谈到了强国范畴。《议兵》篇涉及"用兵之要""王者之兵""天下之将""王者军制"等四个主要范畴,而所有阐述都归结在"礼"这个核心上。在"用兵之要"范畴上,荀子强调"凡用兵攻战之本在乎壹民","兵要在乎善附民而已"。[①] 带兵打仗的要与士兵团结如一人。这就要求领导者要善于让民众真心地归服自己。士兵就是仁人之兵、王者之志。如能做到"壹民""附民",整个军队就会"百将一心""三军同力",真正成为"莫邪之长刃""利锋","婴之者断""当之者溃"。

在"王者之兵"范畴上,荀子列举了兵强的 13 种因素:君贤者、隆礼者、贵义者、效功者、好士者、爱民者、政令信者、民齐者、赏重者、刑威者、械用兵革攻完便利者、重用兵者、权出一者等。比较了齐国之师、魏国之师、秦国之师、齐桓晋文之师、汤武之师等五种军队战斗力并得出结论。他说:"故齐之技击不可以遇魏氏之武卒,魏氏之武卒不可以遇秦之锐士,秦之锐士不可以当桓、文之节制,桓、文之节制,不可以敌汤、武之仁义,有遇之者,若以焦熬投石焉。"[②] 王先谦认为"焦熬投石"句,疑有夺误,当云"以指焦熬,以卵击石"。意即"汤武之仁义无敌"。因此,他又说:"王者之兵不试。汤、武之诛桀、纣也,拱挹指麾而强暴之国莫不趋使,诛桀、纣若诛独夫。"[③]

在"天下之将"范畴上,荀子认为三军统帅,必须具备"慎行此六术、五权、三至,而处之以恭敬无圹"的素质,才能称得上"天下之将"。[④]"六术"是指号令威严,奖罚有信,营库要周密坚固,行军要安全迅速,侦查要勘验比较,决战要心中有数。"五权"是指不因自己官位得失而处疑不决,权衡胜败,权衡敌我,权衡利害,奖赏要大方而周详。

---

① （清）王先谦撰、沈啸寰、王星贤点校《荀子集解》,第 314 页。

② （清）王先谦撰、沈啸寰、王星贤点校《荀子集解》,第 323 ~ 324 页。

③ （清）王先谦撰、沈啸寰、王星贤点校《荀子集解》,第 325 页。

④ （清）王先谦撰、沈啸寰、王星贤点校《荀子集解》,第 327 ~ 328 页。

"三至"是指宁可身死也不能置军队于危险之境，宁可身死也不能打无必胜把握之战，宁可身死也不能为危害百姓之事。"无圹"，是指恭敬不懈怠、不疏忽。具体指在对待战略谋划、战事、军吏、士兵、敌人等诸方面都不懈怠、不疏忽。

在"王者军制"范畴上，荀子强调国君在作战制度中的至高无上地位，军队所有人必须各司其职，效命疆场。他说："将死鼓，御死辔，百吏死职，士大夫死行列。闻鼓声而进，闻金声而退，顺命为上，有功次之。令不进而进，犹令不退而退也，其罪惟均。"① 同时，他又高扬其"仁义"的理想旗帜："不杀老弱，不猎禾稼，服者不禽，格者不舍，奔命者不获。凡诛，非诛其百姓也，诛其乱百姓者也；百姓有扞其贼，则是亦贼也。以故顺刃者生，苏刃者死，奔命者贡。"② "王者军制"必须达到"人师"的水准，即"近者歌讴而乐之，远者竭蹶而趋之，无幽闲辟陋之国莫不趋使而安乐之，四海之内若一家，通达之属莫不从服"。无论远近，无论是否偏僻，诸侯国都发自肺腑地归服周朝，普天之下，亲如一家，这是荀子倡导的"王者军制"的最高境界。并且他引用《诗经·大雅·文王有声》之句相佐证："自西自东，自南自北，无思不服。"由此观之，荀子的"王者军制"范畴，以隆礼尊王、仁义为本，是对周礼的复兴，是对周王朝礼制的回归。

荀子在与学生陈嚣、李斯讲论兵道时仍然以"仁"为本，以"礼"为先，把礼学推向学术高度。与陈嚣讲论时，他指出了战争的本质："彼兵者，所以禁暴除害也，非争夺也。"③ 这一论断建立在"仁者爱人""恶人之害""恶人之乱"的基础上。战争本质是禁止横暴，消除危害，维护王治，而不是掠取和争夺。与李斯讲论时，他提出"礼者，治辨之极也，强国之本也，威行之道也，功名之总也"④。此处，荀子把"以礼治国"推向极致，认为礼是管理社会的最高法则，是国家强盛的根本保障，是威力得以扩张的有效办法，是功成名就的法宝。君上遵从以礼治国，就会在全天下实现王治，否则，其国不存。

与《商君书》所倡之国家富强途径不同，荀子《强国》篇提出："彼

---

① （清）王先谦撰，沈啸寰、王星贤点校《荀子集解》，第 328～329 页。
② （清）王先谦撰，沈啸寰、王星贤点校《荀子集解》，第 329 页。
③ （清）王先谦撰，沈啸寰、王星贤点校《荀子集解》，第 330 页。
④ （清）王先谦撰，沈啸寰、王星贤点校《荀子集解》，第 332 页。

国者，亦强国者之剖刑已。"① 即强大的国家也是通过规模之器铸造出来的，而这个规模之器就是礼义。他说："彼国者亦有砥厉，礼义节奏是也。"强大国家就是靠礼义节奏这块砥柱之石磨砺出来的。如何砥砺？荀子说："教诲之，调一之，则兵劲城固，敌国不敢婴也。"很显然，这种对军民的教诲、调一，是与荀子心性之学中化性起伪之范畴相一致的，通过个体的化性起伪走向群体的化性起伪，从而产生强大的向心力和爆发力，进一步形成符合王者之志的战斗力。因此，荀子最后得出结论："国之命在礼"，"人君者，隆礼尊贤而王"。②

国家的强盛植根于国家的威严，这是《商君书》所不曾涉及的。荀子认为国家的威严有三种："道德之威""暴察之威""狂妄之威"。他推崇"道德之威"，反对"暴察之威"和"狂妄之威"。因为"道德之威"来源于"礼乐则修，分义则明，举错则时，爱利则形"的治国方略。依此方略可产生"赏不用而民劝，罚不用而威行"的效果。与"道德之威"向反而行，"暴察之威"则不修礼乐，不明分义，不时举措，不形爱利，并且重施刑罚，所谓"其禁暴也察，其诛不服也审，其刑罚重而信，其诛杀猛而必"。这样，国君必须动用权势地位去胁迫百姓，用惩罚杀戮去控制臣民，否则军民离散，国家崩溃。比"暴察之威"更甚，"狂妄之威"变本加厉，国君"无爱人之心，无利人之事，而日为乱人之道"，导致出现"百姓讙敖则从而执缚之，刑灼之，不和人心"的倾覆灭亡之象。③

楚宣王执政时期的楚国、齐湣王执政时期的齐国及秦昭襄王执政时期的秦国都是战国时期具备走向强盛条件的国家，也是荀子瞩目的国家，因此荀子入齐、入秦，游说万乘之君，以期得君行道。一国之相的言行也关乎国家的强盛，荀子与齐相公孙子、田文，秦相范雎等三人论讲治国之政，为楚、齐、秦的强国实践进行理论解疑。

荀子论楚相景舍伐蔡圣侯之战胜利之后，推辞奖赏，是鄙陋无知的。"大功已立，则君享其成，群臣享其功，士大夫益爵，官人益秩，庶人益禄。"④这符合荀子的礼法精神，因为只有这样，才能"以为善者劝，为不善者沮，上下一心，三军同力，是以百事成，而功名大也"。而楚相景舍

---

① （清）王先谦撰，沈啸寰、王星贤点校《荀子集解》，第344页。
② （清）王先谦撰，沈啸寰、王星贤点校《荀子集解》，第345页。
③ （清）王先谦撰，沈啸寰、王星贤点校《荀子集解》，第346~347页。
④ （清）王先谦撰，沈啸寰、王星贤点校《荀子集解》，第348页。

作为三军统帅，辞掉楚宣王的奖赏破坏了礼法精神，他"反先王之道，乱楚国之法，堕兴功之臣，耻受赏之属"的行为，不利于国民"上下一心，三军同力"，这势必导致楚国之政失于礼法，也必然不利于楚国未来军国大事的处理，客观上阻塞了楚国的强国之路。

荀子建议齐相田文治理国家要借助"胜人之势"，行"胜人之道"。他认为一国国君和国相拥有制服别人的权势，此属"胜人之势"。"是为是，非为非，能为能，不能为不能，并己之私欲，必以道夫公道通义之可以相兼容者，是胜人之道也。"① 明辨是非，举贤任能摒弃自己的私欲，使所施之政与天下之"公道"、天下之"通义"不相违背，此属"胜人之道"。荀子认为夏桀、商纣得"胜人之势"，而未能行"胜人之道"。夏桀、商纣是圣王子孙，天下宗室，拥有千里之国，亿万之众，可谓得势。但所施之政皆属"污漫""争夺""贪利"，此非"胜人之道"。荀子认为商汤、周武能得"胜人之势"，施"胜人之道"。"而汤、武者，善为人之所好也。"即所施之政皆符合"礼义""辞让""忠信"，此属"胜人之道"。因此在荀子看来，礼义、辞让、忠信是执政的圭臬，是全天下执政者必须共同遵守的政治法则，也普遍适用于所有国家，是国家走向强盛的"公道"和"通义"。言外之意，齐国想走向强盛，也别无他途，唯遵礼法。

荀子与秦相范雎的讲论值得寻味，他明确指出秦国已具备强国的诸多条件：关山险固、天材利多；百姓质朴，为"古之民"；"百吏肃然"，为"古之吏"；士大夫"明通而公"，为"古之士大夫"；朝廷"听决百事不留"，为"古之朝"。因此"四世有胜"。但秦国终究不能强大是因为缺少儒术，他说："则其殆无儒邪！故曰：'粹而王，驳而霸，无一焉而亡。'此亦秦之所短也。"② 秦国缺少儒者，既不能做到"崇尚道义、任用贤人"的王道，也做不到"义利兼顾、贤人亲信并用"的霸道，必然走向灭亡。很显然，荀子已明确秦国缺少什么，但又不能接纳自己的冷酷现实。这也是荀子入秦游说秦昭襄王无果的又一明证。

《商君书》法学思想体系的理论结穴在于对以法为枢纽的国家力量的揄扬，具体表现为对"治""富""强""王"四个范畴的大力阐述上。其

---

① （清）王先谦撰，沈啸寰、王星贤点校《荀子集解》，第349页。
② （清）王先谦撰，沈啸寰、王星贤点校《荀子集解》，第359页。

"富"崇尚物质利益而重农业生产，"废学去儒"以灭"虱害"。其"强"，仰奉舍生忘死的军事行动而摒绝辞让战阵，训练出一支"四世有胜"、独一无二的铁血之旅。其"治"，强调法、信、权，尤其重刑罚，推崇依法治吏，以免出现"上下相离"的权力真空。其"王"，更彰显法的精神，秦国"王天下"之法"易礼"而"不循古"，以"刑九赏一"为王者之道。

《荀子》礼学思想以构建人伦文明社会为结穴。荀子所论的人伦社会达到了个体"化性起伪"及社会群治的最高水平，是在社会分工与职业趋异中践行礼义的必然结果，是"明分使群"与隆礼重义的最佳融合。至于荀子《议兵篇》所涉"用兵之要""王者之兵""天下之将""王者军制"等四个范畴，也归结于"礼"，与人伦文明社会相统一。《强国》篇以隆礼尊贤为强国之"刑范"，用礼学构建强国之基。荀子礼学以夏禹、商汤、周武之礼为主要内容，其实质是对三代之治的推崇和复兴。《商君书》法学与《荀子》礼学存在四大根本分歧：礼与法的理论及践行分歧，改革与复古的信仰差异，重学与废儒的对立，以赏罚之法挖掘人的潜能与以学实现人的全面解放之差异。

荀子认为"道有一隆"，熊公哲解释此一隆之道就是"礼义"。他说："然则所谓一隆之道者何也？《儒效》篇曰：儒者法先王，隆礼义，又曰：先王之道，仁之隆也；比中而行之。曷谓中？礼义是也。是则荀子所谓一隆之道者，先王之道，礼义是也。"[①] 通览《荀子》三十二篇，无一篇不言法先王、隆礼义，尤其用礼的精神来阐释分的范畴，从而实现明分使群。构建天地君亲师之场域，弘扬仁义礼智信的精神，是中国古代社会发展、强盛的重要规律，这种精神起于孔孟，集于荀子，历久不衰，直至宋代，朱熹把仁义礼智信尊奉为人性的必然构成因素，认为仁义是一种浩然天理。礼义是荀子构建人伦文明的核心通义。

吴光《从道德仁学到民主仁学》一书用"三盛三衰"概括中国儒学的发展轨迹。[②] 荀子虽为第一兴盛期位继孔孟之后的第三位代表思想家，但距离以秦始皇称帝为开端的第一衰退期很近。秦国从商鞅时代即已排儒，《商君书》是明证，至昭襄王恐怕甚嚣尘上。但荀子居儒学衰退期，而能集儒学之大成，其"仁本礼用"的道德仁学为"德主刑辅"的汉代经学及

① 熊公哲：《荀卿学案》，山东文艺出版社，2018，第13~14页。
② 吴光著，张宏敏编《从道德仁学到民主仁学》，第9~11页。

"修己治人"的宋明理学埋下了复兴之种。其中"伦类""统类""人伦"等范畴的构建，功不可没。

儒家伦类范畴，其一是指圣人。《孟子·离娄》："规矩，方员之至也；圣人，人伦之至也。欲为君，尽君道；欲为臣，尽臣道。二者皆法尧舜而已矣。"① 尧、舜、孔子皆是人伦中的佼佼者。人伦是道德之极，孔子是大儒，尧、舜是社会中的圣君、明主。

其二是指人类社会中人的认识水平不一致的情况下求得的稳定的合理的秩序。熊公哲《荀卿学案》有《伦类》细道原委。《解蔽》篇："圣人知心术之患，见蔽塞之祸，故无欲无恶，无始无终，无近无远，无博无浅，无古无今，兼陈万物而中县衡焉。是故众异不得相蔽以乱其伦也。"② 据此熊公哲指出："伦者，同异之伦也。"③ 哲学范畴中同异共存，在同中，异有秩序有条理地存在着；在异中，异借助同的因素维系着。社会范畴也是这样，一树瓜果有酸有甜，人的家庭背景、智力水平、教育程度、社会地位、财富多寡尽管相异，但不妨碍凭借社会契约和制度和谐共处。

其三，儒家伦类范畴是指大儒运用先王之法、礼义制度对人伦社会的治理，并使之高效、和谐、文明运转。如何统一人伦，如何系纲纪于礼？大儒在其中发挥着决定性作用。"法先王，统礼义，一制度，以浅持博，以古持今，以一持万，苟仁义之类也，虽在鸟兽之中，若别白黑；倚物怪变，所未尝闻也，所未尝见也，卒然起一方，则举统类而应之，无所儗怍，张法而度之，则晻然若合符节，是大儒者也。"④ 大儒能够做到效法古代圣明的帝王，以礼义作为法令纲纪，统一国家制度，在社会治理中以有限的见闻推类更多的见闻，以古揆今，以一度万，如果合乎仁义之事，察乎鸟兽，如辨黑白。即使未曾见闻的奇特事物仓促生变，也能处理得当，若合符契，不会于礼未安，与道相违。

其四，伦类范畴之"类"是指终极之法——礼的贯通。《劝学》篇："礼者，法之大分、类之纲纪也。"⑤ 《王制》篇："以类行杂，以一行万。

---

① 杨伯峻译注《孟子译注》，第165页。
② （清）王先谦撰，沈啸寰、王星贤点校《荀子集解》，第465页。
③ 熊公哲：《荀卿学案》，第24页。
④ （清）王先谦撰，沈啸寰、王星贤点校《荀子集解》，第166页。
⑤ （清）王先谦撰，沈啸寰、王星贤点校《荀子集解》，第14页。

始则终，终则始，若环之无端也，舍是而天下以衰矣。"① 荀子怎样阐述这个人伦世界，这个文明和谐的理想之城？他把"天地""礼义""君子""化性起伪"立为人伦"四始"，将其作为人伦社会的支柱和纲纪。他说："天地者，生之始也；礼义者，治之始也；君子者，礼义之始也。为之、贯之、积重之、致好之者，君子之始也。故天地生君子，君子理天地。君子者，天地之参也，万物之揔也，民之父母也。"② 从而把君子推向"四始"之最本源者，这里的君子就是大儒，就是圣王。

从君子范畴出发，荀子编制了人伦文明之网，这张网的纲就是礼义，而君臣、父子、兄弟、夫妇，是纲之大目，荀子称之为"大本"。"君臣、父子、兄弟、夫妇，始则终，终则始，与天地同理，与万世同久，夫是之谓大本。"围绕这一"礼义之大本"，又派生出了一系列的小目，这些小目无一不在礼义的统帅之下，他说："故丧祭、朝聘、师旅一也，贵贱、杀生、与夺一也，君君、臣臣、父父、子子、兄兄、弟弟一也，农农、士士、工工、商商一也。"丧祭、朝聘、师旅，贵贱、杀生、与夺，乃至君君、臣臣、父父、子子、兄兄、弟弟，甚至农农、士士、工工、商商，荀子都归结为"一"，这个"一"的实质，即"礼义"。它是"伦类"范畴的核心精神。熊公哲据此指出："类者，纲纪于礼也。"类是指同类事物所共有的规律。用各类事物普遍的法则去处理各种纷繁芜杂的事务，用统括天下的道理去治理万事万物，自始至终，周而复始，这样就如同玉环一样美满，无疵可言，无懈可击。

先秦伦类范畴影响深远，它与汉代大一统思想及宋代理学的思维方法有一致的内在脉络。汉代大一统思想实出于荀子"统类"范畴。在董仲舒手中演化为一种社会群治思想。"《春秋》大一统者，天地之常经，古今之通谊也。今师异道，人异论，百家殊方，指意不同，是以上亡以持一统；法制数变，下不知所守。臣愚以为诸不在六艺之科、孔子之术者，皆绝其道，勿使并进，邪辟之说灭息，然后统纪可一而法度可明，民之所从矣。"③ 董仲舒在思想上推尊《春秋》大一统，推尊孔孟儒术，废黜百家学术，其实质仍然把礼义作为国家和社会治理的纲纪之法。董仲舒大一统思想与

① （清）王先谦撰，沈啸寰、王星贤点校《荀子集解》，第192页。
② （清）王先谦撰，沈啸寰、王星贤点校《荀子集解》，第192~193页。
③ 袁长江主编，衡水师范专科学校中华传统文化研究所编注《董仲舒集》，学苑出版社，2003，第28页。

《荀子》伦类范畴在本质上都是以儒治国。

到了宋代，人伦概念不仅指三纲五常，而且由礼学范畴进入思维范畴，"类"演化为"比类""类推"，这成为程朱讲学的一种思维方法。朱熹与门人童伯羽、杨骧讨论"近思"之义。博学、笃志、切问、近思四事是儒家为学之法。"蜚卿问：'伊川谓："近思，只是以类推去。"'曰：'程子说得"推"字极好。'问：'比类，莫是比这一个意思推去否？'曰：'固是。如为子则当止于孝，为臣当止于忠，自此节节推去。然只一"爱"字，虽出于孝，毕竟千头万绪，皆当推去须得。'"① 在朱熹看来，"近思"不仅是一种分析事物，得出结论之法，不仅是归纳法，而且举一隅而反三隅，是演绎法。

第二节　同为战国显学的荀学与墨学

诸子百家，儒墨同称显学，皆以尧舜为宗，二者有着千丝万缕的联系。韩非子《显学》篇称："世之显学，儒、墨也。"所谓"儒分为八"："自孔子之死也，有子张之儒，有子思之儒，有颜氏之儒，有孟氏之儒，有漆雕氏之儒，有仲良氏之儒，有孙氏之儒，有乐正氏之儒。"所谓"墨离为三"："自墨子之死也，有相里氏之儒，有相夫氏之儒，有邓陵氏之儒。"② 可见儒墨两家支脉众多，学术甚繁。郭齐勇称："墨家与儒家同源，墨子与老子、孔子一样，反思文明源头，思考天人性命问题以及文化制度对于人的限制问题。"③ 儒墨"皆自谓真尧、舜"④。但韩非子又指出"孔墨俱道尧、舜，而取舍不同"，那么儒墨两家的取舍在哪里，值得我们认真探究。胡适说："当韩非之时墨家还很盛。"⑤ 孙中山先生说："古时最讲'爱'字的，莫过于墨子。"蔡子民说："先秦惟子墨子最治科学。"⑥ 荀学也正当先秦儒学之殿军，荀、墨之学相互影响、相互排斥是客观的事实。王桐龄《儒墨异同》从儒墨学说、儒墨理想、儒墨教祖事迹等三个方面，

---

① （宋）黎靖德编《朱子语类》，中华书局，1986，第1202页。
② 陈奇猷校注《韩非子集释》，上海人民出版社，1974，第1080页。
③ 郭齐勇主编《中国哲学通史·导论》，第7页。
④ 陈奇猷校注《韩非子集释》，第1080页。
⑤ 胡适：《中国哲学史大纲》，北京理工大学出版社，2016，第264页。
⑥ 吴毓江撰，孙启治点校《墨子校注》，第1075页。

列出儒墨67条异同之处。① 虽较全面，但每条内容字数较少，议论失之简略。本节仅对其中兼爱与礼义、尚同与王制、天论与天志、厚葬与节葬等八个范畴进行比较。

一 墨子兼爱范畴与荀子礼义范畴的观同别异

（一）墨子主张的兼爱与荀子主张的礼义两个范畴有三个相同之处

第一，墨子和荀子面对的是战国时期冷酷现实和士之阶层的兴起。社会在多种层面出现了对立：国与国相攻，家与家相夺，人与人相残。社会呈现为强凌弱、贵傲贱、富侵贫、智诈愚的罪恶样态。同时，礼崩乐坏，王官之学转变为诸子百家，士之阶层迅速兴起，所谓"孔子无黔突，墨子无暖席"，突灶未及黑，坐席未及温，历行诸国，汲汲于行道。② 他们具有"以道自任、自重"的精神品格，而荀子、墨子就是其中的杰出代表。自重和自任是荀墨两家共有的美好精神品格。

自重的品格就是恪守君子的原则，注重出处，而不是像小人一样，不择地不择时而出仕。孔门弟子子夏就是士的楷式。荀子说："古之贤人，贱为布衣，贫为匹夫，食则饘粥不足，衣则竖褐不完，然而非礼不进，非义不受……子夏贫，衣若县鹑。人曰：'子何不仕？'曰：'诸侯之骄我者，吾不为臣；大夫之骄我者，吾不复见。'"③《尧问》篇："正身之士不可骄也。彼正身之士，舍贵而为贱，舍富而为贫，舍佚而为劳，颜色黎黑而不失其所，是以天下之纪不息，文章不废也。"④ 这种自重就是坚守人格，维护天下之纲纪，传承文章和学术。

自任的品格就是承担家国、天下之重任，以士自任，以道自任，充分发挥对道、国家、君王的作用。荀子《儒效》篇所述圣人是最高阶层的士。他说："圣人也者，道之管也：天下之道管是矣，百王之道一是矣。"《致士》篇："无君子则道不举。"这里所说的"君子"和"圣人"是荀子的终极追求。墨子也阐述了士的地位以及对帝王功业的作用。他说："故士者，所以为辅相承嗣也。故得士则谋不困，体不劳，名立而功成，美章

---

① 蔡尚思主编《十家论墨》，上海人民出版社，2004，第50～56页。
② 何宁撰《淮南子集释》，中华书局，1998，第1319页。
③ （清）王先谦撰，沈啸寰、王星贤点校《荀子集解》，第606页。
④ （清）王先谦撰，沈啸寰、王星贤点校《荀子集解》，第651页。

而恶不生，则由得士也。"①墨子的"尚贤"就是"尚士"，把"尚贤"与国家存亡联系起来，他说："入国而不存其士，则亡国矣；见贤而不急，则缓其君矣。非贤无急，非士无与虑国。缓贤忘士而能以其国存者，未曾有也。"② 在墨子看来，士与国家的命运同呼吸共存亡，士兴则国兴，士衰则国亡。因此，国君应该采取礼贤下士的态度，而不是"缓贤忘士"。直面冷酷的现实，以家国天下为己任，坚持士的操守，是荀墨两家的共同点之一。

第二，墨子与荀子在政治上都宗奉尧、舜，遵从"三王之法""三代之道"。"三王之法"与"三代之道"是经过实践检验而取得成功的治国之道。墨子的三代圣王是指尧、舜、禹、汤、文、武。他说："昔三代圣王尧、舜、禹、汤、文、武之所以王天下，正诸侯者，此亦其法已。"

荀子的三王指的是三代之王，即夏、商、周开国之王。"三王之法"就是维护天下太平的纲纪，不可挪移，不可动摇。他说："三王既已定法度、制礼乐而传之，有不用而改自作，何以异于变易牙之和、更师旷之律？无三王之法，天下不待亡，国不待死。"③ 三王，张觉认为即"三代开国之王"，即"夏禹、商汤、周文王、周武王"。④ 荀子学说也以尧舜为法则："不知而问尧、舜，无有而求天府。曰：先王之道，则尧舜已；六贰之博，则天府矣。"⑤ 久保爱解释此句的意思为"尧、舜虽没，其道犹存，是与尧、舜存同"。刘师培曰："六贰者，即六典之贰。周代之法制禁令，悉备于六典，而六典之贰，则藏于天府。"王天海按："六典之贰，六典之副本也，六典副本之典簿本当藏于天子之府。"⑥ 也就是说，前代的王道即尧、舜之道，尧舜之道以文字的形式载于周代的法制禁令，载于六典，收藏在天子之府。《荀子》文本还提到"三代"一词：《王制》篇言"王者之制：道不过三代，法不二后王；道过三代谓之荡，法二后王谓之不雅"。《儒效》篇也言"道过三代谓之荡，法二后王谓之不雅"。《荣辱》篇言"三代虽亡，治法犹存"。总之，推尊"三代之治"，尊崇尧、舜、禹、汤、

① 吴毓江撰，孙启治点校《墨子校注》，第67页。
② 吴毓江撰，孙启治点校《墨子校注》，第1页。
③ （清）王先谦撰，沈啸寰、王星贤点校《荀子集解》，第612页。
④ 张觉撰《荀子译注》，第306页。
⑤ （清）王先谦撰，沈啸寰、王星贤点校《荀子集解》，第596页。
⑥ 王天海校释《荀子校释》，第1075页。

文、武等古代帝王是墨荀两家第二个共同特征。

第三，墨子兼爱之术与荀子礼义之学共同立场还体现在反对战争上。

墨子兼爱思想要求人们做到："视人之国，若视其国；视人之家，若视其家；视人之身，若视其身。"①如果这样做了，就会实现："诸侯相爱，则不野战；家主相爱，则不相篡；人与人相爱，则不相贼；君臣相爱，则惠忠；父子相爱，则慈孝；兄弟相爱，则和调。天下之人皆相爱，强不执弱，众不劫寡，富不侮贫，贵不敖贱，诈不欺愚。"② 在这样的思想基础上，墨子反对战争，因为战争违反了兼爱的思想精神和根本原则。

墨子认为攻战的本质是"不义"和"不利"。墨子说："杀一人谓之不义，必有一死罪矣。若以此说往，杀十人，十重不义，必有十死罪矣；杀百人，百重不义，必有百死罪矣。当此，天下之君子皆知而非之，谓之不义。"杀人是不义，是死罪，攻国是"大为不义"。③ 同时，墨子认为攻战无一利，"上不中天之利"，"中不中鬼之利"，"下不中人之利"。所谓"上不中天之利"是指"刺杀天民，剥振神之位，倾覆社稷，攘杀其牺牲"。所谓"中不中鬼之利"是指"杀之神，灭鬼神之主，废灭先王，贼虐万民，百姓离散"。所谓"下不中人之利"是指"夫杀之人，为利人也博矣。又计其费，此为害生之本，竭天下百姓之财用不可胜数也"④。

与墨子相同，荀子也反对杀人与战争。荀子反对战争，他认为杀害无辜的人违反了仁义的原则，杀人非仁。他说："行一不义，杀一无罪而得天下，仁者不为也。"⑤ 荀子反对战争，称战争为"暴"，认为战争是人性恶的产物。他说："从人之性，顺人之情，必出于争夺，合于犯分乱理，而归于暴。"这里的"暴"，就是争夺。荀子又说："彼兵者，所以除暴禁害也，非争夺也。"⑥ 这里所说的"暴"是指"齐之技击""魏氏之武卒""秦之锐士""桓、文之节制"，尤指暴秦。这些不以礼义为标准而整合起来的士卒，就是一种暴力，必然从事争夺，这是荀子反对的。

荀子反对战争，具体表现在反对秦昭襄王、齐湣王等这些君主上。刘

---

① 吴毓江撰，孙启治点校《墨子校注》，第156页。
② 吴毓江撰，孙启治点校《墨子校注》，第156页。
③ 吴毓江撰，孙启治点校《墨子校注》，第195~196页。
④ 吴毓江撰，孙启治点校《墨子校注》，第215页。
⑤ （清）王先谦撰，沈啸寰、王星贤点校《荀子集解》，第240页。
⑥ （清）王先谦撰，沈啸寰、王星贤点校《荀子集解》，第330页。

向《新书》称荀子"疾浊世之政，亡国乱君相属，不遂大道而营乎巫祝"，这就是荀子对暴君的态度。① 荀子应聘于诸侯而不被任用，终究缘于荀子仁义思想与诸侯列国之君的崇尚暴力、滥于攻伐的恶性格格不入。

荀、墨同源，包括荀、墨在内的诸家学说都源自古代的传统和圣王的行为。《淮南子·修务训》提到了神农、尧、舜、禹、汤五圣能兴天下之利，除天下之害，厥功至伟。神农"教民播种五谷"，"尝百草之滋味，水泉之甘苦，令民知所辟就"。尧"立孝慈仁爱，使民如子弟"，"放谨兜于崇山，窜三苗于三危，流共工于幽州，殛鲧于羽山"。舜"作室，筑墙茨屋，辟地树谷，令民皆知去岩穴，各有家室"，"南征三苗"。禹"决江疏河，凿龙门，辟伊阙，修彭蠡之防"。汤"轻赋薄敛，以宽民氓"，"吊死问疾，以养孤孀"，"整兵鸣条，困夏南巢，谯以其过，放之历山"。② 这五个人是"天下之盛主"，"劳形尽虑，为民兴利除害而不懈"。墨子兼爱之术与荀子礼义之学实起源于"五圣""兴天下之利，除天下之害"的古代传统和精神。

（二）兼爱与礼义存在着三个相异之处

第一，墨子兼爱说与荀子礼义说的根本对立之处在于"仁爱"是否有"差等"。墨子的兼爱是"兼相爱"，即"不分人我、彼此，一同天下之利害、好恶"③。墨子植根于"推己及人"的儒家原则，爱人若己，为人即为己，"兼相爱"是墨者追求的最高价值观，墨者之仁，就是"兴天下之利，除天下之害"。"兼"字金文之形为手持二禾，《说文解字》以"并"释"兼"，引申为"平等"之义。因此，墨子之"兼爱"是"爱无差等"，一视同仁，对别人的爱与对父母之爱、对亲人之爱没有任何区别，每个人都平等地给予别人份额相等之爱，同时享受别人给予自己的相等份额之爱，这是一种带有绝对平均主义的原始平等思想，它是一种尚同的爱。墨子反对儒家有差别的爱。他说："儒者曰：'亲亲有术，尊贤有等。'言亲疏尊卑之异也。其《礼》曰：'丧父母三年，妻、后子三年，伯父、叔父、弟兄、庶子其，戚族人五月。'若以亲疏为岁月之数，则亲者多而疏者少矣，是妻、后子与父同也。若以尊卑为岁月数，则是尊其妻子与父母同，而亲

① （清）王先谦撰，沈啸寰、王星贤点校《荀子集解》，第 657 ~ 658 页。
② 何宁撰《淮南子集释》，第 1355 页。
③ 郭齐勇主编《中国哲学通史》（先秦卷），第 259 页。

伯父、宗兄而卑子也。逆孰大焉？其亲死，列尸弗敛，登屋，窥井，挑鼠穴，探涤器，而求其人焉。以为实在，则赣愚甚矣。如其亡也，必求焉，伪亦大矣！"① 墨子认为在儒家的丧礼中有差别的待遇（爱），"妻、后子与父同"，即父母、妻、后子的丧期同是三年，不能区分父母之"亲"与妻、后子之"疏"，伯父、宗兄、卑子的丧期都是二年，就不能区分伯父、宗兄之"尊"与卑子之"卑"。按照儒家的逻辑这就是忤逆。同样，儒家"列尸弗敛，登屋，窥井，挑鼠穴，探涤器"等招魂的丧仪，赣愚与虚伪，必居其一。

　　与墨子相反，荀子秉持的礼义之仁爱是有差别的爱。荀子之仁爱外化为礼义，礼在本质上是一种有差别的处理人与人之间关系的哲学。《荀子》文本使用"礼"字370处，使用"礼义"一词115处。荀子《礼论》篇指出："礼有三本：天地者，生之本也；先祖者，类之本也；君师者，治之本也。无天地恶生？无先祖恶出？无君师恶治？三者偏亡焉，无安人。故礼上事天，下事地，尊先祖而隆君师。是礼之三本也。"② 其中"事天地""尊先祖""隆君师"体现了荀子之礼的生物属性、伦理属性、政治属性、教育属性，决定了"天、地、君、亲、师"的地位，从而使荀子做出了"天者，高之极也""地者，下之极也""圣人者，人道之极也"③ "君者，国之隆也""父者，家之隆也"④ 等判断。因此荀子主张在祭礼与丧礼上应该有区别。他这样阐述祭礼的差别："郊止乎天子，而社止于诸侯，道及士大夫，所以别尊者事尊，卑者事卑，宜大者巨，宜小者小也。"⑤ 天子郊祭，诸侯社祭，大夫路祭，以规模、地点来区分他们的尊卑贵贱，合理合义，礼就在于这种差别性。对于丧礼，荀子也阐述了它的差别性，不同等级的丧礼所用之棺椁也有区别："天子棺椁十重，诸侯五重，大夫三重，士再重，然后皆有衣衾多少厚薄之数，皆有翣菨文章之等以敬饰之。"⑥ 丧礼的规模也有区别："天子之丧动四海，属诸侯；诸侯之丧动通国，属大夫；大夫之丧动一国，属修士；修士之丧动一乡，属朋友；庶人之丧合族

① 吴毓江撰，孙启治点校《墨子校注》，第428～429页。
② （清）王先谦撰，沈啸寰、王星贤点校《荀子集解》，第413页。
③ （清）王先谦撰，沈啸寰、王星贤点校《荀子集解》，第422页。
④ （清）王先谦撰，沈啸寰、王星贤点校《荀子集解》，第310页。
⑤ （清）王先谦撰，沈啸寰、王星贤点校《荀子集解》，第413～414页。
⑥ （清）王先谦撰，沈啸寰、王星贤点校《荀子集解》，第425页。

党，动州里。刑余罪人之丧，不得合族党，独属妻子，棺椁三寸，衣衾三领，不得饰棺，不得昼行，以昏殣，凡缘而往埋之，反无哭泣之节，无衰麻之服，无亲疏月数之等。"① 自天子、诸侯、大夫、修士、庶人以至于刑余罪人，他们的丧礼等级森严，区别鲜明，这与墨家之"兼爱""节葬"形成鲜明的对立，具有与之迥异的风尚。

第二，墨子之兼爱说以平等互利为基础，而荀子的礼义说以"养人之欲"为根本。墨子兼爱的核心是从下层百姓出发，从每一个个体出发，来"兼相爱，交相利"，以"兴天下之利"，从而使社会的每一位成员都受益，使每一位成员都"以兼为善，以兼为仁义"②，然后组成一个互惠互利的集体。

墨子说："夫爱人者，人必从而爱之；利人者，人必从而利之；恶人者，人必从而恶之；害人者，人必从而害之。"③ 在此基础上，墨子告诫世人，竭力从善，避免为恶，竭力助人，避免自利，以形成人人乐于为善事、乐于助人的良好社会风尚。他说："有力者疾以助人，有财者勉以分人，有道者劝以教人。若此，则饥者得食，寒者得衣，乱者得治。若饥则得食，寒则得衣，乱则得治，此安生生。"④ 墨子兼爱说之平等互利的内容其实质是化育民众心性向善，他使用了"疾""勉""劝"三字，停留在鼓励、劝勉教育层面，没有形成一种政治制度，仅仅表达了普通大众自食其力，团结互助的愿望。

荀子礼义说的核心是以礼来"养人之欲，给人之求"，"使欲必不穷于物，物必不屈于欲"，⑤ 既避免了人与人之间的争夺，又满足了人们的物质需求，既避免物质资料的匮乏，又实现了物尽其用以适人情。荀子的"养人之欲，给人之求"，有具体的要求和规定。

首先，"养人之欲，给人之求"是满足人们对物质资料的追求，所谓"刍豢稻粱，五味调香，所以养口也；椒兰芬苾，所以养鼻也；雕琢、刻镂、黼黻、文章，所以养目也；钟鼓、管磬、琴瑟、竽笙，所以养耳也；

---

① （清）王先谦撰，沈啸寰、王星贤点校《荀子集解》，第 426～427 页。
② 郭齐勇主编《中国哲学通史》（先秦卷），第 260 页。
③ 吴毓江撰，孙启治点校《墨子校注》，第 156 页。
④ 吴毓江撰，孙启治点校《墨子校注》，第 96 页。
⑤ （清）王先谦撰，沈啸寰、王星贤点校《荀子集解》，第 409 页。

疏房檖貌，越席、床第、几筵，所以养体也"。①

其次，这种"养人之欲，给人之求"是有"别"的，荀子把这种别表述为"贵贱有等，长幼有差，贫富轻重皆有称者"。荀子以天子之车为例阐述了礼的等级和作用。他说："天子大路越席，所以养体也；侧载睪芷，所以养鼻也；前有错衡，所以养目也；和鸾之声，步中《武》《象》，趋中《韶》《护》，所以养耳也；龙旗九斿，所以养信也；寝兕、持虎、蛟韅、丝末、弥龙，所以养威也；故大路之马必信至教顺，然后乘之，所以养安也。"② 所有这些物质资料的供给都是为了天子"养生""养财""养安""养情"。

最后，这种"养人之欲，给人之求"是为了规范人的行为活动，调节人的性情，这也是荀子礼义说与墨子节用说的区别所在。他说："人苟生之为见，若者必死；苟利之为见，若者必害；苟怠惰偷懦之为安，若者必危；苟情说之为乐，若者必灭。故人一之于礼义，则两得之矣；一之于情性，则两丧之矣。故儒者将使人两得之者也，墨者将使人两丧之者也，是儒、墨之分也。"③荀子认为以财成礼，避免了见利而遇害；恭敬辞让免除了怠惰与危险；怡情悦性，辅之以礼义文理，才能不致危亡。礼义既满足了人的性情所需，又制约了人的恣情纵欲。这与墨子用节用说制约人的性情、欲望有着根本不同。

第三，墨子的兼爱更强调无私之爱，强调无差别的爱，是一种更彻底的舍己为人的集体主义思想，着眼于社会成员的每一个人。它是一种"人我浑融，充类至尽"的爱。④ 荀子的礼义之爱，"养人之欲"，是一种上层政治集团体制内有差别的养人之欲，而把下层民众排除在外。他的礼义之学是重儒之学，为己之学。他以个体的最大限度的解放和实现个体的最大价值为终极目标，与墨子兼爱说之舍己为人的牺牲精神有着不同的价值取向。

墨子在《耕柱》篇与学生讨论了无私兼爱的集体主义与自私自利的利己主义的根本对立，非常精彩。

巫马子谓墨子曰："我与子异，我不能兼爱。我爱邹人于越人，爱鲁

---

① （清）王先谦撰，沈啸寰、王星贤点校《荀子集解》，第 409~410 页。
② （清）王先谦撰，沈啸寰、王星贤点校《荀子集解》，第 410~412 页。
③ （清）王先谦撰，沈啸寰、王星贤点校《荀子集解》，第 412~413 页。
④ 吴毓江撰，孙启治点校《墨子校注》，第 1077 页。

人于邹人，爱我乡人于鲁人，爱我家人于乡人，爱我亲于我家人，爱我身于吾亲，以为近我也。击我则疾，击彼则不疾于我，我何故疾者之不拂，而不疾者之拂？故有我，有杀彼以利我，无杀我以利彼。"子墨子曰："子之义将匿邪？意将以告人乎？"巫马子曰："我何故匿我义？吾将以告人。"墨子曰："然则一人说子，一人欲杀子以利己；十人说子，十人欲杀子以利己；天下说子，天下欲杀子以利己。一人不说子，一人欲杀子，以子为施不祥言者也；十人不说子，十人欲杀子，以子为施不祥言者也；天下不说子，天下欲杀子，以子为施不祥言者也。说子亦欲杀子，不说子亦欲杀子，是所谓经者口也，杀常之身者也。"墨子曰："子之言恶利也？若无所利而不言，是荡口也。"①

巫马子是纯粹的利己主义者，他的主张可以概括为三种要义。第一，纯粹的利己主义。以地域为限，近我之人则爱，远我之人则不爱。以骨亲为限，双亲则爱，家人则不爱。以我为中心，双亲则不爱，自我则爱。第二，典型的冷漠主义。我有切肤之痛，则除之，于我无切肤之痛，则听之任之。第三，罪恶的损人利己主义。"杀彼以利我"则为之，"杀我以利彼"则不为。

墨子认为巫马子的主张止于语言，则为"荡言"，是信口胡说。施于行为，则天下人皆可杀之。以巫马子之言说为信仰，必定是纯粹的利己主义者，肯定会杀巫马子以利己；不齿巫马子之言说的人，以之为"不祥之言"，也必定会杀掉他。

墨子兼爱的精髓有三，万世莫移，光辉耀于后世。第一，平等的爱，无厚薄亲疏之爱，其本质是不为己。"凡学爱人""诸圣人所先，为人""不为己之可学也""爱无差等，施由亲始""爱无厚薄"等言论散见于《大取》篇。第二，厚爱他人，推及于厚爱人类。"为天下厚爱禹，乃为禹厚爱人也"，"爱众世与爱寡世相若，兼爱之有相若，爱尚世与爱后世，一若今之世"。诸所言说散见于《大取》篇、《经说下》篇。第三，舍己为人的牺牲精神。《大取》篇："杀己以存天下，是杀己以利天下。""断指与断腕，利于天下相若，无择也。"② 因此，孟子也赞扬墨子的牺牲精神，他说："墨子兼爱，摩顶放踵利天下，为之。"

---

① 吴毓江撰，孙启治点校《墨子校注》，第 645 页。
② 吴毓江撰，孙启治点校《墨子校注》，第 597 页。

荀子"养人之欲，给人所求"的礼义仁爱，言贵族则详，言庶民则略。荀子所言"刍豢稻粱，五味调香，所以养口也；椒兰芬苾，所以养鼻也；雕琢、刻镂、黼黻、文章，所以养目也；钟鼓、管磬、琴瑟、竽笙，所以养耳也；疏房檖貌，越席、床笫、几筵，所以养体也"，① 多非养庶人之欲，给庶人所求。在丧礼所用棺椁上，言"天子棺椁十重""诸侯五重""士大夫三重""士再重"，而不言庶人棺椁几重。因此，荀子所言"丧礼者，无他焉，明死生之义，送以哀敬而终周藏也"，② 也只是针对上层贵族而言，不提庶人，并未言及最广大的社会成员。他在祭礼上言"郊止乎天子""社止于诸侯""道及士大夫"，③ 只瞩目上层统治者，而羞言最广大的庶民。这种对庶民的忽视，也见于《礼论》篇："学者固学为圣人也，非特学为无方之民也。"④

荀子倡导的"养人之欲，给人所求"的礼义仁爱，尤其针对儒士，希望国君给予儒士以重视。荀子希望国君给予大儒更高的地位，也需要满足与之相称的"欲"和"求"。他认为"大儒者，善调一天下者也，无百里之地则无所见其功"，"用百里之地而千里之国莫能与之争胜"。⑤ 又说："人主用俗人则万乘之国亡，用俗儒则万乘之国存，用雅儒则千乘之国安，用大儒则百里之地久，而后三年，天下为一，诸侯为臣，用万乘之国则举错而定，一朝而伯。"⑥

荀子的礼义之学，是为己之学，强调个体的学习和自我完善，终究是个人主义与爱己，追求的是个体的最终解放和实现个体的最大价值，与墨子舍己为人的牺牲精神有着不同的价值取向。他说："涂之人百姓，积善而全尽谓之圣人……人积耨耕而为农夫，积斫削而为工匠，积反货而为商贾，积礼义而为君子。……人知谨注错，慎习俗，大积靡，则为君子矣；纵情性而不足问学，则为小人矣。"⑦ 荀子此言，有三层要义。第一，在个体修养上，注重自我的学习和完善，学为圣人，学为君子，终究是为己之学。第二，礼义之修养是荀子的最高追求，胜于一切。第三，

① （清）王先谦撰，沈啸寰、王星贤点校《荀子集解》，第 409 ~ 410 页。
② （清）王先谦撰，沈啸寰、王星贤点校《荀子集解》，第 439 页。
③ （清）王先谦撰，沈啸寰、王星贤点校《荀子集解》，第 413 ~ 414 页。
④ （清）王先谦撰，沈啸寰、王星贤点校《荀子集解》，第 422 页。
⑤ （清）王先谦撰，沈啸寰、王星贤点校《荀子集解》，第 162 ~ 163 页。
⑥ （清）王先谦撰，沈啸寰、王星贤点校《荀子集解》，第 167 页。
⑦ （清）王先谦撰，沈啸寰、王星贤点校《荀子集解》，第 170 ~ 171 页。

礼义是社会群体的一个分水岭。"积礼义而为君子"，"纵情性而不足问学，则为小人"。

二　墨子尚同思想与荀子王制思想的比较

墨子政治思想集中在尚同范畴。"尚同为政之本而治要也。"① 尚同范畴的要义有三。

第一，墨子群治的政治机构是各级选举产生的。《尚同》上篇说"选天下之贤可者，立以为天子"，"选择天下之贤可者，置立之以为三公"，"画分万国，立诸侯国君"，"选择其国之贤可者，置立之以为正长"。②《尚同》中篇又强调这一政治机构的产生，"选择天下贤良圣知辩慧之人，立以为天子"，"选择天下赞阅贤良圣知辩慧之人，置以为三公"，"设以为万诸侯国君"，"择其国之贤者，置以为左右将军大夫，以远至乎乡里之长"。③ 这种选举法度，就突破了世袭制和分封制，个体的作用和价值得到充分的肯定和彰显。官职的任免、权力的配置，决定权在于下层民众，而不是来源于上层统治者，这种选举体制体现了原始的民主思想。

第二，尚同的基本精神是壹同天下人的思想以取是舍非，壹同天下人的言行以取善舍恶。这种壹同分为三级，由"壹同乡之百姓""壹同乡之义"出发，至"壹同国之百姓""壹同国之义"，终至"壹同天下之百姓、壹同天下之义"。墨子详细阐述了这种政治体制。

> 里长者，里之仁人也。里长发政里之百姓，言曰："闻善而不善，必以告其乡长。乡长之所是必皆是之，乡长之所非必皆非之。去若不善言，学乡长之善言；去若不善行，学乡长之善行。"……乡长唯能壹同乡之义，是以乡治也。
>
> 乡长者，乡之仁人也。乡长发政乡之百姓，言曰："闻善而不善者，必以告国君。国君之所是必皆是之，国君之所非必皆非之。去若不善言，学国君之善言；去若不善行，学国君之善行。"……国君唯能壹同国之义，是以国治也。

---

① 方勇译注《墨子》，中华书局，2022，第118页。
② 吴毓江撰，孙启治点校《墨子校注》，第107页。
③ 吴毓江撰，孙启治点校《墨子校注》，第114页。

国君者，国之仁人也。国君发政国之百姓，言曰："闻善而不善，必以告天子。天子之所是皆是之，天子之所非皆非之。去若不善言，学天子之善言；去若不善行，学天子之善行。"……天子唯能壹同天下之义，是以天下治也。①

这种政治体制为里长、乡长、国君、天子负责制，天子、国君、乡长分别是天下、一国、一乡的善言善行的楷式与核心，评鉴是非，讲明善恶，借助天子、国君、乡长壹同人心、壹同言行，实现善政。

第三，建立家、国、天下三个层级的告发制度，以实现"上下请情通"。"若见爱利家者必以告"，"若见爱利家以告，亦犹爱利家者"；"若见爱利国者必以告"，"若见爱利国以告者，亦犹爱利国者"；"若见爱利天下者，必以告"，"若见爱利天下以告者，亦犹爱利天下者"。国民要报告爱家利家、爱国利国、爱天下利天下的善言善行。有善言善行的人与告发者都会得到赏誉。

同样，"若见恶贼家者亦必以告"，"若见恶贼家不以告者，亦犹恶贼家者"；"若见恶贼国者亦必以告"，"若见恶贼国不以告者，亦犹恶贼国者"；"若见恶贼天下者亦必以告"，"若见恶贼天下不以告者，亦犹恶贼天下者"。②国民要告发贼害家、国、天下的恶言恶行，有恶言恶行的人与不告发者，都将得到惩罚。

告发制度的实施，使善言善行、恶言恶行都无法隐匿，善言善行得到家君的赏誉，恶言恶行得到家君的毁罚。这样就形成一种风尚，所谓"世不渝而民不易，上变政而民改俗"③。"遍若家之人"都想得到"长上之赏誉，辟其毁罚"。一家得到治理，在于"以尚同一义"行政。以此类推，在一国以至于全天下实施告发制度，以"尚同一义为政"，国必治，天下必治。

墨子阐述了这种检举揭发制度所发挥的巨大效应，第一，实现了"上下请情通"。"上下请情通"，即"上有隐事遗利，下得而利之"，"下有蓄怨积害，上得而除之"。④ "数千万里之外有为善者"，"天子得而赏之"。

---

① 吴毓江撰，孙启治点校《墨子校注》，第 108 页。
② 吴毓江撰，孙启治点校《墨子校注》，第 137～138 页。
③ 吴毓江撰，孙启治点校《墨子校注》，第 416 页。
④ 吴毓江撰，孙启治点校《墨子校注》，第 118 页。

"数千万里之外有为不善者","天子得而罚之"。因此,全天下的人都"恐惧振动惕栗,不敢为淫暴"。"举事速成"的原因在于"能使人之耳目助己视听,使人之吻助己言谈,使人之心助己思虑,使人之股肱助己动作"。

第四,"尚同于天"的基本内涵。墨子尚同思想不仅是一种群治思想,还是一种人与自然和谐共生的生态伦理思想。墨子认为人的言行应该与上天同一,否则天就会对人进行惩罚:"未上同乎天者,则天灾将犹未止也。"① "天降寒热不节,雪霜雨露不时,五谷不熟,六畜不遂,疾灾戾疫,飘风苦雨,荐臻而至者",都是因为"下人之不尚同乎天"造成的。②

如何建立人与天"同一"的关系?墨家的主张是效法"古者圣王",能够"明天鬼之所欲,而避天鬼之所憎,以求兴天下之利,除天下之害"。具体做法:"率天下之万民,斋戒沐浴,洁为酒醴粢盛,以祭祀天鬼。其事鬼神也,酒醴粢盛不敢不蠲洁,牺牲不敢不腯肥,珪璧币帛不敢不中度量,春秋祭祀不敢失时几,听狱不敢不中,分财不敢不均,居处不敢怠慢。"③墨子处理人与天人的关系以"同一"为中心,以"天鬼"为信仰,由是敬祭天鬼,为人事,显示了一种朴素的原始的人与自然和谐相处的生态伦理思想。

荀子王制思想范畴的要义有四点。

（一）天德王政与听政

荀子在《王制》篇阐述了什么是天德王政及听政的关键。他说:"贤能不待次而举,罢不能不待须而废,元恶不待教而诛,中庸民不待政而化。分未定也则有昭缪。虽王公士大夫之子孙也,不能属于礼义,则归之庶人。虽庶人之子孙也,积文学,正身行,能属于礼义,则归之卿相士大夫。故奸言、奸说、奸事、奸能、遁逃反侧之民,职而教之,须而待之,勉之以庆赏,惩之以刑罚。安职则畜,不安职则弃。五疾,上收而养之,材而事之,官施而衣食之,兼覆无遗。才行反时者死无赦。夫是之谓天德,是王者之政也。"④

天德王政的内容包括五点。第一,"不以次"拔擢贤能之士而废"不

---

① 吴毓江撰,孙启治点校《墨子校注》,第116页。
② 吴毓江撰,孙启治点校《墨子校注》,第116页。
③ 吴毓江撰,孙启治点校《墨子校注》,第116~117页。
④ （清）王先谦撰,沈啸寰、王星贤点校《荀子集解》,第175~176页。

能"之人，诛"元恶"，化"中庸民"，定昭穆之分。第二，以礼义定分。即"虽王公士大夫之子孙也，不能属于礼义，则归之庶人。虽庶人之子孙也，积文学，正身行，能属于礼义，则归之卿相士大夫"。第三，对于"奸言、奸说、奸事、奸能、遁逃反侧"的罪人，[1] 强制他们工作并对其进行教化，奖励改过自新的人，同时根据刑罚惩治罪恶，流放不悔改的人。第四，对于"五疾"的百姓，[2] 鼓励他们劳动，政府加以救济，并悉数保障他们的生活。第五，"用才能和行为反对现行制度，坚决处死"。[3] 荀子称这五项内容为"天德"，"王者之政"。

荀子听政的要领是礼刑并用，即"以善至者待之以礼，以不善至者待之以刑"。听政的准绳是"中和"，即宽严适度，听政的原则是公平。贯彻"有法依法，无法者以类举"的精神，才能把政事处理干净、彻底。

(二)"君人三节"与以礼"序官"

君子是礼义的本源，礼义是群治的本源，二者是荀子王制思想的两个基本点。君子是治国的灵魂，君子即一国之君。荀子首先提出尊君的思想。他说："天地生君子，君子理天地。君子者，天地之参也，万物之总也，民之父母也。无君子则天地不理，礼义无统，上无君师，下无父子，夫是之谓至乱。"[4] 国君是管理国家的政治机构的核心，丧失了这个核心，国家就陷入了"至乱"的局面，所谓"天地不理，礼义无统，上无君师，下无父子"，纲常失序，天下大乱。这个基本点的实质就是"尊王"。

在尊王的基础上，荀子提出了"君人三节"的主张，指出了国君治国理政的关键。他说："故君人者欲安则莫若平政爱民矣，欲荣则莫若隆礼敬士矣，欲立功名则莫若尚贤使能矣，是君人之大节也。三节者当，则其余莫不当矣。"[5] 荀子认为平政爱民、隆礼敬士、尚贤使能是君人群治的关键，做到了这三点，就能使国家安定、国君荣耀，国君就能建立不世之功名。

礼义是王制思想的另一个基本点。荀子的依据是"分均则不偏，势齐

---

① 指散布邪恶的言论、鼓吹邪恶的学说、干邪恶的事情、有邪恶的才能、逃亡流窜不守本分的人。见张觉撰《荀子译注》，第94页。

② 五疾是指哑、聋、瘸、骨折、身材异常矮小。

③ 张觉撰《荀子译注》，第94页。

④ （清）王先谦撰，沈啸寰、王星贤点校《荀子集解》，第193页。

⑤ （清）王先谦撰，沈啸寰、王星贤点校《荀子集解》，第180页。

则不壹,众齐则不使"。名分职位相等,则无统率之人,势位权力相当,则不能统一行动,众人平等,则不能役使指派。在此基础上,荀子提出"制礼义以分之",使社会有"贫富贵贱之等",国君可以借此实现全面统治,这是治国理政的根本。荀子认为"礼义者,治之始也"。又说:"以类行杂,以一行万,始则终,终则始,若环之无端也,舍是而天下以衰矣。"① 荀子设喻,以礼义为治国理政之"环""类""一",把礼义作为治国理政的根本和指导思想。荀子做了具体阐述:"君臣、父子、兄弟、夫妇,始则终,终则始,与天地同理,与万世同久,夫是之谓大本。"又说:"故丧祭、朝聘、师旅一也,贵贱、杀生、与夺一也,君君、臣臣、父父、子子、兄兄、弟弟一也,农农、士士、工工、商商一也。"② 因此,礼义是治国的总纲。治国理政,事无巨细,都要围绕礼义这个中心,社会成员无一例外都要以礼义来确定身份和地位,从事各项工作,这是王制思想的基本内涵。

荀子把这个基本思想概括为明分使群,阐述了以明分使群为组织原则的政治机构。荀子说:"人生不能无群,群而无分则争,争则乱,乱则离,离则弱,弱则不能胜物……不可少顷舍礼义之谓也。"又说:"君者,善群也。群道当则万物皆得其宜,六畜皆得其长,群生皆得其命。"荀子所说的"群道"就是以礼治国的根本原则,"明分使群"也是政治机构的组织原则,国君应该按照这个原则来"序官"。政治机构中的各级官员都要明确地位和职分,各司其职共同管理国家。例如,冢宰的职分是"本政教,正法则,兼听而时稽之,度其功劳,论其庆赏,以时慎修,使百吏免尽,而众庶不偷";辟公的职分是"论礼乐,正身行,广教化,美风俗,兼覆而调一之";天王的职分是"全道德,致隆高,綦文理,一天下,振毫末,使天下莫不顺比从服"。③ 诸如此类。如果"政事乱",则追究冢宰之罪。如果"国家失俗",则追究"辟公之过"。如果"天下不一,诸侯俗反",则天王不称职,需要另立明君。

(三) 国家发展的五种趋势

荀子王制思想阐述了国家发展的五大趋势。这五大趋势分别是"王"

---

① (清)王先谦撰,沈啸寰、王星贤点校《荀子集解》,第192页。
② (清)王先谦撰,沈啸寰、王星贤点校《荀子集解》,第193页。
③ (清)王先谦撰,沈啸寰、王星贤点校《荀子集解》,第201~202页。

"霸""安存""危殆""灭亡"。其中，王即王治天下，是国家治理的最高
境界。

荀子首肯"王治天下"。王者之制，能做到"道不过三代，法不二后
王"。荀子王者之论指出，圣王能"尚贤使能"，"无德不贵，无能不官，
无功不赏，无罪不罚"，使"朝无幸位，民无幸生"①。王者之法，能够
"等赋，政事，财万物"，以"养万民"，使"财物粟米"流通，"无有滞
留"，国家之内互通有无，"若一家"。荀子说："权谋倾覆之人退，则贤良
知圣之士案自进矣；刑政平，百姓和，国俗节，则兵劲城固，敌国案自诎
矣；务本事，积财物，而勿忘栖迟薛越也，是使群臣百姓皆以制度行，则
财物积，国家案自富矣。三者体此而天下服。"② 荀子还论述了"霸道"。
他说："兵革器械者，彼将日日暴露毁折之中原，我今将修饰之，拊循之，
掩盖之于府库；货财粟米者，彼将日日栖迟薛越之中野，我今将畜积并聚
之于仓廪；材技股肱健勇爪牙之士，彼将日日挫顿竭之于仇敌，我今将来
致之、并阅之、砥砺之于朝廷。"③ 争霸诸侯的人只注重军备和财富两个领
域，"兵革器械"藏于府库，"货财粟米"积聚于仓廪，"材技股肱健勇爪
牙之士"，"砥砺之于朝廷"，就是为了备战，战之必胜。角于力者，仅能
称霸。

"王霸"的根本区别，在于是否能赢得百姓。荀子说："王夺之人，霸
夺之与，强夺之地。夺之人者臣诸侯，夺之与者友诸侯，夺之地者敌诸
侯。臣诸侯者王，友诸侯者霸，敌诸侯者危。"④ 施行王道的国君，懂得使
民心归顺，专注于霸道的国君，只注重与别国争夺诸侯，关注强力的国
君，紧紧注视对土地的争夺。赢得了百姓就赢得了天下，取得了王道。

至于国家"安存"之道，荀子说，国君"立身则从庸俗，事行则遵庸
故，进退贵贱则举庸士，之所以接下之人百姓者则庸宽惠，如是者则安
存"。⑤ 对于国君来讲，如果做人依据旧习，行事遵照成规，用人无法拔擢
贤能，对待老百姓仅能做到仁爱和宽容，那么此类君主只能安全生存。

治国理政之下者，荀子概括为"危殆"和"灭亡"。这是荀子所不能

① （清）王先谦撰，沈啸寰、王星贤点校《荀子集解》，第188页。
② （清）王先谦撰，沈啸寰、王星贤点校《荀子集解》，第204页。
③ （清）王先谦撰，沈啸寰、王星贤点校《荀子集解》，第205页。
④ （清）王先谦撰，沈啸寰、王星贤点校《荀子集解》，第182页。
⑤ （清）王先谦撰，沈啸寰、王星贤点校《荀子集解》，第205页。

容忍的。前者，国君"立身则轻楛，事行则蠲疑，进退贵贱则举佞侻，之所以接下之人百姓者则好取侵夺，如是者危殆"①。如果一国之君为人恶劣轻佻，行事肆无忌惮，用巧言令色之臣，对待百姓横征暴敛，那么，此类君主，常常把国家置于危险之境。后者，国君"立身则憍暴，事行则倾覆，进退贵贱则举幽险诈故，之所以接下之人百姓者，则好用其死力矣，而慢其功劳，好用其籍敛矣，而忘其本务，如是者灭亡"②。这样的国君，性格傲慢暴虐，行事倾轧昏聩，提拔阴险狡诈之人做官，对百姓肆意搜刮，他们往往把国家推入灭亡的深渊。

（四）墨子尚同思想与荀子王制思想存在着三个相异之处

第一，墨子主张同一天下人之思想取决于天子，而荀子主张统类天下人之思想，取决于大儒。第二，墨子之政以爱利为准绳，荀子之政以礼为标尺。第三，墨子尚同思想辅之以《尚贤》篇的内容，其实质是重墨家之人才；荀子王制思想辅之以《儒效》篇的内容，其实质是重儒家之人才。

三　荀子天论与墨子天志两范畴辨析

（一）天行有常与天之意志

荀子《天论》篇提出"天行有常，不为尧存，不为桀亡"的论断。③梁启超曰："本篇批驳先天前定之说，主张以人力征服天行。"④ 梁启超之说，尤有可商榷之处。荀子此篇意在天人统一，而非"人力征服天行"，荀子意在以人力克服"人祅"⑤。

关于"天行"，荀子《天论》篇多次言及。"不为而成，不求而得，夫是之谓天职。"⑥ "列星随旋，日月递照，四时代御，阴阳大化，风雨博施，万物各得其和以生，各得其养以成，不见其事而见其功，夫是之谓神。皆知其所以成，莫知其无形，夫是之谓天。"⑦ 无所作为就能取得成就，不需追求就能实现目标，这就是自然的本能。恒星在天空中运转，日

---

① （清）王先谦撰，沈啸寰、王星贤点校《荀子集解》，第 205~206 页。
② （清）王先谦撰，沈啸寰、王星贤点校《荀子集解》，第 206 页。
③ （清）王先谦撰，沈啸寰、王星贤点校《荀子集解》，第 362 页。
④ 王天海校释《荀子校释》，第 677 页。
⑤ （清）王先谦撰，沈啸寰、王星贤点校《荀子集解》，第 371 页。
⑥ （清）王先谦撰，沈啸寰、王星贤点校《荀子集解》，第 364 页。
⑦ （清）王先谦撰，沈啸寰、王星贤点校《荀子集解》，第 365 页。

月交替照耀大地，四季控制着节气，浊重的阴气与清轻的阳气交融，从而化生万物，和风细雨滋养着生命，万物的生长有赖于"和气"与"营养"。阴阳生万物于无形之中，众物成而见于当下，这就是天的神妙之处，这种"生万物于无形无踪的过程"，① 就是"天行"。

俞樾曰："天行有常，即天道有常。"王天海按："常，恒也，永久不变之意。""天行有常"，即自然界运行、发展、变化的规律恒久不变，那么，这个恒久不变指的是什么？郭沫若认为，荀子的"宇宙观或世界观是一种循环论"②。荀子说："天地始者，今日是也。"③ "欲观千岁则数今日。"④ "千岁必反，古之常也。"⑤ "以类行杂，以一行万，始则终，终则始，若环之无端也。"⑥ "不为尧存，不为桀亡。"杨倞注："吉凶由人，天非爱尧而恶桀也。"冢田虎曰："言以治道当之则得吉，以乱道当之则得凶。"⑦综合梁启超、俞樾、冢田虎、郭沫若、杨倞、王天海之论荀子"天行有常，不为尧存，不为桀亡"之解说，可以得出天道不等于人道，天道与人道各有其内在的具体的发展规律的结论。荀子之意绝不仅此。他还要从"天行""天职"引出一个圣人"以全其天功"的概念来。

荀子说："天职既立，天功既成，形具而神生，好恶、喜怒、哀乐臧焉，夫是之谓天情。耳目鼻口形能，各有接而不相能也，夫是之谓天官。心居中虚以治五官，夫是之谓天君。财非其类，以养其类，夫是之谓天养……圣人清其天君，正其天官，备其天养，顺其天政，养其天情，以全其天功。"⑧ 荀子所说之"天"，创造了自然万物，同样也创造了人及社会群落，与万物不同，而人有了"好恶喜怒哀乐"，有了"心"与"耳目鼻口形体"，因此，也必然产生社会群治，最重要的是有了圣人进行社会群治。

荀子着重强调的是圣人可以"清其天君，正其天官，备其天养，顺其天政，养其天情，以全其天功"。荀子所讲的"天行有常"，是为这句话寻

---

① 张觉撰《荀子译注》，第233页。
② 郭沫若：《十批判书》，载《郭沫若全集》历史编第2卷，人民文学出版社，1982，第214页。
③ （清）王先谦撰，沈啸寰、王星贤点校《荀子集解》，第56页。
④ （清）王先谦撰，沈啸寰、王星贤点校《荀子集解》，第95页。
⑤ （清）王先谦撰，沈啸寰、王星贤点校《荀子集解》，第569页。
⑥ （清）王先谦撰，沈啸寰、王星贤点校《荀子集解》，第192页。
⑦ 王天海校释《荀子校释》，第678页。
⑧ （清）王先谦撰，沈啸寰、王星贤点校《荀子集解》，第365～366页。

找合理合法依据的。圣人自明本身是天生的社会群治的主宰，用天生的感官和心灵，吸收天地的供养，类天为政，以成全上天赋予的丰功伟绩。其实质就是天生圣明君王，圣王依据"天行"而实行群治，如果比类"天行"而为政，就能实现社会大治。依此逻辑，"天行有常"，故"治民表道"。

荀子说："水行者表深，表不明则陷。治民者表道，表不明则乱。礼者，表也。非礼，昏世也；昏世，大乱也。故道无不明，外内异表，隐显有常，民陷乃去。"① 荀子善于设喻，渡水的人要清楚水的深度，需要用标尺，同理，群治也需要一个标准和制度，群治的标准与制度就是礼。因此，荀子提出"天行有常"的论断，就是为了提出"治民表道"，而"治民表道"的实质就是以礼治民。做到了以礼治民，就会实现天下大治，反之，就会导致"昏世"，天下大乱。荀子之所言说之天行有常的论断，就是为尊王隆礼张目。

墨子于《天志》篇，谈到了"天"，他提出"我有天志"，"天欲义而恶不义也"，"天之为政于天子"等论断。②

那么，墨子所言的"天志"是什么？他说："我有天志，譬若轮人之有规，匠人之有矩。轮匠执其规矩以度天下之方圆，曰：中者是也，不中者非也。今天下之士君子之书，不可胜载，言语不可尽计，上说诸侯，下说列士，其于仁义则大相远也。何以知之？曰：我得天下之明法以度之。"③ 墨子所说的"天志"就是一种圣明的法则，犹如匠人所执之规、矩，以衡量绳削天下之木材，而墨子用这个圣明的法则来衡量绳削"君子之书"、诸子之言的是非对错。方勇把这个"圣明的法则"解释为"天的意志"。

方勇认为"墨子提出一个存在于天子之上的'天'，正是为了以天的意志来表明自己的主张"。④ 那么，墨子所指的天意是什么？

他说："天意曰：'此之我所爱，兼而爱之；我所利，兼而利之。爱人者此为博焉，利人者此为厚焉。'故使贵为天子，富有天下，业万世子孙，传称其善，方施天下，至今称之，谓之圣王。"在墨子看来，上天所爱的，三代之圣明君王全部都爱，上天要给予利益的，三代之圣明君王也全部都

---

① （清）王先谦撰，沈啸寰、王星贤点校《荀子集解》，第 376 页。
② 吴毓江撰，孙启治点校《墨子校注》，第 288～290 页。
③ 吴毓江撰，孙启治点校《墨子校注》，第 290 页。
④ 方勇译注《墨子》，第 211 页。

给予利益。上天与三代圣明之君王同样有广博的胸怀去兼爱天下人，上天与三代之圣明君王都用舍己的牺牲精神给予天下子民厚重的爱。因此，大禹、汤、文、武等国君，贵为天子，他们的善行为万世子孙所颂扬，泽及后代，他们被尊为圣王，以至于今，这就是天意。

他又说："天意曰：'此之我所爱，别而恶之；我所利，交而贼之。恶人者此为之博也，贼人者此为之厚也。'故使不得终其寿，不殁其世，至今毁之，谓之暴王。"① 在墨子看来，上天兼爱天下之人，而桀、纣、幽王却心生厌恶，上天给予生民厚重的利益，而桀、纣、幽王损人肥己，让天下人相互贼害。这三个君王，讨厌百姓到了极点，贼害生民，无以复加。因此，桀、纣、幽王天年不终，遭后世唾骂以至于今，这就是天意。

综上，荀子之所言"天行"是用圣王比类"天行"而施行群治，为"治民表道"，为彰明"礼者，治民之道"的理论张本。墨子认为天意与圣王之意相同："兼相爱也，交相利也。"荀、墨学术以天为据，以"天行""天志""三代之治"为学术本源，只是取舍不同，荀子取礼义，而墨子取爱利。

（二）荀、墨两家论天人关系之要义

荀子讲"天行有常，不为尧存，不为桀亡"，并不是说天人矛盾，也不是讲"人力征服天行"，而是讲"君子有常体""人有其治""制天命而用之"，人需要参照、依据、比类"天行"而治国理政。荀子处理天人关系的要义有三点。

第一，"天行之道"与"人道"并行不悖，各有内在的具体内容。荀子说："天有其时，地有其财，人有其治，夫是之谓能参。"② "天有常道矣，地有常数矣，君子有常体矣。"③

第二，参照天道，比类思考，可以得出"群治之道"。荀子说："在天者莫明于日月，在地者莫明于水火，在物者莫明于珠玉，在人者莫明于礼义。故日月不高，则光晖不赫；水火不积，则晖润不博；珠玉不睹乎外，则王公不以为宝；礼义不加于国家，则功名不白。故人之命在天，国之命

---

① 吴毓江撰，孙启治点校《墨子校注》，第289页。
② （清）王先谦撰，沈啸寰、王星贤点校《荀子集解》，第364～365页。
③ （清）王先谦撰，沈啸寰、王星贤点校《荀子集解》，第368页。

在礼。君人者隆礼尊贤而王。"①这里有两个比类系统,首先,日月明于天,水火明于地,珠玉明于物,进而类比出礼义明于人。其次,天为人之命脉,礼为国之命脉。进而得出结论:治国理政,管理百姓,其根本在于隆礼尊贤,只有这样,才能王天下。

第三,尊重、谨守天行之道,更需要明确"百王之无变,足以为道贯",以礼为纲,顺天应命,如此治国理政,才能有所成就。

荀子说:"大天而思之,孰与物畜而制之?从天而颂之,孰与制天命而用之?望时而待之,孰与应时而使之?因物而多之,孰与骋能而化之?思物而物之,孰与理物而勿失之也?愿于物之所以生,孰与有物之所以成?故错人而思天,则失万物之情。"②荀子此段的主旨在于"物畜而制之","制天命而用之","应时而使之","骋能而化之","理物而勿失之","有物之所以成"等句。尝试理解如下:把自然界的恩赐作为力量储存起来,探索自然规律而加以利用,顺应自然变化而驱使它,借助自然的神力而转化万物,管理万物而忘记它们的本质规律,无所作为而顺其天成。那么,人与自然的关系应理解为:自然界与人类社会发展为一个生态共同体,发展时空相同,同命运,共死生;人不能凌驾于自然界之上;人可以乘自然之伟力,建不世之功业。

在荀子看来,明确人与自然的关系,把其应用到社会治理上,就是"治民表道",礼为治民之表,礼为治民之道。荀子说:"百王之无变,足以为道贯。……故道之所善,中则可从,畸则不可为,匿则大惑。水行者表深,表不明则陷。治民者表道,表不明则乱。礼者,表也。非礼,昏世也。"③不以礼而治世,就会陷入迷乱和危险。

墨子在处理天人关系上,遵从天的意志,强调"爱人利人者,天必福之;恶人贼人者,天必祸之"。虽有唯心之倾向,但有其内在之逻辑关系。其处理天人关系的要义有三。

第一,墨子以天志为法则。

《天志》篇的思想以天的意志为法则。首先,他的理论依据是古代典籍《诗经·大雅》。"子墨子置天之④,以为仪法。非独子墨子以天之志为

---

① (清)王先谦撰,沈啸寰、王星贤点校《荀子集解》,第 374 页。
② (清)王先谦撰,沈啸寰、王星贤点校《荀子集解》,第 374~375 页。
③ (清)王先谦撰,沈啸寰、王星贤点校《荀子集解》,第 375~376 页。
④ 宝历本"之"作"志"。见吴毓江撰,孙启治点校《墨子校注》,第 328 页。

法也，于先王之书《大夏》①之道之然：'帝谓文王，予怀而明德，毋大声以色，毋长夏以革，不识不知，顺帝之则。'此诰文王之以天志为法也，而顺帝之则也。"②《诗》小序："《皇矣》，美周也。天监代殷，莫若周。周世世修德，莫若文王。"郑玄笺："天之言云：我归明君有光明之德，而不虚广言语以外作容貌，不长诸夏以变更王法者，其为人不识古不知今，顺天之法而行之者。此言天之道尚诚实，贵性自然。"③此章核心，在于"顺帝之则"，即"顺天之法而行之"。《天志》思想根据在此。

其次，墨子把天的意志作为治世之法则，有其现实依据。他说："且今天下之士君子，中实将欲为仁义，求为上士，上欲中圣王之道，下欲中国家百姓之利者，当天之志而不可不察也。天之志者，义之经也。"④墨子生世之时，诸子争鸣，争为仁义之学，追求做高尚之士，对上要符合"三代之治"的道术，对下要切合举国百姓的利益。因此首先要考察上天之命和意志，上天的意志就是治国之道术，仁义之准绳。

第二，"义政"与"力政"。

墨子把国君治国理政分为两类，一类是顺从天意的"义政"，一类是违反天意的"力政"，两者所产生的结果有着本质上的不同。

对于"义政"，墨子说："顺天意者，义政也……处大国不攻小国，处大家不篡小家，强者不劫弱，贵者不傲贱，多诈者不欺愚。此必上利于天，中利于鬼，下利于人。"⑤在墨子看来，义政能够兴天下之利，符合墨子"交相利"的宗旨，满足"天""鬼""人"三方面的利益，义政符合墨子"兼相爱"的精神，让国与国之间、家与家之间、强者与弱者之间、富贵者与贫贱者之间、巧诈者与愚笨者之间，都能够做到平等互爱。

对于"力政"，墨子说："力政者则与此异，言非此，行反此，犹幸驰也。处大国攻小国，处大家篡小家，强者劫弱，贵者傲贱，多诈者欺愚，

---

① 《大夏》即《大雅》。见方勇译注《墨子》，第249页。文本内容为《文王·大雅》八篇之一《皇矣》第七章。见（汉）毛亨传，（汉）郑玄笺，（唐）孔颖达疏，（唐）陆德明音释《毛诗注疏》，第1482~1483页。
② 吴毓江撰，孙启治点校《墨子校注》，第317页。
③ （汉）毛亨传，（汉）郑玄笺，（唐）孔颖达疏，（唐）陆德明音释《毛诗注疏》，第1483页。
④ 吴毓江撰，孙启治点校《墨子校注》，第317页。
⑤ 吴毓江撰，孙启治点校《墨子校注》，第290页。

此上不利于天，中不利于鬼，下不利于人。"① 墨子认为"力政"给人类社会带来的危害极大。国与国陷于相互侵伐，家与家相互篡夺，弱者遭遇劫掠，富贵者骄矜于贫贱之士，巧诈者玩弄质朴之人，国君罪大恶极，人祸危害百姓。

第三，"天子为善，天能赏之；天子为暴，天能罚之"。

墨子认为天是国君治国理政的终极裁判官，行善的国君则受到天的奖赏，为恶的国君则受到惩罚。所以，墨子说："爱人利人，顺天之意，得天之赏者，有矣；憎人贼人，反天之意，得天之罚者亦有矣。"②

墨子把"三代圣王，尧、舜、禹、汤、文、武王"作为"为善"的楷模，认为他们能够做到"从事'兼'，不从事'别'。兼者，处大国不攻小国，处大家不乱小家，强不劫弱，众不暴寡，诈不谋愚，贵不傲贱。观其事，上利乎天，中利乎鬼，下利乎人"。因此三代之圣明之君应该受到奖赏。

三代之圣明之王应该受到什么奖赏？墨子说："聚敛天下之美名而加之焉，曰："此仁也，义也。"又说："书于竹帛，镂之金石，琢之盘盂，传遗后世子孙……以识夫爱人利人。"又说："使贵为天子，富有天下，名誉至今不息。"

墨子把"三代暴王桀、纣、幽、厉者"当作"为暴"的典型，认为他们"从事'别'，不从事'兼'。别者，处大国则攻小国，处大家则乱小家，强劫弱，众暴寡，诈谋愚，贵傲贱；观其事，上不利乎天，中不利乎鬼，下不利乎人，三不利无所利"。

"三代暴王"应该受到什么惩罚？墨子说："聚敛天下之丑名而加之焉，曰："此非仁也，非义也。"又说："书其事于竹帛，镂之金石，琢之盘盂，传遗后世子孙，将以识夫憎人、贼人。"又说："天亦纵弃纣而不葆。"

墨子认为上天给予"尧、舜、禹、汤、文、武王"的奖赏，首先是当世的崇高社会地位，即贵为"仁义天子"。其次是他们"兼相爱，交相利"的精神在中国古代社会发展史上不朽的地位。"传遗后世子孙……以识夫爱人利人"。最后是政治之美誉，"三代圣王"。墨子认为上天给予"桀、纣、幽、厉者"的惩罚，首先是为人所不齿的社会地位：非仁非义之人。

---

① 吴毓江撰，孙启治点校《墨子校注》，第290页。
② 以下引文见吴毓江撰，孙启治点校《墨子校注》，第299～301页。

其次是他们"憎人、贼人"的恶行在中国古代社会发展史上永遭唾弃。最后是政治上的恶评:"三代暴王"。

　　(三)荀子《天论》篇与墨子《天志》篇的相互攻讦

　　荀子《天论》篇驳斥了墨子的学说。他说:"墨子有见于齐,无见于畸。"又说:"有齐而无畸,则政令不施。"① 张觉解释这两句话的意思为:"墨子对齐同平等的一面有所认识,但对等级差别的一面却毫无认识。""只有齐同平等而没有等级差别,那么政策法令就不能贯彻实施。"②

　　荀子把墨子学说的危害称为"人祅",他说:"楛耕伤稼,耨耨失岁,政险失民;田薉稼恶,籴贵民饥,道路有死人:夫是之谓人祅。政令不明,举错不时,本事不理,夫是之谓人祅。礼义不修,内外无别,男女淫乱,则父子相疑,上下乖离,寇难并至,夫是之谓人祅。祅是生于乱。三者错,无安国。其说甚尔,其灾甚惨。"③

　　荀子着重批判墨子思想之"政险失民"、"政令不明,举错不时"和"礼义不修,内外无别",这些导致了"路有死人""牛马相生,六畜作祅""父子相疑,上下乖离,寇难并至"等人祸。故在此荀子着重强调了以礼治国的重要性:"若夫君臣之义,父子之亲,夫妇之别,则日切瑳而不舍也。"④

　　《天志》篇有攻讦荀子思想之言,他说:"反天之意者,别也。"又说:"别之为道也,力政。"⑤ 方勇解释这两句话的意思为:"违背上天的意愿,就是'别'。""实行'别'的主张,就是以暴力来治理政务。"⑥

　　墨子阐述了荀子礼学"差别、等级"思想而致"力政"的危害。"力政"有什么危害呢?他说:"大则攻小也,强则侮弱也,众则贼寡也,诈则欺愚也,贵则傲贱也,富则骄贫也,壮则夺老也。是以天下之庶国,方以水火、毒药、兵刃以相贼害也。若事上不利天,中不利鬼,下不利人,三不利而无所利,是谓之天贼。故凡从事此者,寇乱也,盗贼也,不仁不义,不忠不惠,不慈不孝,是故聚敛天下之恶名而加之。是其故何也?则

---

① (清)王先谦撰,沈啸寰、王星贤点校《荀子集解》,第377~378页。
② 张觉撰《荀子译注》,第242页。
③ (清)王先谦撰,沈啸寰、王星贤点校《荀子集解》,第371~372页。
④ (清)王先谦撰,沈啸寰、王星贤点校《荀子集解》,第373页。
⑤ 吴毓江撰,孙启治点校《墨子校注》,第314页。
⑥ 方勇译注《墨子》,第211页。

反天之意也。"①

四 墨子节葬说与荀子厚葬论之文化价值与学术支撑

关于逝者厚葬，墨子与荀子持论相左。《公孟》篇指出："厚葬久丧，重为棺椁，多为衣衾，送死若徙，三年哭泣，扶后起，杖后行，耳无闻，目无见，此足以丧天下。"② 这是"儒家丧天下"的"四政"之一。荀子认为墨子"薄葬"乃"送死不忠厚，不敬文谓之瘠"。③ 厚葬与节葬是荀、墨两家争论的焦点，显示了二者在文化价值趋向和学术取舍上的不同宗尚。

（一）荀子厚葬久丧论与墨子节葬论所指

荀子所谓厚葬是指对死者丰厚、奢侈的埋葬仪式，花费大量财物用于置办棺椁、衣饰、陪葬品、坟墓、送葬仪式，甚至以人为殉葬品等。荀子于《礼论》篇对逝者厚葬所用棺椁和送葬的规模进行了详细阐述，他说："天子棺椁十重，诸侯五重，大夫三重，士再重，然后皆有衣衾多少厚薄之数，皆有翣菨文章之等以敬饰之……天子之丧动四海，属诸侯；诸侯之丧动通国，属大夫；大夫之丧动一国，属修士；修士之丧动一乡，属朋友；庶人之丧合族党，动州里。"④

荀子还对死者下葬前所进行的丧礼的每一环节都进行了阐述，并解释了它们的意义："始卒，沐浴、鬠体、饭含，象生执也。……充耳而设瑱，饭以生稻，啥以槁骨，反生术矣。说裘衣，袭三称，缙绅而无钩带矣。设掩面儇目，鬠而不冠笄矣。书其名，置于其重，则名不见而柩独明矣。荐器则冠有鍪而毋縰，瓮、庑虚而不实，有簟席而无床第，木器不成斲，陶器不成物，薄器不成内，笙竽具而不和，琴瑟张而不均，舆藏而马反，告不用也。具生器以适墓，象徙道也。……故圹垄，其貌象室屋也；棺椁，其貌象版、盖、斯、象、拂也；无帾、丝、歶、缕、翣，其貌以象菲、帷、帱、尉也。抗折，其貌以象槾茨番阏也。"⑤

墨子于《节葬》下篇对逝者厚葬进行了描述："棺椁必重，葬埋必厚，衣衾必多，文绣必繁，丘陇必巨。存乎匹夫贱人死者，殆竭家室。存乎诸

---

① 吴毓江撰，孙启治点校《墨子校注》，第315页。
② 吴毓江撰，孙启治点校《墨子校注》，第691页。
③ （清）王先谦撰，沈啸寰、王星贤点校《荀子集解》，第425页。
④ （清）王先谦撰，沈啸寰、王星贤点校《荀子集解》，第425~426页。
⑤ （清）王先谦撰，沈啸寰、王星贤点校《荀子集解》，第433~438页。

侯死者，虚车府，然后金玉珠玑比乎身，纶组节约，车马藏乎圹，又必多为屋幕、鼎鼓、几梴、壶滥、戈剑、羽旄、齿革，寝而埋之。满意若殉从，曰：天子杀殉，众者数百，寡者数十。将军大夫杀殉，众者数十，寡者数人。"[①] 厚葬是社会和家庭财富的巨大浪费，杀殉是对人性的摧残。

厚葬还伴随久丧，即长期服丧。荀子所言"殡久不过七十日，速不损五十日"，是指举办葬礼的时间。荀子所言"三年之丧，二十五月而毕，哀痛未尽，思慕未忘"，是指埋葬逝者之后守丧的时间。丧礼耗费的时间是荀、墨争论的焦点。

墨子反对厚葬久丧，从三方面指出它的危害。第一，"厚葬久丧"之"处丧之法"，不能使国家和百姓富裕。他说："哭泣不秩声，翁缞绖，垂涕，处倚庐，寝苫枕块，又相率强不食而为饥，薄衣而为寒。使面目陷陬，颜色黧黑，耳目不聪明，手足不劲强，不可用也。"[②] 如果这样，举哀之人遵从礼制，守丧三年，禁止工作，那么王公大人"不能早朝"，无法处理政事，农民不能"耕稼树艺"，工匠不能"修舟车为器皿"，妇女不能"夙兴夜寐，纺绩织麻"。厚葬致使把多年积累的大量财富埋葬在地下，相关人员长达三年不能工作。这必然导致国家和百姓的贫困，更无法走向富强。

第二，厚葬久丧之礼制不利于人口的增加。他说："君死丧之三年，父母死丧之三年，妻与后子死者，五皆丧之三年，然后伯父、叔父、兄弟、孽子其，族人五月，姑姊、甥舅皆有月数，则毁瘠必有制矣。"[③] 长期服丧的人，"强不食而为饥，薄衣而为寒"。百姓"冬不忍寒，夏不忍暑，作疾病死者，不可胜计"，并且丧制阻碍了男女之间的交往，必然导致人口锐减。

第三，用厚葬久丧之法来行政，必然导致天下混乱。"若法若言，行若道，使为上者行此，则不能听治；使为下者行此，则不能从事。上不听治，刑政必乱；下不从事，衣食之财必不足。"[④] 衣食不足，就会使兄弟不睦，父子不亲，君臣不得。进而不孝的儿子怨恨双亲，不忠的臣子祸乱君主，邪恶的民众，出则无衣，入则无食，必然有邪恶暴虐的行为。从而导

---

① 吴毓江撰，孙启治点校《墨子校注》，第258～259页。
② 吴毓江撰，孙启治点校《墨子校注》，第259页。
③ 吴毓江撰，孙启治点校《墨子校注》，第259页。
④ 吴毓江撰，孙启治点校《墨子校注》，第260页。

致天下混乱，无法治理。

与荀子的厚葬主张相反，墨子主张节葬，即用较少的财物、较短的时间为逝者举行简单的葬礼，足以表达生者对逝者的哀思和亲情即可。他专门制定了埋葬之法，他说："棺三寸，足以朽骨；衣三领，足以朽肉。掘地之深，下无沮漏，气无发泄于上，垄足以期其所，则止矣。哭往哭来，反从事乎衣食之财，佴乎祭祀，以致孝于亲。"①

"节葬"即"薄葬"，荀子坚决反对墨子之"薄葬"论。持论有三。第一，薄葬是"奸人之道"，是对已故亲人的背叛，也是生者的耻辱。他说："夫厚其生而薄其死，是敬其有知而慢其无知也，是奸人之道而倍叛之心也。君子以倍叛之心接臧谷，犹且羞之，而况以事其所隆亲乎！故死之为道也，一而不可得再复也，臣之所以致重其君，子之所以致重其亲，于是尽矣。故事生不忠厚、不敬文谓之野，送死不忠厚、不敬文谓之瘠。君子贱野而羞瘠。"② 每人只死一次，不可重生再死，这是死亡的规律，子女孝亲，大臣尽忠在此时就已经到头了。如果薄葬，草率从事，是"慢其无知"，"送死不忠厚"是人格的耻辱。

第二，墨子"薄葬"，不能满足表达痛失亲人的情感需要。荀子指出："创巨者其日久，痛甚者其愈迟，三年之丧，称情而立文，所以为至痛极也。齐衰、苴杖、居庐、食粥、席薪、枕块，所以为至痛饰也。三年之丧，二十五月而毕，哀痛未尽，思慕未忘，然而礼以是断之者，岂不以送死有已，复生有节也哉！"③ "三年之丧"是用来表达极其悲痛的感情的。"齐衰、苴杖、居庐、食粥、席薪、枕块"，是给极其悲痛的心情所做的外表装饰。"厚葬久丧"是一种"称情立文"的体现。

第三，墨子"薄葬"不法礼，不足礼，是"无方之民"的表现。荀子于《礼论》篇中说："礼之理诚深矣，'坚白''同异'之察入焉而溺；其理诚大矣，擅作典制辟陋之说入焉而丧；其理诚高矣，暴慢、恣睢、轻俗以为高之属入焉而队。……君子审于礼，则不可欺以诈伪。……礼者，人道之极也。然而不法礼，不足礼，谓之无方之民。"④ 荀子认为持"坚白同异"之墨辩是墨子之"别墨"，是"典制辟陋"之说，是"暴慢、恣睢、

---

① 吴毓江撰，孙启治点校《墨子校注》，第263页。
② （清）王先谦撰，沈啸寰、王星贤点校《荀子集解》，第424~425页。
③ （清）王先谦撰，沈啸寰、王星贤点校《荀子集解》，第440页。
④ （清）王先谦撰，沈啸寰、王星贤点校《荀子集解》，第421~422页。

轻俗"，这是"不法礼、不足礼"的表现，是一种无原则的表现。

（二）厚葬与节葬的文化价值

葬礼是人们生活的重要内容，厚葬与节葬反映了荀、墨两家对各自所提倡的生活方式、丧葬文化的价值评判。

荀子认为"厚葬"是对人的价值的最高评判，体现了礼的精神，调节了人的情感，是礼义之法式，显示了儒家对待生命的根本立场。"三年之丧"取象于"群居和一"的世俗风尚，具有政治价值。

首先，荀子认为，生死贯穿了人的一生，"终始俱善，人道毕矣"。这是礼义的具体规定，是君子做人的原则。"礼者，谨于治生死者也。生，人之始也；死，人之终也。终始俱善，人道毕矣。故君子敬始而慎终，终始如一，是君子之道，礼义之文也。"因此"厚葬"是一种礼仪文化，体现了礼的精神。

其次，"厚葬久丧"可以调节人的情感，养成美德。既可以表达对逝者的哀敬，又可以调节生者之情。他说："一朝而丧其严亲，而所以送葬之者不哀不敬，则嫌于禽兽矣，君子耻之。故变而饰，所以灭恶也；动而远，所以遂敬也；久而平，所以优生也。"① 荀子认为丧亲之痛，如不哀而敬，则无异于禽兽。亲人由生世而入死境，是一种远别，丧礼能成全这种恭敬，而且久丧能让人渐渐平复伤痛。又说："礼者断长续短，损有余，益不足，达爱敬之文，而滋成行义之美者也。"② 葬礼表达一种爱敬之情，有利于养成美好的德行道义，形成一种社会风尚。

最后，荀子认为"三年之丧"取象于"人所以群居和一之理"，有利于群治，具有政治价值。他说："三年以为隆，缌麻、小功以为杀，期、九月以为间。上取象于天，下取象于地，中取则于人，人所以群居和一之理尽矣。故三年之丧，人道之至文者也，夫是之谓至隆。是百王之所同也，古今之所一也。"③ 三年的服丧，是为人之道的最高礼仪，最能体现"群居和一之理"，有利于群治，古今一致，各代帝王都依从这个原则。

墨子认为"节葬"是"便其习，而义其俗者"，是人之"死利"。他说："衣食者，人之生利也，然且犹尚有节；葬埋者，人之死利也，夫何

---

① （清）王先谦撰，沈啸寰、王星贤点校《荀子集解》，第 428～429 页。
② （清）王先谦撰，沈啸寰、王星贤点校《荀子集解》，第 429 页。
③ （清）王先谦撰，沈啸寰、王星贤点校《荀子集解》，第 441～442 页。

独无节于此乎?"① 为此他举了三个例子。

第一，"越之东有輆沭之国者，其长子生，则解而食之，谓之'宜弟'。其大父死，负其大母而弃之，曰:'鬼妻不可与居处'"。此国风俗:长子出生，就剖开吃掉，俗称"宜弟"。祖父死了，就背起祖母扔掉，说不能与鬼的妻子居住在一起。

第二，"楚之南有炎人国者，其亲戚死，朽其肉而弃之，然后埋其骨，乃成为孝子"。② 此国风俗:父母死了，剔下他们的肉扔掉，只埋葬他们的骨殖，便可称"孝子"。

第三，"秦之西有仪渠之国者，其亲戚死，聚柴薪而焚之，熏上，谓之'登遐'，然后成为孝子"。③ 此国风俗:父母死了，聚集柴火把他们的尸首烧掉，烟火上升，叫做"登上云遐"。

墨子认为此三国的葬礼风尚不是以中原儒家的"仁义"为标准，而是"便其习，而义其俗"。"此上以为政，下以为俗，为而不已，操而不择，则此岂实仁义之道哉?此所谓便其习，而义其俗者也。"墨子指出，三国之葬礼风俗虽然轻薄了，但"便其习，而义其俗"，有一定的道理。"中国之君子"的葬礼太厚重了，因此，葬埋之法就应该有所节制。

（三）节葬与厚葬的学术支撑

荀子提倡厚葬久丧，是以礼厚葬久丧。他的学术基础是礼。他说:"称情而立文，因以饰群别、亲疏、贵贱之节而不可益损也，故曰无适不易之术也。"④ 根据人们情感的需要来确立礼仪制度，借此整治亲族，区别宗族群体的疏远和亲近。划定人们高贵与卑贱的礼义不可损益，这是一种到任何地方都不能更改的政治原则。

墨子提倡节葬，他的学术基础是"兼相爱、交相利"，目的是除天下之害，兴天下之利。墨子说:"今天下之士君子，中请将欲为仁义，求为上士，上欲中圣王之道，下欲中国家百姓之利，故当若节丧之为政，而不可不察者，此者也。"⑤ 天下治国理政的君子，如果衷心想遵守以仁义治天下的准则，做一个志洁行廉之人，上要对圣明君王的道义负责，下要对举

---

① 吴毓江撰《墨子校注》，第263页。
② 吴毓江撰《墨子校注》，第263页。
③ 吴毓江撰，孙启治点校《墨子校注》，第263页。
④ （清）王先谦撰，沈啸寰、王星贤点校《荀子集解》，第440页。
⑤ 吴毓江撰，孙启治点校《墨子校注》，第263页。

国百姓的利益负责，那么就要用"节葬之法"来治理政治。这是需要明察秋毫的眼光的。

第三节　韩非子思想对荀子礼学的扬弃

先秦诸子是中国古代思想文明史中的精英，共同经历了中国学术史的轴心时代。诸子为什么会"辈出"？除了旧的社会秩序崩溃（礼崩乐坏）、新的社会秩序尚处萌芽之中（战争频仍、生灵涂炭）这一社会现状迫切需要学术这一公器来指引之外，以它嚣、魏牟、陈仲、史鳅、墨翟、宋钘、慎到、田骈、惠施、邓析、子思、孟轲等为代表的诸家学术思想之间既排斥斗争又相生相融的学术关系促进了先达辈出、精英共时局面的形成。韩非子与荀子即是其中的一对。韩非子与荀子有着一种天然的思想学术之联系，所谓天然的联系首先取决于二人的关系，司马迁称："韩非者……与李斯俱事荀卿，斯自以为不如非。"[①] 司马迁所述这一史实，表明了荀子、韩非子与李斯三人存在于相同的时空，且关系密切。不难推断在学术思想上韩非子与李斯以荀子为尊，他们是具有相同学术理想与生活志趣而从不同地域走到一起的同一阶层的人。其次，除了这种相同时空交往关系之外，韩非子与荀子在传世文献上也存在着天然的联系。宋代理学家朱熹说："荀卿则全是申韩，观《成相》一篇可见。……然其要，卒归于明法制，执赏罚而已。"[②]（《朱子语类》卷一百三十七）《成相》的内容与韩非学术思想存在着一致性，而且阐述了申不害、韩非子刑名法术之要义：明法制，执赏罚。最后，申不害刑名法术之学是经过韩国政治实践验证了的成功之学。申不害用"学术以干韩昭侯，昭侯用为相。内修政教，外应诸侯，十五年。终申子之身，国治兵强，无侵韩者"[③]。这一学术用于政治的成功个案，不仅影响了韩非子，同样影响了荀子。

如何认识韩非子与荀子的关系？韩非子法术范畴怎样对荀子礼学进行通变？储昭华曾经从心性范畴探讨过荀子对法家的扬弃，[④] 本书侧重以荀

---

① 《史记》，第 2146 页。

② （宋）黎靖德编《朱子语类》，第 3255 页。

③ 《史记》，第 2146 页。

④ 储昭华：《从身心关系视角看荀子对法家的扬弃及其对儒家文化的意义》，《邯郸学院学报》2013 年第 1 期。

子礼学思想中的"王"与韩非子思想中的法术两个范畴为中心，探讨韩非子对荀子礼学的扬弃。

一　学术公器致用于政治的途径：王、人主

学术，乃天下之公器。从荀子到韩非子，都把自己学术理想的实现寄托在帝王身上，把王或人主作为践行以学术治国的终极途径。故荀子把礼学与王统一起来，韩非子把法与人主统一起来。荀子礼学体系的起点在《性恶》篇所述人本身天然存在的"好利""疾恶"之性、"耳目声色"之欲。韩非子法术之学的起点在于《八奸》篇所述群臣的玩弄权术的邪恶行为。他们理论起点的不同必然导致学术的灵魂和价值取向的不同。荀子礼学着眼于全社会各领域与各阶层群体的全面治理，即"王天下"。韩非子着眼于"富国强兵""存亡绝续"。但其实现学术思想与政治相结合的结合点都落在国君身上，得君行道是他们践行思想理论的唯一途径。

荀子以性恶论为礼学的理论基点，并尝试实现两种改造，即对个体进行修身以化育心性，对社会进行群治以趋向文理。如何将礼学致用于政治，这是由礼的政治属性决定的。何谓礼的政治属性？即礼尊王，王修礼。国君至高无上和唯一的政治权力地位得到认同和尊重，同时，王权和以礼治国又是统一的，修礼是国君的义务和责任。因此，荀子在礼学体系中提出了一个王的范畴，他推尊古代圣王，在其理论中"圣王""先王""王制""王霸"成了高频词，其推尊尧舜禹三王之言多达164处，此外还谈到了"齐桓""晋文""楚庄王""勾践""阖闾"等前代杰出帝王。荀子指出了王者三个基本素质："故君人者，欲安则莫若平政爱民矣，欲荣则莫若隆礼敬士矣，欲立功名则莫若尚贤使能矣，是君人者之大节也。"[1]其中"隆礼敬士"是帝王最重要的素质。隆礼是指国君对待礼的态度，还不足以"王天下"，"隆礼"的目的是"修礼"。只有修礼的国君才能实现"王天下"。荀子界定"成侯、嗣公"是"聚敛计数之君"，子产是"取民者"，管仲是"为政者"，同时判断聚敛者不及取民者，取民者不及为政者，而为政者的最高境界是修礼，最后得出"修礼者王，为政者强，取民者安，聚敛者亡"[2]的结论。因此"王"是能够在地域、经济、政治与思

---

① （清）王先谦撰，沈啸寰、王星贤点校《荀子集解》，第180页。
② （清）王先谦撰，沈啸寰、王星贤点校《荀子集解》，第181页。

想文化诸方面实现统一的国君，在荀子看来"王"是把其礼学思想致用于政治的唯一途径，"礼"与"王"是统一的。

赏功罚罪是以礼治国的重要组成部分，"无功不赏、无罪不罚"成为荀子提倡的"王者之论"的重要内容。但是以赏罚治天下仅仅实现了"霸"的政治境界。荀子说："彼霸者不然，辟田野，实仓廪，便备用，案谨募选阅材伎之士，然后渐庆赏以先之，严刑罚以纠之……是知霸道者也。"① 很显然"渐庆赏以先之，严刑罚以纠之"是国君实现霸道的重要手段。那么，荀子的王道如何实现？第一，王者能够做到"仁眇天下，义眇天下，威眇天下"②。第二，辅佐王的人能够做到"饰动以礼义，听断以类，明振毫末，举措应变而不穷"③。第三，治理天下的"王者制度"必须符合"道不过三代，法不二后王"④。具体表现为："衣服有制，宫室有度，人徒有数，丧祭械用皆有等宜，声则凡非雅声者举废，色则凡非旧文者举息，械用则凡非旧器者举毁。"⑤ 荀子的王道即复古之道，也就是以"仁""义""礼"为中心的夏殷周三代君臣治理天下之道。

与荀子礼学思想以性恶论为理论基点相类，韩非子法术范畴以"八奸"⑥"十过"⑦为立论之基。"八奸"主要揭示为人臣者八种危害政治的奸术，其必然使"世主所以壅劫，失其所有"。权臣结好"夫人""孺子"，"内事之以金玉，使惑其主"，谓之"同床"；利用"优笑侏儒，左右近习"，"内事之以金玉玩好，外为之行不法，使之化其主"，谓之"在旁"；利用"侧室公子""大臣廷吏"与国君的关系，"处约言事，事成则进爵益禄，以劝其心，使犯其主"，谓之"父兄"；"尽民力以美宫室台池，重赋敛以饰子女狗马，以娱其主而乱其心，从其所欲而树私利其间"，谓之"养殃"；"为人臣者散公财以说民人，行小惠以取百姓，使朝廷市井皆劝权誉己，以塞其主而成其所欲"，谓之"民萌"；"求诸侯之辩士，养国中之能说者，使之以语其私。为巧文之言，流行之辞，示之以利势，惧之以患害，施属虚辞以坏其主"，谓之"流行"；"聚带剑之客、养必死之士，

---

① （清）王先谦撰，沈啸寰、王星贤点校《荀子集解》，第 184～186 页。
② （清）王先谦撰，沈啸寰、王星贤点校《荀子集解》，第 186 页。
③ （清）王先谦撰，沈啸寰、王星贤点校《荀子集解》，第 187 页。
④ （清）王先谦撰，沈啸寰、王星贤点校《荀子集解》，第 187 页。
⑤ （清）王先谦撰，沈啸寰、王星贤点校《荀子集解》，第 187～188 页。
⑥ （清）王先慎撰《韩非子集解》，中华书局，2013，第 53～56 页。
⑦ （清）王先慎撰《韩非子集解》，第 59～77 页。

以彰其威，明为己者必利，不为己者必死，以恐其群臣百姓而行其私"，谓之"威强"；"重赋敛，尽府库，虚其国以事大国，而用其威求诱其君；甚者举兵以聚边境而制敛于内，薄者数内大使以震其君，使之恐惧"，谓之"四方"。"十过"主要揭示为人君者十种不良德行，必然带来杀身亡国之祸。一，以司马子反鄢陵之战中的嗜酒不能忠于楚共王的行为为例论述"行小忠，则大忠之贼也"；二，以晋献公假道于虞事论虞公"顾小利，则大利之残也"；三，以楚灵王为申之会事论灵王"行僻自用，无礼诸侯，则亡身之至也"；四，以卫灵公濮水听琴事论"不务听治而好五音，则穷身之事也"；五，以智伯瑶晋阳之战为例论"贪愎喜利，则灭国杀身之本也"；六，以戎王使由余聘于秦事为例论戎王"耽于女乐，不顾国政，则亡国之祸也"；七，以田成子游于海事为例论"离内远游而忽于谏士，则危身之道也"；八，以齐桓公问政于管仲事为例论桓公"过而不听于忠臣，而独行其意，则灭高名为人笑之始也"；九，以秦攻韩之宜阳事论韩君"内不量力，外恃诸侯，则削国之患也"；十，以晋公子重耳出亡过曹事论曹君"国小无礼，不用谏臣，则绝世之势也"。"八奸十过"不只是对前代大臣与国君的历史教训的总结，其终极用意是针对母国"弱韩危极"之时，奸猾贼民恣为暴乱，纵横之徒游说人主以窃利的社会现实而大声疾呼，更是为其刑名法术之学张本。

　　为了矫正"八奸十过"，韩非子提出了"法""二柄"的范畴。国家的强弱取决于奉法者。韩非子说："奉法者强则国强；奉法者弱则国弱。"①如果国君能够做到"去私曲就公法""去私行行公法"，那么就能够实现"民安而国治""兵强而敌弱"。② 韩非子强调人主与法的统一。人主获得至高无上地位和尊严也有赖于"法度"，国君能够"审得失"，用"法度之制"管理群臣，那么就"不可欺以诈伪"；能够以"审得失""有权衡之称"的原则来"听远事"，那么人主"不可欺以天下之轻重"。③ 人主审察百官，为了避免臣下"饰观""饰声""繁辞"的蒙蔽，不用目观，不用耳听，不用虑思，而尊奉法度，即"舍己能而因法数，审赏罚"。人主做到了严奉法度，就能够"任势使然""独制四海"，并且让聪智者"不

---

① （清）王先慎撰《韩非子集解》，第31页。
② （清）王先慎撰《韩非子集解》，第32页。
③ （清）王先慎撰《韩非子集解》，第32～33页。

得用其诈",险躁者"不得关其佞",奸邪者"无所依存",实现"远在千里外,不敢易其辞;势在郎中,不敢蔽善饰非。朝廷群下,直凑单微,不敢相逾越"① 的政治效果。所谓"二柄",是明主管理群臣的代名词,韩非子解释为刑和德。即"杀戮之谓刑,庆赏之谓德"。韩非子进一步解释:"为人臣者畏诛罚而利庆赏,故人主自用其刑德,则群臣畏其威而归其利矣。"② 在韩非子看来,刑和德是人主管理群臣的最重要的手段,人主无刑德,则必然丧失最高的政治权力和地位,国家也将随之分崩离析,相反只有人主很好地利用刑德"二柄",做到人主与刑德的统一,整个国家机器才会高效地运转起来。

二 礼、法两个学术范畴的属性

《荀子》礼的属性内涵极为复杂和丰富,拙文《〈荀子〉礼学范畴的理论基点与渊源》梳理了荀子礼学与前代儒家典籍之间的联系,归纳出礼的六种属性:即社会群体中的道德属性,宗族群体中的伦理属性,政治群体中的政治属性,分配体系中的经济属性,人与自然关系中的生物属性,心性改造中的教育属性。③ 前三种属性由来已久,它们适用于尊贤、亲亲、君臣等范围,在荀子之前的儒家传统中已成体系,并有效地管理着尧、舜、禹时期的社会。"三代之治"被后世,尤其为宋代知识分子所极力推崇。《荀子》也成为夏、商、周治理国家的经典政治文献。

后三种属性是荀子在《礼论篇》中详细阐述的观点,礼的经济属性起源于物质资料的分配,无"度量分界"的分配,必然导致"争则乱,乱则穷"的局面。因此,"先王恶其乱也,故制礼义以分之,以养人之欲,给人之求,使欲必不穷乎物,物必不屈于欲,两者相持而长"④。礼的经济属性在此刻就成为荀子的另一个学术范畴"分",荀子的"分"即按等级分配生产资料和生活资料的意思。荀子认为"分"是"百王之所同""礼法之枢要",是礼学的中心原则和灵魂。荀子说:"农分田而耕,贾分货而贩,百工分事而劝,士大夫分职而听,建国诸侯之君分土而守,三公总方

① (清)王先慎撰《韩非子集解》,第36~37页。
② (清)王先慎撰《韩非子集解》,第39页。
③ 刘振英:《〈荀子〉礼学范畴的理论基点与渊源》,《河北学刊》2017年第4期,第189~190页。
④ (清)王先谦撰,沈啸寰、王星贤点校《荀子集解》,第409页。

而议，则天子共己而止矣。出若入若，天下莫不平均，莫不治辨，是百王之所同而礼法之大分也。"① 在社会的各个领域，每个行业都要按照职分对土地、货物、工作进行合理分配，然后进行本行业的生产劳动。诸侯、三公、甚至天子都被纳入这一"分"的大原则之中，获得利益并严守责任和义务。荀子在《礼论》篇中强调"礼之三本"，即"天地""先祖""君师"。他说："天地者，生之本也；先祖者，类之本也；君师者，治之本也。无天地恶生？无先祖恶出？无君师恶治？三者偏亡焉，无安人。故礼上事天，下事地，尊先祖而隆君师，是礼之三本也。"② "天地"是指人生存于其中的生物界、自然界，是人的衣食住行不竭的资源源泉。"先祖"是人的群类和种属的族根，没有人种，则无从谈到人类文明，这是礼的生物属性。"三本"之中，荀子将"君师"并提，与中国古代社会君师合一、政教合一的历史特征相适应。中国上古的国君与王公大臣身负管理国家和教育子民的双重责任，既要以仁义来教育百姓、提高国民素质，又要引导、组织群体团结合作，富国强兵、抵御外侮。因此，在中国的上古社会礼的教育属性与政治属性是统一的。

韩非子法的属性则较为单一，其论述法的范畴始终围绕"存韩""人主""爱臣""扬权""八奸""二柄""南面""安危""用人""内储""外储"等国家政治的主体及相关主题来阐述的，国家政治的主体即人主和群臣，国家政治的主题即用人、用法与存亡、安危。因此韩非子所力倡的法，只具有政治属性，这是他与荀子礼学的根本区别，是韩非子刑名法术之学的精髓。

韩非子《八奸》篇把群臣的奸术分为八类："一曰在同床……二曰在旁……三曰父兄……四曰养殃……五曰民萌……六曰流行……七曰威强……八曰四方。"③ 韩非子之法对"人主"做了相应的约束和提醒。针对"同床"，他强调"人主"管理后宫要"不行其谒，不使私请"。针对"在旁"，他约束"人主"对身边的人要"使其身必责其言，不使益辞"。对于"父兄大臣"，他提醒"人主"要"听其言也必使以罚任于后，不令妄举"。对于"观乐玩好"之"养殃"，他教育人主要"必令之有所出，不使

① （清）王先谦撰，沈啸寰、王星贤点校《荀子集解》，第253～254页。
② （清）王先谦撰，沈啸寰、王星贤点校《荀子集解》，第413页。
③ （清）王先慎撰《韩非子集解》，第53～55页。

擅进，不使擅退，群臣虞其意"。对于"民萌"，即"德施"，他强调人主要"纵禁财，发坟仓，利于民者必出于君，不使人臣私其德"。对于"流行"，即"说议"，他主张人主对"称誉者""毁疵者"，"必实其能，察其过，不使群臣相为语"。对于"威强"，即养士，韩非子明确人主要"军旅之功无逾赏，邑斗之勇无赦罪，不使群臣行私财"。对于"四方"，即"诸侯之求索"，韩非子主张人主要"法则听之，不法则距之"。以上韩非子关于"八奸"的论述，主要是引导人主实现对群臣的治理，根据不同的执政现实来推行自己政治管理的具体措施。与荀子不同，韩非子法的范畴主要针对的是大臣。通过管理大臣实现对国家与社会的有效管理。韩非子《八奸》篇所论述的内容即是对以群臣奸行为中心的官吏治理。

同样其《内储》《外储》两篇也在谈国君对群臣治理的问题。唐司马贞在《史记索隐》按语中说："《内储》言明君执术以制臣下，制之在己，故曰'内'也；《外储》言明君观听臣下之言行，以断其赏罚，赏罚在彼，故曰'外'也。"[①] 司马贞指出了韩非子《内储》《外储》的核心在于明君的制臣之术与赏罚之术。韩非子在《内储》篇确切提出开明国君对大臣的管理和考察应注重"七术"与"六微"。所谓"七术"，"一曰众端参观，二曰必罚明威，三曰信赏尽能，四曰一听责下，五曰疑诏诡使，六曰挟知而问，七曰倒言反事"。[②] 明君治理臣下要兼听广闻，才能听到真实诚恳的建议；明君要树立绝对的威信，不能"爱多寡威"；赏罚分明，薄厚得当，才能树立国君威信，褒扬杰出之士；治理事务要有恒定专一的标准，绝不能让臣下滥竽充数；明君要做到挟智而问，智者千虑，才能做到"众隐皆变"；明君应该"倒错其言，反为其事"，来观察考证他所怀疑的臣子。所谓"六微"，即"一曰权借在下，二曰利异外借，三曰托于似类，四曰利害有反，五曰参疑内争，六曰敌国废置"。[③] 国君的权势不能假借给臣下，否则人主就会受到壅蔽；君臣的利益应该一致，否则人臣就会成其私利，失去忠诚；国君应该对"似类事件"明察秋毫，不能水溺不分，错杀大臣；"国害则省其利者，臣害则察其反者"；国君应该明断，不要让事情形成"参疑"之势，否则就会危害国家；明君应该明确敌人的目标，否则就

---

① 《史记》，第2148页。
② （清）王先慎撰《韩非子集解》，第210页。
③ （清）王先慎撰《韩非子集解》，第238页。

会轻易地废置自己的人才。

从韩非子《八奸》《内储》的内容梳理来看，其法术之学主要围绕明君权谋、制驭官吏之术来展开，政治属性是其唯一的本质属性。

三　说难——韩非子对荀子学术品格与信仰的巨变

荀子礼学与韩非子法术之学虽然有大量的相通相融之处，但其两种思想体系具有迥异的学术品格和精神灵魂。荀子礼学之于国君、礼学体系和国家政体都具有普遍的哲学意味，荀子及其礼学具有独立、自由的品格。其对于王、圣有着明确的界定。

荀子在《解蔽》篇中说："故学也者，固学止之也。恶乎止之？曰：止诸至足。曷谓至足？曰：圣。……两尽者，足以为天下极矣。故学者，以圣王为师，案以圣王之制为法，法其法以求其统类，以务象效其人。向是而务，士也；类是而几，君子也；知之，圣人也。"[①]其中"王也者，尽制者也"，主要是指完善法令制度，这是国君的职责。"圣也者，尽伦者也"，主要是完善自我，是学者的职责。在这段论述中荀子指出了学者学习的明确目标和凭借天分与后天努力而达到的效果和层次。"王圣之学"是学者读书、思考、立说的根本目标，是显学、绝学。因此，达到了这个目标，即"学止"，即到了"至足"之境。"士""君子""圣人"是荀子对学者取得的不同学习效果和学者层次的描述，学者"以圣王为师"，以"圣王之制"为法度，向圣王看齐，孜孜以求，努力去做就达到了学者研究"圣王之学"的第一层次，即士的层面；按照以上学习的程序和方法坚持不懈地学习就会与圣王相差无几，这个层次是"圣王之学"的第二层次，即君子的层面。"知之，圣人也。"王先谦解释：知圣王之道者。即掌握了成为圣王之道，并且可能成为圣王的人。因此荀子所说的圣人是指具有学者属性，并致力于"王圣之学"，且达到了学术至足之境的学者中的精英分子。

荀子在《劝学》篇中对达到学术"至足"之境的学者的信仰和品格也做了明确的勾勒："君子知夫不全不粹之不足以为美也，故诵数以贯之，思索以通之，为其人以处之，除其害者以持养之。使目非是无欲见也，使耳非是无欲闻也，使口非是无欲言也，使心非是无欲虑也。及至其致好之

---

① （清）王先谦撰，沈啸寰、王星贤点校《荀子集解》，第481页。

也，目好之五色，耳好之五声，口好之五味，心利之有天下。是故权利不能倾也，群众不能移也，天下不能荡也。生乎由是，死乎由是，夫是之谓德操。德操然后能定，能定然后能应。能定能应，夫是之谓成人。"① 学者追求的显学是圣王之学，至全、至足、至粹是最基本的学术标准，熟读成诵、深刻思考、设身体验、去伪存真是对学者学习的基本要求，其所欲见、欲言、欲虑都归于此，天下之好色、好声、好味集于一身，并且利惠天下百姓。因此学者就成为君子，具备了生死以之的学术追求和学术操守：权势和利益不能使之倾倒身躯，众人之力不能使之变移心志，天下之利不能动摇其信仰，然后能坚定地应对世界之变。荀子之学仍然坚持了学为君子、学为自己的为学理想。成为"成人""君子""圣人"是荀子的为学目标和学术品格。得君行道则为帝王之师，士不遇明主则或为布衣，或为岩穴之士，这种学术品格和学术理想是自由的、独立的。

与荀子礼学相比，韩非子法术之学之于国家政治具有一种功利色彩，其学术理想与学术品格不再独立和自由，而转向功利化，具有依附性。这在《说难》篇体现得最为真切。以此文字考察，韩非游说国君是不设退路的，这与孔、孟、荀有着本质的区别。孔、孟、荀周游列国都以"道不同不相为谋"为原则，君臣各从其志。而韩非子《说难》篇则可以游说任何国君。因此他提出"凡说之难：在知所说之心，可以吾说当之"②。

游说万乘之君的学者，首先要对帝王性格、心事、执政理想了如指掌，是谓"知所说之心"。然后对症下药，或删繁就简或踵事增华，把自己的学术思想以最适当的形式呈现于帝王面前，并且使之欣然接受。是谓"以吾说当之"。具体来讲，国君"为名高"，游说者"说之以厚利"，国君就会认为游说者品节低下、身份卑贱，游说者必然会被疏远，其学术也会被置之脑后。相反，国君"出于厚利"，而游说者"说之以名高"，国君就会对游说者失去兴趣，也一定不会采纳游说者的建议。还有更复杂的情况，国君口是心非，"阴为厚利而显为名高"，游说者"说之以名高"，国君则表面上接受游说者而内心却疏远他；游说者"说之以厚利"，那么国君就会内心接受游说者的言论而拒绝光明正大地接纳他。

因此韩非子指出在上述场景下，"谏说谈论之士"尤其要"察爱憎之

① （清）王先谦撰，沈啸寰、王星贤点校《荀子集解》，第21~23页。
② （清）王先慎撰《韩非子集解》，第86页。

主而后说焉"。他非常形象地说明了"谏说谈论之士"游说国君的"逆顺之机",他说:"夫龙之为虫也,柔可狎而骑也;然其喉下有逆鳞径尺,若人有婴之者,则必杀人。人主亦有逆鳞,说者能无婴人主之逆鳞,则几矣。"① 向国君进谏,顺逆之机,危在其中,顺以招福,逆以制祸。众所周知,韩愈一封《谏迎佛骨表》,触碰了唐宪宗的"逆鳞",苏轼在《潮州韩文公庙碑》一文中用"忠犯人主之怒"② 一语称赞韩愈的大义、胆略。很显然,这与韩非子"察爱憎之主而后说焉"的原则相违背。换句话说,在韩非子看来,士大夫进谏可以丢掉气节。那么韩非子及其法术之学的独立自由的学术品格,已荡然无存了。

怎样才能游说成功呢?韩非子在《说难》篇中说:"凡说之务,在知饰所说之所矜而灭其所耻。"③ 那么,什么是"知饰所说之所矜而灭其所耻"?其意思是,要想谏说国君,就要知道国君引以为傲并想要自夸的东西,那么,游说者就要美化它、褒扬它;还要知道国君引以为耻并不愿提及的心事,那么,游说者就要回避它。韩非子非常自信地说:"今以吾言为宰虏,而可以听用而振世,此非能仕之所耻也。夫旷日弥久,而周泽既渥,深计而不疑,引争而不罪,则明割利害以致其功,直指是非以饰其身,以此相持,此说之成也。"④ 韩非子之意,即以违心巧饰之言先结帝王之欢,以为缓兵之计。然后等待时机"明割利害以致其功,直指是非以饰其身"。所谓"旷日弥久,而周泽既渥"是指游说者与国君的关系日渐牢固,彼此更加信任。因此,韩非子的进谏之术抛掉了儒家学术的是非观、荣辱观,也丢掉了游说者的独立自主的人格而沦为人主的附庸。

韩非子对荀子礼学的"扬"体现在三个方面,即"得君行道",学术成为公器与国君的结合体;礼学与法术之学都以政治为中心;学术品格独特而鲜明。其"弃"体现在三个转向上。第一,从王与礼的统一转向人主与法的统一。荀子对国君素质有要求,不仅以君为王,而且引导国君用王的标准提高自己,强调王与礼的统一。韩非子对"人主"则没有明确的要求,而对"游说人主"者的言辞和方法提出了更高的要求,强调法与人主

---

① (清)王先慎撰《韩非子集解》,第94页。
② (清)王文诰注,唐云志、张彦修点校《苏东坡全集》第4册,珠海出版社,1996,第372页。
③ (清)王先慎撰《韩非子集解》,第89页。
④ (清)王先慎撰《韩非子集解》,第92页。

的统一。第二，从纷繁复杂的礼学系统转向简明扼要的法术之学。荀子礼学涵盖了政治、经济分配、生物种群、宗族伦理、社会道德、教育等多个领域，而韩非子的法术之学则集中于政治领域，尤其以明君制臣之术为中心。第三，学术品格从自由、独立转向功利化，具有依附性。荀子思想中的士是独立的、自由的，而韩非子思想中士是从属于国君的，士与君主的关系是有主次的。

第三章

董仲舒、朱熹、王阳明、谭嗣同对荀子思想的通变

第一节　荀子与董子的和合思想形态

　　和合学的发展与今河北地区有着天然的地域联系，战国时期赵国之荀子与汉武帝时期广川（今属河北景县）之董子为和合学的发展做出了巨大的理论贡献。先秦时期，和合学虽已自成体系，但荀子融通诸子和合学，其《乐论》《议兵》《富国》等篇以和合思想为中心，探讨了乐治、军事、群治、富国等重要范畴，他把"和"的含义解释为"和敬""和亲""和顺""士民亲附"，把"合"的含义解释为"审一""合奏""壹民"，并建立了和合思想与"明分使群""节用裕民"等重要思想范畴的血肉联系。这种和合思想内涵渐渐向法的精神转化，并经由李斯诉诸实践。董仲舒和合思想起源于与汉武帝的对策之中，其主要内容为"一统论""天人感应说""偶合""和者气最良"。其中"一统论""天人感应说"属于政治和合学，"偶合""和者气最良"属于哲学和合学，后者更具有思想的普遍意义。荀子与董子和合思想都与秦统一六国之大变局有着密切联系，是带有实践意义的融突与和合。

　　秦始皇统一六国是战国时期最终之大变局，此前，荀子对先秦诸子和合思想做了深入的总结，其弟子韩非、李斯得其一偏，经由秦朝得以实践。此后董子假借《春秋》经学对和合学进行了继承和阐释，董子和合学为汉朝的繁荣提供了思想理论支持。战国末年的荀子与西汉武帝时期的董

子都是古赵大地的经学家、思想家，他们的思想博大精深，和合学为其学术思想的重要内容，二人在中国古代和合学的发展进程中起到了至关重要的作用。

一 自成体系的先秦和合学

"和合"在先秦时期是一个政治范畴，关系到国家存亡。它是《国语·郑语》中郑桓公与史伯讨论在何处立国时使用的一个核心概念，传达了西周式微时期，史伯这一有远见卓识的政治家对前代政治勃兴经验与衰落教训的总结。他赞扬商契"能和合五教，以保于百姓者"。此处的"五教"，韦昭注曰："父义，母慈，兄友，弟恭，子孝。"[①] "和合五教"，即让王国内的家家户户都能做到父义、母慈、兄友、弟恭、子孝，团结和谐。他推测周幽王"殆于必弊者也"，认为周幽王"弃高明昭显，而好谗慝暗昧"，并把周幽王这种做法称为"去和取同"。韦昭注曰："和，谓可否以相济。同，同欲也。"[②] 即周幽王远离明德之臣，从而君臣不能相济，与不识德义的小人同趣，追求穷奢极欲的生活，故国家衰败是必然的。在郑桓公与史伯的讨论中，"和合"这一政治范畴的内涵越来越明确，"夫和实生物，同则不继。以他平他谓之和，故能丰长而物归之，若以同禅同，尽乃弃矣，故先王以土与金木水火杂，以成百物。是以和五味以调口，刚四肢以卫体，和六律以聪耳，正七体以役心，平八索以成人，建九纪以立纯德，合十数以训百体。出千品，具万方，计亿事，材兆物，收经入，行姟极"[③]。桓公与史伯形成共识，"和实生物"，即"和"是创造力和生命力的源泉，做到了"和"就能够产生新的事物，"和"如同"万物之母"。韦昭解释"以他平他谓之和"为"阴阳相生，异味相和"，自然界的阴阳相生必然产生"丰长而物归之"的结果，而这种对真理的认识又被先王运用到社会生产和社会治理上，于青铜器而言，需要"以土与金木水火杂"才能冶炼出"百物"。而对人的治理更要贯彻"和实生物"的原理，"和"是指合众物成一物，众物即"五味""四肢""六律""七体""八索""九纪""十数"，一物即"调口""卫体""聪耳""役心""成人""纯

---

① 徐元诰撰《国语集解》，中华书局，2002，第 466 页。
② 徐元诰撰《国语集解》，第 470 页。
③ 徐元诰撰《国语集解》，第 470～471 页。

德""百体"。把人管理好了，整个国家机器才会运转得高效，人口增加，物质资料才会丰富，才能满足每一社会成员的物质需求。"和"的运用，使国家政治能力提高，社会趋向于文明。

管子论述之和合范畴进入了政治学与哲学相结合的层面，他所谓的"和合"是指道德的和合。道是宇宙万物的根本，德是芸芸众生的本性，二者的和谐统一是天然的，这种天然的和谐统一，运用到人本身和社会群体上就会显现出不可估量的力量。《管子·幼官》中讲："畜之以道，养之以德。畜之以道则民和，养之以德则民合，故能习，习故能偕，偕习以悉，莫能伤也。"①《管子·兵法》中讲："蓄之以道则民和，养之以德则民合。和合故能谐，谐故能辑，谐辑以悉，莫之能伤。"② 张立文解释说："道与德虽有差分，但都可以通过主体人的积蓄和修养而达到。道畜民和，德养民合，百姓随着道德修养的提升，便能和合。和合所以能和谐共事，和谐共事所以团聚，和谐团聚，就不会受到伤害。"③ 以"道德和合"为中心，张立文进一步拓展了和合学的内涵，增加了"道德无端无穷""道德帝王""道德君民""道术德行"等内容，这种解释其本质即哲学和政治相结合的产物。

和合思想也是墨子论政的核心范畴，它是墨子在《尚同》篇提出的。墨子指出由于人们的思想相异，出现了"十人十义，百人百义"的现象，进而"人是其义，而非人之义，故交相非也"。墨子认为这种"交相非"的思想混乱发展到了极致，就会导致"舍余力不以相劳，隐匿良道不以相教，腐朽余财不以相分，天下之乱也，至若禽兽然"。而这种由思想到行为的"天下之乱"的根源在于"内之父子兄弟作冤仇，皆有离散之心，不能相和合"④。在这里和合是一种执政手段，它要治理的对象是整个国家出现的"无君臣上下长幼之节，父子兄弟之礼"的状况。墨子"和合"的执政思想，即"天子唯能壹同天下之义，是以天下治也"⑤。墨子的政治构想为，选天下贤者立为天子、立为三公，划分万国，立诸侯国君。一国之内，选国之贤者，立为正长、里长、乡长。如果"乡长唯能壹同乡之义"

---

① 黎翔凤撰，梁运华整理《管子校注》，中华书局，2004，第176页。
② 黎翔凤撰，梁运华整理《管子校注》，第313页。
③ 张立文：《管子道德和合新释》，《社会科学战线》2010年第2期。
④ 吴毓江撰，孙启治点校《墨子校注》，第114页。
⑤ 吴毓江撰，孙启治点校《墨子校注》，第108页。

"国君唯能壹同国之义",那么"天子唯能壹同天下之义",天下就会得到大治。因此墨子的"不能和合"即是不能"壹同","和合"即"壹同"之意。陈忠宁认为:"墨家'致道'的核心始终围绕以'兼相爱、交相利'来扭转当时社会礼崩乐坏之后的混乱局面,以实现人与人之间关系的协和。"①

先秦五经之一《周易》所涉之"和合范畴",更多的是哲学层面的意义。其《乾卦·象辞》有言:"乾道变化,各正性命。保合大和,乃利贞。"王弼注:"静专动直,不失大和,岂非正性命之情者耶?不和而刚暴。"②楼宇烈校释:"乾之变化,静时则专一而不转易,动时则刚正而不倾邪。不刚不暴,和顺之道,以端正万物之情,不和则刚暴。"③《周易》探讨的是哲学范畴中动静之间的关系要和合,只有实现了动静之和合,天地才能生物,即《系辞上》所谓"夫乾,其静也专,其动也直,是以大生焉"④。正是天的专一、刚正的本性,才会大生万物。《周易》之和合范畴是形而上的,是认识论,是先秦思想家对宇宙自然界发展规律的总结。

杨供法《先秦和合文化思想体系论析》一文厘定了五行和合、阴阳和合、五教和合与百家和合等四种"和合"内涵,并从本体论、价值观、思维方式、天人关系、人际关系、国际关系、社会理想等诸多方面,归纳了和合文化思想体系的核心范畴:以"和实生物"为和合文化思想之本体论;以"和为贵"为和合文化思想之价值观;以"允执厥中"为和合文化思想之思维方式;以"天下大同"为社会理想形态;在天人关系上强调"天人合一";在人际关系上强调"和而不同";在国际关系上强调"协和万邦"。⑤客观上讲,先秦时期的和合范畴是中国传统文化中的有益部分,在不断的实践和发展过程中渐渐形成极具生命力、极具创造力的和合文化思想体系。中国古代和合学发展进程中有两个重要人物不可忽视,一为荀况,一为董仲舒,此二人也是燕赵文化的核心人物,他们为和合学的发展做出了突出贡献,二人关于和合范畴的论述理应进入当代学者

① 陈忠宁:《中国传统和合思想历史演变考察(Ⅱ)——从天命到道德》,《宜春学院学报》2011年第3期,第8页。
② (魏)王弼撰,楼宇烈校释《周易注》,中华书局,2011,第3页。
③ (魏)王弼撰,楼宇烈校释《周易注》,第12页。
④ (魏)王弼撰,楼宇烈校释《周易注》,第348页。
⑤ 杨供法:《先秦和合文化思想体系论析》,《台州学院学报》2020年第5期。

的视野。

二　和合思想是荀子"乐论""议兵""富国"等范畴的灵魂

和合思想贯穿整个荀子思想体系，《荀子》有二十二篇用到了"和"字，共70余处，其中《乐论》篇16处，《富国》篇13处，《王制》篇5处，《大略》篇5处，《议兵》篇5处，《臣道》篇4处，《礼论》篇4处，《修身》篇4处，《正论》篇3处，《儒效》篇3处，《荣辱》篇2处，《天论》篇2处，《强国》篇2处，《非十二子》《非相》《仲尼》《不苟》《劝学》《正名》《致士》《王霸》《君道》等篇各1处。有十六篇用到"合"字，其中《礼论》篇8处，《正名》篇8处，《性恶》篇7处，《解蔽》篇7处，《王霸》篇6处，《臣道》篇5处，《强国》篇4处，《富国》篇4处，《乐论》篇3处，《非十二子》篇3处，《正论》篇2处，《议兵》篇2处，《儒效》篇2处，《非相》《不苟》《修身》等三篇各1处。和合两字共用仅1处，在《礼论》篇。荀子和合思想集中体现在《乐论》《富国》《议兵》《王制》《礼论》《正名》《性恶》《解蔽》《王霸》等9篇中，本节就荀子和合思想内涵及其与其他重要思想范畴之联系论述之。

荀子的《乐论》是政论，指群治，其《乐论》的核心即和合学。他说："乐在宗庙之中，君臣上下同听之，则莫不和敬；闺门之内，父子兄弟同听之，则莫不和亲；乡里族长之中，长少同听之，则莫不和顺。故乐者审一以定和者也，比物以饰节者也，合奏以成文者也，足以率一道，足以治万变。"[①] 荀子所说的乐，是《雅》《颂》之声，《雅》《颂》之声对"声""文""曲"有一定的要求，声要"足以乐而不流"，文要"足以辨而不諰"，以至"曲直、繁省、廉肉、节奏足以感动人之善心，使夫邪污之气无由得接焉"。[②] 即声音要使人快乐而有节制，不流靡、流荡，文字要有道德深蕴，明辨是非，旋律的婉转与率直、高亢与圆润，以至节奏都要合度。在"声""文""曲"三方面符合要求的《雅》《颂》之声就会有和合的育人效果。这种效果直接浸润每一个听曲人的内心，这种浸润和熏陶不仅指向每一个成员的内心世界，而且对每一个成员产生一个共同的指向，这就是和。因身份层次和地域的不同，和具体表现为朝廷之内君臣上

---

① （清）王先谦撰，沈啸寰、王星贤点校《荀子集解》，第449页。
② （清）王先谦撰，沈啸寰、王星贤点校《荀子集解》，第448页。

下的和敬，闺门之内父子兄弟的和亲，乡里族长之中长幼的和顺。因此荀子《乐论》中的"和"是指不同身份的社会成员内心的一种和敬、和亲、和顺的心理状态和一种团结和谐的人际关系。而荀子《乐论》的"合"是指一种艺术手段，也指一种群治的手段。即在制乐的过程中，要"审一"，要"比物"，要"合奏"，而且要做到用"一道"而"治万变"。即乐的"声""文""曲"都要做到"一"。用音乐来统一不同人的思想情感和力量，并形成合力。

因此荀子《乐论》所讨论的《雅》《颂》之声，以和合为灵魂，以育人为途径，以群治为旨归。质言之，乐是一种政治手段，是艺术化的政治。即荀子所描述的境界："乐行而志清，礼修而行成，耳聪目明，血气和平，移风易俗，天下皆宁，美善相乐。"①

和合学不仅是《乐论》的灵魂，同时也是《议兵》篇的内核，只不过他用"壹民"代替了"审一""合奏"，用"附民"的概念代替了在《乐论》中提到的"和敬""和亲""和顺"等概念。荀子与临武君"议兵"时的学术冲突，集中展示了他军事思想中的和合学。临武君认为军事上要依托"天时""地利"，尤其要"观敌之变动"，做到"后发先至"。兵之要在"势利"，"变诈"。荀子持论与之相反，他强调"凡用兵攻战之本，在乎壹民"的观点，"壹民"即是"合"，即所有参战人员必须做到思想与行动的"统一"。然而要做到"合"，就必须"善附民"，即擅长让老百姓依附君王，他说："弓矢不调，则羿不能以中微；六马不和，则造父不能以致远；士民不亲附，则汤武不能以必胜也。"②"弓矢调和"，后羿才能"中微"，"六马和谐"造父才能"致远"，"士民亲附"，商汤王、周武王才能做到战无不胜。因此，"弓矢调和""六马和谐""士民亲附"即荀子所说的"和"，如此看来，和合是统一的，和是合的前提和基础，合是和的目的和结果。

荀子同时明确指出和合思想指挥下的军事前途与非和合思想指挥下的军事命运不同。荀子将它们分别概括为"仁者之兵"和"诸侯之事"。荀子认为"仁者之兵"体现了"王者之志"，以和合学为指导思想的军事行动有这样的前途："仁人上下，百将一心，三军同力，臣之于君也，下之

---

① （清）王先谦撰，沈啸寰、王星贤点校《荀子集解》，第451页。
② （清）王先谦撰，沈啸寰、王星贤点校《荀子集解》，第314页。

于上也，若子之事父，弟之事兄，若手臂之捍头目而覆胸腹也，诈而袭之，与先惊而后击之，一也。且仁人之用十里之国，则将有百里之听；用百里之国，则将有千里之听；用千里之国，则将有四海之听。必将聪明警戒，和传而一。故仁人之兵聚则成卒，散则成列，延则若莫邪之长刃，婴之者断；兑则若莫邪之利锋，当之者溃，圜居而方止，则若盘石然，触之者角摧，案角鹿埵、陇种、东笼而退耳。"① 这是一个光明的前途，胜利者的命运。而以"权谋势利""攻夺变诈"为指导思想的军事行动是"诸侯之事"，荀子也描述了它的发展命运："怠慢者也，路亶者也，君臣上下之间滑然有离德者也。故以桀诈桀，犹巧拙有幸焉，以桀诈尧，譬之若以卵投石，以指挠沸，若赴水火，入焉焦没耳。"② 这种命运以失败为结局。荀子指出两种迥然相异的军事前途和命运，一是走向生存和胜利，一是走向死亡和失败，其中和合思想起到了决定作用。

在"富国"范畴，荀子提出"明分使群""兼足天下之道在明分""足国之道，节用裕民而善藏其余"等主张。他首先阐释了"分"的思想，"分"即"分割而等异之"。具体表现为"使或美，或恶，或厚，或薄，或佚，或乐，或劬，或劳"。人的生产资料、生活资料，甚至社会地位、待遇都是按照礼的等级来分配的。如何"分"？荀子提出通过"雕琢、刻镂、黼黻，文章""钟鼓、管磬、琴瑟、竽笙""宫室、台榭"等手段来"分"，并且要分别追求"辨贵贱""辨吉凶、合欢、定和""避燥湿、养德辨轻重"的效果。"分"还指社会分工的多元化："农夫众庶之事"是"掩地表亩，刺草殖谷，多粪肥田"，"将率之事"是"守时力民，进事长功，和齐百姓，使人不偷"，"圣君贤相之事"是"兼而覆之，兼而爱之，兼而制之，岁虽凶败水旱，使百姓无冻馁之患"。③ 这种分是一种职分、职责，包含着多样性，包含着多元和谐关系。荀子为什么如此详细地阐述分的概念呢？

这与荀子提出的另一个范畴"群"密切相关，他说："人之生不能无群，群而无分则争，争则乱，乱则穷矣。"又说："故无分者，人之大害也；有分者，天下之本利也；而人君者，所以管分之枢要也。故美之者，是美天下

---

① （清）王先谦撰，沈啸寰、王星贤点校《荀子集解》，第316~317页。
② （清）王先谦撰，沈啸寰、王星贤点校《荀子集解》，第315~316页。
③ （清）王先谦撰，沈啸寰、王星贤点校《荀子集解》，第216~218页。

之本也；安之者，是安天下之本也；贵之者，是贵天下之本也。"① 荀子在这里反复提到的"天下之本""分之枢要"分别指群与国君，其中心原则就是"百姓之群，待之而后和"，也就是国君要按照礼的要求进行分配，从而实现"和群"的群治理想。荀子进一步描绘了这一群治理想："君子以德，小人以力。力者，德之役也。百姓之力，待之而后功；百姓之群，待之而后和；百姓之财，待之而后聚；百姓之埶，待之而后安；百姓之寿，待之而后长；父子不得不亲，兄弟不得不顺，男女不得不欢。少者以长，老者以养。故曰：'天地生之，圣人成之。'"② 荀子群治思想的核心就是和合，呈现为百姓之力有功，百姓之群和睦，百姓之财聚合，百姓之艺得以安放，百姓生命得以延长而安康，进而父子和亲，兄弟和顺，男女和欢。

荀子"节用裕民而善藏其余"的主张也与和合思想血肉相连。上层统治者在国家政策层面推行富民之政。"轻田野之赋，平关市之征，省商贾之数，罕兴力役，无夺农时，如是则国富矣。夫是之谓以政裕民。"③ 这些"田野之赋""关市之征"，调节的是上下关系，不取利于民，就建立了和顺、和敬的上下关系，君民关系。同时，减少商贾对百姓的盘剥，不征用徭役兵役，使得百姓休养生息，也是建立这种关系的重要政策。

和合思想不只贯穿"乐论""议兵""富国"等范畴，其他范畴也有相关的论述，如荀子在性伪范畴提出了"性伪合，天下治"的论断，在礼学范畴提出了"政令一定，风俗以一"的主张。他说："性者，本始材朴也；伪者，文理隆盛也。无性则伪之无所加，无伪则性不能自美。性伪合，然后圣人之名一，天下之功于是就也。故曰：天地合而万物生，阴阳接而变化起，性伪合而天下治。"④ 此处的"合"是合一融通的意思。性与伪二者相互作用，相得益彰，相互成就。"合"在荀子育人思想体系中像灵魂一样，起着化腐为神的作用。荀子和合思想还浸润、濡染到礼学范畴，尤其是促进了"刑""法"的观念的生成："厚德音以先之，明礼义以道之，致忠信以爱之，尚贤使能以次之，爵服庆赏以申之，时其事、轻其任以调齐之，长养之，如保赤子。政令以定，风俗以一，有离俗不顺其

---

① （清）王先谦撰，沈啸寰、王星贤点校《荀子集解》，第 212 页。
② （清）王先谦撰，沈啸寰、王星贤点校《荀子集解》，第 215～216 页。
③ （清）王先谦撰，沈啸寰、王星贤点校《荀子集解》，第 211～212 页。
④ （清）王先谦撰，沈啸寰、王星贤点校《荀子集解》，第 432～433 页。

上，则百姓莫不敦恶，莫不毒孽，若祓不祥；然后刑于是起矣。"① 非常明显，荀子推行礼的目的是使社会达到和合状态，尽管统治者可以通过"厚德音""明礼义""致忠信""尚贤使能""爵服庆赏"的手段"调齐""长养"，推进上下、君民的和合关系，并使之达到"政令一定，风俗以一"之状态，但是也有不尽如人意的例外，一旦出现"有离俗不顺其上"者，百姓群起而"敦恶"，达不到和合的状态，"刑于是起矣"。李斯师从荀子，得"刑""法"之一偏，在秦朝进行了实践，获得巨大成功。

三　董子和合思想的创新及其在汉朝的实践

汉代之前，秦朝实现了政治、经济、文化的统一，思想基础是李斯的法家思想，法令极其严苛，偶谈诗书者弃市，赴役延期者斩首，动辄连坐、族诛，君民关系空前紧张，秦朝面临一个合而不和的局面。汉代建立之后，提倡以黄老之术代替李斯之法家思想，缓解统治危机，探求社会的长治久安之道，汉朝进入了一个合而求和的时期。董仲舒在阐述孔氏儒学的过程中，融汇先秦诸子思想，对儒家进行脱胎换骨的改造，其思想成为官方哲学，其核心即和合学。主要表现在"大一统"思想、"天人感应"思想、"合偶"及"和者气最良"思想三个方面。

王永祥认为董仲舒的一生是治经、著述、建构封建理论大厦的一生。② 此观点在客观上指出了董仲舒对中国古代政治学做出的突出贡献，这种突出贡献首先表现在"大一统"思想的提出，他以孔子所著之《春秋》为强有力的立论之基，并归纳出："《春秋》大一统者，天地之常经，古今之通谊也。今师异道，人异论，百家殊方，指意不同，是以上亡以持一统；法制数变，下不知所守。臣愚以为诸不在六艺之科、孔子之术者，皆绝其道，勿使并进，邪辟之说灭息，然后统纪可一而法度可明，民之所从矣。"③ 董仲舒在此处提出的大一统思想主要包括两重意思。其一为政治上的统一。统一一国之民就要统一一国之政令。其二，思想上以六艺之科、孔子之术为宗，为一。董仲舒提出的政治上的"一"与思想上的"一"，其实质是"合"的思想的贯通。在战国中后期，荀子提出"隆一而治，二

① （清）王先谦撰，沈啸寰、王星贤点校《荀子集解》，第338页。
② 王永祥：《董仲舒评传》，南京大学出版社，2011，第52页。
③ 袁长江主编，衡水师范专科学校中华传统文化研究所编注《董仲舒集》，第28页。

而乱，自古及今未有二隆争重而能长久者"的主张。① 《吕氏春秋》言：
"王者执一，而为万物正。军必有将，所以一之也。国必有君，所以一之
也。天下必有天子，所以一之也。天子必执一，所以抟之也。一则治，两
则乱。"② 董仲舒呼吁汉武帝在政治上思想上都要实现"一"，这是对荀子、
吕不韦学术精髓的化用，并借《春秋》、孔子而重之。这种"一"的思想
即是先秦时期和合学之"合"的思想的体现，这为中央集权政府的建立奠
定了思想基础。但是毫无疑问，沿着韩非子、李斯、吕不韦思想的实践，
是难以维持国家的长治久安的。韩非子、李斯的法学思想仅强调实践和合
学之一面——"合一""执一""一统"，而忽视了"和"的思想，因此董
仲舒又创设"天人感应说"来增强"大一统"思想的合理性。

　　董仲舒"天人感应说"是为了回答汉武帝提出的问题：三代受命，其
符安在？灾异之变缘何而起？天与国君之间的感应是指灾异遣告和祥瑞符
命。董仲舒之"天人感应说"主要包括三个方面。第一，人自身即是
"天"的一部分，董仲舒把天地阴阳木火土金水与人列为天之十端。"天有
十端，十端而止已。天为一端，地为一端，阴为一端，阳为一端，火为一
端，金为一端，木为一端，水为一端，土为一端，人为一端，凡十端而
毕，天之数也。"③ 第二，人受命于天。"天地之精所以生物者，莫贵于人。
人受命乎天也。"④ "为人者天也。人之人本于天，天亦人之曾祖父也。"⑤
"人之形体，化天数而成；人之血气，化天志而仁；人之德行，化天理而
义。人之好恶，化天之暖清；人之喜怒，化天之寒暑；人之受命，化天之
四时。人生有喜怒哀乐之答，春夏秋冬之类也。"⑥ 第三，天人可以相互作
用，即"人道可以参天"⑦。"天人感应说"的核心即天子与天的感应。他
提出"天子命无常，唯命是德庆""天子者，号天之子也"的主张，即有
德者才能得到天命，天子之命不是恒常不变的，天子应该以父事天，则天
行事。因此他强调："屈民而伸君，屈君而伸天。"⑧ 天子是天的代表，应

---

① （清）王先谦撰，沈啸寰、王星贤点校《荀子集解》，第 310 页。
② 许维遹撰，梁运华整理《吕氏春秋集释》，中华书局，2009，第 469 页。
③ 苏舆撰，钟哲点校《春秋繁露义证》，中华书局，1992，第 212 页。
④ 苏舆撰，钟哲点校《春秋繁露义证》，第 347 页。
⑤ 苏舆撰，钟哲点校《春秋繁露义证》，第 310 页。
⑥ 苏舆撰，钟哲点校《春秋繁露义证》，第 310 ~ 311 页。
⑦ 苏舆撰，钟哲点校《春秋繁露义证》，第 322 页。
⑧ 苏舆撰，钟哲点校《春秋繁露义证》，第 30 页。

该保民而王，否则百姓就会起来反抗，上天就会另择新君。董仲舒在这里谈的是天人关系和君民关系，其核心思想是"和"，即最大限度地发挥二者有益的作用力。王永祥认为董仲舒天人感应说的社会意义，就是强调了人的作用及民本思想。[①]

董仲舒"大一统""天人感应说"的哲学基础是他的"合偶"与"和者气最良"思想，同时也是和合思想发展进程中的归纳与深化。他把政治和合学概括为对立统一的哲学思想。他说："百物皆有合偶。偶之合之、仇之匹之，善矣。"[②]"凡物必有合，合，必有上，必有下，必有左，必有右，必有前，必有后，必有表，必有里。有美必有恶，有顺必有逆，有喜必有怒，有寒必有暑，有昼必有夜，此皆其合也。"[③] 政治学层面的"大一统""天人感应说"探讨的是天人合一、君民合一的关系，"百物皆有合偶"探讨的是哲学层面和合学的普遍性，哲学层面合偶的合理性可类比证明政治学和合思想的正确性。董仲舒的合偶理论包含了二元对立统一关系，二者关系有时共生，有时亲和，有时仇立，有时匹配，处在不停的变化之中，表现为多元对立统一的关系，诸如上下、左右、前后、表里等空间方位的对立，诸如美恶、顺逆、喜怒、寒暑、昼夜等多领域交叉错综对立，所有这些对立统一共生的物性都给董仲舒政治和合思想提供了立论根据。然而二元、多元对立如何共生？冲突如何融合，如何生生不息？董仲舒也做出了论述，提出"和者气最良"的判断，即和是二元、多元对立冲突而生生不息的根源。

他说："和者，天之正也，阴阳之平也，其气最良，物之所生也。"[④]天之正气是万物生成的根源，正气即阴阳二气的对等、冲突、融合而发展到平正的阶段，此时也是最易生物的时刻。他又说："天地之美恶，在两和之处，二中之所来归而遂其为也。是故东方生而西方成，东方和生北方之所起，西方和成南方之所养长。起之不至于和之所不能生，养长之不至于和之所不能成。成于和，生必和也；始于中，止必中也。中者，天下之所终始也；而和者，天地之所生成也。夫德莫大于和，而道莫正于中……

---

① 王永祥：《董仲舒评传》，第176页。
② 苏舆撰，钟哲点校《春秋繁露义证》，第11页。
③ 苏舆撰，钟哲点校《春秋繁露义证》，第342页。
④ 苏舆撰，钟哲点校《春秋繁露义证》，第441页。

是故能以中和理天下者，其德大盛，能以中和养其身者，其寿极命。"① 董仲舒在哲学层次把"和""中"两个范畴推向极致，和是万物生之根，也是万物成之源，万物既生于和，万物又成于和，不和无物，此谓二中之和，它形成了天地之间的大美与大恶。万物的生灭过程，以中为开合。社会如果符合中和之道，则能成天下大治，君为至德明君；个体生命如果符合中和之道，则能成为世间之极尽寿命者。因此，和合范畴无疑是董仲舒"一统论""天人感应说"的立论之基。

张立文在《和合学概论——21世纪文化战略的构想》一书中不仅概括了中国文化面临的三大挑战——一是人类共同的五大冲突（人与自然的生态危机，人与社会的人文危机，人与人的道德危机，人的心灵的精神危机，不同文明间的价值危机）的挑战，二是西方文化的挑战，三是现代化的挑战，② 还把民族文化的世界性发展，把握人类文化冲突、融合的历史趋势作为文化战略构想的基点之一。愚以为把握人类的文化冲突，立足民族文化的世界性发展，首先要厘清中华文化中有益的成分，尤其要厘清、整理、挖掘、归纳和合文化思想的精髓，其次要准确概括西方文化挑战中冲突和融合的关键，最后对症施药。和合文化思想植根于中华民族之哲学、历史、政治与文化思想土壤之中，因此弘扬和合思想文化，就要揭示和合思想产生的根源与历史背景、本体和精神，以及其经历之时空、起到的作用和产生的回响。如果以秦朝为时之变局，那么此前荀子为此变局提供了思想支持，此后董仲舒为此变局做了思想归纳。故探究荀子和董子之和合思想是中国和合学研究的一项重要内容，也是中国和合学的有机组成部分。

第二节　荀子与朱子心性化育之实现路径析论

"水火有气而无生，草木有生而无知，禽兽有知而无义，人有气、有生、有知，亦且有义，故最为天下贵也。"③ 荀况与朱熹两位思想家、教育家都对人的精神世界有着热切的关注和深邃的思考，不仅对人的心性进行

---

① 苏舆撰，钟哲点校《春秋繁露义证》，第438～439页。

② 张立文：《和合学概论——21世纪文化战略的构想》，首都师范大学出版社，1996，第591页。

③ （清）王先谦撰，沈啸寰、王星贤点校《荀子集解》，第194页。

了学术定义，而且为人的心性培养和改造提供了行之有效的路径，创造性地把人的心性化育与国家管理、群治信仰结合起来，描绘了不同的理想政治境界。二人对心性范畴的定义以及心性化育途径、学术目的的阐述，既存在着差异，也能互补，这种不可回避的矛盾和客观的统一性，恰恰是中国优秀传统文化生生不息的根源。二人心性化育之学术成果不仅是中国传统文化的精髓，更是历代政治学的旗帜。他们对化性起伪与工夫论的界定及借此而创生的荀子礼学、朱子理学两大学术体系，仍然是我们当今关注民生方式、构建新型理想社会的宝鉴。

心性范畴是儒家思想的核心内容，先秦与两宋的思想家围绕这个范畴对个体改造及社会群治提出了卓越的见解，对后世的社会治理产生了决定性的影响。其中荀子倡导之"性恶论""大清明""化性起伪""可学而能""王制"等心性论，朱子力倡之"性即理""论性不论气不备""心统性情""工夫论""内圣外王"等心性论，分别成为荀子礼学与朱子理学的基石，二者广泛传习，构成中国数千年政治思想史的主要格局，并对中国古代政治发展走向和中国人的心理成长及成熟产生了深刻的影响。

一　荀子、朱子心性范畴的立论背景与理论内涵

独特的现实与学术背景使荀子、朱子对心性范畴产生了深刻的思考，并形成深刻的理论。

（一）荀子、朱熹提出心性范畴的现实背景存在着很大的相似性

战国时期，苏秦"为赵合从"游说齐宣王时论战争的危害，"韩魏战而胜秦，则兵半折，四竟不守；战而不胜，以亡随其后"[①]，七雄之间的军事战争成为社会发展过程中的常态。诸侯各国往往抽调地方守御之兵，改编为正式军队，投入争夺土地、百姓、财富的战略决战之中，数量之多令人咋舌，一场战役直接关系到一个国家的存亡绝续。吕思勉概括战国兵制时说："在中国历史上，真正全国皆兵的，怕莫若此时了。"[②]"当战国时，竞为贪乱，不修仁义"[③]，这是王先谦论述荀子"性恶篇"写作目的时对荀子所面对思想现实的归纳。朱子"性即理"的提出，与荀

---

① 缪文远等译注《战国策》，第 261～262 页。
② 吕思勉：《中国通史》，中国文史出版社，2014，第 123 页。
③ （清）王先谦撰，沈啸寰、王星贤点校《荀子集解》，第 513 页。

子性恶论的提出有着极其相似的现实背景，朱熹生于1130年，距金灭辽（1125）仅五年，距金灭北宋（1127）仅三年。朱熹生世正当南宋与金长期作战、对峙时期。国家亟待安定统一。

（二）思想活跃是战国与两宋学术的共同特征

《庄子·天下》、《淮南子·要略》、司马谈《论六家要旨》、《汉书·艺文志》所谓"九流十家"都谈及先秦诸子的学派范畴。荀子在《非十二子》篇中指出"假今之世，饰邪说，交奸言，以枭乱天下，矞宇嵬琐，使天下混然不知是非治乱之所存者有人矣。"① 这是荀子提出性恶论的学术背景。

理学兴起前，学术也呈现为儒释道并存的状态，唐季佛教兴盛，文中子王通拟《论语》作《中说》，力倡儒学，韩愈作《原道》《原性》，排斥佛、老，进一步阐释并发展儒家人性学说，柳宗元著《天论》《封建论》，提倡三教合一。北宋胡媛、孙复、石介三先生讲明正学，力倡躬行实践，排斥释、道，孙复在《儒辱说》中倡言："佛老之徒横于中国，彼以死生祸福、虚无报应为事，千万其端，如我生民绝无仁义，屏弃礼乐，以涂塞天下之耳目。……儒者不以仁义礼乐为心则已，若以为心，得不鸣鼓而攻之乎?"② 随之而起的是理学开山祖师周敦颐及张载、二程。周敦颐作《太极图说》阐释了宋儒的宇宙观和人生观。张载作《正蒙》十七篇，以气为万物的原质，阐释天地万物之理，作《西铭》讲明天下一家、中国一人、一统万殊、万殊而一贯的高言。③ 二程之学以理、气为主，程颐说："阴阳气也，所以阴阳者道。"程颢说："有形总是气，无形是道。"④ 周、张、二程以中国传统学术为根，融入儒家之"仁"，阐述了北宋学者对天地万物的态度和认识，更把人本身纳入理学的审辨视野。

时至朱熹的时代，学术派别更加纷繁多样，佛学、理学、老庄之学、史学更加复杂。陆九渊宗奉孔孟，以《论语》《孟子》为读书问学的准的，把孟子的"四端"，推演为良知良能的心学，禅学的顿悟又使他一味强调心学体悟的功效，故缺少了礼学约束而放纵自我，呼喊出"宇宙便是吾

① （清）王先谦撰，沈啸寰、王星贤点校《荀子集解》，第105～107页。
② 舒大刚主编《宋集珍本丛刊》第3册，第34～35页。
③ 杨东莼：《中国学术史讲话》，岳麓书社，1986，第187页。
④ （宋）程颢、程颐：《二程集》，中华书局，2004，第83页。

心，吾心即是宇宙"的高言，认为千万世之前与千万世之后的圣人与自己一样"同此心同此理"①。这种以孔孟为起点但缺乏实用性的陆学，被朱熹评价为"抚学有首无尾"②。与朱熹、张栻并为"东南三贤"的吕祖谦，宗奉司马迁，以《史记》为读书问学的准的；叶适永嘉之学与陈亮永康之学，皆宗奉唐代文中子王通，以王通的《中论》为读书问学的圭臬。吕祖谦、叶适、陈亮三人的学术源头远离了孔孟之学，所以朱熹称之为"无首"之学，但是浙东学派的吕祖谦、陈傅良、叶适、陈亮等人又都崇尚学以致用，关心南宋政治和民生，走的是学术救国之路，因此朱熹称"婺学有尾无首"。朱熹生年所在的南宋佛教繁盛，绍兴二十七年（1157）僧尼竟有二十万人，而绍兴二十九年的人口仅有一千六百八十四万二千二百零一人。③ 释氏学术不以孔孟为宗，旁窃老庄道家之书，又杂融孔孟之学。法演和尚《黄梅东山演和尚语录》"有物先天地，无形本寂寥，能为万象主，不逐四时凋"之语很显然剽窃了《道德经》。④ 与苏轼同时的契嵩和尚在《中庸解第五》中说："夫中庸者，立人之道也。是故君子将有为也，将有行也，必修中庸然后举也。饮食可绝也，富贵崇高之势可让也，而中庸不可去也。""吾之不肖，岂敢也，抑亦尝学于吾之道，以中庸几于吾道，故窃而言之。"⑤ 显而易见，契嵩和尚借儒家经典来补充、丰富佛教教义。释氏禅学不关注政治民生，崇尚空虚，背离儒家学以致用之旨，因此朱熹称"禅学首尾皆无"。

心性范畴是朱子道统论的核心内容，道统论最初的内容是出自《尚书》的十六字心诀："道心惟微，人心惟危，惟精惟一，允厥执中。"朱熹在《朱子语类》中反复追溯历代思想家对心性范畴的认识："孟子所谓性善，周子所谓纯粹至善，程子所谓性之本，与夫返本穷源之性，是也。"⑥ 心性范畴既是一个自我修养的范畴，又是一个政治范畴。朱熹归纳道统论，奉其为世代相传的治世真理，传道人物自尧舜而至文、武、周公、孔、孟，再到周敦颐、二程，最后到自己。

---

① 钟哲点校《陆九渊集》，中华书局，1980，第273页。
② （宋）黎靖德编《朱子语类》，中华书局，1986，第2985页。
③ 郭朋：《中国佛教思想史》，社会科学文献出版社，2012，第7页。
④ 赜藏主编《古尊宿语录》，中华书局，1994，第416页。
⑤ （宋）释契嵩撰，纪雪娟点校《镡津文集》，西南师范大学出版社，2016，第81页。
⑥ （宋）黎靖德编《朱子语类》，第66页。

荀子与朱子关于心性范畴内涵的解说显示了二人不同的学术特性。荀子性恶论一经提出便与孟子性善论分庭抗礼。《荀子·性恶篇》开诚布公与孟子性善论进行辩驳的有五处。第一，孟子主张人们通过不断学习，就可以成就自我的天性之善。荀子反驳说："是不然。是不及知人之性，而不察乎人之性、伪之分者也。"① 第二，孟子主张人性本善，人性恶是因为丧失了善的本性。荀子反驳说："若是则过矣。今人之性，生而离其朴，离其资，必失而丧之。"第三，荀子定义善是"正理平治"，定义恶为"偏险悖乱"，如果人的本性即"正理平治"，那么就不需要用"圣王"和"礼义"来管理天下了。第四，荀子反驳孟子的性善说："无辨合符验，坐而言之，起而不可设，张而不可施行，岂不过甚矣哉！故性善则去圣王，息礼义矣；性恶则与圣王、贵礼义矣。"② 第五，孟子认为"涂之人可以为禹"。荀子认为"途之人"有成为圣人的可能性，因为"途之人"有"知之质""能之具"，但是"可以而不可使也"。"途之人"成为"圣人"的唯一途径是"伏术为学，专心一志，思索孰察，加日县久，积善而不息"。

荀子《性恶篇》开宗明义，定义"恶"为"生而有好利焉""生而有疾恶焉""生而有耳目之欲，有好声色焉"。③ "所谓恶者，偏险悖乱也。""以为偏险而不正，悖乱而不治。"④ 荀子认为"礼义积伪"不是人之性，只是君子、圣人的一种能力，即"君子者，能化性，能起伪，伪起而生礼义"。荀子关于性这一范畴的阐释坚持了三个原则。第一，性仅是人天生就有的本能（朱子不仅论人性，也论物性，其论性是更高更广哲学意义上的论性），"好利""疾恶""耳目之欲，好声色"等阐释即属此。第二，人性恶关乎社会治乱，是社会动荡不安的根本原因。如果顺着人的本性，就会导致"争夺生而辞让亡""残贼生而忠信亡""淫乱生而礼义文理亡"的社会状况。荀子概括为"偏险悖乱"。第三，仁义礼智是"伪"而不是性，这是荀孟之间的根本分歧。

（三）心性范畴内涵的不同解说显示了荀、朱相异的学术旨归

荀子对心的内涵阐释是建立在孔孟的基础上的。孔子对心的特征有过

① （清）王先谦撰，沈啸寰、王星贤点校《荀子集解》，第514~515页。
② （清）王先谦撰，沈啸寰、王星贤点校《荀子集解》，第521页。
③ （清）王先谦撰，沈啸寰、王星贤点校《荀子集解》，第514~515页。
④ （清）王先谦撰，沈啸寰、王星贤点校《荀子集解》，第520页。

描述："操则存之，失则亡之，出入无时，莫知其乡。"他在与颜渊讨论礼时又论及"非礼勿视，非礼勿听，非礼勿言，非礼勿动"，视听言动完全要靠心来决断，孔子在这里已经具体地勾勒了由心控制的思维过程。孟子曾构建了著名的"知言"范畴。"诐辞知其所蔽，淫辞知其所陷，邪辞知其所离，遁辞知其所穷。——生于其心，害于其政；发于其政，害于其事。"① 指出"诐、淫、邪、遁"等言辞植根于人的内心，对政治和事业产生巨大危害，孟子对自己的认识有着高度自信："圣人复出，必从吾言矣。"因为孟子对心有深刻的理解："心之官则思，思则得之，不思则不得也。"② 荀子在孟子"知言"的高度上提出"知道"，他在《解蔽》篇概括出心的根本特征："虚一而静谓之大清明。"③ "虚一而静"是荀子关于心的重要论断，其中"虚""一""静"是三个重要范畴。荀子定义"虚"为"不以所已臧害所将受"，即内心已经储存的、包藏的记忆不能影响或妨害将要作忘记或储存处理的记忆，这与现代心理学中前摄抑制的概念极为相近。荀子定义"一"为"不以夫一害此一"，此处荀子解释了心的择一与兼知的功能，即既要充分认识"此一"与"彼一"，甚至是"多一"的本质特征，又要从众多的"一"中抉择正确的"一"，与荀子"心枝则无知，倾则不精，贰则疑惑"之句同意。荀子定义"静"为"不以剧梦乱知"，王先谦认为"处心有常"，不被胸中想象、嚣烦所蒙蔽而影响自己的认知能力，就是心"静"的状态。实现了"虚一而静"，才能"知道察、知道行"，才能"体道"，与道合一。

　　荀子又将心对道的体认归结到舜治理天下之道上，"故君子壹于道而以赞稽物。壹于道则正，以赞稽物则察，以正志行察论，则万物官矣。昔者舜之治天下也，不以事诏而万物成"④。而这种心性范畴的政治学功用，又被荀子追溯到《道德经》上，他说："故《道经》曰：'人心之危，道心之微。'危微之几，惟明君子而后能知之。"⑤ 这与朱子所推崇的道统论之本源内容（尧舜相传的十六字心诀）相一致，只是朱子自称该十六字心诀出自《尚书》，荀子自称该十六字心诀取自《道经》。"大清明"是荀子

---

① 杨伯峻译注《孟子译注》，第 62 页。

② 杨伯峻译注《孟子译注》，第 270 页。

③ （清）王先谦撰，沈啸寰、王星贤点校《荀子集解》，第 469 页。

④ （清）王先谦撰，沈啸寰、王星贤点校《荀子集解》，第 472 页。

⑤ （清）王先谦撰，沈啸寰、王星贤点校《荀子集解》，第 473 页。

在《解蔽》篇中对心的核心阐释，清明一词出自此段文字，"人心譬如盘水，正错而勿动，则湛浊在下，而清明在上，则足以见须眉而察理矣。微风过之，湛浊动乎下，清明乱于上，则不可以得大形之正也"①。大清明这一范畴是荀子对"万物莫形而不见，莫见而不论，莫论而失位"的"大人"的认识境界的推崇和玄想。②何谓大人？"恢恢广广，孰知其极？罢罢广广，孰知其德！涫涫纷纷，孰知其形！明参日月，大满八极，夫是之谓大人。"③这种"大人"是社会精英中的精英，他具有道德恢宏，认知无极，形体变化如龙，聪明烛照如日月，胸襟广阔如天地等精绝卓越之素质。在荀子看来，只有尧、舜、周文王、周武王、孔子才可以与之相配，并能够做到"坐于室而见四海，处于今而论久远，疏观万物而知其情，参稽治乱而通其度，经纬天地而材官万物，制割大理，而宇宙里矣"。④

荀子心学范畴中也存在着不明确处。他在《性恶》篇中认为性恶是唯一的，而善是伪的。即"人之性恶，其善者伪也"。进一步说，"可学而能、可事而成之在人者谓之伪"。"伪"有两种解释，一是指经过学习在人身上表现出的礼义法度，一是指人的学习能力。这种"伪"在某种程度上可以概括为"知"。在《解蔽》篇中荀子又提出"人生而有知"⑤"心生而有知"，"知"是人的一种天然本能，也当属于人性。⑥并且荀子在《解蔽》篇中也有"凡以知，人之性也"的断语。因此荀子心学范畴就给人以"人性恶""人性知"的二元模糊印象。

朱子论性有三个基本特征。第一，朱子把心性范畴放进道统论中去阐释，不仅突出了心性范畴的重要地位，而且这种不间断的对前代圣人之学的继承和总结，更是对未来心性理论的布局。朱熹说："这几个字，自古圣贤上下数千年，呼唤得都一般。毕竟是圣学传授不断，故能如此。"⑦"程子云：'论性不论气，不备；论气不论性，不明，二之则不是。'所以发明千古圣贤未尽之意，甚为有功。"⑧"孟子所谓性善，周子所谓纯粹至

---

① （清）王先谦撰，沈啸寰、王星贤点校《荀子集解》，第 474 页。
② （清）王先谦撰，沈啸寰、王星贤点校《荀子集解》，第 469 页。
③ （清）王先谦撰，沈啸寰、王星贤点校《荀子集解》，第 469 页。
④ （清）王先谦撰，沈啸寰、王星贤点校《荀子集解》，第 469 页。
⑤ （清）王先谦撰，沈啸寰、王星贤点校《荀子集解》，第 467 页。
⑥ （清）王先谦撰，沈啸寰、王星贤点校《荀子集解》，第 468 页。
⑦ （宋）黎靖德编《朱子语类》，第 56 页。
⑧ （宋）黎靖德编《朱子语类》，第 66 页。

善，程子所谓性之本，与夫返本穷源之性，是也。"① 第二，朱子在《朱子语类》中提出的"性即理"是对性的普遍哲学意义上的概括。"生之理谓性""性是天生成许多道理"，朱子论性包括以人、动物、草木为中心的自然万物之性。朱熹的"性即理"肯定孟子所言之性，但增进了理学内容，尤其是周敦颐《太极图说》的内容。朱熹认为推溯人产生的本源为"理与气合"，即"人之所以生，理与气合而已"②。浩浩不穷的天理与气的凑泊形成了人，即"二气交感，凝结生聚，然后是理有所附著"，其中支撑起"理与气合"理论的，无疑是周敦颐、张载、二程所坚持的万物气化说。此不赘述。沿着"理与气合"的逻辑顺序，朱熹把人的"言语动作""思虑营为"归属为气，认为其是理的载体。而把由人所体现出来的"孝悌、忠信、仁义、礼智"归属为理。第三，气质之性是朱熹对性即理之论的合理补充，性与气之间有着密切的关系。朱熹对"气"进行了发挥："自一气而言之，则人物皆受是气而生；自精粗而言，则人得其气之正且通者，物得其气之偏且塞者。"③ 因此人有知而物无知。为了更好地说明性的差别缘于气禀不同，朱熹对人、动物、草木做了如下描述："且如人，头圆象天，足方象地，平正端直，以其受天地之正气，所以识道理，有知识。物受天地之偏气，所以禽兽横生，草木头生向下，尾反在上。"④ 朱熹对性的阐述具有更高的哲学意味，并且补充了气禀对具体之性的影响。朱熹还提出了性与气禀之间的关系，"性非气质，则无所寄；气非天性，则无所成"⑤。其中的性即是朱熹所说的天理，朱熹用"气""气质""气禀"等概念补充对性的阐释，是对荀子理论的超越和创新。

朱子对心范畴的阐述也是立足于普遍的哲学意义，带有鲜明的理学特色。首先他认为万物皆有心，即使天也有个"无心之心"，人心与物心的区别只在于有无知觉。他说："天下之物，至微至细者，亦皆有心，只是有无知觉处尔。且如一草一木，向阳处便生，向阴处便憔悴，他有个好恶在里。至大而天地，生出许多万物，运转流通，不停一息，四时昼夜，恰

① （宋）黎靖德编《朱子语类》，第66页。
② （宋）黎靖德编《朱子语类》，第65页。
③ （宋）黎靖德编《朱子语类》，第65～66页。
④ （宋）黎靖德编《朱子语类》，第66页。
⑤ （宋）黎靖德编《朱子语类》，第67页。

似有个物事积踏恁地去。天地自有个无心之心。"① 从心的本质上讲，生生不息是其根本属性，它是一个生命过程。"发明'心'字，曰：'一言以蔽之，曰"生"而已。'天地之大德曰生'，人受天地之气而生，故此心必仁，仁则生矣。'"② 从心性关系上讲，朱熹认同邵雍的理论，所谓"心者，性之郛廓"。从心的功能上讲，心有主宰之意。朱熹说："以'天命之谓性'观之，则命是性，天是心，心有主宰之义。然不可无分别，亦不可太说开成两个，当熟玩而默识其主宰之意可也。"③ "心，主宰之谓也。动静皆主宰，非是静时无所用，及至动时方有主宰也。言主宰，则混然体统自在其中。心统摄性情，非笼统与性情为 一物而不分别也。"④

荀子的心性范畴是分开来讲的，他没有论述二者之间的联系，有四个关键点值得注意。第一，荀子的心性范畴最后的落脚点都是社会群治，即治乱，以政治学为结穴。第二，荀子性恶论是理论创新，符合战国"偏险悖乱"的社会现实，为"正理平治"的王制理念和礼义治国的礼学思想提供了理论基点。第三，荀子心学溯源《道经》，对"人心""道心"的论述启发朱熹，并为朱熹构建道统论奠定了基础。第四，"凡以知，人之性也"在朱熹那里，就转化为工夫论。

二　心性化育的途径——化性起伪与工夫论

由荀子性恶论的断语必然推导出心性范畴的核心——化性起伪，这是荀子实现心性化育的根本途径。通过化性起伪改变因性恶带来的"偏险悖乱"的社会状态，从而达到"正理平治"之理想社会。他的理论根据来源于"圣王"，他说"古者圣王以人之性恶，以为偏险而不正，悖乱而不治，是以为之起礼义，制法度，以矫饰人之情性而正之，以扰化人之情性而导之也，始皆出于治、合于道者也"⑤。

如何化性起伪？荀子做了理论上的准备和创新。首先，他在《性恶篇》中提出了"君子""小人""圣王""伪"等概念。所谓君子，即借助"师法""文学""礼义"等制度，"矫饰""扰化"人的情性，使人进入

① （宋）黎靖德编《朱子语类》，第60页。
② （宋）黎靖德编《朱子语类》，第85页。
③ （宋）黎靖德编《朱子语类》，第89页。
④ （宋）黎靖德编《朱子语类》，第94页。
⑤ （清）王先谦撰，沈啸寰、王星贤点校《荀子集解》，第514页。

"解蔽""知道"的修身境界的"今之人"。① 因此，荀子称"今之人，化师法、积文学、道礼义者为君子"②。与君子的道德维度相反，荀子称"纵性情、安恣睢，而违礼义者为小人"。"君子""小人"两个概念一出，荀子的意图已经十分明了，化性起伪，就是把小人转化为君子的心性化育过程。"圣王"既是两个范畴，又可合二为一，所谓圣，是指古代达到"解蔽""知道"的道德境界，并创设合于正理平治原则的"群治"理论的君子。所谓王，是指中国古代贤明的君主。合二为一则尧舜，分属二者则孔子、孟子与齐桓公、晋文公。

什么是伪？荀子明确提出，"可学而能、可事而成之在人者谓之伪"。"伪"在这里指的是一种人对自然界和人类社会的可知、可行的能力。这些概念的提出为荀子的礼学思想的建构奠定了坚实的基础。其次，荀子突出强调了圣人与礼义在"化性起伪"过程中的地位和作用。与孔孟相反，荀子认为礼义不是性，不是人天生就有的素质，这一点也被朱子反对。礼义产生于圣人自身的化性起伪。即"圣人积思虑，习伪故，以生礼义而起法度，然则礼义法度者，是生于圣人之伪，非故生于人之性也"。③ 圣人是产生礼义法度的根源，并且是礼义法度的制定者，这是圣人的属性和素质，是卓越超凡于众人的本质区别，荀子称之为"圣人之伪"。"圣人化性而起伪，伪起而生礼义，礼义生而制法度。然则礼义法度者，是圣人之所生也。……所以异而过众者，伪也。"④ 由此观之，在荀子看来，"化性起伪"有两种含义。一种是众人的"化性起伪"，是小人向君子方向转化的过程，即由性恶，由纵性情、安恣睢、违礼义的小人，向伪善、化师法、积文学、道礼义的君子维度化育，这是一个较为艰难的修身过程。故荀子有"小人可以为君子而不肯为君子"之论，得出惊人心魄的"小人、君子""未尝不可以相为"，但对于"可以而不可使"之论断，王先谦解释，众人"可以为而不可使为"君子，缘于性恶。即在荀子身处的战国时代，"纵性情、安恣睢"的众人都"化性起伪"，从而实现自己心性化育的道路行不通，是痴人说梦。如果众人皆不肯为君子，则断绝了圣贤根苗。故心性化育不只是百年树人之计，更是华夏文明绵延不绝的生生之根。荀子计

---

① 刘振英：《〈荀子〉礼学范畴的理论基点与渊源》，《河北学刊》2017 年第 4 期。
② （清）王先谦撰，沈啸寰、王星贤点校《荀子集解》，第 514 页。
③ （清）王先谦撰，沈啸寰、王星贤点校《荀子集解》，第 517 页。
④ （清）王先谦撰，沈啸寰、王星贤点校《荀子集解》，第 517～518 页。

谋深远，故著《劝学》篇以砥砺人心志。另一种是圣人的"化性起伪"，在这个意义上，荀子强调"伪"，尤其强调圣人之"伪"。"凡礼义者，是生于圣人之伪"，"圣人化性起伪，伪起而生礼义"之句，显示了"伪"的重要作用。陶人埏埴为器，工人斫木为器，是"积伪而成"，以此类推，礼义法度也是圣人"积伪"而成的。王先谦解释说，"礼义积伪者，积作为而起礼义也"。"作为"是指历代圣王之所作为，是礼义产生的材料。"圣人化性起伪"强调了圣人功用的特殊性。圣人可以做到立君上之势、明礼义之化、起法正之治、重刑罚之禁，改变因人性恶而产生的"偏险而不正、悖乱而不治"的社会面貌，从而使整个社会达到"治""善"的境界。这就与荀子以"礼义法度"治国的群治思想联系在一起。"圣人化性起伪"，"凡礼义者，是生于圣人之伪"，客观上暗示了圣人之性，即圣人之性善。

荀子有一个著名论断："圣人者，人之所积而致矣。"这是批判孟子"途之人可以为禹"的观点时提出的。他指出了"途之人"经过心性化育而成为圣人的过程，他说："今使涂之人伏术为学，专心一志，思索孰察，加日县久，积善而不息，则通于神明、参于天地矣。"①"途之人"立志要成为圣人，首先要跨过"伏术为学，专心一志，思索孰察，加善而不息"之高山，然后才能达到"通于神明、参于天地"的圣人境界，"途之人"与圣人有着霄壤之别，但"途之人"与圣人又具有合二为一的无限可能性。"通于神明，参于天地"是圣人之善，更是圣人之性。"途之人"性恶，圣人性善，在荀子心性范畴中是成立的。"性也者，吾所不能为也，然而可化也……注错习俗，所以化性也；并一而不二，所以成积也。习俗移志，安久移质。并一而不二则通于神明、参于天地矣……涂之人百姓，积善而全尽谓之圣人……积礼义而为君子。"②因此性恶论，是对传统的批判，是"化性起伪"的基石，圣人化性起伪而制礼义，从而实现"正理平治"的小康社会。这一理论不只是"石破天惊"，更是对人的心性的洞察，是在孔孟"学为君子""涂之人可以为禹"的心性化育理论基础上的崭新创造，对新型社会意识形态下的政治学具有重大的借鉴意义。

朱子总结百代，以理学思维对人性下断语："性即理。""人之性皆善。

---

① （清）王先谦撰，沈啸寰、王星贤点校《荀子集解》，第524页。
② （清）王先谦撰，沈啸寰、王星贤点校《荀子集解》，第170～171页。

然而有生下来善底，有生下来便恶底，此是气禀不同。"① 朱子的理论是活泼泼的有生机的理论，他没有停留在对人性的归纳和定义上，而是走得更远，对心性的化育这一问题进行了深入思考，心性化育即气质之性的化育，其途径即工夫论。荀子在《性恶》篇列举四知：圣人之知、士君子之知、小人之知、役夫之知。怎样让役夫、小人之知变化为君子、圣人之知呢？他说："必将求贤师而事之，择良友而友之。"② 用"事贤师""友良友"的方法，会增加见闻，"所闻者尧、舜、禹、汤之道也"，"所见者忠信敬让之行也"，就会达到"身日进仁义而不自知"的境界。这是顺从圣贤，与良友磨切的结果。

与荀子相类，朱子谈到工夫论时化用了孔孟的"三知"：生而知之、学而知之、困而知之。只不过朱熹增加了"气质之异"，所谓"气质之异"是万物天生禀赋所得之"天气地质"的不同。朱熹以实例阐述这一范畴，朱熹以气质为形，得之于"天气地质"。人"头圆象天，足方象地，平正端直"③，动物"头横生"，"草木头生向下，尾反在上"，其原因在于"人受天地之正气""得其气之正且通者"，"物受天地之偏气""得其气之偏且塞者"。也正是气质之异，导致"知"的不同：人可以"识道理、有知识"，而物则无知。仅就人的气禀来讲，朱熹也认为"又有昏明清浊之异"，从而形成了"知"的三个阶梯。第一阶梯是最高阶梯，生知。所谓"生知之资，是气清明纯粹，而无一毫昏浊，所以生知安行，不待学而能"。尧、舜可以达到这一层次。第二阶梯"亚于生知"，所谓"必学而后知，必行而后至"。④ 第三阶梯是"又其次者"，所谓"资禀既偏，又有所蔽"。

朱熹的工夫论主要针对第三阶梯气质的人。他说："资禀既偏，又有所蔽，须是痛加工夫，'人一己百，人十己千'，然后方能及亚于生知者。及进而不已，则成功一也。孟子曰：'人之所以异于禽兽者几希。'人物之所以异，只是争这些子。若更不能存得，则与禽兽无以异矣！某年十五六时，读《中庸》'人一己百，人十己千'一章，因见吕与叔解得此段痛快，读之未尝不竦然警厉奋发！人若有向学之志，须是如此做工夫方得。"⑤ 朱

---

① （宋）黎靖德编《朱子语类》，第 69 页。

② （清）王先谦撰，沈啸寰、王星贤点校《荀子集解》，第 531 页。

③ （宋）黎靖德编《朱子语类》，第 65~66 页。

④ （宋）黎靖德编《朱子语类》，第 66 页。

⑤ （宋）黎靖德编《朱子语类》，第 66 页。

熹工夫论的主旨是资禀偏蔽的人要通过后天的学习来改变气质，要下"人一己百，人十己千"的工夫来做学问。朱熹在《朱子语类》卷八详细论述了"工夫"这一范畴对恢复人固有本性的重要性。

朱熹的工夫论有四重要义。其一，学者要勇猛立志，要有成为圣贤的勇气和责任。他说："须是策励此心，勇猛奋发，拔出心肝与他去做！如两边擂起战鼓，莫问前头如何，只认卷将去！如此，方做得工夫。"① 又说："凡人须以圣贤为己任。世人多以圣贤为高，而自视为卑，故不肯进。……然圣贤禀性与常人一同。既与常人一同，又安得不以圣贤为己任？自开辟以来，生多少人，求其尽己者，千万人中无一二，只是衮同枉过一世！"②"学者大要立志。所谓志者，不道将这些意气去盖他人，只是直截要学尧舜。……学者立志，须教勇猛，自当有进。"③ 朱熹心性化育实现路径之远见卓识就在于志存高远，他把孔孟、荀子争辩的"途之人可以为禹"的命题，转化为"凡人须以圣贤为己任"的鼓励和训导。普通人"以圣贤为高"，"自视为卑"，有恐惧、畏难心理，朱熹则言"圣贤禀性与常人一同"，此处禀性即理，性唯一，性本善，人性平等，其发出了对生生不止的人类社会史中，千万人中无一二圣贤，都枉过一世的浩叹！朱熹对人的心理本质特征、生命存在的价值、社会之功用意义和责任，进行了质朴而深邃的理学分析，有着超迈的理论勇气和化育心性的卓绝胆识。

其二，"成己"才能够"成物"，万事须从微细处做起。朱熹说："为学须是切实为己，则安静笃实，承载得许多道理。若轻扬浅露，如何探讨得道理？"④ 又说："学者须是为己。譬如吃饭，宁可逐些吃，令饱为是乎？宁可铺摊放门外，报人道我家有许多饭为是乎？"⑤ "成己方能成物，成物在成己之中。须是如此推出，方能合义理。圣贤千言万语，教人且从近处做去……小者便是大者之验。须是要谨行，谨言，从细处做起，方能克得如此大。"⑥ 朱熹所说的"成己方能成物"，是指人之为学首先从自身、从身边事做起，自身苦练本领，以待自我的成长、成熟，然后将成己的过程

① （宋）黎靖德编《朱子语类》，第137页。
② （宋）黎靖德编《朱子语类》，第133页。
③ （宋）黎靖德编《朱子语类》，第133页。
④ （宋）黎靖德编《朱子语类》，第140页。
⑤ （宋）黎靖德编《朱子语类》，第139页。
⑥ （宋）黎靖德编《朱子语类》，第131~132页。

推广开来，即为"成物"，有师范之意义。"成己"既是工夫论的理想皈依，意指从完善自我心性，近于圣贤的为学目的，又指工夫论的起点在于细微处，要谨行、谨言。小者成己，洒扫应对；大者，经纶天下。

其三，朱熹的工夫论是理学的工夫论，其要在于"理"。朱子认为为学的空疏、不浃洽、不贯通，是因为没有得力处，这个得力处，就是要从理上去探究万事。他说："圣门日用工夫，甚觉浅近。然推之理，无有不包，无有不贯，及其充广，可与天地同其广大。故为圣，为贤，位天地，育万物，只此一理而已。"① "学者工夫，但患不得其要。若是寻究得这个道理，自然头头有个着落，贯通浃洽，各有条理。如或不然，则处处窒碍……说扩充，说体验，说涵养，皆是拣好底言语做个说话，必有实得力处方可。所谓要于本领上理会者，盖缘如此。"② 朱熹的工夫论指的是对真理与谬误的辨别，在为学过程中所做的功夫就是指对真理的探究、体认和坚持，这样可以收到事半功倍的效果。朱熹用射箭比喻这种探究真理的功夫："人为学，须是要知个是处，千定万定。知得这个彻底是，那个彻底不是，方是见得彻、见得是，则这心里方有所主。且如人学射：若志在红心上，少间有时只射得那帖上；志在帖上，少间有时只射得那垛上；志在垛上，少间都射在别处去了！"③ 只有明辨是非，坚持"是处"，才能箭射红心，舍却对道理的追求，"箭在垛上""箭在帖上""箭在别处"，都是为学工夫不得其要。

其四，工夫论的本质在于"熟"。朱熹说："心熟后，自然有见理处。熟则心精微。不见理，只缘是心粗。辞达而已矣。"④ 此处的"熟"是指"人一己百，人十己千"中的"百"与"千"，指在学习上用心经历百千遍，在做事上磨炼心性百千遍，然后才能格物致知，才能看到事物精微处的"理"。

荀子因性恶而化性起伪，从而圣人制礼义法度，最后归结到"知"上来，凡人通过后天的学习来逐渐改变心性，从而向善。朱子认为性极难改变，性即理，无法改变，但可以变化的是"气质之性"，其结点也在"知"上，人可以通过不断的学习渐渐恢复自性。无论化性起伪还是工夫论，无

① （宋）黎靖德编《朱子语类》，第130页。
② （宋）黎靖德编《朱子语类》，第130页。
③ （宋）黎靖德编《朱子语类》，第154页。
④ （宋）黎靖德编《朱子语类》，第157页。

一例外，都承认孔孟之"生知""学知""困知"的理论，其核心落在"学"上。有了"生知"，荀子有"圣人可以化性起伪"的理论，朱子有圣人"气清明纯粹，而无一毫昏浊"推论，前者突出"伪"，即"礼义法度"，"礼义法度"不仅改变个人之性恶，而且还对社会群治起着决定性的作用。后者突出气质之异，即承认"有生下来便恶底"，故需要"人一己十"的工夫去改变这种"性恶"，改变气质之偏。"化性起伪"的理论依据即孔子《论语》之"克己复礼"，而"工夫论"的理论起点是《中庸》"人一己十，人十己千"。其目的都是学为君子。在荀子看来，君子即圣、贤，国君得之则王天下。

三 荀子、朱子心性化育范畴之目的论

亚里士多德在论述幸福时说："如果只有一种目的是完善的，这就是我们所寻求的东西；如果有几个完善的目的，其中最完善的那个就是我们所寻求的东西。"[①] 因与亚里士多德所谈内容同属伦理学范畴，我们也可以借用亚里士多德"最完善"一词来称代荀子、朱子心性化育的根本目的。那么，在荀子、朱子看来，这一"最高善"的具体内涵指的是什么？二者之间的差异和联系又表现在哪里呢？

"其数则始乎诵经，终乎读礼；其义则始乎为士，终乎为圣人。"[②] 显然，荀子心性化育之目的是使普通人通过学习、自我完善而成为士、君子。王先谦解释说："荀书以士、君子、圣人为三等，以《修身》《非相》《儒效》《哀公》篇可证，故云始士终圣人。"[③] 因此学为士、君子、圣人，是荀子心性化育的第一目的。因此荀子在《修身篇》《不苟篇》对君子的内涵有了明确的论述，强调"偏善之度"和"治礼义"。"扁善之度，以治气养生则后彭祖，以修身自名则配尧、禹。"[④] 所谓"徧善"即"无往而不善者"。但必须"依于礼"。

荀子在《不苟》篇对君子的素养进行了阐述。荀子说君子要达到"至文"的要求，所谓"君子宽而不僈，廉而不刿，辩而不争，察而不激，寡

---

① 〔古希腊〕亚里士多德：《尼各马可伦理学》，廖申白译注，商务印书馆，2003，第17页。
② （清）王先谦撰，沈啸寰、王星贤点校《荀子集解》，第13页。
③ （清）王先谦撰，沈啸寰、王星贤点校《荀子集解》，第13页。
④ 〔清〕王先谦撰，沈啸寰、王星贤点校《荀子集解》，第25页。

立而不胜，坚强而不暴，柔从而不流，恭敬谨慎而容"。① 君子要"崇人之德，扬人之美，非谄谀也；正义直指，举人之过，非毁疵也；言己之光美，拟于舜、禹，参于天地，非夸诞也；与时屈伸，柔从若蒲苇，非慑怯也；刚强猛毅，靡所不信，非骄暴也；以义变应，知当曲直故也"。② 强调"君子治治，非治乱也"。即"礼义之谓治，非礼义之谓乱也。故君子者，治礼义者也"③。"我欲贱而贵，愚而智，贫而富，可乎？曰：其唯学乎。彼学者，行之，曰士也；敦慕焉，君子也；知之，圣人也。上为圣人，下为士君子，孰禁我哉！乡也，混然涂之人也，俄而并乎尧、禹，岂不贱而贵矣哉！乡也，效门室之辨，混然曾不能决也，俄而原仁义，分是非，图回天下于掌上而辩黑白，岂不愚而知矣哉！乡也，胥靡之人，俄而治天下之大器举在此，岂不贫而富矣哉！"④ 这种"至文"是要达到"礼义之中"，这是"礼义之治"的要义。

当荀子化性起伪的第一目的实现之后，其第二目的，或可称为"最高善"，就显露出来了，即"学为圣人"。荀子对君子、圣人及其责任有着明确的定义和解释："修百王之法若辨白黑，应当时之变若数一二，行礼要节而安之若生四枝，要时立功之巧若诏四时，平正和民之善，亿万之众而博若一人，如是，则可谓圣人矣。"⑤ "圣人也者，道之管也。天下之道管是矣，百王之道一是矣。故《诗》《书》《礼》《乐》之归是矣。"⑥ 荀子在《儒效》篇，把周公推崇为圣人，因为他做到了"无首虏之获，无蹈难之赏，反而定三革，偃五兵，合天下，立声乐，于是《武》《象》起而《韶》《护》废矣。四海之内，莫不变心易虑以化顺之。故外阖不闭，跨天下而无蕲"⑦。同时把孔子、子思推崇至"天不能死，地不能埋"⑧ "善调一天下"⑨ 的大儒，他们能够"用百里之地而千里之国莫能与之争胜，笞棰暴国，齐一天下"⑩，"法先王，统礼义，一制度，以浅持博，以古持今，

① （清）王先谦撰，沈啸寰、王星贤点校《荀子集解》，第47页。
② （清）王先谦撰，沈啸寰、王星贤点校《荀子集解》，第48页。
③ （清）王先谦撰，沈啸寰、王星贤点校《荀子集解》，第52页。
④ （清）王先谦撰，沈啸寰、王星贤点校《荀子集解》，第148～149页。
⑤ （清）王先谦撰，沈啸寰、王星贤点校《荀子集解》，第154页。
⑥ （清）王先谦撰，沈啸寰、王星贤点校《荀子集解》，第158页。
⑦ （清）王先谦撰，沈啸寰、王星贤点校《荀子集解》，第161～162页。
⑧ （清）王先谦撰，沈啸寰、王星贤点校《荀子集解》，第163～164页。
⑨ （清）王先谦撰，沈啸寰、王星贤点校《荀子集解》，第162页。
⑩ （清）王先谦撰，沈啸寰、王星贤点校《荀子集解》，第163页。

以一持万"①，可以用"百里之地"，使"天下为一，诸侯为臣，用万乘之国则举错而定，一朝而伯"②。荀子通过"化性起伪"实现"途之人百姓"的心性化育的根本目的，即其所谓"最完善"，是"法先王，统礼义，一制度"，即通过以礼治国来实现其群治思想。这一思想无疑与《礼运》篇所描绘的"小康"社会理想相一致。

荀子心性范畴目的论的基本蓝图即性恶论—修身、群治—小康。荀子提出性恶论的目的是开创一个"心性化育"的理想境界。通过对人的"心性化育"进而实现"小康"社会。"小康"是孔子提出的，他说："今大道既隐……大人世及以为礼……礼义以为纪，以正君臣，以笃父子，以睦兄弟，以和夫妇，以设制度，以立田里，以贤勇知，以功为己。……此六君子者，未有不谨于礼者也。以著其义，以考其信，著有过，刑仁讲让，示民有常……是谓小康。"③这一境界的核心范畴是"圣"和"王"。圣人具备"超级道德"，是社会精英群体，相当于今天的"智库"，这一类人的价值和社会意义在于"立君上之势以临之，明礼义以化之，起法正以治之，重刑罚以禁之，使天下皆出于治，合于善也"④。其中起关键作用的是圣人，因为它能"化性起伪"。"故圣人化性而起伪，伪起而生礼义，礼义生而制法度。然则礼义法度者，是圣人之所生也。"⑤而这一理想境界都是在性恶论这一理论判断基础上产生的。因此荀子说："圣人之所以同于众，其不异于众者，性也；所以异而过众者，伪也。"⑥"若夫总方略，齐言行，壹统类，而群天下之英杰而告之以大古，教之以至顺，奥窔之间，簟席之上，敛然圣王之文章具焉，佛然平世之俗起焉，六说者不能入也，十二子者不能亲也。无置锥之地，而王公不能与之争名，在一大夫之位则一君不能独畜，一国不能独容，成名况乎诸侯，莫不愿以为臣，是圣人之不得势者也，仲尼、子弓是也。一天下，财万物，长养人民，兼利天下，通达之属，莫不从服，六说者立息，十二子者迁化，则圣人之得势者，舜禹是也。"⑦

---

① （清）王先谦撰，沈啸寰、王星贤点校《荀子集解》，第166页。
② （清）王先谦撰，沈啸寰、王星贤点校《荀子集解》，第167页。
③ 钱仲联主编《十三经精华》，湖南教育出版社，1992，第390页。
④ （清）王先谦撰，沈啸寰、王星贤点校《荀子集解》，第520页。
⑤ （清）王先谦撰，沈啸寰、王星贤点校《荀子集解》，第517~518页。
⑥ （清）王先谦撰，沈啸寰、王星贤点校《荀子集解》，第518页。
⑦ （清）王先谦撰，沈啸寰、王星贤点校《荀子集解》，第112~114页。

朱熹关于心、性、理、气等范畴的归纳和解说与道学家的政治思想、政治活动密切相关。众所周知，宋初士大夫政治文化的核心，是重建政治、社会秩序，超越汉唐，重现"三代之治"。王安石的时代把士大夫政治文化推向了极致，士大夫开始成为政治主体，士大夫必须与皇帝共商国是，这成为熙宁新政时期宋神宗与王安石共同遵循的一个基本政治原则。王安石变法失败是南宋理学家学术讨论的中心，甚至成为朱熹日常讲学的话题，南宋理学家还把靖康之难归责于熙宁变法的失败。《朱子语类》中朱熹与学生们围绕"自熙宁至靖康用人"这一话题进行讨论的语录多达173条。其核心是否定王安石的学术，即认为王安石学术直接导致了变法失败。"论王荆公遇神宗，可谓千载一时，惜乎渠学术不是，后来直坏到恁地。"① 那么朱熹推崇的学术之路是什么？朱熹在与学生讨论二程时提出了与二程理学一致的主张，他说："使二先生得君，却自君心上为之，正要大家商量，以此为根本。君心既正，他日虽欲自为，亦不可。"② 很显然朱熹提倡的是一条"格君心"的学术道路，王安石不能格君心，引导皇帝有一颗公平正直之心，因此"做坏了天下"。其在评述刘安世处置蔡确车盖亭诗案时，又谈到了士大夫"开导人主心术"的重要性。他说："盖以诗治人自不正，因此以治彼罪，又不是。……其本原只在开导人主心术，使人主知不赏私恩，不罚私怨之理，则蔡何足虑！"③ 不难发现，以朱熹为中心的南宋儒学的重点专注于"内圣"，通过"格君心""开导人主心术""得君行道"来实现"外王"的政治目的。

正是在这一节点上，朱熹对心性化育的研究与士大夫政治有着本质的联系。也正是因了"格君心""开导人主心术"的缘故，朱熹认为《大学》是"为学纲领"，并置之于"四书"之首，在讲解《大学》的内容时畅谈理想中的政治秩序，有学生提问："大学之书，即是圣人做天下根本？"④ 朱熹回答说："此譬如人起屋，是画一个大地盘在这里。理会得这个了，他日若有材料，却依此起将去，只此一个道理。明此以南面，尧之为君也；明此以北面，舜之为臣也。"⑤ 在朱熹师生看来，"尧之为君"

---

① （宋）黎靖德编《朱子语类》，第 3095 页。
② （宋）黎靖德编《朱子语类》，第 3096 页。
③ （宋）黎靖德编《朱子语类》，第 3107 页。
④ （宋）黎靖德编《朱子语类》，第 250 页。
⑤ （宋）黎靖德编《朱子语类》，第 250 页。

"舜之为臣"的"三代之治"是宋代士大夫治理天下的楷式，是宋人最向往的理想政治。不仅朱熹如此，南宋张栻、陆九渊等理学大儒也在回归"三代之政"的主张上，保持着高度一致，形成了一时的士大夫风气。张栻在《答朱元晦秘书》中说："吾曹但当与讲明圣学，学明于下，庶几有正人心、承三圣事业耳。"① 陆九渊在《删定官轮对札子》其四中说："然则三代之政其终不可复矣乎？合抱之木，萌蘖之生长也。大夏之暑，大冬之推移也。三代之政岂终不可复哉？顾当为之以渐而不可骤耳。有包荒之量，有冯河之勇，有不遐遗之明，有朋亡之公，于复三代乎何有？"② 这种回归"三代之政"的学术风气成为朱熹讲解心性范畴、《大学》"八条目"的背景。在此背景下，师生们把《大学》八条目作为心性化育的具体内容来讨论。

有学生问："《大学》一书，皆以修身为本。正心、诚意、致知、格物，皆是修身内事。"朱熹强调："此四者成就那修身。修身推出，做许多事。"③ 他把正心、诚意、致知、格物四项作为修身必要内容，同时提出修身的目的在于"外王"，即"修身推出，做许多事"。他又说："致知、格物，是穷此理；诚意、正心、修身，是体此理；齐家、治国、平天下，只是推此理。要做三节看"④。由此看出，朱熹的"穷此理""体此理"是心性化育的过程，"推此理"是"外王"的过程，"穷此理""体此理"的"内圣"过程，是朱熹政治理论的起点，是根本，是朱熹倡导"格君心""开导人主心术"的理论依据，"推此理"的"外王"过程则是他的理论归宿，也是"内圣""心性化育"的终极目的。

第三节　王阳明心学对荀子的承继与摒弃

康德说："有两样东西，我们愈经常愈持久地加以思索，它们就愈使心灵充满不断更新、有加无已的赞叹和敬畏：在我之上的星空和居我心中的道德法则。"⑤ 冈田武彦说："'人伦'教育传授的是'道德律'，而不是

① 杨世文点校《张栻集》，中华书局，2015，第1080页。
② 钟哲点校《陆九渊集》，第223～224页。
③ （宋）黎靖德编《朱子语类》，第252页。
④ （宋）黎靖德编《朱子语类》，第312页。
⑤ 〔德〕康德：《实践理性批判》，张永奇译，中国社会科学出版社，2009，第211页。

一种束缚人的教育。人的内心都具有先天的道德性。人伦道德的实践基于人的'本性'，是'本性'的自然流露。……如果严格遵循'道德律'，切实追求人伦道德实践，那么人的'本性'就会得以恢复。"① 梁启超说："中国专注重人与人的关系。中国的一切学问，无论那一时代，那一宗派其趋向皆在此一点，尤以儒家最博深切明。"② 梁启超所说的"人与人的关系"，就是"人伦"，康德称之为"道德法则"。自孔子、孟子、荀子，以至王阳明，儒家精心研讨的学问，不外乎心性之学，究其实质，就是先天的道德法则，这也是荀子和王阳明两位哲人共同关注的理论核心。荀子与王阳明是中国传统思想文化史上两大关键人物，荀子思想之于孔、孟，为一大转折，王阳明之于程、朱，为一大转折。本节就"一""圣人""心"等心性范畴对荀子礼学与阳明心学展开讨论。

一　荀子礼学与王阳明心学思想体系论略

(一)礼学之"一"与心学之"一"：时空之"一"

荀子礼学与阳明心学都有"一"的范畴，作为各自学术的基石，在他们的研索思考中始终贯穿着古今比照的逻辑，他们的思维往来于古今两个历史时空，他们钩沉出相似或相同的规律，并将之提升至一个至高无上的地位，来凝练浑一和精纯的理论。这是荀子、王阳明最重要的方法论之一。

荀子说："以人度人，以情度情，以类度类，以说度功，以道观尽，古今一度也。类不悖，虽久同理，故乡乎邪曲而不迷，观乎杂物而不惑，以此度之。"③ 理论探讨应该以当今之人物去映照古代之人物，用当世之实践去比对历史之实践，以当下之规律去研磨当时之规律，以实践去考验理论言说，用道法推尽万物之理，古今的情况是一样的。只要事类不乖悖，时间再久，其理不变。因此，《非相》篇言"天地始者，今日是也"，《强国》篇言"治必由之，古今一也"，《正论》篇言"有擅国，无擅天下，古今一也"，《君子》篇言"尊圣者王，贵贤者霸，敬贤者存，慢贤者亡，古今一也"。这是荀子研贯古今的史学方法论。

王阳明曰："人一日间，古今世界都经过一番，只是人不见耳。夜气

---

① 〔日〕冈田武彦：《王阳明大传》，杨田等译，重庆出版社，2018，第332页。
② 梁启超：《儒家哲学》，吉林出版集团股份有限公司，2016，第4页。
③ （清）王先谦撰，沈啸寰、王星贤点校《荀子集解》，第97页。

清明时，无视无听，无思无作，淡然平怀，就是羲皇世界。平旦时，神清气朗，雍雍穆穆，就是尧舜世界。日中以前，礼仪交会，气象秩然，就是三代世界。日中以后，神气渐昏，往来杂扰，就是春秋战国世界。渐渐昏夜，万物寝息，景象寂寥，就是人消物尽世界。"① 阳明之论，来源于邵雍"元会运世"说和朱熹的"天运"说。

邵雍说："一元统十二会三百六十运四千三百二十世，岁月日时各有数焉。一岁统十二月三百六十日四千三百二十时，刻分毫厘，丝忽眇没，亦有数焉，皆统于元而宗于一，终始往来而无穷。在天则为消长盈虚，在人则为治乱兴废，皆不能逃乎数也。"② 邵雍作为数学家，用数学、历法的方式对人类生命历史周期进行了计算，以之为社会的治乱兴衰规律。

《朱子语类》："十二万九千六百年为一元，一元有十二会；一万八百年为一会，一会有三十运；三百六十年为一运，一运有十二世。以小推大，以大推小，个个一般，谓岁、月、日、时皆相配合也。如第一会、第二会时尚未生人物，想得地也未硬在。第三会谓之开物，人物方生，此时属寅。到得戌时，谓之闭物，乃人消物尽之时也。大率是半明半晦，有五六万年好，有五六万年不好，如昼夜相似。到得一元尽时，天地又是一番开辟。问：'先生诗云："前推更无始，后际那有终！"如何？'曰：'惟其终而复始，所以无穷也。'"③

朱熹又说："乱极必治，天道循环，自是如此。如五胡乱华，以至于隋，乱之极，必有唐太宗者出。又如五季必生太祖，若不如此，便无天道了，所以《彖》只云：'蛊元亨而天下治也。'"④朱熹认为"乱极必治"是天道循环，是天运行的规律。

王阳明用一天设喻某一历史时期社会发展的兴衰之乱，是一种对历史与当今时空相比照的直觉把握，是古今之情共时同地于思想家视野的一种精细分析。这种方法论多见于王氏之学术判断中。他说："良知之在人心，无间于圣愚，天下古今之所同也。"⑤ 良知成为他对古今历史思想理论比照后得出的结论。

① 陈荣捷：《王阳明传习录详注集评》，重庆出版社，2022，第317页。
② 郭彧等点校《邵雍全集》，上海古籍出版社，2015，第1248页。
③ （宋）黎靖德编《朱子语类》，第596~597页。
④ （宋）黎靖德编《朱子语类》，第1772~1773页。
⑤ 陈荣捷：《王阳明传习录详注集评》，第230页。

《传习录》："致良知工夫，恐于古今事变有遗？""不知古今事变从何处出？若从良知流出，致知焉尽之矣。"①

九川曰："今先生拈出良知二字，此古今人人真面目，更复奚疑？"先生曰："然！譬之人有冒别姓坟墓为祖墓者，何以为辨？只得开圹，将子孙滴血，真伪无可逃矣。我此良知二字，实千古圣圣相传一点滴骨血也。"②

他的"良知"范畴甚至追溯到尧舜相传的十六字心诀中。在这种"古今一度"的追溯中王阳明对前代哲人思想实现了通变和理论凝练。

（二）荀子、王阳明对思想范畴内部结构自成一体的论述："环之无端""身是一体"

荀子思想与王阳明思想都自成体系，自不待言。此处，仅选取荀子礼学、王阳明良知两个范畴的内部结构简单论述之。荀子在论述中指出礼学范畴的"环之无端"结构，王阳明在论述良知范畴中阐述了它的"身是一体"结构。这显示了两位思想家对理论体系特征的把握和感性认知。

荀子说："以类行杂，以一行万，始则终，终则始，若环之无端也，舍是而天下以衰矣。天地者，生之始也；礼义者，治之始也；君子者，礼义之始也。为之、贯之、积重之、致好之者，君子之始也。故天地生君子，君子理天地、君子者，天地之参也，万物之总也，民之父母也。无君子，则天地不理，礼义无统，上无君师，下无父子，夫是之谓至乱。"③"君臣、父子、兄弟、夫妇，始则终，终则始，与天地同理，与万世同久，夫是之谓大本。故丧祭、朝聘、师旅一也，贵贱、杀生、与夺一也，君君、臣臣、父父、子子、兄兄、弟弟一也，农农、士士、工工、商商一也。"④

这种环形结构的特征有三。第一，结构的核心是尊王隆礼，这是环形结构之"类""一"，所谓"礼岂不至矣哉！立隆以为极，而天下莫能损益也"。君子即王，是谓"天地之参，万物之总"。第二，由治到乱，再由乱到治为一个循环。尊王隆礼则国治，舍之，则国衰。由治到衰，再由衰到治，是谓"环之无端"。第三，由君臣、父子、兄弟以至夫妇（由国而家），由夫妇、兄弟、父子、君臣（由家到国），是谓"环之无端"。进而

① 陈荣捷：《王阳明传习录详注集评》，第364页。
② 陈荣捷：《王阳明传习录详注集评》，第369页。
③ （清）王先谦撰，沈啸寰、王星贤点校《荀子集解》，第192～193页。
④ （清）王先谦撰，沈啸寰、王星贤点校《荀子集解》，第193页。

"丧祭、朝聘、师旅","贵贱、杀生、与夺","农农、士士、工工、商商",是谓"环之无端"。荀子对这种结构特征的解释,旨在说明其学术体系的严谨性、完美性及"尊王隆礼"独一无二的必要性,尤其对礼学思想体系的政治价值做出了高度评价。

而王阳明则把良知范畴的结构设喻为"身是一体"。他先说良知作为一个真理,无处不在,在各个领域都自然存在,"流行自足",甚至说它"无方体无尽用",并且用《中庸》"语大天下莫能载,语小天下莫能破"之语,来表达良知结构之体的变化多端与神奇作用。他说:"良知只是一个,随他发见流行处,当下具足,更无去来,不须假借。然其发见流行处却自有轻重厚薄,毫发不容增减者。所谓天然自有之中也。虽则轻重厚薄,毫发不容增减,而原又只是一个。虽则只是一个,而其间轻重厚薄,又毫发不容增减。若可得增减,若须假借,即已非其真诚恻怛本体矣。此良知之妙用所以无方体无穷尽,'语大天下莫能载,语小天下莫能破'者也。"① 他又进行了深入分析,"无方体"而"身是一体"。良知作为真理的统一性,协同性。他把良知结构的其他要素比作手、足、头、目,自成一体,灵活多变。又把良知比作爱爱,把其他事件比作禽兽、草木、至亲、路人等,阐发良知体系内部的协调统一性。

他说:"惟是道理自有厚薄。比如身是一体,把手足捍头目,岂是偏要薄手足,其道理合如此。禽兽与草木同是爱的,把草木去养禽兽,心又忍得。人与禽兽同是爱的,宰禽兽以养亲,与供祭祀,燕宾客,心又忍得。至亲与路人同是爱的,如箪食豆羹,得则生,不得则死,不能两全,宁救至亲,不救路人,心又忍得。这是道理合该如此。及至吾身与至亲,更不得分别彼此厚薄。盖以仁民爱物,皆从此出。此处可忍,更无所不忍矣。《大学》所谓厚薄,是良知上自然的条理,不可逾越,此便谓之义;顺言个条理,便谓之礼;知此条理,便谓之智;终始是这个条理,便谓之信。"② 行文最后,王阳明列出良知的具体要素:仁、义、礼、智、信。用直觉的方式,使人感知和顿悟。

王阳明认为良知"无体而有体",以自然万有为体,俨然具有目、耳、鼻、口、心等身体的各个器官和相应功能。他说:"目无体,以万

①　陈荣捷:《王阳明传习录详注集评》,第 241 页。
②　陈荣捷:《王阳明传习录详注集评》,第 298 ~ 299 页。

物之色为体；耳无体，以万物之声为体；鼻无体，以万物之臭为体；口无体，以万物之味为体；心无体，以天地万物感应之是非为体。"① 王阳明对良知之体的"身是一体""无方体""物体而有体"等特征的阐述准确而生动，具象而又内蕴哲理。张学智评价了良知的内部结构，他说："在阳明的这个内在结构中，良知始于仁而行于义。'仁'即爱亲敬长及而后发展成的万物一体的境界。在万物一体境界中，如果需要分别对待，良知又自能做出分别。这种既分别又合于道德原则，即'义'。"② 仁是根本的东西，依据的东西。义是衍生物，是在分别对待具体之物时，仁的具体化、派生化。良知是"合宜与否的内在评价系统"，这种"接受良知的指令，遵照良知的分别而去行动的系统也是良知。良知是制裁者与行为者的统一"③。

（三）学术真理的唯一性、排他性

荀子以礼为其思想学术之真理，王阳明以心为其思想学术之真理，礼和心在二者各自的思想体系里都具有真理的唯一性和排他性。

先说荀子礼学。荀子把礼置于思想体系的最高点，具有"无等等""无上上"之地位，是衡量一切事物的准绳，是治国理政的权柄。《礼论》篇说："礼者，谨于治生死者也。生，人之始也；死，人之终也，终始俱善，人道毕矣。"④ 又说："凡礼，事生，饰欢也；送死，饰哀也；祭祀，饰敬也；师旅，饰威也：是百王之所同，古今之所一也。"⑤《议兵》篇说："礼者，治辨之极也，强国之本也，威行之道也，功名之总也。王公由之，所以得天下也；不由，所以陨社稷也。"⑥《儒效》篇说："法先王，统礼义，一制度，以浅持博，以古持今，以一持万。"⑦ 礼是荀子政治理论中的核心，是群治思想的唯一指导路线。

礼作为荀子思想体系的真理，还具有排他性。荀子在《非十二子》《正论》两篇的论述都显示了这一特征。荀子认为十二子之"六说"是

---

① 陈荣捷：《王阳明传习录详注集评》，第 290 页。
② 张学智：《明代哲学史》，中国人民大学出版社，2012，第 106 页。
③ 张学智：《明代哲学史》，第 106～107 页。
④ （清）王先谦撰，沈啸寰、王星贤点校《荀子集解》，第 424 页。
⑤ （清）王先谦撰，沈啸寰、王星贤点校《荀子集解》，第 437 页。
⑥ （清）王先谦撰，沈啸寰、王星贤点校《荀子集解》，第 332 页。
⑦ （清）王先谦撰，沈啸寰、王星贤点校《荀子集解》，第 166 页。

"饰邪说,交奸言,以枭乱天下"。它嚣、魏牟的学术"纵情性,安恣睢,禽兽行,不足以合文通治";陈仲、史鳅的学术"忍情性,綦溪利跂,苟以分异人为高,不足以合大众,明大分";墨翟、宋钘的学术"不知壹天下、建国家之权称,上功用、大俭约,而僈差等,曾不足以容辨异、县君臣";慎到、田骈的学术"尚法而无法,下修而好作,上则取听于上,下则取从于俗,终日言成文典,反纠察之,则倜然无所归宿,不可以经国定分";惠施、邓析的学术"不法先王,不是礼义,而好治怪说,玩琦辞,甚察而不惠,辩而无用,多事而寡功,不可以为治纲纪";子思、孟轲的学术"略法先王而不知其统","甚僻违而无类,幽隐而无说,闭约而无解"。①在荀子理论逻辑中,只有通过礼义之学,才能够实现"一天下,财万物,长养人民,兼利天下,通达之属,莫不从服"的政治局面。

荀子《天论》篇批驳慎子、老子、墨子、宋子等诸家学派的学术缺陷,四子之学术为"一物一偏",有失公正、公允,不利于治国理政。他说:"慎子有见于后,无见于先;老子有见于诎,无见于信;墨子有见于齐,无见于畸;宋子有见于少,无见于多。有后而无先,则群众无门;有诎而无信,则贵贱不分;有齐而无畸,则政令不施;有少而无多,则群众不化。"② 慎子的学术失之于没有在前引导民众,这导致民众没有继续前进的路径。老子失之于委屈忍让,委屈忍让导致社会群体没有高贵和卑贱之别。墨子失之于无视社会的等级差别,这会导致国家政令无法有效地推进。宋子看不到人的欲望,从而使民众麻木不仁,无动于衷,那么在上者就丧失了感召力。荀子对诸家学术的批判,目的是确立礼作为真理的唯一性和排他性。

再说王阳明的心学。他在孔、孟、荀三家"仁本礼用"的道德仁学之基上别立新宗,以"心即天理"为其思想学术的唯一真理,提出"心外无物""心外无事""心外无理""心外无义""心外无善"的主张,③ 否定"心外有理",开创了"修己治人"经世仁学的新视野。

心是人的主宰,在社会道德法则中,在以处理人与人关系为中心的中国哲学中,心是最主要的道德理性。王阳明在与弟子徐爱的答问中,传达

---

① (清)王先谦撰,沈啸寰、王星贤点校《荀子集解》,第106~111页。
② (清)王先谦撰,沈啸寰、王星贤点校《荀子集解》,第377~378页。
③ (明)王守仁:《与王纯甫书》,吴光等编校《王阳明全集》,上海古籍出版社,2011,第175页。

了这一理念，实现了对荀子礼学的通变。《传习录》："先生曰：'心即理也。天下又有心外之事，心外之理乎？'爱曰：'如事父之孝，事君之忠，交友之信，治民之仁，其间有许多理在，恐亦不可不察。'先生叹曰：'此说之蔽久矣，岂一语所能悟？今姑就所问者言之。且如事父不成去父上求个孝的理，事君不成去君上求个忠的理，交友、治民不成去友上、民上求个信与仁的理。都只在此心，心即理也。此心无私欲之蔽，即是天理，不须外添一分。以此纯乎天理之心，发之事父便是孝，发之事君便是忠，发之交友、治民便是信与仁。只在此心去人欲存天理上用功便是。'"① 在荀子思想学术中，孝、忠、信、仁等概念，属于在外的礼学范畴，而王阳明把它们都作为心的发动，并划归这一最高道德理性范畴，把心这一道德理性推至其思想体系之统治地位，使之具有统摄其整个思想体系的作用。

因此，他把"事亲""事君""仁民爱物"，甚至与心有密切关系的"视、听、言、动"都视为"外物"。《传习录》："身之主宰便是心，心之所发便是意，意之本体便是知，意之所在便是物。如意在于事亲，即事亲便是一物；意在于事君，即事君便是一物；意在于仁民爱物，即仁民爱物便是一物；意在于视、听、言、动，即视、听、言、动便是一物。所以某说无心外之理，无心外之物。"② 王阳明承认心的知觉作用，这与荀子关于"心之知"的论述相一致，他把"视、听、言、动"等与道德理性密切相关的活动，排除在"心之知"之外，这与荀子把"视、听、言、动"作为"心之知"的内容的看法大相径庭。究其质，就是彰显"心即天理"的唯一真理性。

王阳明把"心在天理上"作为其哲学至高无上之"一"，它无处不在，无时不在，无事不在，读书存天理，接事也存天理。《传习录》："曰：'只是主一。''如何是主一？'曰：'如读书，便一心在读书上；接事，便一心在接事上。'曰：'如此则饮酒便一心在饮酒上，好色便一心在好色上。却是逐物，成甚居敬功夫？'日孚请问。曰：'一者，天理。主一是一心在天理上。'"③

王阳明之学作为中国哲学史上的擎天玉柱、架海金梁，不仅在于其心

---

① 陈荣捷：《王阳明传习录详注集评》，第 30～31 页。
② 陈荣捷：《王阳明传习录详注集评》，第 37 页。
③ 陈荣捷：《王阳明传习录详注集评》，第 124 页。

学的无限创造力，更在于他对自我思想的高度自信。"心即天理"的唯一性、排他性，就是他思想自信的重要内容，也是他学术品格的重要组成部分。集中表现在对同时期释家、道家等思想的甄别和批判上。

《传习录》："张元冲在舟中问二氏与圣人之学所差毫厘。谓：'其皆有得于性命也，但二氏于性命中着些私利，便谬千里矣。今观二氏作用，亦有功于吾身者，不知亦须兼取否？'先生曰：'说兼取便不是。圣人尽性至命，何物不具？何待兼取？二氏之用，皆我之用。即吾尽性至命中完养此身，谓之仙；即吾尽性至命中不染世累，谓之佛。但后世儒者不见圣学之全，故与二氏成二见耳。譬之厅堂，三间共为一厅。儒者不知皆我所用。见佛氏则割左边一间与之，见老氏则割右边一间与之，而己则自处中间。皆举一而废百也。圣人与天地民物同体，儒、佛、老、庄皆吾之用，是之谓大道。二氏自私其身，是之谓小道。'"①

阳明之所言说，其要义有三。第一，"尽性至命"是包括王学在内的全部学问的重要命题及学术追求，不只释、老独有。第二，阳明心学本身已具备"完养此身""不染尘累"之学术效能，然其品性绝不仅在于此，其志向绝不仅止于此。第三，身怀圣学之王阳明与"天地民物"同体一命，齐呼吸，共休戚。"为天地立心、为生民立命、为往圣继绝学、为万世开太平"，此言可等同王学之精神、胸怀、理想、价值，所以阳明之学归于"大道"。释家为一己"不然尘累"，道家为一己"完养此身"，都"着些私利"，大本不正，故谬以千里，王阳明将其归为"小道"，这是王阳明心学与其他学说的本质不同。

二 荀学与王学的源头

荀子礼学的学术源头在五经和三代王制。从培养个人修养角度，礼学以学习为开端，理性地为自我立法，建立起心中的行为规范和道德律。荀学以掌握礼的精神为最高境界，以成圣为最高追求，所谓"其数始乎诵经，终乎读《礼》；其义始乎为士，终乎为圣人"。荀子阐述了这些古代典籍的要义，他说："《书》者，政事之纪也；《诗》者，中声之所止也；《礼》者，法之大分、类之纲纪也，故学至乎《礼》而止矣。夫是之谓道德之极。《礼》之敬文也，《乐》之中和也，《诗》、《书》之博也，《春秋》

---

① 陈荣捷：《王阳明传习录详注集评》，第369～370页。

之微也，在天地之间者毕矣。"① 他认为"《礼》之敬文""《乐》之中和"
"《诗》、《书》之博""《春秋》之微"，是典籍文本的核心价值，而《礼》
则是人伦道德的终极范式。

从治国理政角度，荀子认为五经穷形尽相地体现了"百王之道""天
下之道"，是圣人治国理政不可违背的基本思想原则。他说："圣人也者，
道之管也。天下之道管是矣，百王之道一是矣。故《诗》《书》《礼》
《乐》之归是矣。《诗》言是，其志也；《书》言是，其事也；《礼》言是，
其行也；《乐》言是，其和也；《春秋》言是，其微也。……天下之道毕是
矣。乡是者臧，倍是者亡。乡是如不臧、倍是如不亡者，自古及今，未尝
有也。"② 荀子认为五经体现的思想原则是历代政治检验过的真理，古今圣
王顺从它，天下就会得治，反之则亡。

荀子礼学的另一思想源头是夏、商、周三代的典章制度，这是他推崇三
代之治的理论基础。他说："王者之制：道不过三代，法不贰后王。……衣
服有制，宫室有度，人徒有数，丧祭械用皆有等宜，声则凡非雅声者举
废，色则凡非旧文者举息，械用则凡非旧器者举毁，夫是之谓复古。是王
者之制也。"③ 荀学的学术目的是复古，恢复三代之治。

荀子为什么取法三代的政治制度？第一，他认为夏、商、周三代制度
以"父子相传"的形式仍然于他生世的日常生活中有所体现。这是前提条
件。"循法则、度量、刑辟、图籍，不知其义，谨守其数，慎不敢损益也，
父子相传，以持王公，是故三代虽亡，治法犹存。"④ 第二，荀子取法古代
政治制度，遵循舍"荡"守"雅"的原则。这是必要条件。他说："道过
三代谓之荡，法二后王谓之不雅。"取法三代之前的制度是荒诞的行为，
三代之前距荀子当世年代久远，载籍已亡，理论上没有依据。夏、商、周，
尤其是周距荀子生世（约前 368～约前 236）⑤ 相对较近，制度虽远但有理
论和现实依据。荀子提出"法不二后王"的原则，是守"雅"，即守正。
他认为所取法的政治制度必须与荀子当世的政治结合起来，离开了荀子当
世的政治实践，任何政治制度都失去了取法的价值和存在的意义。荀子舍

---

① （清）王先谦撰，沈啸寰、王星贤点校《荀子集解》，第 13～14 页。
② （清）王先谦撰，沈啸寰、王星贤点校《荀子集解》，第 158 页。
③ （清）王先谦撰，沈啸寰、王星贤点校《荀子集解》，第 187～188 页。
④ （清）王先谦撰，沈啸寰、王星贤点校《荀子集解》，第 69 页。
⑤ 廖名春：《〈荀子〉新探》，中国人民大学出版社，2014，第 16～29 页。

"荡"守"雅"的原则也为我们后世政治制度社会化改革提供了思想视野和取法路径。

先秦经典也是王阳明心学的学术源头，但王阳明更专注于六经的古义、经学的取舍及其与心学的融合。王阳明评述了孔子删述六经对治乱兴衰的意义和价值，他说："天下之大乱，由虚文胜而实行衰也。使道明于天下，则六经不必述。删述六经，孔子不得已也。自伏羲画卦，至于文王、周公，其间言《易》，如《连山》《归藏》之属。纷纷籍籍，不知其几，易道大乱。孔子以天下好文之风日盛，知其说之将无纪极，于是取文王、周公之说而赞之，以为惟此为得其宗。于是纷纷之说尽废。而天下之言易者始一。《书》《诗》《礼》《乐》《春秋》皆然。"① 王阳明所述之义有三。其一，孔子删述六经，意在政治。经学的发展、繁荣带来了"虚文胜而实行衰"的学术弊端，思想理论界是非难辨，驳杂而不统一，致使天下大乱。挽救天下，必须实现思想统一。其二，孔子删述六经，意在明道。思想乱，则道不明，道不明则天下无治。其三，孔子删述六经，取法文王、周公，得六经宗义，立六经"纪极"。

王阳明知古鉴今，认为治道之乱皆因"文盛实衰"，因此，他大力倡导"敦本尚实，反仆还淳"的知行观，反对"新奇相高""眩俗取誉"的著述目的。他说："天下所以不治，只因文盛实衰。人出己见，新奇相高，以眩俗取誉。徒以乱天下之聪明，涂天下之耳目。使天下靡然争务修饰文词，以求知于世，而不复知有敦本尚实、反朴还淳之行。"②

在对孔子删述六经的行为进行深思评判同时，阳明把六经本义与心学融合在一起，他说："圣人述六经，只是要正人心，只是要存天理，去人欲。"③ 王阳明把圣人作经与桓文之事分为两端，一是圣人本义，一是功利之心。他说："若是一切纵人欲、灭天理的事，又安肯详以示人？是长乱导奸也。故孟子云：'仲尼之门，无道桓文之事者。是以后世无传焉。'此便是孔门家法。世儒只讲得一个伯者的学问，所以要知得许多阴谋诡计，纯是一片功利的心，与圣人作经的意思正相反。"又说："专事无为，不能如三王之因时致治，而必欲行以太古之俗，即是佛、老的学术。因时致

① 陈荣捷：《王阳明传习录详注集评》，第43页。
② 陈荣捷：《王阳明传习录详注集评》，第44页。
③ 陈荣捷：《王阳明传习录详注集评》，第44页。

治，不能如三王之一本于道，而以功利之心行之，即是伯者以下事业。后世儒者许多讲来讲去，只是讲得个伯术。"① 王阳明指出后世的著述者多讲桓文之事，求得伯术，意在功利。圣人作经，立孔门家法，意在"一本于道"而"因时致治"。在王阳明看来，桓文之事与伯术，佛老以功利之心行太古之俗都是人欲，应该灭去。圣人作经，因时致治，是谓天理，应该存守。

王阳明认为宗法三代之治可行，这与荀学宗尚三代之治的主张是一致的，"唐虞以上之治，后世不可复也，略之可也。三代以下之治，后世不可法也，削之可也。惟三代之治可行。然而世之论三代者，不明其本，而徒事其末，则亦不可复矣"②。王阳明对三代之治情有独钟，反对"徒事其末，不明其本"的做法。要把研究孔子删述六经之意与推崇三代之治相结合，师其道，因时致治。他说："至于周末，虽欲变以夏、商之俗，已不可挽。况唐、虞乎？又况羲、黄之世乎？然其治不同，其道则一。孔子于尧、舜，则祖述之，于文、武，则宪章之。文、武之法，即是尧舜之道。"③ 以历史的眼光看，遵从尧舜之道与遵从三代之道相同。

王阳明认为，正确看待事与道、经与史之关系，才能找到三代之治的本质。"以事言谓之史，以道言谓之经。事即道，道即事。《春秋》亦经，五经亦史。《易》是包牺氏之史，《书》是尧、舜以下史，《礼》《乐》是三代史。其事同，其道同，安有所谓异？"④五经皆史，推重三代之治，就是以史为鉴，抽绎其道，做到"善可为训""恶可为戒"。"五经亦只是史。史以叨善恶，示训戒。善可为训者，时存其迹，以示法。恶可为戒者，存其戒而削其事，以杜奸。"⑤政治目的是"杜奸""示法"，惩恶扬善。

三　荀、王对圣人概念的界定：圣人素养；圣人之心

何谓圣人？荀子对其素养有很多界定。第一，政治素养。第二，辩论的素养。第三，"上致其隆，下尽其杀，而中处其中"的礼学素养。第四，智勇的素质。实质上，其属于道德仁学的范畴。

---

① 陈荣捷：《王阳明传习录详注集评》，第 44～46 页。
② 陈荣捷：《王阳明传习录详注集评》，第 48 页。
③ 陈荣捷：《王阳明传习录详注集评》，第 45 页。
④ 陈荣捷：《王阳明传习录详注集评》，第 49 页。
⑤ 陈荣捷：《王阳明传习录详注集评》，第 50 页。

关于政治素养的论述。《成相》篇："治之经，礼与刑，君子以修百姓宁。明德慎罚，国家既治四海平。治之志，后势富，君子诚之好以待。处之敦固，有深藏之能远思。思乃精，志之荣，好而壹之神以成。精神相反，一而不贰为圣人。"① 用以礼为中心的道德仁学并辅之以刑罚治理天下，以天下大治为首要目标，以权势财富为其次，竭虑诚心，思想精纯，执一无二来管理国家的国君就是圣人。《正论》篇："天子唯其人。天下者，至重也，非至强莫之能任；至大也，非至辨莫之能分；至众也，非至明莫之能和。此三至者，非圣人莫之能尽。故非圣人莫之能王。圣人备道全美者也，是县天下之权称也。"② 圣人的才德与天子职位相配。能扛起天下之重任，能辨明治国理政之思想，能营造群治中最和谐的人际关系。圣人是天下之权衡，并能称王天下。

关于"辨说"素养的论述。《正名》篇："辨说也者，心之象道也。心也者，道之工宰也。道也者，治之经理也。心合于道，说合于心，辞合于说。正名而期，质请而喻，辨异而不过，推类而不悖，听则合文，辨则尽故。以正道而辨奸，犹引绳以持曲直，是故邪说不能乱，百家无所窜。有兼听之明而无奋矜之容，有兼覆之厚而无伐德之色。说行则天下正，说不行则白道而冥穷，是圣人之辨说也。"③ 荀子认为约定、命名、辩论、解说是成就帝王大业的起点，并且探讨了道、治、心、辞、说五者之间的关系。圣人辩论的要求是：名称正确而符合约定，概念有质朴的内容而且让人明白，分辨事物要明确相异之处而不失误，推论演绎同类事物要合情合理，吸纳意见要合于礼法，思想辩论要求揭示本质规律。提升辩说的素养主要是为了驳斥异端邪说，统一天下的思想，抽绎治国理政之道，尊奉正确之政治路线。

关于礼学素养的论述。《礼论》篇以圣人与礼的关系为中心论述了圣人之礼学素养，把圣人与礼同称为"人道之极"。他说："礼之中焉能思索，谓之能虑；礼之中焉能勿易，谓之能固。能虑能固，加好者焉，斯圣人矣。……圣人者，道之极也。"④ 圣人以礼为天下至道，深刻思考探索礼的精髓，在实践中掌握礼的法则并始终恪守，坚定心志。衷心爱好礼，精

---

① （清）王先谦撰，沈啸寰、王星贤点校《荀子集解》，第 545 页。
② （清）王先谦撰，沈啸寰、王星贤点校《荀子集解》，第 383 页。
③ （清）王先谦撰，沈啸寰、王星贤点校《荀子集解》，第 500~501 页。
④ （清）王先谦撰，沈啸寰、王星贤点校《荀子集解》，第 422 页。

思礼之道，坚定礼之恒心，三者构成了圣人的品格。

《礼论》篇还谈到礼的四个构成要素、圣人用礼三原则及圣人的人格。第一，礼的四种构成要素。"礼者，以财物为用，以贵贱为文，以多少为异，以隆杀为要。"礼的构成要素包括四项内容：用财物满足需要，用贵贱形成制度，用多少来显示等级，以增隆和省减为要领。第二，圣人用礼的三个原则。"文理繁，情用省，是礼之隆也；文理省，情用繁，是礼之杀也；文理、情用相为内外表理，并行而杂，是礼之中流也。"①"礼之隆""礼之杀""礼之中"是圣人对待礼的三个原则，何谓"礼之隆"？即形式上讲究繁多的礼节仪式，内容上追求意义的精纯、作用的简约。何谓"礼之杀"？即减少礼节仪式，但仍保证它丰富特定的作用和意义。何谓"礼之中"，即礼节仪式及其内在的价值和作用互为表里，互为补充。第三，圣人的品格。"故君子上致其隆，下尽其杀，而中处其中。步骤、驰骋、厉骛不外是矣，是君子之坛宇、宫廷也。人有是，士君子也；外是，民也；于是其中焉，方皇周挟，曲得其次序，是圣人也。故厚者，礼之积也；大者，礼之广也；高者，礼之隆也；明者，礼之尽也。"②服膺终生地积蓄礼就会让圣人变得厚道，事无巨细地遵循礼，则会成就圣人与天地为一的大度，卑微地尊隆礼，就会成就圣人的崇高的人格，抽丝剥茧般地钻研礼，就会形成圣人的洞若观火的智慧。

关于智勇素养的论述。荀子《性恶》篇论及士君子、小人、役夫和"圣人之知"，尤其对"圣人之知"做了界定。他说："多言则文而类，终日议其所以，言之千举万变，其统类一也，是圣人之知也。"③圣人言说丰富而繁多，但都贯穿着礼义法度的精神，发表言论千变万化、旁征博引，但都以礼法为根本归宿，推理和演论都以礼义为纲纪和统属。只有圣人的智慧才能达到这个境界。同时，《性恶》篇还论及圣人的"上勇"。他说："天下有中，敢直其身；先王有道，敢行其意；上不循于乱世之君，下不俗于乱世之民；仁之所在无贫穷，仁之所亡无富贵；天下知之，则欲与天下同苦乐之，天下不知之，则傀然独立天地之间而不畏：是上勇也。"④圣人敢于挺身捍卫天下中正之道。在贯彻三代之治的精神和原则时，上可以

① （清）王先谦撰，沈啸寰、王星贤点校《荀子集解》，第422～423页。
② （清）王先谦撰，沈啸寰、王星贤点校《荀子集解》，第423～424页。
③ （清）王先谦撰，沈啸寰、王星贤点校《荀子集解》，第526页。
④ （清）王先谦撰，沈啸寰、王星贤点校《荀子集解》，第528页。

抗衡乱世之君的暴行，下可以矫正乱世之民的言行，无论乱世还是治世，都以道德仁爱立身。在庙堂之上则与天下人共甘苦，处江湖之远则践行仁义而无所畏惧。

荀子《儒效》篇对圣人做了感性而精细的描绘："井井兮其有理也，严严兮其能敬己也，分分兮其有终始也，厌厌兮其能长久也，乐乐兮其执道不殆也，炤炤兮其用知之明也，修修兮其用统类之行也，绥绥兮其有文章也，熙熙兮其乐人之臧也，隐隐兮其恐人之不当也，如是，则可谓圣人矣。"① 行事整齐不乱，威仪诚敬整肃，初心坚定不移，理想陶然自足，守道一腔热忱，英明洞若观火，执法一丝不苟，秉礼从容自若，快乐与人共善，忧愁人之恶行。他在《君道》篇强调了圣人仁义的精神实质，他说："仁厚兼覆天下而不闵，明达用天地、理万变而不疑，血气和平，志意广大，行义塞于天地之间，仁知之极也。夫是之谓圣人。"② 圣人是"仁知之极"，与天地为一体，仁爱布施天下，义行惠泽万民。荀子所述之圣人俨然中国古代民众拥戴的理想圣君。

王阳明对圣人的定义与荀子不同，他侧重界定"圣人之心"，认为具备圣人之心则为圣人。王阳明所说的圣人之心有如下四个特征。

第一，圣人之心，"随感而应，无物不照"，能够实现对自然万物和人类社会现象全面而深刻的认识。《传习录》："圣人之心如明镜，只是一个明，则随感而应，无物不照。未有已往之形尚在，未照之形先具者。"③ "圣人之心如明镜，纤翳自无所容，自不消磨刮。"④ 此处的"明"即照见万物之行，照见万物之理。

第二，圣人之心与天同存，既是天的产物，又与天一体，与天下万物一体，既具有至高无上的统摄力，又有着博大的仁爱情怀。《传习录》："圣人如天。无往而非天。三光之上，天也。九地之下，亦天也。天何尝有降而自卑？此所谓大而化之也。"⑤ 又说："夫圣人之心，以天地万物为一体，其视天下之人，无外内远近：凡有血气，皆其昆弟赤子之亲，莫不欲

---

① （清）王先谦撰，沈啸寰、王星贤点校《荀子集解》，第 156～157 页。
② （清）王先谦撰，沈啸寰、王星贤点校《荀子集解》，第 276～277 页。
③ 陈荣捷：《王阳明传习录详注集评》，第 57 页。
④ 陈荣捷：《王阳明传习录详注集评》，第 302 页。
⑤ 陈荣捷：《王阳明传习录详注集评》，第 93 页。

安全而教养之，以遂其万物一体之念。"① 王阳明尊崇圣人之心，把它放置到与天相并齐的地位，同时，顺天而为，"凡有血气"，必包容之，长养之。

第三，圣人之心能存天理，去人欲，存善去恶。《传习录》："圣人之所以为圣，只是其心纯乎天理，而无人欲之杂。犹精金之所以为精，但以其成色足而无铜铅之杂也。人到纯乎天理方是圣。金到足色方是精。然圣人之才力，亦有大小不同，犹金之分两有轻重。尧舜犹万镒，文王、孔子犹九千镒，禹、汤、武王犹七八千镒，伯夷、伊尹犹四五千镒。才力不同，而纯乎天理则同，皆可谓之圣人。"② 王阳明以精金喻天理，圣人之心不含半点人欲，犹如足色之金，不含半点铜铅之杂。圣心之知，弘扬善念善行，遏止、灭绝恶念恶行。《传习录》："善念发而知之，而充之；恶念发而知之，而遏之。知众充与遏者，志也，天聪明也。圣人只有此。"③

第四，圣人之心能致良知。良知天下人所同，只有圣人能"致良知"。致良知，即知天理，尽天理，至诚。王阳明说："良知良能，愚夫愚妇与圣人同。但惟圣人能致其良知，而愚夫愚妇不能致，此圣愚之所由分也。"④ 又说："圣人无所不知，只是知个天理；无所不能，只是能个天理。圣人本体明白，故事事知个天理所在，便去尽个天理。不是本体明后，却于天下事物，都便知得，便做得来也。"⑤ 又说："'惟天下之圣，为能聪明睿知'，旧看何等玄妙！今看来原是人人自有的。耳原是聪，目原是明，心思原是睿知，圣人只是一能之尔。能处正是良知。众人不能，只是个不致知。何等明白简易！"⑥ 致良知与否，是圣人与众人的唯一区别。眼耳鼻舌身意，人人皆有，这是圣人与众人共有的，而致良知是圣人所独有的。

王阳明认为圣人怀"诚"，圣人之心能在妙用流行中获得神知，在萌动处能知"几"，这也是凡人、圣人二者的区别，即"诚是实理，只是一个良知。实理之妙用流行就是神，其萌动处就是几。诚神几曰圣人"⑦。这显然融汇了《中庸》对"诚"的论述："唯天下至诚为能尽其性。"王阳明认为"诚"可以穷理尽性，当然，它就成了致良知的要义。

---

① 陈荣捷：《王阳明传习录详注集评》，第174页。
② 陈荣捷：《王阳明传习录详注集评》，第109页。
③ 陈荣捷：《王阳明传习录详注集评》，第92页。
④ 陈荣捷：《王阳明传习录详注集评》，第163页。
⑤ 陈荣捷：《王阳明传习录详注集评》，第273页。
⑥ 陈荣捷：《王阳明传习录详注集评》，第302页。
⑦ 陈荣捷：《王阳明传习录详注集评》，第301页。

四　成圣路径："始乎诵经，终乎读礼"；"致良知"

（一）荀子成圣之远途：学至乎没而后止

荀子指出了成圣的路径在于学习。他说："学恶乎始？恶乎终？曰：其数则始乎诵经，终乎读礼；其义则始乎为士，终乎为圣人。真积力久则入。学至乎没而后止也。故学数有终，若其义则不可须臾舍也。为之，人也；舍之，禽兽也。"① 这段不同凡响的论述，有三种要义。第一，学习的开端和止境，蕴含了为社会群治而自我立法的道德律，"始乎诵经，终乎读礼"。第二，中国人求道的精神贯穿生命的终始，"学至乎没而后止也"。第三，关乎个体善恶的价值判断。"始乎为士，终乎为圣人"，"为之，人也；舍之，禽兽也"。

在荀子看来，学习也是修身的过程，这个过程中礼和法充当着重要角色。修身的本质是治气养心、培养道德。其中有三个要领。《修身》篇说："礼者，所以正身也；师者，所以正礼也。无礼何以正身？无师，吾安知礼之为是也？礼然而然，则是情安礼也；师云而云，则是知若师也。情安礼，知若师，则是圣人也。故非礼，是无法也；非师，是无师也。不是师法而好自用，譬之是犹以盲辨色、以聋辨声也，舍乱妄无为也。故学也者，礼法也。夫师，以身为正仪而贵自安者也。"② 修身过程中的两个要素包括礼和师，这一观念受到三代"官、师合一""王、师合一"传统的影响。荀子把内心的道德律和道德礼法结合起来，把学习知识与培养道德修养结合起来，法定了做人的理想目标，即性情上满足于礼法，理性上同于老师。因此，尊师尚礼是荀子关于修身思想的精髓。不尊师、不尚礼的学习，就是"以盲辨色""以聋辨声""乱妄无为"。在此理论基础上荀子又提出了治气养心三要领："莫径由礼，莫要得师，莫神一好。"③ 遵循礼义是培养善良气质的捷径，获得良师教益是求道的最好方法，乐善好施是培养美好品德的奇妙之方。

荀子总是把自然界的现象与人的发展联系起来，并建立一种比类的关系，在这种比类结构下，荀子提出了化性起伪与注错习俗的主张，通过培

---

① （清）王先谦撰，沈啸寰、王星贤点校《荀子集解》，第13页。
② （清）王先谦撰，沈啸寰、王星贤点校《荀子集解》，第39~40页。
③ （清）王先谦撰，沈啸寰、王星贤点校《荀子集解》，第31页。

养和改造人的心性，实现成圣理想。《礼论》篇："性者，本始材朴也；伪者，文理隆盛也。无性则伪之无所加，无伪则性不能自美。性伪合，然后圣人之名一，天下之功于是就也。故曰：天地合而万物生，阴阳接而变化起，性伪合而天下治。天能生物，不能辨物也；地能载人，不能治人也；宇中万物、生人之属，待圣人然后分也。"① 性伪合，实现了先天禀赋创造和后天作用锤炼的统一。人既是心性自然创生的朴质之材，也是后天化性起伪，文理隆盛的结果。

注错积习是荀子受到了自然界发展变化规律"积"的启迪，并以此类推而成的人性改造的真理，揭示人转化为君子、圣人的基本规律。他在《儒效》篇说："积土而为山，积水而为海，旦暮积谓之岁。至高谓之天，至下谓之地，宇中六指谓之极；涂之人百姓积善而全尽谓之圣人。彼求之而后得，为之而后成，积之而后高，尽之而后圣。故圣人也者，人之所积也。……积礼义而为君子……故人知谨注错，慎习俗，大积靡，则为君子矣。"② 在自然的发展变化过程中，土积成山，水积为海，天地积而成六极。在人的发展变化过程中，材性质朴的人也可以通过积注错、习俗、礼义、师法的途径，渐渐进步而转化为圣人。我们不能造就本性，但可以通过教育来改变本性，圣人的高尚情操不是我们具备的，但可以通过学习来习得养成。此即"性也者，吾所不能为也，然而可化也。情也者，非吾所有也，然而可为也"之意。

在《性恶》篇，荀子也论及"圣人可积而致""积靡使然"的主张："今使涂之人伏术为学，专心一志，思索孰察，加日县久，积善而不息，则通于神明、参于天地矣。故圣人者，人之所积而致矣。"③ 行进在路途中的普通人，信服道术而不断学习，一心一意深入思考，天长日久地积累善行，必将如大海和高山一样，如有神助，成为圣贤。同样，外界正能量的影响也不容忽视。"得贤师而事之，则所闻者尧、舜、禹、汤之道也；得良友而友之，则所见者忠信敬让之行也。身日进于仁义而不自知也者，靡使然也。"④ 靡，就是砥砺、磨炼、切磋的意思。圣贤之师，身怀圣王之道，生活中的益友，具备忠诚守信、恭敬谦让的美德，社会环境具有磨

① （清）王先谦撰，沈啸寰、王星贤点校《荀子集解》，第 432 ~ 433 页。
② （清）王先谦撰，沈啸寰、王星贤点校《荀子集解》，第 170 ~ 171 页。
③ （清）王先谦撰，沈啸寰、王星贤点校《荀子集解》，第 524 页。
④ （清）王先谦撰，沈啸寰、王星贤点校《荀子集解》，第 531 页。

砺、熏染、教化作用，三者都会对改变心性产生良好效果。

（二）王阳明成圣之捷径：致良知

首先，王阳明成圣在心上下功夫，在"去人欲存天理"上下功夫，无论什么气质的人，"纯乎天理"是"作圣之本"。此外，别无他路。

> 学者学圣人，不过是去人欲而存天理耳。犹炼金而求其足色。金之成色，所争不多，而煅炼之工省，而功易成。成色愈下，则煅炼愈难。人之气质，清浊粹驳，有中人以上、中人以下。其于道，有生知安行，学知利行。其下者，必须人一己百，人十己千，及其成功则一。后世不知作圣之本是纯乎天理，却专去知识才能上求圣人。以为圣人无所不知，无所不能，我须是将圣人许多知识才能，逐一理会始得。故不务去天理上看工夫，徒弊精竭力，从册子上钻研，名物上考索，形迹上比拟。知识愈广而人欲愈滋，才力愈多而天理愈蔽。正如见人有万镒精金，不务煅炼成色，求无愧于彼之精纯，而乃妄希分两，务同彼之万镒。锡、铅、铜、铁，杂然而投，分两愈增，而成色愈下。既其梢末，无复有金矣。①

王阳明批驳了世人的成圣之路，这是与阳明心学背道而驰的。不在心上下功夫，而专门"从册子上钻研，名物上考索，形迹上比拟"，是一种舍本逐末的成圣之路，沿着这条道路，必然知识广博，才能众多，然而王阳明认为这两者是滋生人欲的根本，滋生的人欲越来越多，必然遮蔽心与天理，绝难达到"纯乎天理"的境界。对知识才能的追求，犹如炼金过程中"锡、铅、铜、铁，杂然而投，分两愈增，而成色愈下"，必然得不到足色之精金。不从心上下功夫，不去人欲存天理，就是一条南辕北辙的成圣之路。

其次，摒除物欲的遮蔽挂碍，专循良知，知得时，便是圣人。《传习录》云："常人多为物欲牵蔽，不能循得良知。如数公者，天质既自清明，自少物欲为之牵蔽，则其良知之发用流行处，自然是多，自然违道不远。学者学循此良知而已。谓之知学，只是知得专在学循良知。数公虽未知专

---

① 陈荣捷：《王阳明传习录详注集评》，第109页。

在良知上用功，而或泛滥于多歧，疑迷于影响，是以或离或合而未纯。若知得时，便是圣人矣。"① 王阳明说，常人之心大多被物欲遮蔽，良知难循，如果有人禀赋清明，又少物欲，其良知之发用流行之处自然显现出来。尽管良知与天理或离或合而未纯，只要在良知上下功夫，知得时，便能成圣人。那么，什么是良知呢？

王阳明《传习录》说："夫人者，天地之心，天地万物本吾一体者也。"② 这是良知范畴的必要前提。其要义有三。第一，人存在的根本状态、过程、归宿和价值，是天命所赋，不可摇移。第二，人之眼耳鼻舌身意，乃天地之感应，是乃天意、天心、民意、民心、道意、道心。第三，天地万物一体观，揭示出天地万物与人同生共体的根本规律。这是中国传统文化关于人的命运范畴论述的精华。此前宋代张载《正蒙·乾称》篇提出："天地之塞，吾其体；天地之帅，吾其性。民吾同胞，物吾与也。"③

在这基础上，王阳明提出了良知论。他说："生民之困苦荼毒，孰非疾痛之切于吾身者乎？不知吾身之疾痛，无是非之心者也。是非之心，不虑而知，不学而能，所谓良知也。良知之在人心，无间于圣愚，天下古今之所同也。世之君子惟务其良知，则自能公是非，同好恶，视人犹己，视国犹家，而以天地万物为一体。求天下无治，不可得矣。古之人所以能见善不啻若己出，见恶不啻若己入，视民之饥溺，犹己之饥溺，而一夫不获，若己推而纳诸沟中者，非故为是而以蕲天下之信己也。务致其良知，求自慊而已矣。"④

王阳明良知论的本质是一种兼爱精神，他阐释了仁爱之范围是全体生民，仁爱之动机是求自慊的一体之爱，仁爱之分量是"生民之困苦荼毒切于吾身"，仁爱之完成是达到"人我浑融，充类至尽"的境界。王阳明的良知论体现了一种大公无私的责任担当和牺牲精神，即"公是非，同好恶，视人犹己，视国犹家，而以天地万物为一体"，与墨子"断指与断腕，利于天下相若，无择也"之思想有相通之处。⑤ 王阳明致良知的目的是求"天下得治"，其实质是一种政治观。

①　陈荣捷：《王阳明传习录详注集评》，第 209 页。
②　陈荣捷：《王阳明传习录详注集评》，第 230 页。
③　章锡琛校《张载集》，中华书局，1978，第 62 页。
④　陈荣捷：《王阳明传习录详注集评》，第 230 页。
⑤　吴毓江撰《墨子校注》，第 592 页。

再次，如何致良知？王阳明说："良知之外，别无知矣。故致良知是学问大头脑，是圣人教人第一义。"[1] 因此，王阳明的学问不是对四书五经的研学，而是对人本身之心的探求。怎样探求？他又说："知是理之灵处，就其主宰处说便谓之心，就其禀赋处说便谓之性。孩提之童，无不知爱其亲，无不知敬其兄。只是这个灵能不为私欲遮隔，充拓得尽，便完全是他本体，便与天地合德。自圣人以下不能无蔽。故须格物以致其知"。[2] 针对自圣人以下世人之心没有不被遮蔽的现实状况，王阳明提出"格物以致其知"的论断。

如何格物？王阳明的理论依据在《大学》《中庸》《系辞》诸篇。把格物论归结为穷理尽性之学，归结为知行合一之学，是对《大学》《中庸》《系辞》诸篇格物论的创造性转化和创新性发展。

王阳明说："'格'字之义，有以'至'字之训者，如'格于文祖''有苗来格'，是以'至'训者也。然格于文祖，必纯孝诚敬，幽明之间，无一不得其理，而后谓之格。有苗之顽，实以文德诞敷而后格。则亦兼有'正'字之义在其间。未可专以'至'字尽之也。如'格其非心''大臣格君心之非'之类，是则一皆正其不正以归于正之义，而不可以'至'字为训矣。且《大学》'格物'之训，又安知其不以'正'字为训，而必以'至'字为义乎？如以'至'字为义者，必曰'穷至事物之理'，而后其说始通。是其用功之要，全在一'穷'字。用力之地，全在一'理'字也。若上去一'穷'字，下去一'理'字，而直曰致知在至物，其可通乎？夫穷理尽性，圣人之成训，见于《系辞》者也。苟'格物'之说而果即穷理之义，则圣人何不直曰致知在穷理，而必为此转折不完之语，以启后世之弊邪？盖《大学》格物之说，自与《系辞》穷理大旨虽同而微有分辨。穷理者，兼格致诚正而为功也。故言穷理，则格致诚正之功皆在其中，言格物，则必兼举致知、诚意、正心，而后其功始备而密。今偏举格物而遂谓之穷理，此所以专以穷理属知，而谓格物未常有行，非惟不得格物之旨，并穷理之义而失之矣。此后世之学所以析知行为先后两截，日以支离决裂，而圣学益以残晦者，其端实始于此。吾子盖亦未免承沿积习，

---

① 陈荣捷：《王阳明传习录详注集评》，第214页。
② 陈荣捷：《王阳明传习录详注集评》，第126页。

则见以为于道未相吻合，不为过矣。"①

王阳明此段论述之关键有三点。第一，格物之"格"的意义在于"至"，而非"正"。所举例证有二："格于文祖""有苗来格"。第二，《大学》格物之"格"意谓"至"而非"正"，格物意谓"穷至事物之理"。第三，王阳明格物论意谓"穷理尽性"，与《系辞》之格物论大旨虽同而微有分辨，王阳明"穷理尽性"的格物论是一体两面。一方面，"言穷理，则格致诚正之功皆在其中"。一方面，"言格物，则必兼举致知、诚意、正心，而后其功始备而密"。是谓知行合一。这是王阳明对《大学》《中庸》《系辞》诸篇之意的创造性转化和创新性发展。他说："某尝说知是行的主意，行是知的功夫；知是行之始，行是知之成。若会得时，只说一个知，已自有行在。只说一个行，已自有知在。"② 又说："知之真切笃实处即是行，行之明觉精察处即是知。知行工夫，本不可离。"③

王阳明的"穷理尽性"即"知行合一"，即知行一体。具体体现在对知、意、物、事等诸要素的关系处理上。"孰谓圣人穷理尽性之学，而亦有是弊哉！心者，身之主也。而心之虚灵明觉，即所谓本然之良知也。其虚灵明觉之良知，应感而动者谓之意，有知而后有意，无知则无意矣。知非意之体乎？意之所用，必有其物，物即事也。如意用于事亲，即事亲为一物；意用于治民，即治民为一物；意用于读书，即读书为一物；意用于听讼，即听讼为一物。凡意之所用，无有无物者。有是意，即有是物。无是意，即无是物矣。物非意之用乎？"④ 诸要素之间的关系可做如下概括。第一，心之虚灵明觉是良知，良知应感而动是意。知产生了意，知为意之体，意为知之用。第二，物为意之用，即"意之所用必有其物"。第三，物即事。这样就把知与行、心与理、事与物统一起来，统一到一个体系当中，即心的范畴。王阳明还把这种统一，称为"理无内外""性无内外""学无内外"。

他说："夫理无内外，性无内外，故学无内外。讲习讨论，未尝非内也。反观内省，未尝遗外也。夫谓学必资于外求，是以己性为有外也，是义外也，用智者也。谓反观内省为求之于内，是以己性为有内也。是有我

①　陈荣捷：《王阳明传习录详注集评》，第 159～160 页。
②　陈荣捷：《王阳明传习录详注集评》，第 34 页。
③　陈荣捷：《王阳明传习录详注集评》，第 150 页。
④　陈荣捷：《王阳明传习录详注集评》，第 159 页。

也，自私者也。是皆不知性之无内外也。故曰：'精义入神，以致用也。利用安身，以崇德也。''性之德也，合内外之道也。'此可以知格物之学矣。"①王阳明认为"反观内省""讲习讨论"是性理的体现，是内外的统一。他批驳了两种错误倾向："学必资于外求"是一种用智，是对性理片面的认识；同样，"反观内省为求之于内"是一种自私，也是对性理片面的认识。内外统一才能得人之性理，即"性之德也，合内外之道"。这也是他对"心外无理""心外无物""心外无事"的诠释。

王阳明把致良知之大端归结为尧舜相传的十六字心诀："人心惟危，道心惟微，惟精惟一，允执厥中。"把致良知的纲目归结为舜命契之五语："父子有亲，君臣有义，夫妇有别，长幼有序，朋友有信。"仍然没有跳出中国儒家思想道统论的基本框架。他说："天下之人心，其始亦非有异于圣人也。特其间于有我之私，隔于物欲之蔽，大者以小，通者以塞。人各有心，至有视其父子兄弟如仇雠者。圣人有忧之，是以推其天地万物一体之仁以教天下。使之皆有以克其私，去其蔽，以复其心体之同然。其教之大端，则尧、舜、禹之相授受，所谓道心惟微，惟精惟一，允执厥中。而其节目，则舜之命契，所谓父子有亲，君臣有义，夫妇有别，长幼有序，朋友有信五者而已。唐、虞、三代之世，教者惟以此为教，而学者惟以此为学。当是之时，人无异见，家无异习。安此者谓之圣。"② 王阳明认为这是最广大、最精微的学问，影响也最深远，所谓"人无异见，家无异习"。

最后，王阳明认为致良知是"至易至简""易知易从"的成圣之学，这也是阳明心学不同于荀子礼学的重要特征。他说："盖其心学纯明，而有以全其万物一体之仁。故其精神流贯，志气通达，而无有乎人己之分、物我之间。譬之一人之身，目视耳听，手持足行，以济一身之用。目不耻其无聪，而耳之所涉，目必营焉；足不耻其无执，而手之所探，足必前焉。盖其元气充同，血脉条畅，是以痒疴呼吸，感触神应，有不言而喻之妙。此圣人之学所以至易至简，易知易从，学易能而才易成者，正以大端惟在复心体之同然，而知识技能，非所与论也。"③ "至易至简""易知易

① 陈荣捷：《王阳明传习录详注集评》，第 223～224 页。
② 陈荣捷：《王阳明传习录详注集评》，第 174～175 页。
③ 陈荣捷：《王阳明传习录详注集评》，第 175～176 页。

从"，首先在于王阳明心学是以实现"万物一体之仁"为目标的"修己治人"之经世仁学，"无有乎人己之分、物我之间"，正是这个目标，使得王阳明心学的出发点在于一人之身，"目视耳听，手持足行，以济一身之用"。其次，"大端惟在复心体之同然"，致人的共同之良知。最后，不用竭心用智去学习技能和知识。

五　大清明与四句教

荀子关于心的论述主要集中在《解蔽》篇。他首先提出一个观点，即心知道与否，可道与否是社会治乱的根源。心知道，可道，是"治之要"。心不知道，"不可道而可非道"，是"乱之本"。基于心知道的重要性，荀子提出了心的六种基本状态，心的根本特征，以及三种治心之道。

众所周知，心的最好状态是"大清明"，即虚壹而静的状态，但是这是需要努力才能实现的状态。因此，荀子首先阐述了心的六种基本状态，即藏、虚、满（两）、壹、动、静等。所谓藏，即心的储存记忆状态。即"志也者，藏也"。所谓虚，是一种清除已储存记忆的干扰因素而储存新信息的心理状态。即"不以所已藏害所将受谓之虚"。所谓满，即心处在储存海量不同而无序信息的状态。即"异也者，同时兼知之"，"兼知之，两也"。所谓壹，即不让对某一种事物的认识，影响到对另一种事物的认识。即"不以夫一害此一"。所谓动，是指思维活动。它包括三类。一是做梦，二是擅自驰骋想象，三是思考谋划。即"卧则梦，偷则自行，使之则谋"。所谓静，是指内心安静、平静、清静的状态，即"不以梦剧乱知"。

荀子还谈到了心的本质特征：对事物发展规律的"择一而壹焉"的选择和决定作用。他说："心者，形之君也，而神明之主也，出令而无所受令。自禁也，自使也，自夺也，自取也，自行也，自止也。故口可劫而使墨云，形可劫而使诎申，心不可劫而使易意，是之则受，非之则辞。"[1] 心灵主宰着人的身体和精神，它是发出命令而非接受命令的地方，它约束自己，驱驰自己，自己决定抛弃和接收任何事物，运动和静止皆出于自愿。我们可以让嘴巴说话或保持沉默，让身体挺直或弯曲，但不能改变心的意志。因此，心采纳外物不受任何限制，随心所欲，它认识事物精诚专一而不三心二意。

---

① （清）王先谦撰，沈啸寰、王星贤点校《荀子集解》，第 470 页。

根据心的本质特征和六种基本状态，荀子提出了三种治气养心之法。第一，"君子壹于道而以赞稽物"，即君子专心于道，而用它来考察万物。这种治气养心之法可以明鉴事物的基本规律，倘加以正确思想的引导，就可以实现对万物的管理。

第二，"危微之几，惟明君子而后能知之"，人的心灵可以到达戒惧和精妙两种认识境界，只有睿智的君子才能敏锐地觉察到二者来临的预兆。因此，"导之以理，养之以清，物莫之倾，则足以定是非、决嫌疑矣。小物引之则其正外易，其心内倾，则不足以决庶理矣"①。用正确的道理来引导心灵，用高尚的道德来呵护心灵，外物就不能使它倾斜，它就能决断嫌疑、判别是非。如果心灵受到外界干扰就会发生变化，思想也随之倾斜，心灵就丧失了决断事理的能力。

第三，治心养气要以仁人圣人为楷式，像仁者那样顺天之成而无所作为，像圣人那样奉行天道而不勉强，心灵就会变得恭敬慎重而轻松愉快。荀子说，羿"善射好思"，心灵达到了"微"之境；孟子"恶败而出妻"，达到了"强"之境；有子"恶卧而淬掌"，实现了"忍"之境。至人的思想修养达到了精妙的境界，就没必要勉强，没必要克制，也没必要戒惧。因此荀子说："故仁者之行道也，无为也；圣人之行道也，无强也。仁者之思也恭，圣者之思也乐。此治心之道也。"②

四句教是王阳明晚年标举自己学术思想精髓的四句话，即"无善无恶心之体，有善有恶意之动，知善知恶是良知，为善去恶是格物"。它是王阳明与其高徒钱德洪、王龙溪于天泉桥和严滩两地进行思想讨论的结晶。四句教吸收了《中庸》尊德性与道问学之说，并对《大学》格物致知说进行了创造性转化和创新性发展，集中体现了王阳明心学的成圣路径，是他一生教法的总结。

王龙溪与钱德洪争论的焦点不离"尊德性"和"道问学"的传统框架，致良知是自上而下的学问，还是自下而上的学问？王龙溪的讨论侧重四句教的第一句：无善无恶心之体。他说："此恐未是究竟话头。若说心体是无善无恶，意亦是无善无恶的意，知亦是无善无恶的知，物亦是无善

① （清）王先谦撰，沈啸寰、王星贤点校《荀子集解》，第 474 页。
② （清）王先谦撰，沈啸寰、王星贤点校《荀子集解》，第 477 页。

无恶的物矣。若说意有善恶，毕竟心体还有善恶在。"①王龙溪认同四无说，认为致良知是自上而下的高明路径。钱德洪的讨论侧重四句教的最后一句：为善去恶是格物。他说："心体是天命之性，原是无善无恶的。但人有习心，意念上见有善恶在。格致诚正修，此正是复那性体功夫，若原无善恶，功夫亦不消说矣。"②钱德洪属于沉潜性格，喜欢四有说，认为致良知是自下而上的笃实路径。

　　王阳明对两位弟子的思想与天赋做了精细的分析和归纳，他说："我今将行，正要你们来讲破此意。二君之见，正好相资为用，不可各执一边。我这里接人，原有此二种。利根之人，直从本原上悟入人心。本体原是明莹无滞的，原是个未发之中。利根之人，一悟本体，即是工夫，人己内外，一齐俱透了。其次不免有习心在，本体受蔽。故且教在意念上实落为善去恶。功夫熟后，渣滓去得尽时，本体亦明尽了。汝中之见，是我这里接利根人的；德洪之见，是我这里为其次立法的。二君相取为用，则中人上下，皆可引入于道。若各执一边，眼前便有失人，便于道体各有未尽。"③ 王阳明根据王龙溪和钱德洪两人的性格和思想倾向，进行了归纳，王龙溪是"利根之人"，从本体上说工夫，"人己内外，一齐俱透了"，即"从本体发用的角度去言说工夫、照察工夫"④。钱德洪是"本体受蔽"之人，从工夫上说本体，"且教在意念上实落为善去恶。工夫熟后，渣滓去得尽时，本体亦明尽了。"即"从工夫追求的角度去言说本体、表现本体"。⑤

　　四句教是王阳明对《大学》篇四条目内涵的创造性转化和创新性发展，具体表现在他的论述上："以其理之凝聚而言，则谓之性；以其主宰而言，则谓之心；以其主宰之发动而言，则谓之意；以其发动之明觉而言，则谓之知；以其明觉之感应而言，则谓之物。"⑥这是由理到物的路径。他又说："就物而言，谓之格；就知而言谓之致；就意而言谓之诚；就心而言谓之正。正者正此也；诚者诚此也；致者致此也；格者格此也，皆所谓穷理以尽也。"⑦ 这是由物到理的路径。在王阳明看来，格物是格其心之

①　陈荣捷：《王阳明传习录详注集评》，第321页。
②　陈荣捷：《王阳明传习录详注集评》，第321页。
③　陈荣捷：《王阳明传习录详注集评》，第321页。
④　郭齐勇编《中国哲学通史》（明代卷），江苏人民出版社，2022，第301页。
⑤　郭齐勇编《中国哲学通史》（明代卷），第301页。
⑥　（明）王守仁：《年谱》，吴光等编校《王阳明全集》，第1405页。
⑦　（明）王守仁：《年谱》，吴光等编校《王阳明全集》，第1405页。

物，正心是正其物之心，所以他说："天下无性外之理，无性外之物。"

四句教第一句"无善无恶心之体"论述的是心之本体。心体只有清明澄澈才能正确感应万物，如有欲念滞碍，则成心体之弊害。他说："良知本体原来无有，本体只是太虚。太虚之中，日月星辰，风雨露雷，阴霾饐气，何物不有？而又何一物得为太虚之障？人心本体亦复如是。太虚无形，一过而化，亦何非纤毫气力？"① 张学智总结了王阳明关于心体的诸种说法，将之分为四类。第一，"心的至善无恶的形上设定"②。心是天命之善，心体即性，性即天理。此善不同于形而下之意念之善，而是有善无恶的至善。第二，"心的无善无恶的形下状态"。是所谓上文所讲"太虚"之意。第三，以心的性质为体。"定是心之本体""乐是心之本体""恒照是心之本体"。第四，心无体，心如一张白纸，以外物的反应为心之本体。

四句教第二句"有善有恶意之动"意谓心之主宰发动指向工夫论而言，工夫论对善的执着追求，甚至是存善去恶，反过来证明，心之本体是超越了善恶的至善，是穷理尽性之后的顿悟和超然。第三句"知善知恶是良知"意谓良知是一种价值判断，在工夫论中必须贯穿这种价值判断，没有良知的工夫论是失去了意义的道问学的堆积，而良知本身就是断是非、别善恶的一种心力。第四句"为善去恶是格物"，意谓良知的知善知恶，终究要落实到格物实践的善恶上，在实践中的为善去恶，就是要超越善恶，实现本体的至善。主体为善去恶，其目的是进入无善无恶的"心之体"的境界。

因此，四句教的结构是从形而上至形而下，复从形而下回复至形而上，从本体趋向工夫，复从工夫趋向本体的环状结构，浑融一体，往复以至无穷。

第四节　荀子礼学与谭嗣同维新仁学辨析

谭嗣同（1865～1898）一生有三件大事。其一，于金陵刻经处读书著述，自谓"作吏一年，无异入山"。1896 年在南京后补江苏知府，闭门潜心读书，会通群哲之心法，探寻救国图存之思想，写成《仁学》一书。梁

① （明）王守仁：《年谱》，吴光等编校《王阳明全集》，第 1442 页。
② 张学智：《明代哲学史》，第 119 页。

启超《仁学序》一文阐述了谭氏的写作意图为弘扬康有为之思想精神：
"以求仁为宗旨，以大同为条理，以救中国为下手，以杀身破家为究竟。"
"《仁学》者，即发挥此语之书也。"① 其二，1898 年 2 月创办南学会，启
迪民智，"使湖南全省风气大开"。谭嗣同在湖南巡抚陈宝箴敦促下，迁家
浏阳，参赞湖南新政。在湖南倡办 "内河小轮船" "商办矿物" "湘粤铁
路" "时务学堂" "武备学堂" "保卫局" "南学会"。谭嗣同主持南学会，
每周大集会讲论爱国之理、救亡之法，民众受益良多，开一代风气。② 其
三，亲赴天津策动袁世凯发动兵变，营救光绪帝，挽救戊戌新政，因袁世
凯告密慈禧而失败。此三事体现了谭嗣同人生之大要：研讨和探索救亡图
存之真理；尝试开启民智；挽救政治危局，致力于军事暴动；透悟生死之
究竟，弘扬牺牲之精神。《揭乡愿与大盗：仁学》一书 10 万余字，乃革命
家之书、改革家之书，其卓异处在于政治考量之深邃，对荀学批判之激
烈。他说："悲夫，悲夫！民生之厄宁有已时耶！故常以为二千年来之政，
秦政也，皆大盗也；二千年来之学，荀学也，皆乡愿也。惟大盗利用乡
愿，惟乡愿工媚大盗，二者交相资，而罔不托之于孔。执托者之大盗乡愿
而责所托之孔，又乌能知孔哉！"③ 本节仅就 "天地一礼" 与 "天地一
仁"、"养人之欲" 与 "人人可奢，物物可贵"、"汤武革命" 与 "三代之
治" 三个范畴进行辨析。

一　谭嗣同中体西用的维新仁学对荀子仁本礼用的道德仁学的大变革

吴光把以孔子、孟子、荀子为代表的先秦儒学概括为仁本礼用的道德
仁学，而把以康有为、梁启超、谭嗣同为代表的清末儒学概括为中体西用
的维新仁学。无论道德仁学的 "仁本" 还是维新仁学的 "中体"，都把
"仁" 作为儒家的核心价值观。谭嗣同以仁为世界本源，又融通了诸派宗
教哲学的精髓，注入 "以太" 活力，建立了与传统儒学迥然不同的维新仁
学，致力于综合融汇中西方自然科学和人文科学以确立学术新视野，以献
身精神追求儒学变革，挽救清王朝，实现学术革命与政治革命的宏愿。关

---

① 梁启超：《仁学序》，载谭嗣同《揭乡愿与大盗：仁学》，崇文书局，2019，第 1 页。
② 梁启超：《谭嗣同传》，载谭嗣同《揭乡愿与大盗：仁学》，第 140 页。
③ 谭嗣同：《揭乡愿与大盗：仁学》，第 78～79 页。

于荀子"仁本礼用",此不赘述。

谭嗣同提出以太的概念,何谓以太?谭嗣同融通古今中外哲学知识,把它概括为一种至高无上的精神形式,是世界万物赖以生存和发展的最根本的一种作用力,是沟通万物与灵魂世界之唯一桥梁。他说:"遍法界、虚空界、众生界,有至大至精微,无所不胶粘、不贯洽、不管络而充满之一物焉,目不得而色,耳不得而声,口鼻不得而臭味,无以名之,名之曰'以太'。"① 谭嗣同意图用这一概念概括古今中外一切之学问,他说:"孔谓之仁,谓之元,谓之性;墨谓之兼爱;佛谓之性海,谓之慈悲;耶谓之灵魂,谓之爱人如己,视敌如友;格致家谓之爱力、吸力,咸是物也。法界由是生,虚空由是立,众生由是出。"② 因此,在谭嗣同看来,以太是世界存在和发展的本源。这是他维新仁学的基础。在此基础上他阐述了仁与以太的关系。谭嗣同认为,"仁以通为第一义","通之义,以'道通为一'为最浑括"。这是谭嗣同维新仁学与荀子礼学的根本区别,谭嗣同的维新仁学是仁学发展至清代的最大变革,是世界学术视野与中国社会实际相结合的最深刻的思考。

他说:"仁以通为第一义。以太也,电也,心力也,皆指出所以通之具。"又说:"以太也,电也,粗浅之具也,借其名以质心力。"谭嗣同把它置于仁的根本地位,这与荀子大不同,荀子把礼作为仁学的根本之义。荀子在《礼论》篇说:"礼有三本:天地者,生之本也;先祖者,类之本也;君师者,治之本也。"③《大略》篇说:"礼之于正国家也,如权衡之于轻重也,如绳墨之于曲直也。故人无礼不生,事无礼不成,国家无礼不宁。"④《儒效》篇说:"先王之道,仁之隆也,比中而行之。曷谓中?曰:礼义是也。"⑤《致士》篇说:"程者,物之准也;礼者,节之准也。程以立数,礼以定伦,德以叙位,能以授官。"⑥因此,礼之于荀学,犹"通"之于谭学。

那么,什么是通?

① 谭嗣同:《揭乡愿与大盗:仁学》,第11页。
② 谭嗣同:《揭乡愿与大盗:仁学》,第11页。
③ (清)王先谦撰,沈啸寰、王星贤点校《荀子集解》,第413页。
④ (清)王先谦撰,沈啸寰、王星贤点校《荀子集解》,第585页。
⑤ (清)王先谦撰,沈啸寰、王星贤点校《荀子集解》,第144页。
⑥ (清)王先谦撰,沈啸寰、王星贤点校《荀子集解》,第309页。

谭嗣同说:"通有四义:中外通,多取其义于《春秋》,以太平世远近大小若一故也;上下通,男女内外通,多取其义于《易》,以阳下阴吉,阴下阳吝,泰否之类故也;人我通,多取其义于佛经,以'无人相,无我相'故也。"①谭嗣同详细解释了通之四义。首要之义是中外通。谭嗣同从中国传统出发,用《春秋》的内涵来解释它,即"太平世远近大小若一",它的实质是中国古代春秋时期诸侯各国治理国家的准绳,谭嗣同把鲁国之政与他国之政视为内外之政,但他侧重要说的"中外",需联系中国晚清社会实际,即中国与西方。其认为全球各国治国理政的内在需求应该是一致的。这是谭嗣同维新派的理论之基,也是中体西用的内在本质。其次是上下通,即社会政治中政治机构上级与下级应融通一致,通力合作,而无贵贱之别。这也有别于荀子所说的君道和臣道观。再次是男女之内外通,即社会关系以男女之间的关系为基本关系,这是谭嗣同立足于荀子礼学中夫妇之别而另立新宗之说,其要在通而不在别。最后是人我通,即如何建立社会中人与人之间的新型关系。因此,从"通有四义"看,谭嗣同的维新仁学与传统荀学相比有着崭新的学术品格。

在荀子道德仁学中,与知和勇相比,礼为核心,在谭嗣同维新仁学里,与知、勇、礼相比,仁仍然处于核心位置,知只是从属于仁。因此,谭嗣同提出"天地间亦仁而已矣"的主张。他说:"仁之至,自无不知也。牵一发而全身为动,生人知之,死人不知也;伤一指而终日不适,血脉贯通者知之,痿痹麻木者不知也。吾不能通天地万物人我为一身,即莫测能通者之所知,而诧以为奇;其实言通至于一身无有不知者,至无奇也。知不知之辨,于其仁不仁,故曰:天地间亦仁而已矣,无智之可言也。"②

与勇、义、信、礼等相比,仁仍然处于核心位置。他说:"孔子曰:'仁者必有勇。'手足之捍头目,子弟之卫父兄,其事急,其情切,岂有犹豫顾虑而莫敢前者?勇不勇之辨,于其仁不仁,故曰:天地间亦仁而已矣,无勇之可言也。义之为宜,出于固然,无可言也。吾知手必不能为足之所为,足必不能为手之所为也,苟其能而无害,又莫非宜也。信之为诚,亦出于固然,无可言也。知痛痒,知捍卫,吾知其非外假也,非待设心而然也,非有欲于外之人也。礼者,即其既行之迹,从而名之。至于

---

① 谭嗣同:《揭乡愿与大盗:仁学》,第6页。
② 谭嗣同:《揭乡愿与大盗:仁学》,第17页。

礼，抑末矣，其辨皆于仁不仁。故曰：天地间亦仁而已矣。"① 勇出于事急情切，不得不勇；义出于宜，理固宜然；信出于诚，不假于外；礼出于名，最为末节。对于这些范畴的辨析，基于仁不仁之辨，这是认识其他范畴的前提和基础。

谭嗣同维新仁学关于性的认识迥异于荀子的道德仁学。谭嗣同倡导性无论。性善论是建立在"性无"论基础上的。他说："生之谓性，性也；形色天性，性也；性善，性也；性无，亦性也。无性何以善？无善所以善也。有无善然后有无性，有无性斯可谓之善也，善则性之名固可以立。就性名之已立而论之，性一以太之用，以太有相成相爱之能力，故曰性善也。"②

谭嗣同的性无论，要义有三。第一，性属天然，性无即性。第二，性善之论，是为性立名，非其本质。第三，正是性无，才可以立善名，性本以太，有相爱相成的力量，所以性善。

性恶论如何来？谭嗣同认为它也起源于习和名。他说："用固有恶之名矣。然名，名也，非实也；用，亦名也，非实也。名于何起？用于何始？人名名而人名用，则皆人之为也，犹名中之名也。何以言之？男女构精，名之曰'淫'，此淫名也。淫名，亦生民以来沿习既久，名之不改，故皆习谓淫为恶耳。"又说："孔子曰：'性相近，习相远。'沿于习而后有恶之名，恶既为名，名又生于习，可知断断乎无有恶矣。"③ 在谭嗣同看来，恶起源于人们的沿习和名称，这种名称和沿习不是性。

谭嗣同的性无论是建立在西方自然科学和释家思想的基础上的。他说："就其本原言之，固然其无性，明矣。彼动植之异性，为自性尔乎，抑质点之位置与分剂有不同耳。质点不出乎六十四种之原质，某原质与某原质化合则成一某物之性；析而与他原质化合，或增某原质，减某原质，则又成一某物之性；即同数原质化合，而多寡主佐之少殊，又别成一某物之性。"④ 又说："然原质犹有六十四之异，至于原质之原，则一以太而已矣。一，故不生不灭；不生故不得言有；不灭故不得言无。谓以太即性，可也；无性可言也。"⑤ 在这里，谭嗣同认为物无性，此思想来源于原子

---

① 谭嗣同：《揭乡愿与大盗：仁学》，第 18 页。
② 谭嗣同：《揭乡愿与大盗：仁学》，第 23 页。
③ 谭嗣同：《揭乡愿与大盗：仁学》，第 24～25 页。
④ 谭嗣同：《揭乡愿与大盗：仁学》，第 30 页。
⑤ 谭嗣同：《揭乡愿与大盗：仁学》，第 31 页。

论，任何物质由原子组成，取决于数量和排列结构，因此，物无善恶。此外，谭嗣同吸收释家《心经》思想，认为性不生不灭，故无善恶。因此，谭嗣同完全否认荀子性恶论思想，其学术是吸收了西方自然科学和诸宗教思想之后的产物，其目的在于政治维新。谭嗣同之论剥蚀了人的社会性，以自然物形来论人的本质属性，独辟蹊径，他的人性论是为戊戌变法服务的。

二　养人之欲与人人可奢、物物可贵

荀子富国学说是农耕文明的产物，他富国思想的核心体现在裕民以政和节用以礼上。裕民以政落实到农业生产上，节用以礼落实到生活资料的分配上，最后都归结于礼。谭嗣同"人人可奢、物物可贵"的思想建立在工业文明的基础上，"物物可贵"意指大工业的生产必然带来层出不穷的新产品，给社会带来巨大的财富。"人人可奢"意指建立在天下为公、立权为民的政治基础上的物质生活资料的分配模式能最大限度满足全体国民的需求。

所谓裕民以政，就是通过政策，扩大从事农业的人口数量，顺天时安排农事，做到"朝无幸位，民无幸生"，在政事和农业生产方面能够人尽其才。他说："裕民则民富，民富则田肥以易，田肥以易则出实百倍。……量地而立国，计利而畜民，度人力而授事，使民必胜事，事必出利，利足以生民，皆使衣食百用出入相掩，必时臧余……轻田野之税，平关市之征，省商贾之数，罕兴力役，无夺农时，如是，则国富矣。夫是之谓以政裕民。"[①] 荀子认识到在农业文明的时代，把农业产量提高到极致，使国富民强，有赖于政治政策。

所谓节用以礼，在养人之欲、分配物质生活资料上要做到上以法取，下以礼节用。也就是说，荀子在物质生活资料的分配上分了上下两个层次，对在上者"百姓相率而为之劳苦""养其知"，"为之出死断亡""以养其厚"，"为之雕琢、刻镂、黼黻、文章以藩饰之，以养其德"。对于最广大百姓的物质生活资料分配，荀子仅用"节用"二字。这与墨子节用思想大不同。墨子力行"衣褐带索，嚾菽饮水"，"少人徒，省官职，上功劳苦，与百姓均事业，齐功劳"。物质生活资料的分配不强调等级贵贱，而

---

① （清）王先谦撰，沈啸寰、王星贤点校《荀子集解》，第209～212页。

是注重人人平等。这是荀子所不能接受的。

谭嗣同的时代，西方诸国的富强之道早已不在农业生产上，而转向工业生产、商品的倾销。鸦片战争即是商品倾销的产物。维新派的改革家谭嗣同着眼于西方的工业文明，进而在湖南兴办内河轮船制造、采矿、修铁路等实业，以实现国家富足。谭嗣同认为节省劳动时间是累积财富的根本。大机器生产节省了时间成本，提高了生产效率，是财富之源。他说："货财之生，生于时也，时糜货财歉，时啬货财丰，其事相反，适以相成。机器之制与运也，岂有他哉？惜时而已。惜时与不惜时，其利害相去，或百倍，或千倍，此又机器之不容缓者也。时积而成物，物积而值必落，于是变去旧法，别创新物，以新而救积。"① 谭嗣同认为西方工业革命带来的大机器生产，使利润成百倍地增长，世界的竞争必然是新机器新产品制造的竞争。中国的贫困根源就在于产品制造业的落后。因此需要变革旧制，需要实现工业文明。又说："喜贱值由于国贫，国贫由于不得惜时之道，不得惜时之道由于无机器。然则机器兴而物价贵，斯乃治平之一效矣。"②

因此，维新派谭嗣同认为先要从中国的旧思想"俭"和旧制度"君权"下手，故要革去君权而兴民权。他说："不解事之腐儒，乃曰天地生财，止有此数，强聒天下之人，使拂性之本然而相率出于俭，物价自不能违其俭而孤以腾踊。……自俭之名立，然后君权日以尊而货弃于地，亦相因之势然也。一旦衔勒去，民权兴，得以从容谋议，各遂其生，各均其利，杼轴繁而悬鹑之衣绝，工作盛而仰屋之叹消。矿禁驰，谁不轻其金钱？旅行速，谁不乐乎游览？复何有俭之可言哉！"③ 作为维新派代表人物，谭嗣同力倡打破旧思想的约束，废黜君权以兴民权，以政治制度的变革改善民生，消除贫困，消除失业，发展近代工商业，促进生产力发展，全面实现人民富裕。

在此基础上，谭嗣同植入"人人可奢，物物可贵"的观念。他认为"私天下者尚俭，其财偏以壅，壅故乱；公天下者尚奢，其财均以流，流故平"④。天下为私，必然使国家财富集中于少数人手中，终将导致社会的混乱。谭嗣同的这种观念是植根于中国传统文化思想的，他把这种"物物

---

① 谭嗣同：《揭乡愿与大盗：仁学》，第61页。
② 谭嗣同：《揭乡愿与大盗：仁学》，第61页。
③ 谭嗣同：《揭乡愿与大盗：仁学》，第62页。
④ 谭嗣同：《揭乡愿与大盗：仁学》，第62页。

可贵""人人可奢"的理论归结于"尽性论"。《中庸》谓："唯天下至诚为能尽其性，能尽其性则能尽人之性，能尽人之性则能尽物之性，能尽物之性，则可以赞天地之化育；可以赞天地之化育，则可以与天地参矣。"①维新派认为政治制度的变革，带来天下平治，有利于促进大机器生产，促进人性的充分发挥，从而使物质产品的制造达于极致。他说："治平至于人人皆可奢，则人之性尽；物物皆可贵，则物之性亦尽。然治平之世人人可奢，物物可贵，不惟奢无所眩耀，而奢亦俭，不待勉强而俭，岂必遏之塞之积疲苦之极，反使人欲横流，一发不可止，终酿为盗贼反叛，攘夺篡弑之祸哉！"②维新派谭嗣同仁学思想以政治改革为前提，以实现工业文明为手段，以"人人可奢，物物可贵"的社会愿景为理想。这种挽救民族危亡的意图与荀子生世的一统天下之学术目的是不同的。

三　谭嗣同之论三纲与五伦

谭嗣同维新仁学的矛头直指荀子道德仁学的纲常礼教，其维新仁学与荀学水火不容，这是中国道德仁学向民主仁学转变的基础。"方孔之初立教也，黜古学，改今制，废君统，倡民主，变不平等为平等，亦汲汲然动矣。岂谓为荀学者，乃尽亡其精意，而泥其粗迹，反授君主以莫大无限之权，使得挟持一孔教以制天下！"又说："由是二千年来君臣一伦，尤为黑暗否塞，无复人理，沿及今兹，方愈剧矣。"③谭嗣同维新仁学，尊孔反荀，以孔学为民主平等之学，而反对荀学之尊王隆礼。

谭嗣同认为君臣、父子、夫妇之名危害甚大，是"愚黔首之术"，摧残了人的体魄和灵魂。他强调应该人人平等，恢复个体的自主之权，即民权。第一，君臣、父子之名使人不平等。他说："君臣之祸亟，而父子夫妇之伦遂各以名势相制为当然矣。此皆三纲之名之为害也。名之所在，不惟关其口不敢昌言，乃并锢其心使不敢涉想。愚黔首之术，故莫以繁其名为尚焉。"④第二，三纲的危害，表现在"破胆而杀其灵魂"。他说："今则房役之而已矣，鞭笞之而已矣。至计无复之，辄自引决。村女里妇，见戕于姑恶，何可胜道？父母兄弟，茹终身之痛，无术以援之，而卒不闻有

---

① （宋）朱熹：《四书章句》，载朱杰人等主编《朱子全书》第6册，第50页。
② 谭嗣同：《揭乡愿与大盗：仁学》，第62页。
③ 谭嗣同：《揭乡愿与大盗：仁学》，第80页。
④ 谭嗣同：《揭乡愿与大盗：仁学》，第99页。

人焉攘臂而出，昌言以正其义。又况后母之于前子，庶妾之于嫡子，主人之于奴婢，其于体魄皆无关，而黑暗或有过此者乎！三纲之慑人，足以破其胆而杀其灵魂，有如此矣！"①

第三，谭嗣同认为荀学之三纲渎乱夫妇之伦，其矛头直指封建帝王。他说："尤可愤者，己则渎乱夫妇之伦，妃御多至不可计，而偏喜绝人之夫妇，如所谓割势之阉寺与幽闭之宫人，其残暴无人理，虽禽兽不逮焉。"②第四，三纲是统治者之三纲，是民贼之三纲。他说："况天下者，天下之天下，徒广独夫民贼之嗣续，复奚为也？独夫民贼，固甚乐三纲之名，一切刑律制度皆依此为率，取便己故也。"③谭嗣同之论三纲以倡导民权、反对帝制为中心。他称皇帝为"独夫""民贼"，一切刑律制度都是为了统治人民，剥夺民权，残害百姓，为一己谋私利。

为了倡导民权，谭嗣同对荀学中的五伦进行了批判，提出"朋友岂真贵于余四伦而已，将为四伦之圭臬"的主张。

第一，谭嗣同认为，五伦中的朋友体现了民权。他说："五伦中于人生最无弊而有益，无纤毫之苦，有淡水之乐，其惟朋友乎！顾择交何如耳，所以者何？一曰'平等'；二曰'自由'；三曰'节宣惟意'。总括其义，曰不失自主之权而已矣。"④谭嗣同崇尚同志之义，赋予其时代意义，其体现了平等和自由，体现了"节宣惟意"。

第二，谭嗣同主张"四伦咸以朋友之道贯之，是四伦可废也"，这体现了民主思想。处理人与人之间关系的准绳，不再是三纲五常，而是平等自由自愿的民主标准。因此，他说："故民主者，天国之义也，君臣，朋友也；父子异宫异财，父子，朋友也；夫妇择偶判妻，皆由两情自愿，而成婚于教堂，夫妇，朋友也；至于兄弟，更无论矣。"⑤谭嗣同废除君臣、父子、夫妇、兄弟四伦，保留朋友一伦的观点，不仅是他对传统荀学的彻底变革精神的体现，也是吸收西学、弘扬民主的结果。

第三，谭嗣同弘扬朋友之伦，也是维新派呼吁民权的表现，是维新派改造社会的起点。他说："夫惟朋友之伦独尊，然后彼四伦不废自废。亦

① 谭嗣同：《揭乡愿与大盗：仁学》，第 99 ~ 100 页。
② 谭嗣同：《揭乡愿与大盗：仁学》，第 100 页。
③ 谭嗣同：《揭乡愿与大盗：仁学》，第 101 页。
④ 谭嗣同：《揭乡愿与大盗：仁学》，第 102 页。
⑤ 谭嗣同：《揭乡愿与大盗：仁学》，第 103 页。

惟明四伦之当废，然后朋友之权力始大。今中外皆侈谈变法，而五伦不变，则举凡至理要道，悉无从起点，又况于三纲哉！"① 谭嗣同呼吁民权，首先从处理人与人之间关系开始，处理人与人之间关系必须自社会成员的平等、自由和自愿开始，即从朋友开始，这是废除君权的第一步，也是根本的一步。

四　保国之学与自强之策

以康、梁、谭为首的维新派，考虑的重大学术课题即保国存种和自强续运问题。

谭嗣同在《仁学》一书中指出："求保国之急效，又莫捷于学矣。"如何保护学术？他提出三条主张。第一，保护学术赖以生存的文化环境和设施。他以普法战争为据，法国尽管以失败而告终，但法国没有亡国，普鲁士"破其国而不敢有，法人之学为之也"②。因此，战乱中的中国也应效法法国对文化设施进行有效保护。他说："万国公法，两国开战之时，于学堂、学会、书院、藏书楼、博物院、天文台、医院等，皆视同局外，为炮弹枪子所不至，且应妥为保护。然则其朝廷即不兴学，民间亦当自为之，所以自保也。"③

第二，他认为学术具有"涨力"和"挤力"，这是其他任何一种势力所不具备的。何谓"涨力"？"锢水于锅炉，勿谓水弱也，烈火燔其下，虽针铁百重，而锅忙必为汽裂，涨力之谓也。"这里谭嗣同把学术的力量比作蒸汽机的力量，认为学术具有不可估量的爆发潜力。何谓"挤力"？"豫章之木，勾萌于石罅，勿虑无所容也，日以长大，将渐据石所据之地，石且为之崩离，挤力之谓也。"④ 这里谭嗣同把学术的力量比作石头夹缝中的树木，力量渐渐壮大，终究挤破石块，长成伟岸身躯。因此谭嗣同认为正是有这两种力量存在，学术之力才不可低估，一切势力终将为学术所统摄。他说："惟学亦具此二力。才智日聪，谋虑日宏，声气日通，生计日丰，进无求于人，退无因于己，上而在朝，下而在野，济济盈廷，穆穆布

---

① 谭嗣同：《揭乡愿与大盗：仁学》，第103页。
② 谭嗣同：《揭乡愿与大盗：仁学》，第109页。
③ 谭嗣同：《揭乡愿与大盗：仁学》，第109～110页。
④ 谭嗣同：《揭乡愿与大盗：仁学》，第110页。

列，皆同于学，即皆为学之所摄。发政施令，直举而措之可也。"①

第三，培养和保护国民的学术文化和精神信仰。国民的学术文化素养是国家存亡的关键。民有学，国破而种不灭。他说："且民而有学，国虽亡亦可也。无论易何人为之君，必无敢虐之。直君亡耳。视君亡犹易臧获，于民宁有害焉？"此外，使人民保有学术，才能保障民权。他说："同生地球上，本无所谓国，谁复能此疆尔界，糜躯命以保国君之私产，而国遂以无权。国无权，权奚属？学也者，权之尾闾而归墟也。"② 谭嗣同认为，国民的权力和利益，通过学术文化彰现出来，学术文化是民权得以实现和发展的土壤，离开了学术文化，民权将不复存在。

自强图存是维新仁学的目的，谭嗣同《揭乡愿与大盗：仁学》一书提出三项措施。首先是修建铁路，尤其是修建一条贯通欧亚大陆的铁路大动脉。这条连接欧亚两洲的大铁路，东起朝鲜，西达土耳其，横贯中国、阿富汗等广大地域，可以称得上"万国公路"。谭嗣同认为这条铁路在北纬三十度至四十度之间，其有利之处多达二十处，③ 他从仁政、义举、智谋、勇功四个方面评价这一铁路带来的功效。他说："弭将发之兵端，保五洲之太平，仁政也；拯垂亡之弱国，植极困之遗黎，义举也；笼总汇之商务，收溢散之利源，智谋也；争棋劫之先着，杜横流之后患，勇功也。"④ 横跨

---

① 谭嗣同：《揭乡愿与大盗：仁学》，第 110 页。
② 谭嗣同：《揭乡愿与大盗：仁学》，第 110 页。
③ 见谭嗣同《揭乡愿与大盗：仁学》，第 117～118 页。"今修此路，则彼为其弧，此为其弦；远之于近，其利一。彼路长则成功劳，此路短则成效速；艰之于易，其利二。彼路长则行李稍淹，此路短则计日加捷；迟之于速，其利三。彼越乌拉岭之南北干山，与铁路正交，此循葱岭之东西干山，与铁路平行；险之于夷，其利四。彼近寒带，天时凛冽，此在温带，天时和煦；寒之于暖，其利五。彼荒寒枯瘠，物产萧寥，此农矿膏腴，物产充牣；歉之于盈，其利六。彼工艺制造，寂然无闻，此商货灌输，日不暇给；僻之于繁，其利七。彼人民野悍，驾驭难周，此人民柔顺，驱使易效；梗之于驯，其利八。彼人少工价昂，此人多工价廉；散之于聚，其利九。彼一国孤撑，此众擎易举；重之于轻，其利十。彼专利于一方，此溥利于万国；私之于公，其利十一。彼以危人之安，此以安人之危；利之于义，其利十二。彼路为众心共疾，此路为群情争向；恶之于好，其利十三。彼路成，适以召天下之兵，此路成，足以定天下之乱；失之于得，其利十四。总此十四利，则彼之借款难，此之招股易；背之于向，其利十五。总此十五利，则彼之偿息多，此之偿息少；疑之于信，其利十六。总此十六利，则彼之成本重，此之成本轻；耗之于省，其利十七。总此十七利，则彼之获利微，此之获利巨；啬之于丰，其利十八。总此十八利，则彼之铁路，十年积虑，尽掷黄金于虚牝，此之铁路，一旦出争，立致青云于顷刻；废之于兴，其利十九。总此十九利，则彼不能以铁路侵人国土，此转欲以铁路致其死命；败之于功，其利二十。"
④ 谭嗣同：《揭乡愿与大盗：仁学》，第 118 页。

亚欧的大铁路，可以把亚欧引向太平政治，避免战争；可以挽救中国危亡，拯救中华民族；可以促进商业贸易，从商业中获得巨利；可利用交通之便利发展经济，杜绝祸乱之源。

其次是变衣冠。谭嗣同认为民族文化首先表现在衣冠上，变革维新应该从衣冠始。谭嗣同说："中国士民之不欲变法，良以繁重之习，渐渍于骨髓；不变其至切近之衣冠，终无由耸其听闻，决其志虑，而咸与新也。"中国人的服装特点在"长齐博袖"，"农夫之于畎亩，工役之于机器，兵卒之于战阵，佣隶之于趋走，于今之衣冠礼范有大不便者"，它的根本原因在于"君主之弱天下也，必为甚繁重之礼与俗，使竭毕生之精神"①。晚清的衣饰正是皇帝弱天下之民的体现。

最后是"处发之道"。谭嗣同列举了人们日常整理头发的四种习俗。第一，是中国的古制"全发"。把全部头发都保存下来，目的是保护大脑，更大原因源于习俗，身体发肤受之父母，不可损害。第二，是僧制的"全剃"，长于"清洁无累"，短于"护脑"。第三，是西制"半剪"，两得其利，足以护脑，又轻其累。第四，是鞑靼之制"半剃"。两得其害，既不护脑，又为垂辫所累。谭嗣同认为，处发之道应该向西方学习。他说："日本之强，则自变衣冠始，可谓知所先务矣。乃若中国，尤有不可不亟变者，剃发而垂发辫是也。姑无论其出于北狄鄙俗之制，为生人之大不便。"②从日常生活方式、衣饰和发式上进行变革是维新派推行社会变革的一个重要特征。

---

① 谭嗣同：《揭乡愿与大盗：仁学》，第120页。
② 谭嗣同：《揭乡愿与大盗：仁学》，第120页。

第四章
荀子思想理论体系的总纲与维度

荀子思想理论要解决的问题有两个。其一，如何得君行道。那就要儒者成圣，掌握改造社会的才能、具备治国安邦的道德素养，走上干谒之路，借助帝王之势，推行学术主张。

中国素来有布衣之士与王侯对话的传统，战国时期是布衣之士与王侯对话最盛行的时代，荀子即是典型，但荀子生年干谒燕、齐、秦、赵、楚五国，"得君行道"的理想皆以失败告终。公元前316年，荀子在燕国反对禅让，"燕子哙贤子之而非孙卿，故身死为僇"[①]，此时他的地位不及齐使苏代、燕相子之、燕臣鹿毛寿，更谈不上得君行道了。齐襄王时"修列大夫之缺"，荀子在齐国虽"最为老师"，且为稷下"列大夫"之首，但其学术也未得大用。公元前285年，"及愍王，奋二世之余烈，南举楚淮，北并巨宋，苞十二国，西摧三晋，却强秦，五国宾从，邹、鲁之君，泗上诸侯皆入臣。矜功不休，百姓不堪。诸儒谏不从，各分散，慎到、捷子亡去，田骈如薛，而孙卿适楚"[②]。荀子之学术在齐国没有得到实践。

公元前266年之后，荀子来到秦国面见秦昭王及秦相范雎，以学术干谒："孙卿之应聘于诸侯，见秦昭王。昭王方喜战伐，而孙卿以三王之法说之，及秦相应侯，皆不能用也。"[③]《儒效》篇与《强国》篇记述了秦昭王与荀子相互答问之语。此次应聘以秦昭王"方喜战伐"而结束。公元前

---

① 陈奇猷校注《韩非子集释》，第853页。
② 陈桐生译注《盐铁论》，中华书局，2015，第113页。
③ （汉）刘向：《荀卿新书三十二篇》，（清）王先谦撰，沈啸寰、王星贤点校《荀子集解》，第657页。

259～公元前 257 年，荀子及其学生韩非、李斯入赵议兵。① 尽管以"王兵"折服了"诈兵"，但在诸国"争于气力"的时代风气下，对于荀子，赵孝成王"卒不能用"。荀子在楚国为兰陵令也经周折，进谗言的人以之比"汤武"，不便于君，荀子辞楚赴赵；尽忠言的人以之比"伊尹""管仲"，荀子因之离赵再赴楚。春申君赏识荀子，而未见到楚国当世之君接纳荀子于朝廷，荀子生年终未得到大用。

庆幸的是荀子有两位学生即韩非、李斯，受到重用。韩非深谙干谒帝王的绝学，其《说难》篇是其追随荀子历经诸国干谒之经验的总结："今以吾言为宰虏，而可以听用而振世，此非能仕之所耻也。夫旷日弥久，而周泽既渥，深计而不疑，引争而不罪，则明割利害以致其功，直指是非以饰其身，以此相持，此说之成也。"②

李斯"从荀卿学帝王之术。学已成，度楚王不足事，而六国皆弱，无可为建功者，欲西入秦"③。他认为此是"布衣驰骛之时而游说者之秋"，他的人生价值观是"诟莫大于卑贱，而悲莫甚于穷困"，入秦初为秦相吕不韦舍人，后至秦相。李斯思想虽与荀子存在差异，但是李斯之思想与他随荀子干谒秦、齐、赵、楚的经历不可分割。例如李斯进谏秦王："夫以秦之强，大王之贤，由灶上骚除，足以灭诸侯、成帝业，为天下一统，此万世之一时也。今怠而不急就，诸侯复强，相聚约从，虽有黄帝之贤，不能并也。"④ 此"大一统"思想及"兼人之术"，实得于荀子。因此，从某种意义上讲，李斯在大秦帝国之功业，是荀子学术命运的赓续，荀学与秦政结合，二者形成一个不可剥离、颠扑不破的整体。

谭嗣同对二者关系的论述一针见血："故常以为二千年来之政，秦政也，皆大盗也；二千年来之学，荀学也，皆乡愿也。惟大盗利用乡愿，惟乡愿工媚大盗，二者教相资，而罔不托之于孔。"⑤ 二者结合，成为中国古代主流意识文化的核心，从这个意义上讲，荀子是间接地"得君行道"，且时间久远。赵鼎新指出，汉朝与秦朝的关键性差异在于：秦朝的统治权建立在纯粹的强制力量的基础上，而汉朝则将其统治的合法性奠定于儒家

① 廖名春：《〈荀子〉新探》，第 24 页。
② （清）王先慎撰《韩非子集解》，第 92 页。
③ 《史记》，第 2539 页。
④ 《史记》，第 2540 页。
⑤ 谭嗣同：《揭乡愿与大盗：仁学》，第 78～79 页。

学说及国家政权与儒士之间的联盟的基础上。汉武帝时的政治模式一直延续到辛亥革命。① 从某种意义上讲，荀学以"乡愿"角色与政治结合，在汉武帝时期才正式完成。

其二，如何实现人伦文明社会。实现这一理想，先要有一个好的学术思想体系，然后在此基础上制定一系列的王政措施，并在某个地域进行实践。首先要尊王隆礼，并以此为基础，全面贯彻尊王隆礼的精神，推行一系列制度，阐述其合理性、科学性、高效性。如何得君道是前提，解决了这个问题，第二个问题（如何实现人伦文明社会）的解决才成为可能。第二个问题是根本问题，只解决第一个问题，第二个问题得不到解决，荀子思想体系就会失去其存在价值和根本意义。李斯解决了第一个问题，荀子思想在某种程度上经由李斯在秦国得到实践。李斯继承了荀子的尊王思想。李斯"焚书坑儒"的政策是其主持秦政时的最大举措，是其尊王的集中体现，李斯"焚书坑儒"的理论依据是荀学。

熊公哲对此政做出了两点评价。第一，"今皇帝并有天下，别黑白，而定一尊。此言天下既一，人不得异其学也"②。秦始皇统一天下，其思想和言说占据统治地位，是既定之秦朝之国策，天下学子遵从这个唯一的思想和学说，就是尊王，这也是荀子法后王的思想主张。第二，"今诸生学古以非今，惑乱黔首，人闻令下，则各以其学议之；如此弗禁，则主势隆乎上，党与成乎下。此言令既下，下不得议其法也"③。李斯"焚书坑儒"之政就是在隆法，秦法具有无上权威，无上地位，学者不得结党议论，扰乱意识形态，其借助隆法实现尊王。熊公哲认为李斯"焚书坑儒"之政的理论依据来源于荀学。他说："李斯之所以烧诗书者，其用，主乎禁下之议论；其道，要在别黑白而定一尊。所谓别黑白而定一尊者，荀子道有一隆之意也。"④ 荀子认为"道有一隆"，即天下之道只有唯一正道，即尊王隆礼的原则。这是《荀子·非十二子》的重要观点："假今之世，饰邪说，交奸言，以枭乱天下，矞宇嵬琐，使天下混然不知是非治乱之所存者有人矣。"⑤ 这是战国末与秦朝初时学术思想的状况，如其所说，异论并起，邪

---

① 赵鼎新：《东周战争与儒法国家的诞生》，夏江旗译，华东师范大学出版社，第163页。
② 熊公哲：《荀卿学案》，第67~68页。
③ 熊公哲：《荀卿学案》，第67~68页。
④ 熊公哲：《荀卿学案》，第67~68页。
⑤ （清）王先谦撰，沈啸寰、王星贤点校《荀子集解》，第105~107页。

恶奸诈、诡异夸大、怪诞鄙陋的言论甚至影响了是非标准、治乱之源。

于此种情状应如何处理？"劳力而不当民务谓之奸事，劳知而不律先王谓之奸心，辩说譬谕、齐给便利而不顺礼义谓之奸说。此三奸者，圣王之所禁也。"① 荀子把与圣王不一致的心机称为"奸心"，把不合礼义的言说称为"奸说"，认为这些都是要禁止的。李斯"焚书坑儒"的学术依据近于《荀子·非十二子》的思想，只不过把"礼义"换成了"法令"，其尊王的本质是一致的。在荀子看来，实现人伦文明社会的途径是尊王隆礼，甚至是尊法，而尊王是根本。

张岱年说："不论一个哲学家对这个问题的了解如何，他的哲学实际上总是世界观和方法论的统一体。"② 因此，荀子思想理论体系的研究也应集中在这两个方面，即荀子的世界观与方法论上。本章主要讨论荀子思想体系的一个尊王隆礼的总纲领和成圣、王道、方法论三大维度及其主要论断。总纲领统摄整个荀子思想体系，三大维度及其主要论断揭示了荀子思想体系各范畴的本质联系。

第一节　荀子思想理论体系的总纲

荀子思想一经诞生，荀学的历史便开始了，研究者代不乏人，成果可观。专题研究从无到有，从粗至细，从浅入深，蔚然大观，自不必说。而体系研究存在薄弱环节，荀子思想体系各范畴之间的关系研究、荀子思想体系溯源和影响的探讨等问题，确需提上日程。

梁启超谈儒家重要问题，只谈到三个领域：性善恶问题、天命的问题、心体问题。③ 这也是荀子思想体系的重要范畴。郭沫若称荀子为"杂家的祖宗"④，认为荀子"把百家的学说差不多都融会贯通了"，这客观上揭示了荀子思想体系的特点。他在《荀子的批判》中对荀子思想体系的四个方面即荀子的宇宙观或世界观是一种循环论、人性论的探索，荀子的社会理论，荀子的政治理论进行了评论。郭沫若主要批判荀子思想体系的漏洞，当然其关于人性的批判有待商榷。郭沫若没有分析四个领域之间的联

① （清）王先谦撰，沈啸寰、王星贤点校《荀子集解》，第 115 页。
② 张岱年：《中国哲学史方法论发凡》，中华书局，2005，第 1 页。
③ 梁启超：《儒家哲学》，第 69～97 页。
④ 郭沫若：《十批判书》，载《郭沫若全集》历史编第 2 卷，第 213 页。

系，他的批判也具有驳杂的特征。熊公哲《荀卿学案》列出荀子思想体系中 19 个范畴，即"道隅""学行""天人""止足""中事中说""伦类""言议""隆正""性伪""化性""心权""师法""义利""诚守""隆仁""后王""正名""王政""群分"。熊公哲对荀子思想体系中的概念进行了划分，对考察荀子思想体系有着重要意义，《旨要》篇重点阐述了"礼""学"两范畴为荀子思想的总纲，尤其指出荀学传承中，韩非和李斯二人在秦国的政治实践中发挥了重要作用，开启了中国大一统社会的大幕。[①] 惠吉星在讨论荀子思想与中国文化之关系时，提到了荀子思想，他把荀子思想分为礼学与礼制、天道与人道、性恶与伪善、王道与霸道、隆礼与重法、明道与体道、诗教与乐教等七个方面，开始探讨荀子思想体系内部范畴之间的关系，为荀子思想体系研究提供了路径。[②] 童书业《先秦七子思想研究》从天道观和名学、伦理思想、政治思想、教育思想等方面对荀子思想体系展开讨论，指出"阳儒阴法"是荀子思想的本质。荀子思想经由韩非、李斯而与秦政结合，汉朝的"王霸杂用"是对秦政的继承，实质上也是"阳儒阴法"。[③] 这一主张与熊公哲一致。

　　以上诸家研究荀子思想体系的成果，侧重荀子思想的主要方面和荀子思想的主要特征，缺少思想体系的整体观、发展观和范畴之间普遍联系的观念。与以上诸家对荀子思想的讨论不同，本节主要论述荀子思想体系的一个总纲领：尊王隆礼。在其他三节讨论成圣、王道与方法论三个维度及其主要论断。

一　一道之隆：尊王隆礼

　　梁启超说："世界哲学大致可分三派。印度、犹太、埃及等东方国家，专注重人与神的关系；希腊及现代欧洲，专注重人与物的关系；中国专注重人与人的关系。中国一切学问，无论那一时代，那一宗派，其趋向皆在此一点，尤以儒家为最博深切明。"[④] 荀子思想体系最能验证梁氏之语，其礼学范畴就是解决人与人的关系的学问，并使礼学走向传统，形成约定俗成的文化习俗。荀子所讲的"隆礼尊王"，不只是把礼变成文化习俗，而

---

① 熊公哲：《荀卿学案》，第 61~69 页。
② 见惠吉星《荀子与中国文化》，贵州人民出版社，1996，第 1~7 页。
③ 童书业：《先秦七子思想研究》，上海人民出版社，2019，第 187 页。
④ 梁启超：《儒家哲学》，第 4 页。

且要使之成为国家的法令制度，成为国家政治生活的中心内容，这就是
"隆礼"，这种隆礼需要在每一个社会成员身上施行，而"尊王"是"隆
礼"的必要条件，要在国家政治层面上展开，离开了王权，根本行不通。

　　荀子的世界观体系涉及四个领域。他探索天人关系、人何以能群，带
有自然哲学色彩；他总结心智发展本质及主体精神，具有精神哲学的特
征；他构建天、地、君、亲、师，天子、诸侯、大夫、士，士、农、工、
商，君为臣纲、父为子纲、夫为妇纲等社会阶层论，具有伦理道德的意
义；他概论治国思想之礼法论、君臣论、富国论、"凝一"治兵论，具有
政治属性。那么他要解决的主要问题是什么？在礼崩乐坏、社会失序、国
相侵、人相夺的现实下，荀子要改造社会现状，必须得君行道、化育国民
心性，重建国家秩序。为了解决这个问题，荀子创建了学术思想体系的总
纲，即隆礼尊王，并以之为"一隆之道"，作为实现学术理想的总路线。

　　荀子认为："先王之道，仁之隆也，比中而行之。曷谓中？曰：礼义
是也。道者，非天之道，非地之道，人之所以道也，君子之所道也。"① 杨
倞认为："'先王之道'，谓儒学，仁人之所崇高也，以其比类中道而行之，
不为诡异之说，不高不下，使贤不肖皆可及也。"② 以礼义释中，则"比
中"即《论语》"义之与比"之意。荀子这里的先王之道指的是礼义，它
具有普适性，而且荀子指出这种礼义是人道，而非天道、地道，即礼义是
处理人类社会人与人之间关系的准则。《荀子》三十二篇言及"先王之道"
者共 9 处，见于《大略》《君子》《乐论》《礼论》《强国》《儒效》《荣
辱》诸篇。如："故尊圣者王，贵贤者霸，敬贤者存，慢贤者亡，古今一
也。故尚贤，使能，等贵贱，分亲疏，序长幼，此先王之道也。"③

　　荀子的"一道之隆"的"道"是指礼义，是管理社会，处理人与人关
系的准则，处理国家政务，则尚贤使能，处理社会及家庭人际关系则"分
亲疏，序长幼"。蔡尚思《中国礼教思想史》梳理出八条荀子礼学的特征，
荀子礼学关注人类社会，尤其关注人与人之间的关系和身份，他把君臣、
父子、夫妇三伦概括为荀子的"唯礼主义"④。荀子之"礼义"是对人本
身的终极关怀，关注人的生、死两端及生命全过程，对人的生死及生命全

---

① （清）王先谦撰，沈啸寰、王星贤点校《荀子集解》，中华书局，1988，第 144 页。
② （唐）杨倞注，耿芸标校《荀子》，第 71 页。
③ （清）王先谦撰，沈啸寰、王星贤点校《荀子集解》，第 535 页。
④ 蔡尚思：《中国礼教思想史》，复旦大学出版社，2015，第 196～200 页。

过程都提出了明确的要求和责任，同时"礼义"体现了人的生命价值和终极意义，成为当时人们的行为范式。荀子《礼论》篇对丧礼的阐述，体现了这种人伦意义和价值。

他说："礼者，谨于治生死者也。生，人之始也；死，人之终也；终始俱善，人道毕矣。故君子敬始而慎终。终始如一，是君子之道、礼义之文也……君子贱野而羞瘠，故天子棺椁十重，诸侯五重，大夫三重，士再重，然后皆有衣衾多少厚薄之数，皆有翣菨文章之等以敬饰之，使生死终始若一，一足以为人愿，是先王之道，忠臣孝子之极也。"①

荀子的观点，礼即人道，懂得礼，施行礼，就懂得了人道，知晓了人情世故，明白了个体生命的存在方式、发展规律及人生意义。以丧礼为例，天子的棺材有十层，诸侯的棺材有五层，大夫的棺材则减为三层，士的棺材则减为两层，他们下葬的礼服和被褥，在多少、厚薄上有数目的规定，甚至棺材上的花纹图案及遮蔽之物也有所不同。《礼记》："天子之棺四重。水兕革棺被之，其厚三寸。杝棺一，梓棺二，四者皆周。棺束：缩二，横三，衽每束一。柏椁以端长六尺。"② 天子的棺材有四层，第一层为雄性犀牛皮革层，第二层为椴木层，第三层第四层为梓木层。棺中有椁，几层不可考。荀子说的"天子棺椁十重"似乎有点夸张，但是不夸饰不足以隆礼。"翣菨文章"，杨倞注翣菨："'翣菨'当为'菨翣'，郑康成云'棺之墙饰'也。……《周礼·缝人》'衣翣柳之材'，郑云：'必先缠衣其木，乃以张饰也。柳之言聚也，诸饰所聚。'"③ 棺材的形制、装饰、材质，都因死者生前的社会地位有所不同。他还说："天子之丧动四海，属诸侯；诸侯之丧动通国，属大夫；大夫之丧动一国，属修士；修士之丧动一乡，属朋友；庶人之丧合族党，动州里。"④ 天子的丧仪牵涉整个天下，所有的诸侯聚集在一起为天子送葬。诸侯的丧仪牵动友邦，所有的大夫聚集在一起为之送葬。大夫的丧仪牵动一国，所有的士聚集在一起为之送葬。士的丧仪牵动一乡，所有的朋友聚在一起为之送葬。百姓的丧仪，牵动亲族，所有的亲戚聚在一起为之送葬。《春秋传》曰："天子七月而葬，同轨毕

---

① （清）王先谦撰，沈啸寰、王星贤点校《荀子集解》，第 424~426 页。
② 钱仲联主编《十三经精华》，第 344 页。
③ （唐）杨倞注，耿芸标校《荀子》，第 236 页。
④ （清）王先谦撰，沈啸寰、王星贤点校《荀子集解》，第 426 页。

至；诸侯五月而葬，同盟至；大夫三月，同位至；士逾月，外姻至。"①

作奸犯科的人的丧事，则完全失去了礼义，他们作为人的基本尊严和权利被剥夺，更谈不上人生的价值和意义了。他说："刑余罪人之丧，不得合族党，独属妻子，棺椁三寸，衣衾三领，不得饰棺，不得昼行，以昏殣，凡缘而往埋之，反无哭泣之节，无衰麻之服，无亲疏月数之等，各反其平，各复其始，已葬埋，若无丧者而止，夫是之谓至辱。"②

荀子思想对丧礼的规制，表明其继承并深化了先秦儒家文化，充分尊重个体生命的全过程，尤其尊重生命的结束——死，并通过丧仪的不同形式来彰显个体的存在意义和价值。这是礼的本质。生命的全过程是"给人之养"。此不赘述，见前章。

二　《荀子》的礼学的根基是宗经、征圣

所谓宗经，就是以五经为礼义之宗，以五经的内容为建立礼义制度的依据，因此《荀子》三十二篇中的引文皆出自五经。所谓征圣，即圣人为礼义的制定者，也是礼义的实施者，明王之治天下，必尊奉圣人。

荀子把五经作为概括社会及人类活动发展规律的经典及指引个体行为规范的纲纪，对其推崇备至，认为其是人的一生所必须遵循的学行规范。荀子说："学恶乎始？恶乎终？曰：其数则始乎诵经，终乎读《礼》；其义则始乎为士，终乎为圣人。真积力久则入，学至乎没而后止也。故学数有终，若其义则不可须臾舍也。为之，人也；舍之，禽兽也。故《书》者，政事之纪也；《诗》者，中声之所止也；《礼》者，法之大分、类之纲纪也，故学至乎《礼》而止矣。夫是之谓道德之极。《礼》之敬文也，《乐》之中和也，《诗》、《书》之博也，《春秋》之微也，在天地之间者毕矣。"③荀子在这里论述了三重意思。第一，《礼》《诗》《书》《乐》《春秋》是天地间之至文，揭示了天地与人类社会的发展规律。第二，《礼》为五经的核心，所谓"法之大分""类之纲纪""道德之极"，与《诗》《书》《乐》《春秋》相辅相成，共同完成对人的培养及社会治理的使命。第三，《诗》《书》《礼》《乐》《春秋》是中国古代社会培养人的教科书，学习《礼》

① （清）王先谦撰，沈啸寰、王星贤点校《荀子集解》，第426页。
② （清）王先谦撰，沈啸寰、王星贤点校《荀子集解》，第426～427页。
③ （清）王先谦撰，沈啸寰、王星贤点校《荀子集解》，第13～14页。

的内容，践行《礼》的精神，是人成为士君子及圣人的唯一途径，是人实现与动物相脱离的根本标志。梁漱溟说："具体的礼乐，直接作用于身体，作用于血气；人的心理情致随之顿然变化于不觉，而理性乃油然现前，其效最大最神。"① 在荀子思想体系中，《诗》《书》《礼》《乐》《春秋》是不可动摇的经典，其原因便在于以上三条。

此外，《荀子》一书的引文系统大多出自五经，这是荀子思想宗经征圣的重要证据。荀子引用《诗经》多达 83 处，引用的目的大多是称扬三代之王与三代之礼。例如其在《儒效》篇对《诗经》的引用："近者歌讴而乐之，远者竭蹶而趋之，四海之内若一家，通达之属莫不从服。夫是之谓人师。《诗》曰：'自西自东，自南自北，无思不服。'此之谓也。"② 此段话是荀子入秦，对答秦昭王"然则其为人上何如"之问时的论述，荀子认为国君的素养要达到周武王的标准，所谓"志意定乎内，礼节修乎朝，法则、度量正乎官，忠信爱利形乎下"③。荀子指出，大儒成为在上者，内心定于一而意志坚决，在朝廷整饬礼节，在官府中以法律和制度为准绳以求公平正义。大儒在民间大兴礼义之风，使普通百姓具备忠诚、厚道、仁爱、利人的品德，大儒成为"人师"而百姓莫不拥戴，法律制度与民间之风二者相辅相成。荀子所引诗句描述了周武王推行以礼治国，而百姓归附的盛况："镐京辟雍，自西自东，自南自北，无思不服。皇王烝哉！"④ 郑玄笺云："自，由也。武王于镐京行辟雍之礼，自四方来观者皆感化其德，心无不归服者。""辟雍之礼，谓养老以教孝悌也。"⑤

荀子与秦昭襄王对答时指出周武王推行辟雍之礼，万民拥戴，秦昭襄王如果任用大儒，以礼治国，必然会收到同样的效果。荀子引用之文是建立在尊王隆礼的基础上的，其引文与所要论述的观点高度一致。

《荀子》一书对《尚书》的引用，共 12 处，有的是《尚书》之逸文。散见于《宥坐》《君子》《正论》《天论》《致士》《臣道》《君道》《富国》《王制》《修身》等篇，这些引用也多服务于荀子礼论，其目的也在

---

① 梁漱溟：《中国文化要义》，上海人民出版社，2011，第 106 页。
② （清）王先谦撰，沈啸寰、王星贤点校《荀子集解》，第 143 页。
③ （清）王先谦撰，沈啸寰、王星贤点校《荀子集解》，第 142 页。
④ （汉）毛亨传，（汉）郑玄笺，（唐）孔颖达疏，（唐）陆德明音释《毛诗注疏》，第 1515 页。
⑤ （汉）毛亨传，（汉）郑玄笺，（唐）孔颖达疏，（唐）陆德明音释《毛诗注疏》，第 1515 页。

阐明"隆礼尊王"。

如《天论》篇对礼的精神的阐述:"有后而无先,则群众无门;有诎而无信,则贵贱不分;有齐而无畸,则政令不施;有少而无多,则群众不化。《书》曰:'无有作好,遵王之道;无有作恶,遵王之路。'此之谓也。"① 国君治理国家若只希望百姓服从,而不是率先垂范,必然使百姓没有前进的方向;只求退让委屈而不积极进取,就混淆了高贵和卑贱的界限;只讲无原则的平等齐同,就会增添实施政策法令的难度;只要求寡欲节约,而不能满足他们多方面的物质需求,他们就不会被感化。这是荀子礼治精神在国家治理方面的全面阐述,荀子用《尚书·洪范》的句子作为总结,孔颖达解释这几句的意思:"为人君者,当无偏私,无陂曲,动循先王之正义;无有乱为私好,谬赏恶人,动循先王之正道;无有乱为私恶,滥罚善人,动循先王之正路。……若其行必得中,则天下归其中矣。"② 荀子的引用有一个明确的逻辑:先王所行正道是以礼义治国,因此能得天下之中,使天下归仁,国君如果能行先王之正道,也必然能管理好国家,使天下归仁。因此,荀子引用《尚书》,把尊君行道作为贯彻礼义的重要条件,认为尊王隆礼才是治理国家的正途。

所谓"征圣",即只有圣人才能制定礼义制度并推行它,礼的形式和精神经由圣人而得以实现。荀子给圣人所下的定义:"修百王之法若辨白黑,应当时之变,若数一二,行礼要节而安之若生四枝,要时立功之巧若诏四时,平正和民之善,亿万之众而博若一人,如是,则可谓圣人矣。"③ 能够融会贯通历代帝王的法令制度,能熟练应对千变万化的时局,能够自如地推行礼法,遵循礼节,能够不失时机地建功立业,能够处理政事、协调百姓,让千万百姓步调一致的人,即为圣人。这一定义有两点值得重视,即"修百王之法"与"行礼要节"。这两个要素体现了圣王与礼仪制度的关系,礼仪制度得以实践,必须经由圣王之手。古代社会圣王合一,对圣人的推崇和重视,在某种意义也是尊王的体现。

所谓征圣,就是尊圣,即《非十二子》尊仲尼、冉雍、舜、禹的学说,荀子眼中的圣人有两类:一类是掌握了王天下理论而"不得势"者,

---

① (清)王先谦撰,沈啸寰、王星贤点校《荀子集解》,第 377~378 页。
② (汉)孔安国传,(唐)孔颖达正义《尚书正义》,第 464 页。
③ (清)王先谦撰,沈啸寰、王星贤点校《荀子集解》,第 154 页。

仲尼、冉雍即属此类；一类是"得势者"，并能够把王天下理论付诸实践的人，舜、禹即属此类。他详细论述了这两类人。

其一，"若夫总方略，齐言行，壹统类，而群天下之英杰，而告之以大古，教之以至顺，奥窔之间，簟席之上，敛然圣王之文章具焉，佛然平世之俗起焉，六说者不能入也，十二子者不能亲也。无置锥之地，而王公不能与之争名，在一大夫之位则一君不能独畜，一国不能独容，成名况乎诸侯，莫不愿以为臣，是圣人之不得势者也，仲尼、子弓是也"①。

这类圣人能够对治国方略进行统一性的理论性总结，汇聚并训导天下豪杰，以身示范，在日常生活中贯彻圣明帝王的礼义制度，塑造太平时代的民风民俗，其他十二子的学说也将会因之而销声匿迹。仲尼和冉雍就是这种拥有理论教化能力却没有权势的人。

其二，"一天下，财万物，长养人民，兼利天下，通达之属，莫不从服，六说者立息，十二子者迁化，则圣人之得势者，舜、禹是也"②。

这类圣人能够做到一统天下，合理分配万物，养育人民，惠泽百姓，让全天下之人心悦诚服，并且使当世诸子缄口不言，这类人还拥有天下之权势，诸如舜和禹。因此，荀子对当时的知识分子提出要求："今夫仁人也，将何务哉？上则法舜、禹之制，下则法仲尼、子弓之义，以务息十二子之说。如是则天下之害除，仁人之事毕，圣王之迹著矣。"③讲究仁德的大儒就要以除去天下之祸害，完成仁人之事业、圣明帝王之功业为使命，首先要在思想和政治制度上统一起来，摒除十二子之邪说，其次务必践行舜、禹的礼法制度，遵循仲尼、冉雍的礼义思想。

三　礼为先王唯一之道

熊公哲在《荀卿学案》一书中提出了"隅偏隆中论"，揭示荀子思想在先秦诸子学说中的统治地位。④熊公哲赞同荀子的观点："慎子有见于后无见于先；老子有见于绌，无见于信；墨子有见于齐，无见于畸；宋子有见于少，无见于多；墨子弊于用，而不知交；宋子弊于欲，而不知得；慎子弊于法，而不知贤；申子弊于势，而不知知；惠子弊于辞，而不知实；

① （清）王先谦撰，沈啸寰、王星贤点校《荀子集解》，第112～114页。
② （清）王先谦撰，沈啸寰、王星贤点校《荀子集解》，第114页。
③ （清）王先谦撰，沈啸寰、王星贤点校《荀子集解》，第114页。
④ 熊公哲：《荀卿学案》，第13～15页。

庄子蔽于天，而不知人。"① 以上这些学说都是道之一隅，奉一隅则偏。十二子的学说，在荀子看来，都是不全面的学说，都是存在缺陷的学说。荀子的依据是，十二子之著述，皆非先王之法也。而且，"道者，体常而尽变，一隅不足以举之。曲知之人，观于道之一隅，而未之能识也"。② 荀子认为，道德本体恒久不变而又能穷尽变化，一个角度不足以概括它，一知半解的十二子，只看到道的一个方面而没有真正认识它。只有礼学，才是"一道之隆"。何为"道隆"？《儒效》篇云，儒者法先王，隆礼义，而"先王之道，仁之隆也，比中而行之"。何为中？礼义是也。因此，礼义是"道隆"而不是"道偏""道之一隅"。荀子以先王之道为道。先王之道为礼义。何为"道一"？《荀子》三十二篇用到"一"字者，300余处，"一"之学术意义、政治意义、哲学意义是最主要的，但其归根结底，政治意义最重要。所谓哲学意义，即"与时迁徙，与世偃仰，千举万变，其道一也"③。这里的"一"，是指其体与时空共存而恒久不变，其用则千变万化，形态各异。所谓学术意义，即"孔子仁知且不蔽，故学乱术，足以为先王者也。一家得周道，举而用之，不蔽于成积也。故德与周公齐，名与三王并，此不蔽之福也"④。这里的"一"，是指孔子一家之学术独得"周道"，荀子的立场，以孔子之学术为唯一宗奉的学术，孔子之学为礼义之学，是得"道隆"之学，其名与"三王并""周公齐"，荀子所讲的"《诗》《书》《礼》《乐》之道归是矣"，就是指孔子的学术贡献，足以令其他学术归结于此；"一"的政治意义是其精要之意，是最后落脚点，这与圣王治理天下有关。

尧向舜提出一个重大政治问题："我欲致天下，为之奈何？"舜以"执一无失""执一如天地"作答。⑤ 天下归心的秘诀在于一，用它来主持政务就不会有过错，使天下恒久太平的秘诀也在于一，此外别无他法。那么，曷谓一？荀子以"执神而固"作答。荀子进一步解释："尽善挟治之谓神，万物莫足以倾之之谓固。神固之谓圣人。"⑥ 所谓"一"，就是保持神明而

① 熊公哲：《荀卿学案》，第13页。
② 熊公哲：《荀卿学案》，第13页。
③ （清）王先谦撰，沈啸寰、王星贤点校《荀子集解》，第163页。
④ （清）王先谦撰，沈啸寰、王星贤点校《荀子集解》，第465页。
⑤ （清）王先谦撰，沈啸寰、王星贤点校《荀子集解》，第646页。
⑥ （清）王先谦撰，沈啸寰、王星贤点校《荀子集解》，第157～158页。

稳固。天下的运行和治理能够做到至善至美，就是"执神"。天下太平，世间的一切都不让它失去秩序、位置颠倒，就是"固"，并且只有圣人才能做到"执神而固"。

荀子"一"范畴的哲学意义、学术意义、政治意义是统一的，并且不是抽象的，是有实际内容的。荀子说："凡礼，事生，饰欢也；送死，饰哀也；祭祀，饰敬也；师旅，饰威也。是百王之所同，古今之所一也。"①荀子所说的礼统摄着人的一生，约束着人的主要生活和行为方式，是历代帝王管理百姓的唯一制度。他又说："礼岂不至矣哉！立隆以为极，而天下莫之能损益也。""天下从之者治，不从者乱；从之者安，不从者危；从之者存，不从者亡。"②荀子是有信仰的一代学术大师，他的信仰就是礼，礼是登峰造极的治国良策，任何理论都无法与它相比，礼是治理天下的唯一的正确的方法，它关系到天下之治乱、国家之安危、社会之存亡。蔡尚思称之为"唯礼主义"，礼至高无上并且广大悉备。③

荀子"一"范畴之哲学、学术、政治意义统一在圣人身上。"礼者，人道之极也。""圣人者，道之极也。"④荀子认为礼概括了人类社会发展的基本规律和形式，应该作为中国古代知识分子的最高信仰和终极奋斗目标。他又说："圣人也者，道之管也。天下之道管是矣，百王之道一是矣，故《诗》《书》《礼》《乐》之道归是矣。"⑤圣人是道的枢纽，天下的达道都聚集在这里了，历代圣王的思想都汇总在他的身上，《诗》《书》《礼》《乐》也都统一于其身，因此，圣人是"道""经""王"的统一体。

第二节 成圣维度及其论断：今人性恶，虚壹而静，涂人为禹

关于内圣，前哲已经讲得很清楚。"内圣外王"之称，首见于《庄子·天下》，这是对"能备两仪之亭毒""古昔全德之人"的称谓。⑥是庄

---

① （清）王先谦撰，沈啸寰、王星贤点校《荀子集解》，第437页。
② （清）王先谦撰，沈啸寰、王星贤点校《荀子集解》，第420~421页。
③ 蔡尚思：《中国礼教思想史》，第196页。
④ （清）王先谦撰，沈啸寰、王星贤点校《荀子集解》，第421~422页。
⑤ （清）王先谦撰，沈啸寰、王星贤点校《荀子集解》，第158页。
⑥ （晋）郭象注，（唐）成玄英疏《庄子注疏》，中华书局，2011，第557页。

子在评论道术割裂为方术时提到的，古昔之天人、神人、至人、圣人对包含宇宙间的一切真理的道术能够全面认识，而庄子之世百家学说虽各有所长，但都不能做到该通周遍，道术分裂为曲隅偏弊的方术。方勇的译注使我们对当时的学术特征更加明白："得道者，内足以滋身养性而成为圣人，出而经世也足以成为明王，暗淡而不显现，闭结而不发扬，天下的人各做其所好而自为方术。"①古昔全德之人就成为一个理想人格的追求。梁启超认为，《论语》之"修己安人"概括了儒学之功用，《庄子》之"内圣外王"概括了儒学的最高目的。他说："作修己的功夫，做到极处，就是内圣，做安人的功夫，做到极处，就是外王。"他又说："专注重如何养成健全人格。人格锻炼到精纯，便是内圣；人格扩大到普遍，就是外王。"② 冯友兰说：圣人的人格即"内圣外王"的人格，"'内圣'，是就其修养的成就说；'外王'是就其在社会上的功用说"③。此四字的意思已经很明了了，但是仍需要进一步探究。

庄子说："圣有所生，王有所成，皆原于一。"④ 成玄英疏解"圣有所生，王有所成"之意："虚凝玄道，物感所以诞生，圣帝明王功成所以降迹。"⑤ 圣王的诞生于"虚凝玄道"，是"物感"的结果。天地宇宙间有唯一真理——"道术"在运行，凝聚于人的心灵而被体悟，悟道之人即为圣王。那么这个道术又是什么？我们可以从郭象、成玄英对"皆原于一"一句的注疏中找到答案。郭象注："使物各复其根，抱一而已，无饰于外，斯圣王所以生成也。"⑥ 成玄英疏："原，本也。一，道也。虽复降灵接物，混迹和光，应物不离真常，抱一而归本者也。"⑦ 结合郭、成二氏的注疏，圣王的生成源于道术，而道术就是古昔所倡导的虚壹而静、混迹和光、抱一归本、清静无为的思想。这一古昔时代即夏禹、商汤、周武之时，是一个古昔人格美大放光辉的时代。而这种古昔时代的人格美到了荀子时代就黯然失色了，就演变为一种对理想人格的追求。

---

① 方勇译注《庄子》，中华书局，2015，第 571 页。
② 梁启超：《儒家哲学》，第 4～5 页。
③ 冯友兰：《中国哲学简史》，北京大学出版社，2013，第 8 页。
④ （清）郭庆藩撰，王孝鱼点校《庄子集释》，中华书局，2013，第 1060～1061 页。
⑤ （清）郭庆藩撰，王孝鱼点校《庄子集释》，第 1060～1061 页。
⑥ （晋）郭象注，（唐）成玄英疏《庄子注疏》，第 554 页。
⑦ （晋）郭象注，（唐）成玄英疏《庄子注疏》，第 554 页。

一　今人之性

荀子所言性恶是荀子内圣维度的逻辑起点。郭沫若对荀子性恶范畴进行了激烈的批判："荀子不相信进化也不相信神，故又跑到另一个极端，以为人生来只是坏蛋，这是违背事实的。"又下结论说："性恶说之在荀子只是一种好胜的强辩，和他的心理说、教育说，都没有一定的联系。"① 廖名春对荀子性范畴做了充分的总结，荀子所说之性，是"情欲之性"与"知能之性"构成，其基本内涵是"天之就也，不可学，不可事"，是与"伪"相对的"本始材朴"，是人生而就有的本能。② 郭、廖二氏的结论可以探讨商榷。郭沫若的论断是对荀子文本的省略，而轻易地把"今人之性恶"理解为"人之性恶"。《荀子》三十二篇提到"今人"一词共有 14 处，其中出自《性恶》篇 11 处，出自《正名》《正论》《荣辱》等篇各 1 处。

> 今人之性，生而有好利焉，顺是，故争夺生而辞让亡焉。
> 今人之性恶，必将待师法然后正，得礼义然后治。
> 今人无师法则偏险而不正，无礼义则悖乱而不治。
> 今之人，化师法、积文学、道礼义者为君子；纵性情、安恣睢，而违礼义者为小人。
> 今人之性，目可以见，耳可以听。
> 今人之性善，将皆失丧其性故也。
> 今人之性，生而离其朴，离其资，必失而丧之。
> 今人之性，饥而欲饱，寒而欲暖，劳而欲休，此人之情性也。
> 今人饥，见长而不敢先食者，将有所让也。
> 今人之性，固无礼义，故强学而求有之也。
> 今人之性恶，必将待圣王之治，礼义之化。（《性恶》篇）

> 今人所欲无多，所恶无寡，岂为夫所欲之不可尽也，离得欲之道而取所恶也哉！（《正名》篇）

---

① 郭沫若：《十批判书》，载《郭沫若全集》历史编第 2 卷，第 220～225 页。
② 梁启超、郭沫若等著，廖名春选编《荀子二十讲》，华夏出版社，2009，第 283 页。

今人或入其央渎，窃其猪彘，则援剑戟而逐之，不避死伤。（《正
论》篇）

今人之生也，方知畜鸡狗猪彘，又蓄牛羊，然而食不敢有酒肉；
余刀布，有囷窌，然而衣不敢有丝帛；约者有筐箧之藏，然而行不敢
有舆马。（《荣辱》篇）

以上 14 例，都有"今人之性"一语。荀子这里的"今"应指战国时
代，或荀子所处之时代。荀子在《解蔽》篇指出："今诸侯异政，百家异
说，则必或是或非，或治或乱。"① 这是对其存身时代的特征的概括。《史
记》载："荀卿疾浊世之政，亡国乱君相属，不遂大道而营乎巫祝，信機
祥，鄙儒小拘，如庄周等又滑稽乱俗，于是推儒、墨、道德之行事兴坏，
序列著数万言而卒。葬兰陵。"② "今人"应指以"秦人"为代表的战国时
期的人。因此，"今人性恶"不是指一种普遍的本质的人性，而是指特定
时期受到时代、地域、政治及军事因素影响的人性特征。郭沫若谈荀子性
恶，忽视了这一点，并把"今人之性恶"直接理解为"人之性恶"，断言
"今人性恶"与心理说、教育说没有联系，这需要商榷，这个问题将在下
一节讲清楚。

廖名春科学地总结了荀子人性说的 5 个特征。其一，荀子对人性的探
讨涉及自然属性和社会属性，较为全面。其二，荀子论"人之性恶"，把
某些社会属性与自然属性相混，并以之为"礼义法度"合理性的理论依
据，这是其理论"失足之处"。其三，荀子论"人之性善"是后天人为，
超越了道德先验论，是荀子人性学说的贡献。其四，荀子"凡以知，人之
性也"，指出了认识是人的本能，较孟子"仁者四端"，更接近于真理。其
五，荀子"化性起伪"指出人性是可以改变的，并阐释外部因素在改变人
性过程中的巨大作用，体现了朴素唯物论和辩证法。

廖名春所论极为精当，但在第二点评论上有值得商榷之处。我们很难
把"人之性恶"划定为自然属性或社会属性。性恶论确实是荀子礼学思想
体系的起点，没有性恶论，则"礼义法度"就失去了存在的意义。因此对

① （清）王先谦撰，沈啸寰、王星贤点校《荀子集解》，第 456 页。
② 《史记》，第 2348 页。

荀子人性说的内涵和结构还需要再商榷理解。

无论是性恶论，还是性善论，乃至性朴论，都是对心性范畴认识的"一面之词"，可以把它们归结为生命意识，即对人生命本体及其全过程的认识和理解。心性范畴作为认识论，应该是一个随着时代变化、认识个体学养变化及社会发展实践变化而产生的不同结论。荀子对性的定义不在《性恶》篇，而在《正名》篇：

> 生之所以然者谓之性，性之和所生，精合感应，不事而自然谓之性。性之好、恶、喜、怒、哀、乐谓之情。情然而心为之择谓之虑。心虑而能为之动谓之伪。虑积焉、能习焉而后成谓之伪。正利而为谓之事。正义而为谓之行。所以知之在人者谓之知。知有所合谓之智。智所以能之在人者谓之能。能有所合谓之能。①

荀子"生之所以然者谓之性""不事而自然谓之性"与《中庸》"天命之谓性"相近。性以生为起点，以死为终点，是生命本体呈现的全过程，它的本质是生生不息，呈现为一个不断生长、形成、发展、繁荣、灭亡的必然趋势，非善非恶，亦善亦恶。所谓非善非恶，即生命本身无善恶。所谓亦善亦恶，即在某个时期、某个人生阶段呈现为善或恶。人性是相对的、发展的。荀子"今人之性恶"是指"战国时期某些人性恶"。人性与善恶相对立统一，无一日无善恶。荀子说："蓬生麻中，不扶而直。""君子居必择乡，游必就士，所以防邪僻而近中正也。"② 正如墨子所说："染于苍则苍，染于黄则黄，所入者变，其色亦变。"③ 但究其根本，蓬与麻、丝与色分别是两种东西。荀子认为"礼义法度"是"人之性善"，即是这个意思。心是性之本体，荀子所讲化性起伪，就是改变心对自然、社会及本身的认识。王安石对荀子"性善者伪也"之定义做了批判，他说："荀子曰：'其性善者伪也。'就其所谓性者如其说，必也恻隐之心，人皆无之，然后可以言善者伪也，为人果皆无之乎？荀子曰：'陶人化土而为埴，埴岂土之性也哉？'夫陶人不以木为埴者，惟土有埴之性焉，乌在其

---

① （清）王先谦撰，沈啸寰、王星贤点校《荀子集解》，第487~488页。
② （清）王先谦撰，沈啸寰、王星贤点校《荀子集解》，第6~7页。
③ 吴毓江撰，孙启治点校《墨子校注》，第16页。

为伪也？且诸子之所言，皆我之所谓情也、习也，非性也。"① 王安石是非常清醒的，善恶不是人的本质属性，他用一个"情"字来概括，这就纠正了人们对荀子性恶论的误解，他进一步提出"性、情一也"的观点。他说："喜怒哀乐好恶欲未发于外而存于心，性也；喜怒哀乐好恶欲发于外而见于行，情也。性者，情之本，情者，性之用，故吾曰性、情一也。"② 王安石所解释的性，实为荀子在《正论篇》所论之性。钱穆称："安石偏近于为哲学家，故能对此问题独标新义。"③ 究其实，王安石之论性，是客观解释荀子在《正名》篇对性所下之定义。

荀子人性论的定义及其对"今人之性恶"的判断，是荀子思想体系的逻辑起点，更是荀子思想体系内圣维度的起点。

二　"凡以知，人之性也"——性之本体

荀子所讲的心与性是统一的，尤其是谈到了"凡以知，人之性也"，"知"成为人性，这是荀子的心性理论的一大突破，这里的心即性。或者换句话说，这里的心即是性之本体。荀子在学说体系中用"学"加强了这个意义："故学也者，故学止之也。"④ 人既然有了"知之性"，那么就要学有目标。这个目标就是"圣王"，荀子说："故学者，以圣王为师，案以圣王之制为法，法其法，以求其统类，以务象效其人。"⑤

荀子谈到了作为性之本体的心的三个基本特性，即"虚""壹""静"。这也是"心何以知"的前提。何谓虚？他说："心未尝不臧也，然而有所谓虚。"又说："不以所已臧害所将受谓之虚。"⑥ 这里所谈的是心（脑）的记忆功能。人的心理、智慧是一种天赋，这包括识记和选择。识记就是荀子所说的"臧"，是一种认识自然和社会的时空要素并储存这些信息的功能。要坚持虚怀若谷，为溪、为河、为海、为下的原则，不论先后，不论始终，恒久拓展这种"臧"的能力，尤其要有接受新事物、新见解的勇气、胸襟和气度，这是一种健康而开放的认识能力，而不是闭关自

---

① （宋）王安石：《原性》，《王安石全集》，第 1234 页。
② （宋）王安石：《性情》，《王安石全集》，第 1218 页。
③ 钱穆：《宋明理学概述》，九州出版社，2011，第 20 页。
④ （清）王先谦撰，沈啸寰、王星贤点校《荀子集解》，第 481 页。
⑤ （清）王先谦撰，沈啸寰、王星贤点校《荀子集解》，第 481 页。
⑥ （清）王先谦撰，沈啸寰、王星贤点校《荀子集解》，第 467 页。

守、固执己见、不思进取。这种开放和接受，这种胸襟和气度就是荀子所说的"虚"，即不固守于偏见，不凝滞于积习，而要见贤思齐、见善而迁。

何谓壹？荀子说："知而有异，异也者，同时兼知之。同时兼知之，两也。"又说："不以夫一害此一谓之壹。"① 认识事物要采取公允、公正、公平的原则，充分认识摆在面前的所有问题，不因爱好和厌恶而有失公正，不因时间和空间阈限而有失公平，不因繁复和简省而有失公允，要兼听、兼知、兼明。要透彻认识各种事物独一无二的本质属性，并做出判断和选择，坚持真理而不动摇。天下万物辐辏而齐至，尽量做到一视同仁，公平对待，不能拘于一人、一事、一物，而心存偏见，更要发于初心，不能因为某一事、一物、一人而影响到对另一人、一事、一物的认识和理解，要因人而异，因材施教，不以彼害此，用心理学术语讲就是要避免前摄抑制，或来自各方面的抑制。要沉潜下来，心无旁骛地充分理解所要认识的事物的独一无二的属性。壹是认识过程中的辨别和分析、权衡和选择，并且坚持真理、心向正确的心理意志，不以错误妨碍正确，不因遮蔽而有损光明。

何谓静？荀子认为心性是永远运动着的事物。他指出心的三种运动形态，即"心，卧则梦，偷则自行，使之则谋"②。这三种状态即睡眠、冥想、谋虑。而荀子所谈的"静"是第四种状态，即"心未尝不动也，然而有所谓静，不以梦剧乱知谓之静"。这种不以"梦剧乱知"的心理状态被称为"静"，这种心境只可体悟，不可用语言来传达。这里的"静"相类于佛家所讲之"涅槃"范畴。《心经》云："以无所得故，菩提萨埵，依般若波罗蜜多故，心无挂碍。无挂碍故，无有恐怖。远离颠倒梦想，究竟涅槃。"③ 而这种涅槃之境，是通过"空"来实现的，通过摒弃眼耳鼻舌身意，来隔断色香声味触法，进一步拒绝时空存在所造成的种种歧途，而进入冥冥漠漠之境，以彰显无上智慧。真如《剑南诗稿》所云："茅叶翻翻带宿雨，苇花漠漠弄斜辉。"④ 又如王摩诘五言律句对日和烟的描绘，"渡头余落日，墟里上孤烟"（《辋川闲居赠裴迪秀才》），"日落江湖白，潮来天地青"（《送邢桂州》），"大漠孤烟直，长河落日圆"（《使至塞

---

① （清）王先谦撰，沈啸寰、王星贤点校《荀子集解》，第 468 页。
② （清）王先谦撰，沈啸寰、王星贤点校《荀子集解》，第 468 页。
③ 陈秋平、尚荣译注《金刚经心经坛经》，中华书局，2007，第 96 页。
④ （宋）陆游著，钱仲联校注《剑南诗稿校注》，上海古籍出版社，2005，第 146～147 页。

上》)。①《红楼梦》写香菱对诗中"直"和"圆"、"白"和"青"、"余"和"上"的直觉："合上书一想，到像是见了这景的。""念在嘴里，到像有几千斤重的一个橄榄。""我们那年上京来，那日下晚，便湾住船，岸上又没有人家，只有几棵树，远远的几家人家做晚饭，那个烟竟是碧青，连云直上。谁知我昨晚上读了这两句，到像我又回到了那个地方去了。"② 王摩诘诗几百首，单单这六句能进入香菱脑海之中。香菱读诗,＊跳出了自己的辛酸经历，跳出了大观园社会的世态炎凉，柔弱的女子竟然自由地出入于现实与非现实之境。无论佛家的涅槃，还是文学家的诗景，都似与荀子的"静"境有相通之处。人们具有对真理的体悟、直觉的能力，这种能力可能跳出感官之外，甚至语言之外，人之于真理如同兔和蹄、筌和鱼、言和意的关系。荀子所说的"剧梦乱知"，即把心的认识能力放在一个适合认知并能彰显智慧之光的氛围中，让它不被谬误思想抑制，不为尘世嚣烦遮蔽，不为梦想颠倒干扰，真正得到般若真智，真正看清真相，真正进入光明澄澈之境。

荀子说："虚壹而静，谓之大清明。"这三种特征并不是割裂的，而是统一的，是共时发生的，具备了这三者，人的认识能力就能实现"万物莫形而不见，莫见而不论，莫论而失位"的境界，意识就能成长为理解万物，掌握万物并支配万物的一种精神力量。

如何治心？荀子也讲了治心之道，即管理自己心灵的办法，也可称之为心术。第一，要做到"择一而壹焉"③。心在认识事物并处理事务之时，要选择"一道"，并将此沉浸于心，不旁骛，不两类，不枝蔓，以一而不二之道考信万物，就可以类通和博达。因为心灵主宰人的形体和精神境界，完全是发自内部，而不是受制于外，完全是自我限制，自我驱使，自我抛弃，自我接纳，自动运行并自动停止，所以把它置于正道才能充分发挥它的自主性，自创性，从而精妙地解决问题。

第二，要"壹于道而以赞稽物"。④ 君子治心，就要专心于道，并且能精通于道，然后才可以与天地为一，化育万物。也就是说专心于道，就能

---

① （唐）王维撰，（清）赵殿成笺注《王右丞集笺注》，上海古籍出版社，1961，第122、147、156~157页。

② （清）脂砚斋批评《脂砚斋批评本红楼梦》，岳麓书社，2006，458页。

③ （清）王先谦撰，沈啸寰、王星贤点校《荀子集解》，第471页。

④ （清）王先谦撰，沈啸寰、王星贤点校《荀子集解》，第472页。

行为正确而不失误，以精通之道来认识、考察、验证万物就能使心地光明澄澈，见微知著。用正确的认识论来顺应万物之性，发挥、穷尽万物之性，必然能达到"精于道者兼物物"的境界。

第三，要"处一之危""养一之微"。荀子认为心有两个特征，即人心与道心。人心是指红尘之心、世俗之心、物欲之心、危险之心。道心是指明道之心、清明之心、虚壹而静之心、无心之心。荀子认为放纵物欲、追求荣誉，就会陷入危险倾覆的境地，所谓"处一之危，其荣满侧"。因此，对于人心就要"处一之危"，要战战兢兢，如履薄冰，始终保持戒惧、警醒的态度。与之相对，潜心专注于认识道、掌握道，就会忘记世间的荣耀，必然心境平静而不躁动，所谓"养一之微，荣矣而未知"。因此，对于道心就要"养一之微"，心如止水，正错勿动，做到"道之以理、养之以清，物莫之倾"。做到"处一之危""养一之微"，就足以"定是非、决嫌疑"。

第四，驭心之术要知"内外之景"，即"浊明外景，清明内景"。"浊明外景"，由"人心"所观摄，即明外景若浊水，世俗物欲之心扰于外物，如水翻动，清浊混杂；"清明内景"是"道心"所观摄，即明内景若清水，洞察万物，必须虚壹而静，湛然若水之清明。荀子说："仁者之行道也，无为也；圣人之行道也，无强也。仁者之思也恭，圣者之思也乐。此治心之道也。"[1] 仁厚而圣明的人用道来处理万事万物，顺万物之性而无为，尊万物之德而不强制，恭敬外物而戒惧内心，让心始终处于轻松愉快之境。在这一层次，仁人与圣人合一，"内景"与"外景"合一，"无为"与"不强"合一，这才是真正的仁者心术。

荀子心性之术，其结穴何在？在于成为圣人或君王。即社会成员，尤其是君子通过学习而成为卓越的思想家或治国的贤明君主。荀子说："圣也者，尽伦者也；王也者，尽制者也。两尽者，足以为天下极矣。故学者以圣王为师，案以圣王之制为法，法其法，以求其统类，以务象效其人。"[2] 荀子的心性之术是用来培养学者的，学者分为两类，一类是理论家、思想家，他们的"尽伦"，是指从人类文明宝库中学习、抽绎、精通了宇宙及人类社会发展的普遍之道；一类是实践家，是帝王，他们的"尽

---

[1] （清）王先谦撰，沈啸寰、王星贤点校《荀子集解》，第 477 页。

[2] （清）王先谦撰，沈啸寰、王星贤点校《荀子集解》，第 481 页。

制"，是指把依据宇宙及人类社会发展之"普遍之道"而形成的制度，多方诉诸实践，并使之成为现实。

尤其是后者，荀子治心的目的在于使"君人者"治心。其目的具有极强的政治性。荀子强调国君只有心地光明澄澈、虚壹而静、开诚布公、表里如一，天下的君子及正直的言论才会聚集到自己身边，谗佞的小人及毁谤之言才会远离自己，真正实现"上明而下化"政治清明之局面，从而避免"上幽而下险"政治昏暗之局面。国君正大光明，臣民就会被感化而团结一致，反之，国君愚昧昏聩，臣民就会因生险恶之心而分崩离析。荀子的心性论都是为政治服务的，直接作用于天下的治乱兴衰。因此，荀子赞同："析辞而为察，言物而为辨，君子贱之。博闻强志，不合王制，君子贱之。"① 一个人凭借心性，能够做到博闻强记，洞察秋毫，能言善辩，如果与事关天下兴衰的王制无关，那么，这样的心性毫无意义，并且不具备高贵的气质。

三 内圣的方法和对象——化性起伪的六种方法、君子

化性起伪与注错习俗是荀子提出的关于内圣的两个范畴。化性起伪是把习礼作为培养心性的途径，注错习俗是把习俗作为培养心性的途径。礼和俗二者有着密切的关系，王威威说："从礼俗关系来看，礼和俗都具有'化性'的作用，而美俗的形成依赖于礼乐教化，美俗应该是符合礼义的俗，是礼的民众化。"② 化性起伪与注错习俗二者是相辅相成的。

首先应该明确的一个理论前提，无论化性起伪的以礼化性，还是注错习俗的以俗化性都是以"今人性恶"或秦人性恶为基础的。此处之性是具有时空性的一个概念，是荀子对战国时期的人性的归纳。它是指荀子时代某些人的好利而争夺、疾恶而残贼、好声色而淫乱的人性特征，其终极指向是偏险悖乱和犯分乱理，是暴。荀子在《议兵》篇中对暴的范畴有所涉及，"彼兵者，所以禁暴除害也，非争夺也"③，荀子指出，尧伐驩兜，舜伐有苗，禹伐共工，汤伐有夏，文王伐崇，武王伐纣，是"仁义之兵行于

---

① （清）王先谦撰，沈啸寰、王星贤点校《荀子集解》，第483页。
② 王威威：《"礼义化性"与"习俗化性"——论荀子思想中礼与俗的作用》，《哲学研究》2017年第2期。
③ （清）王先谦撰，沈啸寰、王星贤点校《荀子集解》，第330页。

天下"。也就是说骓兜、有苗、共工、有夏、崇、纣等帝王代表的就是暴，争夺就是暴，就是性恶。这种性恶集中体现在国家与国家的争夺战上。《荀子集解·考证·荀卿子年表》列举了荀子生年的七次争夺战，《史记》《荀子》中均有记载。

第一次在秦昭襄王二十一年，齐国灭宋与中山。《史记》载：齐湣王强……助赵灭中山，破宋，广地三千余里。[①]《荀子·王霸》："故用强齐……故强、南足以破楚，西足以诎秦，北足以败燕，中足以举宋。"[②] 第二次在秦昭襄王二十三年，燕、赵、楚、魏、秦五国破齐。《史记》载：齐湣王四十年，乐毅以燕、赵、楚、魏、秦破齐，湣王出奔莒也。《荀子·王制》："闵王毁于五国。"[③] 第三次在秦昭襄王二十八年，田单行离间计，燕惠王以骑劫代乐毅，齐收复失地。《荀子·议兵》："齐之田单，……是皆世俗之所谓善用兵者也。"[④]"燕能并齐，而不能凝也，故田单夺之。"[⑤]

第四次在秦昭襄王二十九年，秦将白起攻楚。《史记》载：白起攻楚，拔鄢、邓五城。其明年，攻楚，拔郢，烧夷陵，遂东至竟陵……秦以郢为南郡。[⑥]《荀子·议兵》："秦师至而鄢、郢举，若振槁然。"[⑦] 第五次在秦昭襄王三十五年，楚、秦之战与讲和。《荀子·强国》："今楚父死焉，国举焉，负三王之庙而辟于陈、蔡之间，视可、司间，案欲剚其胸而以蹋秦之腹，然而秦使左案左，使右案右，是乃使仇人役也。"[⑧]《荀子·仲尼》："楚六千里而为仇人役。"[⑨]

第六次在秦昭襄王五十年，秦、赵上党之战。《议兵》篇："韩之上地，方数百里，完全富足而趋赵，赵不能凝也，故秦夺之。"[⑩]《史记》载：秦攻上党，上党守冯亭以上党降赵，以韩赵为一，则可以当秦。应侯行反间使马服子代廉颇，阴使白起将兵大破马服子于长平，坑四十余万而夺其

---

① 《史记》，第 2428 页。
② （清）王先谦撰，沈啸寰、王星贤点校《荀子集解》，第 244 页。
③ （清）王先谦撰，沈啸寰、王星贤点校《荀子集解》，第 186 页。
④ （清）王先谦撰，沈啸寰、王星贤点校《荀子集解》，第 326 页。
⑤ （清）王先谦撰，沈啸寰、王星贤点校《荀子集解》，第 342 页。
⑥ 《史记》，第 2331 页。
⑦ （清）王先谦撰，沈啸寰、王星贤点校《荀子集解》，第 334 页。
⑧ （清）王先谦撰，沈啸寰、王星贤点校《荀子集解》，第 355 页。
⑨ （清）王先谦撰，沈啸寰、王星贤点校《荀子集解》，第 129 页。
⑩ （清）王先谦撰，沈啸寰、王星贤点校《荀子集解》，第 343 页。

地。① 第七次也在秦昭襄王五十年，信陵君窃符救赵。《臣道》篇"平原君之于赵，可谓辅矣；信陵君之于魏，可谓拂矣。传曰：'从道不从君。'此之谓也。"②"争然后善，戾然后功，生死无私，致忠而公，夫是之谓通忠之顺，信陵君似之矣。"③《史记》言及秦围邯郸，平原君合纵于楚，并求救于魏。平原君尽散家中之资，聚敢死之士三千，却秦军三十里。春申君、信陵君将兵至，存邯郸。④

荀子生世之秦昭襄王、齐湣王等国君，皆崇尚战争、杀戮、掠夺，这是荀子性恶论关注的主要对象，秦昭襄王在位期间发动战争，杀戮他国士兵百万余人。荀子之化性起伪首先从国君开始，因此，荀子入秦，向秦昭襄王提出"大儒之效"的主张，入赵与赵孝成王议兵，提出"禁暴除害"的主张。荀子提出的"今人性恶"，其主要指秦人性恶，尤其指以秦昭王为代表的崇尚武力征伐，杀戮无数，鲸吞六国人口、土地、财产的贪婪人格。

因此荀子所说的化性起伪，是指化君子之性，化帝王之性，是对君子智识的塑造和培养，荀子化性起伪的对象是君子，这里的君子不是指普通百姓，而是指统治者。

荀子的化性起伪包括"情可为""心之可""积礼义"，起源并立足于孔子。郭店楚简《性自命出》篇与荀子化性起伪理路一致。他"以气言性的性情观、心术为主的心性论、人道可道的礼乐论，构成一条层层递进、彼此联动的工夫论进路。此进路与荀子'情可为''心之可''积礼义'的'化性起伪'说基本一致，实开荀子天生人成的工夫论之端绪"⑤。由此可见，荀子所倡之化性起伪是对孔子性命论的演进，化性起伪即工夫论，即"人一能之，己百之；人十能之，己千之"⑥，具体表现在心的功能上。

化性起伪是荀子心性论的核心理论。何谓性？何为伪？化性的对象是谁？荀子说："生之所以然者谓之性。性之和所生，精合感应，不事而自

---

① 《史记》，第 2332～2334 页。

② （清）王先谦撰，沈啸寰、王星贤点校《荀子集解》，第 295 页。

③ （清）王先谦撰，沈啸寰、王星贤点校《荀子集解》，第 303 页。

④ 《史记》，第 2366～2369 页。

⑤ 王国明：《郭店儒简〈性自命出〉与荀子"化性起伪"说析论》，《管子学刊》2022 年第 3 期。

⑥ （宋）朱熹：《中庸章句》，载朱杰人等主编《朱子全书》第 6 册，上海古籍出版社，第 49 页。

然谓之性。性之好、恶、喜、怒、哀、乐谓之情。情然而心为之择谓之虑。心虑而能为之动谓之伪。虑积焉、能习焉而后成谓之伪。正利而为谓之事。正义而为谓之行。所以知之在人者谓之知。知有所合谓之智。智所以能之在人者谓之能。能有所合谓之能。"①"生之所以然""不事而自然"与"天命谓之性"、与孔子性命论相一致。梁启雄认为"此'性'字，指天赋的本质，生理学上的'性'。"②"情者，性之质也"，性发之于外谓之情。"虚壹而静""心为之择"谓之虑，即人的智识和认识活动。人内在的智识所引发的认识活动、思维活动发诸外，就表现为行动，"正义而为谓之行"。因此，性与命、心、情、智识、行动密不可分。性是命、心、情、智、行诸范畴的有机结合，是多要素的合一体。

其中，"心虑而能为之动谓之伪""虑积焉，能习焉，而后成谓之伪"两句，至关重要，这是荀子对"伪"的定义。安积信认为此两句，"前就自然而言，后就积习而言，有生熟之别"③。安积信看到了两个层次的不同特征，一个自然产生，尚处于一念之中，是自然萌发的初念；另一个是日积月累的习惯化行为，相较于前者更为熟练。但安积信的观点需更进一步探讨。荀子的伪的范畴包含两个层次，第一个层次主要是心的活动，是一种内在的心理活动，思维活动。"心虑而能""虑积"是指心的"虚壹而静"。即"不以所已臧害所将受"，"不以夫义害此一"，"不以剧梦乱知"。郝懿行认为，"不以己心有所藏而妨害于所将送、迎受者，则可为中虚矣。久保爱指出，"夫一所好也，此一，所憎也"，而心要做到"不以所好之非，害所憎之是"。物双松说："梦是夜动，剧是昼动。"冢田虎说："自以为得道者，心满而物不入焉。故自以为未得焉，而求道者乃虚壹而静也。"④ 以上四家对《解蔽》篇相关文本的解释，围绕着求道者应具备的"虚""壹""静"三种心理素养和品质展开，这也是荀子所说的心要做到"大清明"的内在要求。

第二个层次是将心中所虑落实到行动上，并反复行动，直到纯熟，这是习惯化的行为与道的结合，是求道者的根本归宿。即"能习焉而后成"。王天海说："能，人之本能。伪，人之作为。""积思习能而后成，此乃人

---

① （清）王先谦撰，沈啸寰、王星贤点校《荀子集解》，第487~488页。
② 王天海校释《荀子校释》，第885页。
③ 王天海校释《荀子校释》，第886页。
④ 王天海校释《荀子校释》，第850~851页。

勉为所至。"王天海的解释是有根据的，立足于《中庸》。《中庸》所言博学、审问、慎思、明辨、笃行，"学之弗能弗措"，"问之弗明弗措"，"思之弗得弗措"，"行之弗笃弗措"，就是人的"勉为所至"。自我勉励到了极致，就会"人一能之，己百之；人十能之，己千之"。这一层次，虽然包含了心对行为的不断调节，但行为实践始终是得道的枢纽，心寻求道，道指引行，道行合一。

化性起伪主要是为改造恶，改造恶的具体方法有三种。廖名春说"第一靠礼仪的引导、法度的约束"，"第二靠老师的教育"，"第三靠环境和习俗的熏陶"。① 廖先生所讲主要针对前文所讲的"第二层次"，即实践行动上的方法，而忽视了第一层次心理活动和思维方法。因此，改造恶的方法还包括"虚""壹""静"三种方法。这样六种方法，从心理思维的内心悟道、思虑选择、恒久持一，到实践行为上的践行礼法、师生切磋、风俗熏染，就能实现人格的全面培养，实现对恶的深刻改造。

但荀子改造的对象集中在宫廷，集中在统治者身上，翻检荀子的学术实践，这一结论自然明白，荀子走的是上层路线，得君行道，化国君和上层君子之性，才能化国民之性，牵一发而动全身。荀子一生的学术实践都紧紧围绕这个学术目的。这个目的主要在国君、国相层面展开。

公元前316年，游说燕王哙，《韩非子·难三》载："燕王哙贤子之而非孙卿，故身死为僇。"② 公元前286年至公元前285年，荀子劝谏齐湣王发动争夺战争之"暴"，《盐铁论·论儒》载："及愍王，奋二世之余烈，南举楚淮，北并巨宋，苞十二国，西摧三晋，却强秦，五国宾从，邹、鲁之君，泗上诸侯皆入臣。矜功不休，百姓不堪。诸儒谏不从，各分散，慎到、捷子亡去，田骈如薛，而孙卿适楚。"③ 公元前279年，荀子在齐国稷下学宫讲学，齐襄王以荀卿"最为老师"。《韩非子·显学》载："藏书策，习谈论，聚徒役，服文学而议说，世主必从而礼之。"④ 公元前266年，荀子入秦游说秦昭襄王。《儒效》《强国》《议兵》诸篇皆有记载。刘向在校雠《荀卿新书》时说："孙卿之应聘于诸侯，见秦昭王。昭王方喜

---

① 廖名春：《〈荀子〉新探》，第88页。
② 陈奇猷校注《韩非子集释》，第853页。
③ 陈桐生译注《盐铁论》，第113页。
④ 陈奇猷校注《韩非子集释》，第1090页。

战伐，而孙卿以三王之法说之，及秦相应侯，皆不能用也。"① 公元前259年至公元前257年，荀子带领李斯等学生与赵孝成王议兵。考据详见廖名春《〈荀子〉新探》。② 在公元前255年前几年，荀子离赵赴齐，齐王建当位，荀子与齐相论政。《强国》篇载："今相国上则得专主，下则得专国，相国之于胜人之势，亶有之矣。……贤士愿相国之朝，能士愿相国之官，好利之民莫不愿以齐为归，是一天下也。相国舍是而不为，案直为是世俗之所以为，则女主乱之宫，诈臣乱之朝，贪吏乱之官，众庶百姓皆以贪利争夺为俗，曷若是而可以持国乎？"③ 在公元前255年，楚国春申君任命荀子为兰陵令。

综上所述，荀子的化性起伪，是对上层统治者展开的，其中包括燕王哙、齐湣王、齐襄王、齐王建、秦昭襄王、赵孝成王以及秦相应侯、齐相、楚相春申君等人。其目的是得君行道。他所主张的"涂之人为禹"，仅就化性对象的理想人格而论，并且夸大了自己思想理论的功效，真正目的是引导上层统治者成为禹，而不是让每一个老百姓成为禹，当然，荀子也阐述了这种可能性。"涂之人为禹"是荀子追求的理想人格和学术信仰，指的是一己之圣实现的可能性和必然性，天下之王做不得，王天下之路遇到堵塞，自然回到自我工夫，以成就一己之圣。这为后世的士大夫提供了一个人格追求以及自我价值判断和行事之原则，成为"穷则独善其身"的理论基础。

因此，化性起伪是荀子思想理论中内圣维度的重要范畴，可以统领《荀子》以下诸篇：《劝学》《修身》《不苟》《仲尼》《儒效》《君道》《臣道》《致士》《议兵》《强国》《正论》《解蔽》《性恶》《君子》。他从哲学层面充分探讨心性的本质属相，研究论述了人的心理思维特性，尤其关注人的智识，提出大清明等一系列范畴，进一步为化性起伪指明方向，这种化性起伪不只是心性层面，更涉及行为实践层面：对礼法的遵守、与王师的切磋、接受习俗的熏染。尤其值得学界关注的是荀子化性起伪作为内圣维度，其首要着眼点在国君与国相，倡导通过国君与国相的化性起伪，实现对全体国民的化性起伪。

---

① （清）王先谦撰，沈啸寰、王星贤点校《荀子集解》，第657页。
② 廖名春：《〈荀子〉新探》，第24页。
③ （清）王先谦撰，沈啸寰、王星贤点校《荀子集解》，第349~350页。

第三节 王道维度及其论断：天德王政，
明分使群，兼人三术，尽伦尽制

王道维度，其实就是外王范畴，它与内圣范畴同出于《庄子·天下》："是故内圣外王之道，暗而不明，郁而不发，天下之人各为其所欲焉以自为方。"① 成玄英疏解为："宣圣素王，内也；飞龙九五，外也。继而百家竞起，各私所见，是非淆乱，彼我纷纭，遂使出处之道，暗塞不明，郁闭而不泄也。"② 由此观之，内圣外王讲的是士大夫出处之道，即过去从何处来，现在身处何地，将来到何处去的问题，是对个人前途进行价值观和人生观的考量。其中外王解释为"飞龙九五，外也"。此处"九五"指《乾》卦九五卦画及爻辞："九五，飞龙在天，利见大人。"王弼注此爻辞曰："不行不跃而在乎天，非飞龙而何？故曰'飞龙'也。龙德在天，则大人之路亨也。夫位以德兴，德以位叙，以至德处盛位，万物之睹，不亦宜乎！"③ 虞氏谓："文王书经，系庖牺于乾五，造作八卦，备物致用，以利天下，天下之所利见是也。"④ 朱熹解释为："'同声相应，同气相求；水流湿，火就燥，云从龙，风从虎；圣人作而万物睹'本乎天者亲上，本乎地者亲下，则各从其类也。"⑤ 综合王弼、成玄英、虞翻、朱熹对《乾》卦九五爻辞的解释，可以做如下归纳：外王指的是三代之王，如虞翻谈及的庖牺氏，用自己的道德素养、智慧能力、功名业绩，赢得了时代的赞誉和威望，在群体中地位崇高，为人所敬仰。这里的外王是一个具有时空特征的范畴，涉及国君或部落元首，王弼称之为"大人"，朱熹称之为"圣人"，与个人的全面素养和群治能力相关联，王弼所谓"大人之路亨""至德处盛位"，虞翻所谓"备物致用，以利天下"，朱熹所谓"圣人作而万物观"。简言之，外王即圣王合一时代的理想、统一的群治样态。庄子说："道术将为天下裂。"这就是一个反证。

《礼记·礼运》中孔子勾勒了大道既隐，道术未裂时的群治状态，有

① （晋）郭象注，（唐）成玄英疏《庄子注疏》，第557页。
② （晋）郭象注，（唐）成玄英疏《庄子注疏》，第557页。
③ （魏）王弼撰，楼宇烈校释《周易注校释》，第2页。
④ （清）惠栋撰，郑万耕点校《周易述》，中华书局，2007，第5页。
⑤ （宋）朱熹撰，廖名春点校《周易本义》，中华书局，2009，第37页。

类于庄子之"外王"范畴。孔子曰："今大道既隐，天下为家，各亲其亲，各子其子，货、力为己；大人世及以为礼，城郭沟池以为固。礼义以为纪，以正君臣，以笃父子，以睦兄弟，以和夫妇，以设制度，以立田里，以贤勇知，以功为己。故谋用是作，而兵由此起。禹、汤、文、武、成王、周公，由此其选也。此六君子者，未有不谨于礼者也。以著其义，以考其信，著有过，刑仁讲让，示民有常。如有不同此者，在势者去，众以为殃。是谓小康。"① 孔子勾勒了"三代之英"的群治理想，其群治的根据和基本原则就是礼，礼就是庄子所讲的道术，天下裂就是礼崩乐坏。《礼记》中对"三代之英"群治之"礼"的范畴做了明确界定："礼者君之大柄也，所以别嫌明微，傧鬼神，考制度，别仁义，所以治政安君也……夫礼必本于天，动而之地，列而之事，变而从时，协于分艺。其居人也曰养，其行之以货力、辞让、饮食、冠昏、丧祭、射御、朝聘。故礼义也者，人之大端也，所以讲信修睦，而固人之肌肤之会，筋骸之束也；所以养生、送死、事鬼神之大端也；所以达天道、顺人情之大窦也。"② 礼是"三代之英"作为国君之"大柄"，是治国之道术，是群治的核心理论。"三代之英"的群治理想为孔子所遵从，因此有了"克己复礼"的学术理想，克己是为内圣，复礼是为外王。后为荀子所遵从，也为宋明理学家所遵从，甚至当代政治还笼罩着"小康"的影子。荀子的"外王""王道"在荀子思想理论中又是一个什么样态？王道维度在荀子思想体系中又有什么作用呢？

一　天德即王政

《王制》篇主要阐述王道范畴，这是荀子思想理论的核心之一，是荀子依据天德原则而建立起来的政治纲领、用人策略、听政之法、管理制度、管理职事。天德王政，是王道维度的灵魂，是贯穿荀子思想理论体系的一个重要维度。

荀子说："贤能不待次而举，罢不能不待须而废，元恶不待教而诛，中庸民不待政而化。分未定也则有昭缪。虽王公士大夫之子孙，不能属于礼义，则归之庶人。虽庶人之子孙也，积文学，正身行，能属于礼义，则归之卿相士大夫。故奸言、奸说、奸事、奸能、遁逃反侧之民，职而教

---

① 钱仲联主编《十三经精华》，第390页。
② 钱仲联主编《十三经精华》，第397页。

之，须而待之，勉之以庆赏，惩之以刑罚，安职则畜，不安职则弃。五疾，上收而养之，材而事之，官施而衣食之，兼覆无遗。才行反时者死无赦。夫是之谓天德，王者之政也。"①

政治的灵魂是关于群治的天德。"天德，天覆之德。王天海按：上天广覆万物之德。"② 天德是群治的根本原则，尊重、顺应、利用万物（尤指人）天赋之本质、才用，社会群治就能无为而化。因此，在人才的使用上，"贤能不待次而举"，唯才是举，疲弱而不堪任事的官吏即刻废黜。由此而类推，庶人能够掌握前代典籍知识，奉行礼义，端正身心，则可进身为公卿。反之，帝王公侯士大夫之子孙不遵奉礼义，也会把他废为庶民。在礼分未定时，天德为之分别，贤者居上，不肖者居下，如昭穆之分别，而不问其世族。

天德的具体表现就是明礼分，知天数。荀子说："分均则不偏，势齐则不壹，众齐则不使。有天有地而上下有差，明王始立而处国有制。夫两贵之不能相事，两贱之不能相使，是天数也。势位齐而欲恶同，物不能澹则必争，争则必乱，乱则穷矣。先王恶其乱也，故制礼义以分之，使有贫富贵贱之等，足以相兼临者，是养天下之本也。"③ 荀子认为贵贱相敌，分既均，则物不足以满足要求，齐物则物不齐。贵使贱，贱事贵，贵贱有差别，这是天数，是天命所归。由此，圣王治天下，遵循这一天德、天命而创造礼义，使贫富贵贱有等，使物有余而不竭尽。遵循天德，顺应天数，秉礼义行事，贵贱相互制约、监视，天下就会大治。

天德思想源于《礼记》，"夫礼，必本于大一，分而为天地，转而为阴阳，变而为四时，列而为鬼神。其降曰命，其官于天也"④。礼是天地间的根本法则，天地有别，阴阳为差，四时运行，有鬼有神，所有的一切都是上天赋予，归天辖制。《礼记》甚至把礼作为世界产生的根源和第一法则，有礼然后有天下。礼即理也。荀子本于《礼记》的思想而创作了《王制》篇，礼义等同于天德，等同于王道，进而成为维系荀子思想理论体系的重要维度。

荀子基于天德等同于礼义，进而界定了王道范畴，阐明了国君、礼

---

① （清）王先谦撰，沈啸寰、王星贤点校《荀子集解》，第 175～176 页。
② 王天海校释《荀子校释》，第 341～342 页。
③ （清）王先谦撰，沈啸寰、王星贤点校《荀子集解》，第 179～180 页。
④ 钱仲联主编《十三经精华》，第 397 页。

义、天下三者的关系。他说："仁眇天下，义眇天下，威眇天下。仁眇天下，故天下莫不亲也；义眇天下，故天下莫不贵也；威眇天下，故天下莫敢敌也。以不敌之威，辅服人之道，故不战而胜，不攻而得，甲兵不劳而天下服是知王道者也。"① 荀子认为，王道即"仁眇天下，义眇天下，威眇天下"。奉行王道的国君，视礼义为天德，并以之为运行天下的准绳，仁爱、礼义布施于天下而威势自成。这样的国君就可以造就"天下莫不亲""天下莫不贵""天下莫敢敌"群治境界。其中，礼义为群治之本质规律，为王道，施行礼义是国君的权力和使命，天下归服是王道群治的理想效果。

王道范畴的具体内容是指王者之人、王者之制、王者之论和王者之法。在论述这些王道范畴要素时，荀子提出了"道不过三代，法不二后王""尚贤使能""等赋，政事，财万物，所以养万民"等三个论断，具有一定的进步意义。荀子从而得出这样的结论："天地生君子，君子理天地。君子者，天地之参也，万物之揔也，民之父母也。无君子，则天地不理，礼义无统，上无君师，下无父子，夫是之谓至乱。君臣、父子、兄弟、夫妇，始则终，终则始，与天地同理，与万世同久，夫是之谓大本。"② 这一结论恰恰印证了王政的核心是礼义，而这一论断是天命、天数、天德，甚至与天地相伴生，与生民相始终，甚至是先天地而存在的。

二　明分使群

在明确王道为天德、王道为礼义这一论断的基础上，荀子提出了明分使群的王道群治原则。这是沿着王道维度得出的重要理论成果。荀子说："人何以能群？曰：分。分何以能行？曰：义。故义以分则和，和则一，一则多力，多力则强，强则胜物，故宫室可得而居也。故序四时，裁万物，兼利天下，无它故焉，得之分义也。"③ 此段文字需要明确"群""分""义"的意思。熊公哲曰："群，犹今言社会或团体也。分，位分……亲疏上下之等，尊卑贵贱之辨皆是。""义，谓以礼为分界，而裁制之也。"④ 熊公哲的解释十分明了。

荀子的明分使群范畴，应该这样理解：社会群落是依据区分亲疏上

---

① （清）王先谦撰，沈啸寰、王星贤点校《荀子集解》，第 186 ~ 187 页。

② （清）王先谦撰，沈啸寰、王星贤点校《荀子集解》，第 193 页。

③ （清）王先谦撰，沈啸寰、王星贤点校《荀子集解》，第 194 页。

④ 王天海校释《荀子校释》，第 382 页。

下、尊卑贵贱的位分组织起来的，按照这种礼义有差别地分配生活资料，就会使群落内部成员关系变得和谐，从而同心同力，形成强大的力量，进而战胜禽兽、毒虫、风雨等自然界中的危害，靠这种集体的力量，得以安居乐业，进而能够顺四时之序而长养万物，管制天下。其中，遵循礼义与区别贵贱是组织社会群落的根据。因此，礼义和区别是明分使群的两个核心要素。

在"明分使群"这一论断的基础上，荀子提出"明分序官"的构想，对官吏政治体系的分职和责任进行了界定，将"明分使群"理论提升到了一个全新的高度，并且补充了责任追究制度。他说："序官：宰爵知宾客、祭祀、飨食、牺牲之牢数，司徒知百宗、城郭、立器之数，司马知师旅、甲兵、乘白之数。修宪命，审诗商，禁淫声，以时顺修，使夷俗邪音不敢乱雅，大师之事也。修堤梁，通沟浍，行水潦，安水臧，以时决塞，岁虽凶败水旱，使民有所耘艾，司空之事也。相高下，视肥墝，序五种，省农功，谨蓄藏，以时顺修，使农夫朴力而寡能，治田之事也。修火宪，养山林薮泽草木鱼鳖百索，以时禁发，使国家足用而财物不屈，虞师之事也。顺州里，定廛宅，养六畜，闲树艺，劝教化，趋孝弟，以时顺修，使百姓顺命，安乐处乡，乡师之事也。论百工，审时事，辨功苦，尚完利，便备用，使雕琢文采不敢专造于家，工师之事也。相阴阳，占祲兆，钻龟陈卦，主攘择五卜，知其吉凶妖祥，伛巫、跛击之事也。修采清，易道路，谨盗贼，平室律，以时顺修，使宾旅安而货财通，治市之事也。抏急禁悍，防淫除邪，戮之以五刑，使暴悍以变，奸邪不作，司寇之事也。本政教，正法则，兼听而时稽之，度其功劳，论其庆赏，以时慎修，使百吏免尽而众庶不偷，冢宰之事也。论礼乐，正身行，广教化，美风俗，兼覆而调一之，辟公之事也。全道德，致隆高，綦文理，一天下，振毫末，使天下莫不顺比从服，天王之事也。"①

荀子"明分序官"思想包括以下四个原则。

第一，贵贱有别上下有序的原则。荀子所界定的所有官吏职责在整体上是成系统的，将官吏等级分为三个级别，从而实现"具具而王"。首先是掌握府库、财物、人役的宰爵、司徒和司马三种，为管物之官。这三种官职的特点是知某某数，而没有具体的工作。"宰爵知宾客、祭祀、飨食、

---

① （清）王先谦撰，沈啸寰、王星贤点校《荀子集解》，第196～202页。

牺牲之牢数，司徒知百宗、城郭、立器之数，司马知师旅、甲兵、乘白之数。"① 其次是负责管理具体政务之官，为管事之官。包括大师、司空、治田、虞师、乡师、工师、伛巫、跛击、治市、司寇等十种。最后是负责管理官吏之官。包括冢宰、辟公、天王。

第二，按照群治的事务进行分类，明确职分的原则。例如治田之官管理农业："相高下，视肥墝，序五种，省农功，谨蓄藏，以时顺修，使农夫朴力而寡能。"虞师的职分是"修火宪，养山林薮泽草木鱼鳖百索，以时禁发，使国家足用而财物不屈"。

第三，追究责任的原则。冢宰负责对百官的纠察，依功劳庆赏。"本政教，正法则，兼听而时稽之，度其功劳，论其庆赏，以时慎修，使百吏免尽而众庶不偷，冢宰之事也。"对冢宰、辟公、天王三种最尊贵的官位进行考察。"故政事乱则冢宰之罪也；国家失俗则辟公之过也；天下不一，诸侯俗反，则天王非其人也。"②

第四，遵从礼义的原则。专门设置"辟公"一官，其职位很高，仅次于天王，"论礼乐，正身行，广教化，美风俗，兼覆而调一之"。讲论礼乐，端正立身行事，推广教化，改变风俗，养育百姓，并使之协调和一。

三　兼人三术

兼并土地，扩张疆域是战国走向统一的必经之路。荀子认为，兼并别国土地和百姓，有"以德兼人""以力兼人""以富兼人"三种方法。③ 荀子不反对兼并土地和百姓，但强调要"以德兼人"。他提出"以德兼人者王，以力兼人者弱，以富兼人者贫"的论断。

荀子的"以德兼人"，强调国君的德行和礼义，让百姓心甘情愿地归服。所谓"彼贵我名声，美我德行，欲为我民，故辟门除涂，以迎吾入"。以德服人还能够做到"因其民，袭其处，而百姓皆安。立法施令，莫不顺比"，遂顺其百姓，沿袭其居住的土地，百姓皆安，发号施令百姓都愿听从。通过这样的途径获得的百姓和土地，就会收到"得地而权弥重，兼人而兵愈强"的效果。

---

① （清）王先谦撰，沈啸寰、王星贤点校《荀子集解》，第196～197页。
② （清）王先谦撰，沈啸寰、王星贤点校《荀子集解》，第201～202页。
③ （清）王先谦撰，沈啸寰、王星贤点校《荀子集解》，第341页。

荀子反对通过武力兼并土地。这样的做法抛开了德行和礼仪，被兼并的百姓不会心悦诚服，必然耗费大量的军队和财富来保有这些土地和百姓。所谓"彼畏我威，劫我势，故民虽有离心，不敢有叛虑，若是则戎甲愈众，奉养必费"①。通过这样的途径获得百姓和土地必然导致"得地而权弥轻，兼人而兵愈弱"的结局。

荀子反对通过救济粮食、施舍财富的方式来获得土地和百姓。这种方式也丢掉了名声、德行和礼义，只是"用贫求富，用饥求饱，虚腹张口来归我食"。救济灾民必然"发夫掌窌之粟以食之，委之财货以富之，立良有司以接之"，并要坚持三年的时间，才能够取信于民。通过这样的方式得到的土地和百姓必然导致"得地而权弥轻，兼人而国愈贫"的结局。②

荀子为什么强调"以德兼人"，他认为"兼并易能也，唯坚凝之难焉"。只有"以德兼人"才能达到"坚凝"的目的，这是荀子王道范畴的重要内容。

荀子从正、反两方面论述这个问题，他认为齐国、燕国和赵国能得地而不能"坚凝"之，故被他国侵夺。齐国吞并宋国的人口和土地，后被魏国夺取；燕国下齐七十余城，后被田单收复。韩国上党之地的百姓投奔赵国，后被秦国占领。与之相反，古代的商汤拥有薄地，武王拥有滴地，都是区区百里之地，但是能够统一天下而诸侯朝之，是因为这两个国君能够凝聚百姓、巩固土地。

因此，荀子主张"以德兼人"，便于"凝士以礼，凝民以政"。凝聚士人要依靠礼义笃厚，凝聚百姓要依靠政治清明。只有这样才能"礼修而士服，政平而民安"。土地得到巩固，出征的力量强大无比，令行禁止，那么就真正建立了王道天下。所谓"以守则固，以征则强，令行禁止，王者之事毕矣"③。

四　"尽伦""尽制"

荀子在王道维度提出了两个的重要论断，其一，"圣也者，尽伦者也"。其二，"王也者，尽制者也"。这两个论断是在《解蔽》篇荀子论述学习的

①　（清）王先谦撰，沈啸寰、王星贤点校《荀子集解》，第341～342页。
②　（清）王先谦撰，沈啸寰、王星贤点校《荀子集解》，第342页。
③　（清）王先谦撰，沈啸寰、王星贤点校《荀子集解》，第343页。

至足之境时提出的。他说："故学也者，固学止之也。恶乎止之？曰：止诸至足。曷谓至足？曰：圣也。圣也者，尽伦者也；王也者，尽制者也；两尽者，足以为天下极矣。"① 杨倞注："言人所学当止于圣人之道及王道，不学异术也。圣王之道，是谓至足也。"② 荀子认为学习的最高境界就是圣王之道。圣王之道包含两个要素，其一是"尽伦"，其二是"尽制"。何为"尽伦"？何为"尽制"？梁启超说，圣、王，即《庄子》"内圣外王"之圣、王。伦，即人伦，即人生哲学；制，谓制度，即政治哲学。学习的至足境界，就是竭智尽能，精通人生哲学和政治哲学，处理好人生事务和政治事务。人生之事，即与宗族相关涉的个体之事，即人与人基本关系的问题。政治事务，即国家事务，公共事件，这两件事是天下的准则。学习好圣王之道，践行好圣王之道，就做到了荀子所说的"尽伦""尽制"。

荀子的两个论断，是相互统一的，其内在精神是礼。关于人生哲学、个人问题，是与国家问题密切联系的。在《儒效》篇，荀子从人生哲学与政治哲学相结合的角度研讨了社会各阶层的人，个人的社会政治地位从来离不开其立身行事之价值，并且二者皆以礼为根据。

荀子的社会哲学就是"尽伦"说，是对《中庸》"尽性"说的发展。《中庸》讲："唯天下至诚，为能尽其性；能尽其性，则能尽人之性；能尽人之性，则能尽物之性；能尽物之性，则可以赞天地之化育；可以赞天地之化育，则可以与天地参矣。"③ 子思的"尽性说"是育人思想的灵魂，是个体发展的必经之途。荀子的"尽伦"说则是在此基础上的延伸、深化，是社会发展走向文明形态必须要经历的过程。他说："人论：志不免于曲私而冀人之以己为公也，行不免于污漫而冀人之以己为修也，其愚陋沟瞀而冀人之以己为知也，是众人也。志忍私然后能公，行忍情性然后能修，知而好问然后能才，公修而才，可谓小儒矣。志安公，行安修，知通统类，如是则可谓大儒矣。大儒者，天子三公也。小儒者，诸侯大夫士也。众人者，工农商贾也。礼者，人主之所以为群臣寸尺寻丈检式也，人伦尽矣。"④

---

① （清）王先谦撰，沈啸寰、王星贤点校《荀子集解》，第 481 页。
② （唐）杨倞注，耿芸标校《荀子》，第 266 页。
③ 朱杰人等主编《朱子全书》第 6 册，第 50 页。
④ （清）王先谦撰，沈啸寰、王星贤点校《荀子集解》，第 172 页。

王念孙曰:"'人论'二字,乃目下之词。论,读为伦。伦,类也,等也。为人之等类,即下文所谓'众人'、'小儒'、'大儒'也。"① 人伦范畴是荀子思想理论体系的一个核心范畴。在《儒效》篇中,荀子从"志""行""知"三个方面评价了众人、小儒、大儒三类个体的价值和社会地位。在思想上偏邪自私,在行为上污秽肮脏,在智识上愚昧浅陋的人属于众人。在思想上克制私欲而秉持公心,在行为上能够抑制情性,在智识上多问多才的人属于小儒。在思想上可以大公无私,在行为上力求美好善良,在智识上能够精通纲纪法度的人属于大儒。在"志""行""知"三方面达到大儒要求的就可以做天子或三公,达到小儒要求的就可以做诸侯、大夫或士,只满足众人要求的,就流于工匠、农夫和商人了。人伦社会中人与人之间的关系及个体的行为价值,即人之等类完全是靠礼来区分。礼把"尽伦"和"尽制"有机地统一起来。

虽然自然界物物不同、物物相异,但不同的种类又能和谐共处。与自然界相类似,荀子把社会群落中每一个个体的不同性、相异性作为讨论人伦范畴的前提和基础,同时,荀子也肯定这种个体的不同性、相异性不妨碍他们能够和谐共处在同一群落之中。"群居和一""不同而一"是人伦范畴包蕴的基本规律,这是王道维度的重要内容。他在《荣辱》篇中阐述得非常具体,他说:"故先王案为之制礼义以分之,使有贵贱之等,长幼之差,知愚、能不能之分,皆使人载其事而各得其宜。然后使悫禄多少厚薄之称,是夫群居和一之道也。故仁人在上,则农以力尽田,贾以察尽财,百工以巧尽械器,士大夫以上至于公侯,莫不以仁厚知能尽官职。夫是之谓至平。故或禄天下,而不自以为多,或监门、御旅、抱关、击柝而不自以为寡。故曰:'斩而齐,枉而顺,不同而一。'夫是之谓人伦。"② 荀子这段文字从个体差异性出发,对社会事务进行分工,同时,根据其个体差异性及所承担社会事务来分配相应的物质生活资料。荀子不仅描述了每一类个体的工作责任感和使命感,即所谓"农以力尽田,贾以察尽财,百工以巧尽械器,士大夫以上至于公侯,莫不以仁厚知能尽官职",而且还描绘了个体工作的获得感、满足感,即所谓"禄天下,而不自以为多,或监门、御旅、抱关、击柝而不自以为寡"。因此,荀子认为差别中的整齐、

① 王天海校释《荀子校释》,第334页。
② (清)王先谦撰,沈啸寰、王星贤点校《荀子集解》,第82~83页。

枉曲中的顺溜、不同种的统一，是对人伦社会的最好阐述，这也许就是梁启超所谓的人生哲学。

梁启超以"尽制"为荀子的政治哲学，王制即王者制度。究其实质，荀子的政治哲学是复古，是复礼，是回到三代之治，即以"三代之英"的政治制度为楷式。钱仲联认为"三代之英"的时代是夏禹、商汤、周文、武王、成王、周公的时代，即夏商周三朝，主要是以礼治国。[①] 但是，荀子又不是完全复古，还要参照当代的政治制度。其政治哲学是一种从当代政治实际情况出发的复古，包含了对当世政治的变革。其主要内容是"衣服有制，宫室有度，人徒有数，丧祭械用皆有等宜"。荀子说："道不过三代，法不贰后王。道过三代谓之荡，法贰后王谓之不雅。衣服有制，宫室有度，人徒有数，丧祭械用皆有等宜。声则非雅声者举废，色则凡非旧文者举息，械用则凡非旧器者举毁。夫是之谓复古。是王者之制也。"[②] 荀子政治哲学的这种复古，突出了对夏、商、周三代之礼的肯定。具体到丧祭音乐的风格、衣服的图案色彩、械用器物的规制，都要按三代之礼来要求，不合规制就要"举废""举息""举毁"。

对于秦统一六国的大业，荀子的这种以复礼为核心的王道之政同秦"四世而胜"的虎狼之师及商鞅之法政相比，显然要无力得多，逊色得多，但是荀子礼学思想因其王道之政和深厚的民族文化底蕴，始终闪耀着夺目的人伦文明之光辉。

第四节　方法论维度及其论断：天人相分，
伦类统一，正名当辞

荀子思想理论体系有三大维度，包括王道维度、成圣维度、方法论维度。这三个维度在尊王隆礼这一总纲的统率下，形成三大主要脉络，把荀子思想理论体系的主要范畴和核心论断组织成一个有机整体。其中王道维度、成圣维度是内容主线，是思想范畴，而方法论维度是逻辑主线，是形式范畴。它与其他维度有着本质的区别，它主要有天人相分、伦类统一、正名当辞等三大逻辑思维规律，这种方法论维度，使得荀子思想理

---

① 钱仲联主编《十三经精华》，第 390 页。
② （清）王先谦撰，沈啸寰、王星贤点校《荀子集解》，第 187～188 页。

论体系呈现科学而严谨、全面而深刻、宏富而扼要的特征。所谓方法论维度，是指荀子思考战国时代社会重大课题时所恪守的主要思维逻辑原则和思维方法，关乎天人相分、伦类统一、正名当辞等范畴，这种逻辑原则和方法是荀子思想理论体系得以构建的根本，是荀子思想理论体系构建的基本思路。

一 天人相分

荀子对天人关系的阐述，奠定了荀子思想理论体系的基础，确立了其思想理论存在的"绝对合理性"。天人相分成为荀子思想理论体系的核心原则。天人相分范畴包括四大要素：天行有常，圣人知天，圣人制天命而用，理贯不乱。

"天行有常"，是荀子天人相分范畴的基本论断。主要是指自然宇宙的发展变化有其客观规律性，不以人的主观意志为转移，荀子此处的"天"，具体指"列星随旋，日月递照，四时代御，阴阳大化，风雨博施"。熊公哲认为荀子所谓天有广狭二义，狭义而言，天只包日月、星辰、阴阳、风雨、水旱、寒暑（有时另称为时）。广义而言，则天并包天地万物，且泛及人之身心，故有天情、天官、天君等名目。[①] 此处天之义仅取其狭义。荀子"天行有常"的论断，在指出宇宙自然的客观性、规律性和独立性的同时，对天人关系的必然性做出了阐述，天人关系主要从这一论断中派生出来。他提出了"天职""天情""天官""天君""天养""天政"等一系列概念。

其中，"天职"是对宇宙自然发展、变化之规律性、客观性、独立性的阐发，荀子说："不为而成，不求而得，夫是之为天职。"[②] 这里的天职，是指自然的功能，不用作为而有所成就，不用求取而自有收获，"四时行焉，百物生焉"是天之职务，本自如此。天的功能，天之职务，荀子称为"神"，即"万物各得其和以生，各得其养以成，不见其事而见其功"。上天调和阴阳，并生成万物，并培养万物、成长万物，这种调和、成长的过程，没有痕迹而功业卓著。

此外，天行有常，还包含了天对人的决定作用，这种决定作用，是指

---

① 熊公哲注译《荀子今注今译》，重庆出版社，2009，第352页。
② （清）王先谦撰，沈啸寰、王星贤点校《荀子集解》，第364页。

"天情""天官""天君""天养""天政"。荀子说："天职既立，天功既成，形具而神生，好恶、喜怒、哀乐臧焉，夫是之谓天情。耳目鼻口形能，各有接而不相能也，夫是之谓天官。心居中虚以治五官，夫是之谓天君。财非其类，以养其类，夫是之谓天养。顺其类者谓之福，逆其类者谓之祸，夫是之谓天政。"①

荀子这段话讲了三个意思。首先，他认为人"形具而神生"是"天职既立，天功既成"的必然结果。即耳目鼻口之形体，心的神智，好恶、喜怒、哀乐等情绪都是得于天。因此耳、目、口、鼻各司其职，互不相通，称为天官。其次，心位于中虚之地，管制耳目口鼻形五官，故称为天君，它能裁制与人异类之物，用来长养人类。最后，以布帛为衣，以五谷为食，顺物天然之性，顺人天然之性，来利用万物，来养育管理百姓，这一切布局安排，皆来自天，故称"天政"。因此，荀子所讲的"天行有常"，不是人定胜天，而是顺天而为。

荀子提出"天行有常"的论断之后，又提出了"圣人知天""至人知天"的论断。这一论断，体现了人的智识的积极能动作用。荀子说："明于天人之分，则可谓至人矣。"他又说："圣人清其天君，正其天官，备其天养，顺其天政，养其天情，以全其天功。如是，则知其所为，知其所不为矣，则天地官而万物役矣。其行曲治，其养曲适，其生不伤，夫是之谓知天。"② 荀子所谓的圣人或者至人"知天"，是指圣人或者至人对天和人的属性和职分了如指掌，即充分理解"天行有常"以及天人之关系。荀子在这里把圣人理解为一个超人，他具备超人的素养。他能够使自己天禀的主宰（心）时刻保持清醒，能够管理好自己天生的感官，完备天然的供养，顺应天然的政治原则，持养天赋的情感，进而完成上天赋予的使命和功业。因为圣人拥有得于天的超人的素养，所以能够选择无为无不为之事，顺应天、地、人之性，裁夺而利用万物，行事有条理，使人享受天养而处处得当，使群落发展而不受伤害。荀子称这种做法是"知天"的做法。

在荀子关于"天人相分"范畴的四个论断中，最重要的论断就是"制天命而用"。熊公哲认为这是一种前所未有的人定胜天思想，有一定的道理，但是，似乎还有的商榷。熊公哲认为，决定社会治乱与人间祸福的是

---

① （清）王先谦撰，沈啸寰、王星贤点校《荀子集解》，第 365～366 页。
② （清）王先谦撰，沈啸寰、王星贤点校《荀子集解》，第 366 页。

"人"而不是"天","制天命而用之"就是人定胜天。究其根本,荀子所说的"制天命而用之",即圣人制礼而用之,因此,决定社会治乱与人间祸福的是"礼"而不是"人"。

荀子说:"天有常道矣,地有常数矣,君子有常体矣。君子道其常而小人计其功。《诗》曰:'何恤人之言兮!'此之谓也。"① 荀子认为上天有亘古不变的常律,大地有赖于永恒的法则,君子有永远持有的规矩。这个规矩就是"礼"。王先谦《荀子集解》无"礼义之不愆"之文,张觉据《文选》卷四十五《答客难》引文补。② 阙文恰恰指出了君子之常体、常行就是礼义,君子立身行事,恪守礼义而不违背,具有与"天有常度,地有常形"类似的意义,是人道之法则,是天政之准绳。

从反面说,荀子指出,"楛耕伤稼,耘耨失薉,政险失民,田薉稼恶,籴贵民饥,道路有死人,夫是之谓人祅。政令不明,举错不时,本事不理,夫是之谓人祅。礼义不修,内外无别,男女淫乱,则父子相疑,上下乖离,寇难并至,夫是之谓人祅。祅是生于乱"。荀子指出人事上的反常现象,并把它称为"人祅"。荀子指出"礼义不修,内外无别,男女淫乱,则父子相疑,上下乖离,寇难并至",强调了修明礼义的重要性。因此,荀子强调"若夫君臣之义,父子之亲,夫妇之别,则日切瑳而不舍也"③。实质上讲,荀子已经把礼义范畴作为人道之常,等类于天道之常,等同于天命、天德。

对于圣人"制天命而用之"之"制天命"的意思,还应该结合其他篇章来研读。荀子在《性恶》篇中提出:"古者圣王以人之性恶,以为偏险而不正,悖乱而不治,是以为之起礼义,制法度,以矫饰人之情性而正之,以扰化人之情性而导之也。""故圣人化性而起伪,伪起而生礼义,礼义生而制法度。然则礼义法度者,是圣人之所生也。"④ 并且荀子认为这些礼义法度,"始皆出于治"并"合于道"。因此,荀子所谓的圣人"制天命而用之",是圣人制礼义法度而用之,是顺天而为,而不是人定胜天,

---

① （清）王先谦撰,沈啸寰、王星贤点校《荀子集解》,第 368 页。

② "天有常度,地有常形,君子有常行;君子道其常,小人计其功"诗云:"礼义之不愆,何恤人之言?"李善注曰:"皆孙卿子文。"（梁）萧统编,（唐）李善注《文选》,上海古籍出版社,1986,第 2002 页。

③ （清）王先谦撰,沈啸寰、王星贤点校《荀子集解》,第 371~372 页。

④ （清）王先谦撰,沈啸寰、王星贤点校《荀子集解》,第 514 页。

人定胜天是一种主观臆断，断章取义，应该把这句话的意思放进荀子整个思想理论体系中去做全方位的立体的研讨。

荀子说："在天者莫明于日月，在地者莫明于水火，在物者莫明于珠玉，在人者莫明于礼义。"① 此处，日月之于天，水火之于地，珠玉之于物，礼义之于人，都有一个彰显的作用，实际上有一个由天到人的类比逻辑在，他得出一个结论："故日月不高，则光晖不赫；水火不积，则晖润不博；珠玉不睹乎外，则王公不以为宝；礼义不加于国家，则功名不白。"② 这个类比的逻辑揭示了礼义对人与国家的重要意义，没有了礼义，人的群落所建的功业就不能显耀于世界，彪炳史册。荀子进一步得出："故人之命在天，国之命在礼。君人者，隆礼尊贤而王。"这里，荀子把人命、国命与天命统一起来，天命是一个前提和基础，以此为基，礼义成了天命的一个有机组成部分，它是管理人群，统治国家，实现王治天下的一个根本准则。这个逻辑的实质，是天人逻辑，也就是荀子对天人关系的理解。

荀子把"圣人制天命"作为理论根据，进一步提出"理贯不乱"的论断，他把礼义上升到"道""理"的哲学层次。他说："百王之无变，足以为道贯。一废一起，应之以贯，理贯不乱。不知贯，不知应变，贯之大体未尝亡也。乱生其差，治尽其详。故道之所善，中则可从，畸则不可为，匿则大惑。"③ 荀子这里的"百王之无变"，应指夏、商、周三代之王。杨倞注："无变，不易也。百王不易者，谓礼也。"王天海按："贯，系统也。道贯，道统也。"④ 那么，荀子此段话的意思就可以理解为：夏、商、周三代王制，皆以礼义为道统，虽然其风俗兴废，文质相变，但是都是礼义的不同形式，贯彻礼义这个道统，国家才不会混乱，夏礼尚质，周礼崇文，代以应变，道统未尝消失，仍旧发挥着重要作用。违背礼义这个道统就会引起国家混乱，遵循它就会天下大治。遵从这个礼义道统，就是中道直行，偏离它，违背它，都是行不通的。

"理贯不乱"是荀子关于天人关系的重要论断。其中，礼义是荀子要推崇和弘扬的理论核心。荀子认为天命是礼义，道统是礼义，礼义是群治

---

① （清）王先谦撰，沈啸寰、王星贤点校《荀子集解》，第 374 页。
② （清）王先谦撰，沈啸寰、王星贤点校《荀子集解》，第 374 页。
③ （清）王先谦撰，沈啸寰、王星贤点校《荀子集解》，第 375～376 页。
④ 王天海校释《荀子校释》，第 698 页。

的一个基本准绳。

二　"伦""类""统""一"

张祥龙研讨荀子哲理之方法论时非常重视"类""壹"等概念。他说："因为分类的原因，最后总有一个最高的共名，最大的类。共之又共，最后达到无共……通过分类，他得到的总是观念化的东西，一种逻辑的、观念的、概念的实体或原则。他最后达到的那个'壹'，也就是用大共名来指称的最高、最广的类。"① 沿着张祥龙的思路，本部分主要讨论"伦""类""统""一"等荀子思想方法论概念及相关的学术论断。

《荀子》三十二篇，其使用"伦"字共9处，"伦类以为理"是其重要论断。使用"类"字62处，使用"伦类"一词2处，使用"统类"一词6处，其中重要论断为"推类而不悖""以类行杂""以类度类"等。使用"统"字25处，其中重要的论断是"知通统类"。使用"一"字309处，使用"壹"字27处。其主要论断"执一无失""统类一也""大化至一""道出乎一""以一持万"等。本部分仅就荀子关于"伦""类""统""一"范畴所提出的主要论断来阐述荀子思想理论体系的方法论维度。

（一）"伦"与"伦类以为理"的推论方法

在荀子思想体系中，"伦"有多种含义，在《荀子》一书中主要有两种。其一为事理。《解蔽》篇：圣也者，尽伦者也。杨倞注："伦，物理也。"久保爱曰："伦，伦类也。"梁启超曰："伦，谓人伦，即人生哲学。"王天海按："伦者，理也，人伦物理兼包之。"②

其二为人伦次序。《致士》篇："程以立数，礼以定伦。"杨倞注："有礼则可以定君臣父子之伦也。"帆足万里曰："伦，人伦也。"王天海按："伦，人伦次序也。"③

"伦"是荀子由具体到抽象的一种概括事理的方法，是荀子思想体系方法论维度的主要内容，究其实质，"伦"是一种推理议论的方法。荀子在《臣道》篇提出"伦类以为理"。杨倞注："伦，人伦也。类，物之种

① 张祥龙：《从〈春秋〉到荀子》，商务印书馆，2019，第387~388页。
② 王天海校释《荀子校释》，第875页。
③ 王天海校释《荀子校释》，第596页。

类。言推近以知远，以此为条理也。"①《荀子》一书中的许多论断都是用
"伦类以为理"这种哲学方法论得出的结论。荀子把这种方法论普遍应用
于思想智识、儒学修为、行为风尚、社会分工及分配、学习修身等领域的
论述。

在思想智识方面，荀子否定五种极端的遮蔽思想，进而得出辩证的思
想，达到"众异不得相蔽以乱其伦"的境界。他说："圣人知心术之患，
见蔽塞之祸，故无欲无恶，无始无终，无近无远，无博无浅，无古无今，
兼陈万物而中县衡焉。是故，众异不得相蔽以乱其伦也。"② 王天海按：
"伦，理也。此指事物相反相成的道理。"③ 中国古人历来讲究中庸之道，
中和之美，思想家们尤其重视"惟精惟一，允执厥中"的道理。这段议论
当中，荀子认为避免了"无欲无恶，无始无终，无近无远，无博无浅，无
古无今"等五种遮蔽思想的十种极端行为，就能够"兼陈万物而中县衡
焉"，就能够做到"众异不得相蔽以乱其伦"，就能够中道直行，这是一种
辩证法的思维，是一种正反推论。"中庸""中和""厥中"就是指符合
"伦"，符合"理"。

在儒学修为方面，荀子也使用了"伦类以为理"的方法论，把礼推崇
到一个哲学之理的高度。荀子带领李斯、韩非干谒秦昭襄王，荀子自诩为
"大儒"，并且自荐说："大儒者，善调一天下者也，无百里之地则无所见
其功。"④ 秦昭襄王提出"儒无益于人之国"，荀子反复申述己见，他说：
"人论：志不免于曲私而冀人之以己为公也，行不免于污漫而冀人之以己
为修也，其愚陋沟瞀而冀人之以己为知也，是众人也。志忍私然后能公，
行忍情性然后能修，知而好问然后能才，公修而才，可谓小儒矣。志安
公，行安修，知通统类，如是则可谓大儒矣。大儒者，天子三公也。小儒
者，诸侯大夫士也。众人者，工农商贾也。礼者，人主之所以为群臣寸尺
寻丈检式也，人伦尽矣。"⑤ 王念孙曰："'人论'二字，乃目下之词。论，
读为伦。伦，类也，等也。谓人之等类，即下文所谓'众人''小儒''大

① 王天海校释《荀子校释》，第584页。
② 王天海校释《荀子校释》，第848页。
③ 王天海校释《荀子校释》，第846页。
④ （清）王先谦撰，沈啸寰、王星贤点校《荀子集解》，第162页。
⑤ （清）王先谦撰，沈啸寰、王星贤点校《荀子集解》，第171～172页。

儒'也。下文又曰：人伦尽矣，作'论'者，借字耳。"① 就荀子此段言论而言，其理想中的人伦社会，就是儒学与社会个体充分融合的社会，学习儒家经典、精通儒术并且具有儒学修养的人，就可以得到诸侯大夫士的社会地位和物质奉养。如果成为大儒，那么，甚至可以得到天子三公的社会地位、政治权力和物质奉养。不学习儒家经典，没有儒学素养的人，只能沦为众人庶民，成为工农商贾之一员。这是荀子的儒学观。荀子依照儒学修为的程度来划分大儒、小儒和众人，进而推理出人伦社会的组织结构和层次：天子三公，诸侯大夫士，工农商贾。荀子把儒学修为之价值观与礼学等级秩序论合二为一。他认为，这样的社会布局和安排遵循了礼，包含了一种儒家的等级秩序，其实质是以儒学治天下。

在行为风尚方面，荀子以"伦"为理，意图构建一种以仁义礼智为纲纪的人伦社会。他说："亲亲、故故、庸庸、劳劳，仁之杀也。贵贵、尊尊、贤贤、老老、长长，义之伦也。"杨倞注：伦，理也。此五者非仁恩，皆出于义之理也。② 荀子在此处有两个推论。其一，热爱双亲、善待朋友、奖励有功、慰问勤劳这四种行为贯穿了"仁"的道德原则。其二，尊崇高贵、尊敬领导、尊重才德、敬爱老人、敬重长者等五种行为，贯穿了义的原则。这是一种相近或类比的推论。在此基础上，荀子进一步得出"仁，爱也，故亲；义，理也，故行"的结论。

在社会分工及生活资料的分配领域，荀子也使用了"伦类以为理"的推论方法，并以之阐述社会成员的具体职能，构建礼法下的人伦社会。他说："故仁人在上，则农以力尽田，贾以察尽财，百工以巧尽械器，士大夫以上至于公侯，莫不以仁厚知能尽官职。夫是之谓至平。故或禄天下而不自以为多，或监门、御旅、抱关、击柝，而不自以为寡。故曰：'斩而齐，枉而顺，不同而一。'夫是之谓人伦。"③ 物双松曰："人伦，人之伦类也。即上所谓天子、诸侯、士大夫、官人、百吏、庶人、君子、小人是也。"北大组曰："人伦，人们的等级秩序。"王天海按："人伦，人的等级伦理。即上文所言贵贱、长幼等。"④

关于社会分工，荀子的着眼点放在了"人伦"上，"人伦"是荀子论

---

① 王天海校释《荀子校释》，第334页。
② 王天海校释《荀子校释》，第1046页。
③ （清）王先谦撰，沈啸寰、王星贤点校《荀子集解》，第83页。
④ 王天海校释《荀子校释》，第157~158页。

述社会分工的总纲，这个"人伦"就是指人的等级伦理，他的推论，也实现了"伦类以为理"。荀子认为人伦这种等级理论，是进行社会分工和物质分配的最公允、最公正、最公平的依据。它是一种异中求同，农民、商贾、百工、士大夫、公侯，身份各异，地位悬殊，并且在物质分配上有天壤之别，"或禄天下""或监门御旅"，但是，都能和谐共处，这就是人伦社会。荀子认为，整齐源于混乱和参差，枉曲的终点必然是顺遂，求同立足于存异，人伦的差别会产生社会的和谐。这是一个普遍真理。

（二）"类"与"推类而不悖""以类行杂""以类度类"等逻辑思维方法

《荀子》一书大量使用"类"字，其意义丰富而复杂，由"类"衍生的推理论说方法是荀子思想理论体系方法论之重要内容。在"类"这个词的使用上荀子已流露出理论思维的方法论倾向。"类"的主要意义有以下几种。

第一，作推类讲。如《王制》篇："其有法者以法行，无法者以类举。"杨倞注："类，比类。"久保爱曰："以其本知其末，以其左知其右，谓之类。"王天海按："类举，类推也。"① 此句意谓有法，则依法办事。无法令条文，则用类推之法处理事务。

第二，作条理讲。如《性恶》篇："齐给便敏而无类。"王天海按："无类，言其无条理，不合事理。"② 此句话意谓说话快速、敏捷但缺乏条理。又如："多言则文而类。"杨倞注："类，谓其统类不乖谬也。虽终日议其所以然，其言千举万变，终始条贯如一，是圣人之知也。"王天海按："'文而类'，谓其多言但有文采和条理。"③

第三，意谓同类共名的事物。如《正名》篇："凡同类同情者。"杨倞注："同类同情，谓若天下之马，虽白黑大小不同，天官意想其同类，所以共其省约之名，以相期会而命之，各为制名也。"物双松曰："同类者，牛马皆谓之物，鸟兽皆谓之物之类。同情者，白马、白人皆谓之白，长人、长物，皆谓之长之类。"冢田虎曰："同类谓其形相之相类也。同情，谓其精

---

① 王天海校释《荀子校释》，第 347 页。
② 王天海校释《荀子校释》，第 958～959 页。
③ 王天海校释《荀子校释》，第 957～958 页。

气之相同也。"王天海按："'同类同情者'，言同类同性质之事物。"①

第四，作事理、道理，衡量事物的标准讲。如《解蔽》篇："类不可两也，故知者择一而壹焉。"杨倞注："凡事类皆不可两，故智者精于一道而专一焉。故异端不能蔽也。"张觉曰："'类不可两'，即篇首所言'天下无二道'。王天海按："类者，事理也。不可两，不可两存之。择一，择其一也。"熊公哲曰："类，谓事类，不可两，故智者择一而壹焉。"② 又如《王制》："听断以类。"杨倞注："所听断之事，皆得其善类。"王先谦曰："类，法也。"帆足万里曰："以类，各以其统类而不错乱也。"王天海按："听断以类，犹言以事理处决政事。类，即事理也。"③

第五，意谓种族、种类。如《礼论》篇："先祖者，类之本也。"杨倞注："类，种也。"王天海按："类，族类也。"又如："有知之属莫不爱其类"。熊公哲曰："类，种类。"④

荀子的"类"又衍生出"伦类""统类""比类""以类想从""触类而长"等一系列词语，"以类相从""触类而长"演变为成语，这些都为其思想方法论的形成奠定了基础。"伦类"，即人伦事理。如《臣道》篇："礼义以为文，伦类以为理。"杨倞注："伦，人伦也；类，物之种类。言推近以知远，以此为条理也。"⑤ 又如《劝学》篇："伦类不通，仁义不一。"杨倞注："通伦类，谓虽礼法所未该，以其等伦比类而通之。谓一以贯之，触类而长也。一仁义，谓造次不离，他术不能乱也。"熊公哲曰："原夫礼，本是圣王之法制；就礼法而言，则曰伦类，如此'伦类不通'是也。"杨柳桥曰："伦类，犹事理也。"王天海按："伦，指人伦。类，指事理。伦类，即人伦事理。"⑥ "统类"，意谓事物的纲纪、总原则。如《非十二子》篇："齐言行，壹统类。"杨倞注："统，谓纲纪。类，谓比类。大谓之统，分别谓之类。"北大组曰："壹统类，统一治事的纲纪。"熊公哲曰："统，圣王相传之统。类，礼法同异之伦类。"⑦ 又如《解蔽》篇："法其法以求其统类"。杨倞注："统类，法之大纲。"梁启雄曰："统

---

① 王天海校释《荀子校释》，第894~895页。
② 熊公哲注译《荀子今注今译》，第461页。
③ 王天海校释《荀子校释》，第366页。
④ 熊公哲注译《荀卿学案》，第422页。
⑤ 王天海校释《荀子校释》，第584页。
⑥ 王天海校释《荀子校释》，第42~43页。
⑦ 王天海校释《荀子校释》，第213页。

类，指法例的纲纪。"① 再如《儒效》篇："知通统类。"牟瑞平曰："统类，纲纪法度。"王天海按："大纲与细目。"杨倞注："统，谓纲纪。类，谓比类。"② 张觉曰："纲纪法度，指礼法。智慧能够精通纲纪法度。"③ "比类"，即排比、归类之意。如《非相》篇："从者将论志意，比类文学邪。"王天海按："比类，排比归类。文学，文章学问。"④ "类"不仅是一个表意词语，而且是一种结构文章的方法，同时是荀子思想理论体系的一种方法论。

"以类相从""各从其类""触类而长"等词语，已经演化为荀子的一种思维和讲论的方法。如《正论》篇："治古不然。凡爵列、官职、赏庆、刑罚，皆报也，以类相从者也。"杨倞注：各以类相从，谓善者得其善，恶者得其恶也。⑤ 荀子对古代治国条例中的爵位、官职、奖赏、刑法等内容进行归类，并指出其遵循的总原则，即善有善报，恶有恶报。又如《劝学》篇："施薪若一，火就燥也，平地若一，水就湿也。草木畴生，禽兽群焉，物各从其类也。"张觉曰："万物都各自依附它们的同类。"⑥ 荀子在这段文字当中列举了四类事物，即火与干燥的地面、水与湿润的土地、草木与丛林、禽兽与种群，它们有共同的特点，即各从其类，从而成为荀子立论（君子居必择乡，游必就士，所以放僻而近中正）的有力佐证，如此形成一个完整而严谨的比类系统。因此，"各从其类"不只是一个词语，而是荀子结构文章、构建理论思维的一种方法论。

关于"类"的范畴，荀子有三个主要论断："推类而不悖""以类行杂""以类度类"。它体现了荀子思想理论的方法论，是荀子思想体系的主要逻辑思维规律之一，实现了对荀子思想理论的分析和概括、推理和判断。荀子推类的方法有三个向度，这也是荀子发表议论、进行推理判断的向度。一是归类判断，议论往往沿着由具体到一般或由修身到群治的方向。如"推类而不悖"，前文已述。二是分类判断，议论往往沿着由一般到具体或由群治到修身的方向。如"以类行杂""以一行万"。三是并列事

---

① 王天海校释《荀子校释》，第875页。
② 王天海校释《荀子校释》，第335页。
③ 张觉撰《荀子译注》，第91页。
④ 王天海校释《荀子校释》，第169页。
⑤ 王天海校释《荀子校释》，第717页。
⑥ 张觉撰《荀子译注》，第4页。

类的推类向度，这种推类没有统属关系，而是一种并列的向度。如"以类度类"。下文将展开论述。

第一，推类而不悖。它是指根据同类事物的本质规律在这类事物中进行推理和判断。它的议论向度是由具体事物到一般事理，或由修身到群治。这就是荀子在《正名》篇中提出的"推类而不悖"。张觉和熊公哲都对"推类而不悖"做出了解释。张觉曰："推论类似的事物而不违背情理。"①熊公哲曰："据同类事物而推断。"② 荀子在《臣道》篇又提出"推类接誉"。杨倞注："推其比类，接其声誉，言见其本而知其末也。"王天海按：推类接与，即触类推理之义。"③ 推类是一种思维方法，在《荀子》一书中有很多。例如：

> 昔者瓠巴鼓瑟而流鱼出听，伯牙鼓琴而六马仰秣。故声无小而不闻，行无隐而不形；玉在山而草木润，渊生珠而崖不枯。为善不积邪，安有不闻者乎！④

在上一文段中，荀子由"瓠巴鼓瑟"推类出"伯牙鼓琴"，由"流鱼出听"推类出"六马仰秣"，进而得出"声无小而不闻，行无隐而不形"的结论。由"玉在山而草木润"类推出"渊生珠而崖不枯"，进一步得到"为善不积邪，安有不闻者乎"的判断。这种推类的方法使荀子的论述具有较为严谨的逻辑思维，事物推类具象化、生动化，事理判断具有深刻性、哲理性，同时隐含了由修身到群治的议论向度：由个人积善至社会声誉。进而，在行文上也自然呈现为一种脉络清晰、层次分明的风格。

第二，以类行杂。它是指用理论中的规律、事理、原则来指导复杂多变、丰富多样的实践活动，这种方法论被全部贯彻到荀子思想理论体系之中。在《王制》篇中它与"以一行万"被并列提出："以类行杂，以一行万，始则终，终则始，若环之无端也，舍是而天下以衰矣。""以类行杂"与"以一行万"是互文见义，历代的注释家们对两词分别做了解释。关于"以类行杂"。杨倞注："得其统类，则不患于杂也。"王云路曰："类，统

---

① 张觉撰《荀子译注》，第 328 页。
② 熊公哲注译《荀子今注今译》，第 491 页。
③ 王天海校释《荀子校释》，第 570 页。
④ （清）王先谦撰，沈啸寰、王星贤点校《荀子集解》，第 11～13 页。

类，指各种事物的总原则。行，贯穿，统率。杂，纷杂的事物。"① 关于
"以一行万"。杨倞注："行于一人，则万人可治也，皆谓得其枢要也。" 熊
公哲曰："一，谓礼法，万；谓礼法所未有的万事。" 王云路曰："一，一
贯的原则，指礼义。万，指万种事情。" 王天海按："类、一，皆统类、礼
义也；杂、万，皆杂事万物也。"② "以类行杂" 的推类方法，其议论的向
度是由一般到具体，由群治到修身。例如：

> 天地者，生之始也；礼义者，治之始也；君子者，礼义之始也。
> 为之、贯之、积重之、致好之者，君子之始也。故天地生君子，君子
> 理天地。君子者，天地之参也，万物之捴也，民之父母也。无君子则
> 天地不理，礼义无统，上无君师，下无父子，夫是之谓至乱。君臣、
> 父子、兄弟、夫妇，始则终，终则始，与天地同理，与万世同久，夫
> 是之谓大本。故丧祭、朝聘、师旅一也，贵贱、杀生、与夺一也，君
> 君、臣臣、父父、子子、兄兄、弟弟一也，农农、士士、工工、商商
> 一也。③

荀子的这段议论贯彻了 "以类行杂" "以一行万" 的推类方法，是荀
子思想理论体系方法论维度的重要体现。荀子首先从天地、君子、礼义这
一纲纪、统类、总原则谈起，明确了荀子思想理论的核心观点：尊王隆
礼。这里的 "君子" 即 "圣王"，尊王隆礼是荀子始终强调的群治的基本
理论。它就是 "类"，就是 "一"。接下来把 "一" "类" 分析、分类为
"杂" "万"，君臣、父子、兄弟、夫妇，丧祭、朝聘、师旅，贵贱、杀生、
与夺，农农、士士、工工、商商。这些 "杂" "万" 中贯彻着 "一" 和
"类"。在分类分析的过程中，把它都落实到每一个社会成员的修身上，指
出了每一个社会成员的身份和责任，也是每一位社会成员修身的要求，即
"君君" "父父" "农农" "士士" "丧祭" "师旅" "贵贱" 等。因此，荀
子的议论是双维向度，一，一般到具体。二，群治到修身。正是这种逻辑
思维方法的运用，使荀子的议论显得天经地义、合理合法、严谨严密，客

---

① 王天海校释《荀子校释》，第 377 ~ 378 页。
② 王天海校释《荀子校释》，第 377 ~ 378 页。
③ （清）王先谦撰，沈啸寰、王星贤点校《荀子集解》，第 192 ~ 193 页。

观上增强了理论的力量，也使行文"言之有序"。

第三，以类度类。这是一种在不同或相同事类之间的推类方法。它是荀子在《非相》篇提出的，他说："以人度人，以情度情，以类度类，以说度功，以道观尽，古今一度也。类不悖，虽久同理。"① 王天海按："此言由此类推度彼类也。类，即事理。"② 张觉曰："根据现代的某类事物来推断古代同类的事物。"③ 杨倞注："此言种类不乖悖，虽久而理同。"朝川鼎曰："三代不同道，五霸不同法，但推其类而不悖于义道，则虽久远之世，亦与今同理。"王天海按："此言事理不相违逆，即使历时长久，亦同一理也。"④ 荀子的这段话主要在讲圣人的素质和能力，以及他在智识上所达到的高度和层次。圣人能够做到以此人度彼人，以此情度彼情，由此类推度彼类，以今人之议论推度古人之功业，用此理来观察所有事物，古今一律，只要事理不相违背，虽历史久远，但仍为同一理。这种"以类度类"，不只是同类相度，异类也相度。

如同类相度："五帝之外无传人，非无贤人也，久故也。五帝之中无传政，非无善政也，久故也。禹、汤有传政而不若周之察也，非无善政也，久故也。传者久则论略，近则论详；略则举大，详则举小。"⑤ 这一文段，是同类事物的类比分析。荀子认为，人们对人和事的认知程度取决于时间长短，对近世的人和事，认知就详尽，发表议论就会涉及细节。对远古的人和事，因文献记载与传闻少而认知也少，只能论其大概，这是事理。少昊、颛顼、高辛、唐、虞等及五帝之政，以及禹、汤之政距荀子之世较远，而周代政治距荀子之世较近，这是具体史事。这些历史人物和事件，都关涉政治，属于同类事件，这是同类相度。

又如异类相度："凡人莫不好言其所善，而君子为甚。故赠人以言，重于金石珠玉；观人以言，美于黼黻文章；听人以言，乐于钟鼓琴瑟。故君子之于言无厌。"⑥ 此段议论中，善言、金石珠玉、黼黻文章、钟鼓琴瑟四者自然不属于同类事物，但是言（言人之善）、黼黻文章（丝织品）与

---

① （清）王先谦撰，沈啸寰、王星贤点校《荀子集解》，第97页。
② 王天海校释《荀子校释》，第183页。
③ 张觉撰《荀子译注》，第49页。
④ 王天海校释《荀子校释》，第184页。
⑤ （清）王先谦撰，沈啸寰、王星贤点校《荀子集解》，第97页。
⑥ （清）王先谦撰，沈啸寰、王星贤点校《荀子集解》，第99页。

钟鼓琴瑟（乐曲）都是艺术，与金石珠玉相比，都是属于有价值的东西。这一比类，虽是异类相度，但其质相同，其理为一。

（三）"统"与"知通统类"的论断

《荀子》一书使用"统"字共25处，其要义有四。

其一，作主旨讲。《性恶》篇："言之千举万变，其统类一也。"杨倞注："文，谓言不鄙陋也。类，谓其统类不乖谬也。虽终日议其所以然，其言千举万变，终始条贯如一，是圣人之知也。"王天海按："'文而类'，谓其多言但有文采和条理。'统类一'，主旨一致。言为心声，亦为心智之表现，故皆以言而区别之。"① 《非相》篇："听其言则辞辩而无统。"杨倞注："无根本也。"王天海按："辞辨，即辞辩，谓言辞巧辩。……无统，无系统，无主旨。"②

其二，作大纲、纲领、要领、纲纪讲。《解蔽》篇："法其法以求其统类。"杨倞注："统类，法之大纲。"梁启雄曰："统类，指法例的纲纪。"③ 《乐论》篇："礼乐之统，管乎人心矣。"张觉曰："礼制音乐的纲领，可以总管人们的思想了。"④ 《君道》篇："四统者俱，而天下归之，夫是之谓能群。"王先谦曰："统，犹言总要也。"王天海按："具，齐备也。"⑤ 张觉说："这四个要领都具备，天下的人就会归顺他，这就是能把人组织成社会群体的君主。"⑥ 《非十二子》篇："若夫总方略，齐言行，壹统类。"杨倞注："统，谓纲纪。类，谓比类。大谓之统，分别谓之类。"北大组曰："壹统类，统一治事的纲纪。"熊公哲曰："统，圣王相传之统。类，礼法同异之伦类。"⑦ 《不苟》篇："推礼义之统，分是非之分。"王天海曰："推，举也。统，总纲也。分是非之分，即区别是非之界限。"⑧《儒效》篇："法先王，统礼义，一制度，以浅持博，以古持今，以一持万。"张觉曰："以礼义为纲领。"⑨ 钟泰曰："荀书言先王、言后王，辞异而义实

---

① 王天海校释《荀子校释》，第957~958页。

② 王天海校释《荀子校释》，第197页。

③ 王天海校释《荀子校释》，第875页。

④ 张觉撰《荀子译注》，第296页。

⑤ 王天海校释《荀子校释》，第545页。

⑥ 张觉撰《荀子译注》，第170页。

⑦ 王天海校释《荀子校释》，第213页。

⑧ 王天海校释《荀子校释》，第109页。

⑨ 张觉撰《荀子译注》，第85页。

同。盖自当时言之，则谓之先王；自上古言之，则谓之后王。皆指三代或周而言也。"王天海按："'法先王'不误，钟说是。统，纲纪也。一，齐也。言以礼义为纲纪并齐一制度。浅，少也；博，多也。持，犹治也，驭也。以浅持博，即以少驭多之意。以古持今，即以先王之道驭今之变。以一持万，即以礼义统驭万物。"①

其三，作治理、统治讲。《强国》篇："今君人者，譬称比方则欲自并乎汤、武，若其所以统之，则无以异于桀、纣。"杨倞注："统，制治也。"章诗同曰："统，综理，如立法施政等。"②《议兵》篇："其所以统之者，非其道故也。"这是因为他们用来统治国家的办法并不是礼义之道的缘故。③

其四，作传统讲。《非十二子》篇："略法先王而不知其统。"杨倞注："言其大略虽法先王，而不知体统。"王天海按："其统，先王之传统。"④《议兵》篇："齐桓、晋文、楚庄、吴阖闾、越句践，是皆和齐之兵也，可谓入其域矣，然而未有本统也。"杨倞注："本统，前行素修，若汤、武也。"久保爱曰："本统，谓仁义也。"章诗同曰："本统，本源，本始。指礼义教化的根本。"王天海按："本统，谓以仁义为本的根本传统。"⑤

关于"统类"范畴，荀子提出一个重要论断，即"知通统类"。这一论断出自《儒效》篇："志安公，行安修，知通统类：如是则可谓大儒矣。"牟瑞平曰："统类，纲纪法度。"王天海按："大纲与细目。"杨倞注："统，谓纲纪。类，谓比类。"⑥张觉曰："纲纪法度，指礼法。大儒在思想上习惯于公正无私，在行动上习惯于善良美好，他的智慧能够精通纲纪和法度。"⑦"知通统类"是荀子对大儒的评判标准，客观上涉及大儒的智识和思维力，也就是说，礼义和法度是大儒在逻辑思维过程中进行推理判断的一个重要标准。或者说它是荀子思想理论体系中的重要方法论内容。《儒效》篇反复提及"大儒"一词多达13次，《成相》篇提及1次。"知通统类"回答了时代之问，唯有大儒才能"知通统类"，唯有大儒才能

① 王天海校释《荀子校释》，第321页。
② 王天海校释《荀子校释》，第661页。
③ 张觉撰《荀子译注》，第210页。
④ 王天海校释《荀子校释》，第208页。
⑤ 王天海校释《荀子校释》，第618页。
⑥ 王天海校释《荀子校释》，第335页。
⑦ 张觉撰《荀子译注》，第91页。

调一天下。大儒不同于俗人、俗儒、雅儒之处在于"知通统类"。大儒即圣人，能够做到"执神而固"，其本质也是"知通统类"。

首先，"知通统类"的判断帮助荀子回答了时代之问。《荀子》一书充分阐述了大儒这一范畴，塑造了大儒这一精神形象，回答了秦昭襄王的时代之问：儒何益于人之国？即在秦国统一大业的进程中，儒士及其儒术的价值和意义何在。在《儒效》篇的开篇，荀子即对这一重大问题做出了回答。荀子说："因天下之和，遂文、武之业，明枝主之义，抑亦变化矣，天下厌然犹一也。非圣人莫之能为，夫是之谓大儒之效。"① 荀子把大儒等同于圣人，认为大儒可以像周公那样，让全天下的民众同心同德齐心协力完成"王天下"的事业。彰明嫡庶之关系，并且能够以统类应变，使天下安定稳妥始终如一。在《儒效》篇荀子不仅肯定大儒，而且以大儒自诩："大儒者，善调一天下者也，无百里之地则无所见其功。"② 帝王要实现"天下厌然犹一""调一天下"，必须以大儒的"知通统类"为前提。

其次，荀子把"知通统类"作为一个标准，依据它把贱儒、腐儒、陋儒、散儒、奸人、俗人、俗儒、雅儒、大儒区分开来。荀子认为大儒精通纯粹、彻底、全面的儒术，儒术的核心就是"统类"，就是以礼义为总要来统领儒家学术。

荀子在《非十二子》篇中称子张、子夏、子游为贱儒，因为他们只宗奉圣人的威仪，效法儒家外貌与行为，而不精研儒学精神，不能"宗原应变，曲得其宜"，即所谓"禹行而舜趋""正其衣冠，齐其颜色""偷儒惮事，无廉耻而耆饮食"。③ 荀子认为子张、子游、子夏不是大儒，不是圣人，究其实质，是他们不能做到"知通统类"。

荀子在《非相》篇中提到"奸言"、"奸人之雄"和"腐儒"。荀子认为"不合先王，不顺礼义"之言为"奸言"。什么是"奸人之雄"？荀子说："听其言则辞辩而无统，用其身则多诈而无功，上不足以顺明王，下不足以和齐百姓，然而口舌之均，噡唯则节，足以为奇伟偃却之属，夫是

---

① （清）王先谦撰，沈啸寰、王星贤点校《荀子集解》，第137～138页。
② （清）王先谦撰，沈啸寰、王星贤点校《荀子集解》，第162页。
③ 杨倞注："但宗圣人之威仪而已矣。"王天海按："禹行，即禹步。相传禹治水辛劳而病偏枯，步履艰难而跛行。舜趋，传说舜侍父母极孝，闻其召，快步趋前，故曰舜趋。子张，姓颛孙，名师，孔丘弟子，春秋时陈国阳城人。子夏，姓卜，名商，字子夏，长于文学，相传讲学于西河，序诗传易，为魏文侯师。子游，姓言，名偃，春秋时吴人，孔子弟子，长于文学，仕鲁，曾为武城宰。"见《荀子集解》，第234～235页。

之谓奸人之雄。"① 荀子说的"奸人之雄"，是指那些在言论上夸夸其谈、唯唯诺诺、调节得宜却没有统类，在行事上没有功效、不尊圣王、不能使百姓和谐的人。什么是"腐儒"？荀子说："鄙夫反是，好其实，不恤其文，是以终身不免埤污庸俗。故《易》曰：'括囊，无咎无誉。'腐儒之谓也。"② 腐儒近于墨家，只注重思想言论的质，而不注重其统类和文仪，是一种鄙陋、庸俗的学问家。荀子所论之"奸言""奸人之雄""腐儒"，主要是从思想言论上说的，荀子认为大儒的思想言论应该"合先王""顺礼义"，即以礼义为统类，不仅注重思想语言之质，还要注重仪文。

　　荀子在《劝学》篇论及"陋儒"和"散儒"。荀子说："上不能好其人，下不能隆礼，安特将学杂识志，顺《诗》《书》而已耳，则末世穷年，不免为陋儒而已。"又说："不隆礼，虽察辩，散儒也。"③ 陋儒指的是不能尊崇敬爱老师，不能尊崇礼义，不能用礼义统类学识，只是通读，甚至强记《诗》《书》杂乱的细枝末节，即使身朽命终，仍然学术浅陋的书生。散儒指的是不尊崇礼义，不以礼义为思想之纲纪，思想涣散、学识杂乱，只是一味明察善辩的文人。无论荀子提到陋儒还是散儒时，他都强调儒家学术应该有总纲，那就是隆礼，应该把这个总纲一以贯之，那就是统类。在荀子看来，只有大儒，才能够"知通统类"。

　　荀子在《儒效》篇区分"俗人""俗儒""雅儒""大儒"时，更把"知通统类"作为唯一标尺。荀子把"不学问，无正义，以富利为隆"的人，称为"俗人"。这类人根本就不入他的法眼，在他看来，这些人只是唯利是图、不讲礼义的红尘俗人。接下来，荀子不惜笔墨、不惜唇舌讨论"俗儒"，他认为俗儒"略法先王而足乱世术，缪学杂举，不知法后王而一制度，不知隆礼义而杀《诗》《书》"④。荀子最看不上俗儒的地方是，他们粗略地效法古代圣王而干扰了政治，不能伦类贯通，不能把礼义置于最高位置，把《诗》《书》等儒家典籍置于次要地位。荀子也看不上俗儒的服饰、言论和行为，认为他们衣同流俗，言类墨家，称道圣王是为了欺骗民众博取衣食。在行为上他们丧失本心而甘愿做侍奉君主的小臣、官府的奴隶。

---

① （清）王先谦撰，沈啸寰、王星贤点校《荀子集解》，第104～105页。
② （清）王先谦撰，沈啸寰、王星贤点校《荀子集解》，第99页。
③ （清）王先谦撰，沈啸寰、王星贤点校《荀子集解》，第17～20页。
④ （清）王先谦撰，沈啸寰、王星贤点校《荀子集解》，第164页。

荀子对"雅儒"的态度褒贬参半，他认为"雅儒"能够"法后王，一制度，隆礼义而杀诗书""言行已有大法""内不自以诬，外不自以欺，以是尊贤畏法而不敢怠傲"。但是，又贬斥"雅儒""知不能类"，即"明不能齐法教之所不及，闻见之所未至"。"雅儒"的智慧不能触类旁通，触类而长，不能完善法令制度，使之形成体系，更好地实现清明之治，也超不出自我主观认知世界，实现以完善的制度来行政的境界。而"大儒"却能够"知通统类"，这是二者的根本区别。

荀子对大儒持肯定态度。他为什么把大儒推崇至儒家最高地位，甚至自诩为大儒？主要是因为大儒有这样的素质："法先王，统礼义，一制度，以浅持博，以古持今，以一持万，苟仁义之类也，虽在鸟兽之中，若别白黑，倚物怪变，所未尝闻也，所未尝见也，卒然起一方，则举统类而应之，无所儗怎，张法而度之，则晻然若合符节。"① 大儒有这样的作用："用大儒则百里之地久，而后三年，天下为一，诸侯为臣，用万乘之国，则举错而定，一朝而伯。"②

大儒"知通统类"，能够效法古代圣王，以礼义为纲领，统一制度，根据见闻推类知识之外，根据三代之治推类当代群治，根据一事推类万事。大儒的"知通统类"，不仅能够把存在于鸟兽领域的仁义清晰辨别出来，甚至对从来没有见闻过的怪异之事、仓促之变，也能够从容应付，与道相契合。只要百里之地的小国任用了儒者，仅需三年时间，不仅可以长治久安，而且能够实现统一天下、诸侯来朝的梦想。拥有万辆兵车的大国，如果任用有才华的儒者来治理，任用大儒就能够平定天下，威震四海。荀子的"知通统类"论断，也是他对自己思想体系的理论自信。

唯大儒、圣人能"执神而固""比中而行"。荀子认为，礼义是人道之统类，是最适合群治的法则，而大儒、圣人，是"知通统类"的人，是道之枢纽，是最能行道之人。得君行道的人或圣王合一的人，就能够胸怀万物和百姓，统一天下。

荀子的"比中而行"强调了礼义是统治人伦的最正确、最高法则。他说："先王之道，仁之隆也，比中而行之。曷谓中？曰：礼义是也。道者，

---

① （清）王先谦撰，沈啸寰、王星贤点校《荀子集解》，第 166～167 页。
② （清）王先谦撰，沈啸寰、王星贤点校《荀子集解》，第 167 页。

非天之道，非地之道，人之所以道也，君子之所道也。"① 先代帝王的治天下之道，就是以仁爱、礼义为核心，推尊仁爱，隆盛礼义，就是正道直行，此道属于中正之道。这种中正之道就是礼义、王制。礼义与王制，不是宇宙的运动变化规律，而是人类社会发展必须遵从的准则，同时，也是群治的君子必须遵从的法则。荀子把礼义作为管理社会的总原则，礼义就成了人伦社会的纲纪。

荀子讲的"君子之所道"指的是什么？即以礼义为统类的"三代之治"。我们来看荀子的论述："故《诗》、《书》、《礼》、《乐》之归是矣。《诗》言是，其志也；《书》言是，其事也；《礼》言是，其行也；《乐》言是，其和也；《春秋》言是，其微也。故《风》之所以为不逐者，取是以节之也；《小雅》之所以为《小雅》者，取是而文之也；《大雅》之所以为《大雅》者，取是而光之也；《颂》之所以为至者，取是而通之也：天下之道毕是矣。"② 荀子认为天下的思想原则，皆出于《诗》《书》《礼》《乐》《春秋》等夏商周三代之经典，皆本于礼义，集中体现在三代的政治上。《诗》说的是三代之治的心意，《书》说的是三代之治的政事，《乐》说的是三代之治的和谐心情，《春秋》是三代之治的微言大义。《风》《大雅》《小雅》《颂》无一不体现了三代之治的思想原则。

荀子同时强调，只有大儒、圣人才能实施礼义之治，才能"执神而固"。他说："圣人也者，道之管也。天下之道管是矣，百王之道一是矣。"③ 荀子认为，大儒和圣人是政治思想原则的枢纽，天下万事之道都集中在圣人和大儒身上，历代圣王的政治之道都统一在圣人和大儒身上。他又说："此其道出乎一。曷谓一？曰：执神而固。曷谓神？曰：尽善挟治之谓神，万物莫足以倾之之谓固。神固之谓圣人。"圣人的道德品质在于对礼义的坚守。对礼义始终如一的坚守，关键在于"神"和"固"，而圣人正具备了这样的素质，他不仅能够使天下尽善尽美普遍得到治理，而且能够让世间的一切稳固中正而不倾斜。

荀子还论及"圣人之得势者"与"圣人之不得势者"。他说："若夫总方略，齐言行，壹统类，而群天下之英杰而告之以大古，教之以至顺，

---

① （清）王先谦撰，沈啸寰、王星贤点校《荀子集解》，第144页。
② （清）王先谦撰，沈啸寰、王星贤点校《荀子集解》，第158页。
③ （清）王先谦撰，沈啸寰、王星贤点校《荀子集解》，第158页。

奥窔之间，簟席之上，敛然圣王之文章具焉，佛然平世之俗起焉……是圣人之不得势者也，仲尼、子弓是也。一天下，财万物，长养人民，兼利天下，通达之属，莫不从服，六说者立息，十二子者迁化，则圣人之得势者，舜、禹是也。"①

荀子认为孔丘、冉雍是"圣人之不得势者"，但他们能够概括治国的方针和法度，并能统一实施，言行一致。圣人的品德与言行，可以引导凝聚英雄之心，指导和协调英雄的言行，进而使太平盛世的风俗勃郁而生。但是，孔子、冉雍"不得势"，也就是不能得君行道，不能借助国君的政治权力实现礼治。荀子认为，舜、禹是"圣人之得势者"，舜、禹时代，圣王合一，政治权力和思想学术都集中在他们身上，无所谓"得势""不得势"。因此他们不仅能够让"六说者立息，十二子者迁化"，还能够"一天下，财万物，长养人民，兼利天下"，使"通达之属莫不从服"。孔子时代，圣王分离，大儒和圣人如果想推行自己的政治思想，必须"得势"，必须"得君行道"，才能够实现自己的学术理想，孔子、孟子、荀子，概莫能外。

（四）"一"与"执一无失"的推论

《荀子》一书，使用"一"字多达 309 处。含义颇丰，富于变化。其主要特征有以下几种。

1. "一"的抽象化、哲理化

"一"的基本意义是表示数量多少、数目。在现代汉语中作数词或代词。如《强国》篇："非独一人为之也。"《臣道》篇："天子三公，诸侯一相，大夫擅官，士块然独坐而天下从之如一体。"《君道》篇："及速致远者，一日而千里。"《君道》篇："一物不应，乱之端也。"《王霸》篇："大有天下，小有一国。"《王霸》篇："君者，论一相，陈一法，明一指，以兼覆之，兼照之，以观其盛者也。"《王制》篇："四海之内若一家。"《儒效》篇："应当时之变，若数一二。"《劝学》篇："骐骥一跃，不能十步。"《修身》篇："一进一退，一左一右，六骥不致。"以上一人、一相、一体、一日、一物、一国、一相、一法、一指、一家、一二、一跃、一进一退、一左一右等词中的"一"，皆为数目、多少之意，自不待言，这种

---

① （清）王先谦撰，沈啸寰、王星贤点校《荀子集解》，第 112～114 页。

意义非常普遍，自不待言，但在此基础上，"一"又派生出指称意义，甚至上升到哲学的抽象意义。

"一"由具体指称数量的多少，渐渐指称抽象的内容，具有概括某类事物的作用，也由确指的内容转向不确指的内容。如《王霸》篇："巨用之者若彼，小用之者若此，小巨分流者亦一若彼、一若此也。"① 这是荀子对"义""利"平等的治国理念的分析。第一种情况谓"巨用之"，即"先义而后利，安不恤亲疏，不恤贵贱，唯诚能之求"。国家用以道义为先、以财利为次的原则来治理天下，就会任人唯才，而不考虑亲属贵贱。第二种情况谓"小用之"，即"先利而后义，安不恤是非，不治曲直，唯便僻亲比己者之用"。国家用以财利为先、以道义为后的原则来治理天下，就会任人唯亲而不斟酌是非曲直。第三种情况谓"小巨分流"，是对前两者的折中。即"一若彼，一若此"。所谓小大平等，就是一部分治国措施为"小用之"，一部分治国措施为"大用之"。这里的"一"不再是具体确定的事物，而是一个抽象的不确指的治国理念。

又如《解蔽》篇："不以夫一害此一谓之壹。"② 杨倞注："既不滞于一隅，物虽辐辏而至，尽可以一待之。"久保爱曰："夫一，所好也。此一，所憎也。言不以所好之非，害所憎之是，唯义所生。"王先谦曰："夫犹彼也。知虽有两，不以彼一害此一。"③ 张觉曰："不让那一种事物来妨害对这一种事物的认识就叫作专心。"④ 荀子这一句话里包括了三个"一"。前两个"一"，杨倞解释为"辐凑而至"的物，久保爱解释为所憎之一与所好之一，王先谦解释为彼一与此一。对于第三个"一"，张觉解释为专心。这些解释都是对荀子心学范畴"虚壹而静"之"壹"（壹同一）的解释，是对人的认识规律的深刻理解。

连接物质世界与理论世界的是心志（人脑的意识）。难能可贵的是，荀子注意到了意识存在的两大现象，记忆的干扰（诸如前摄抑制、倒摄抑制，甚至更复杂的干扰）和知觉的选择。一代表的是眼、耳、鼻、舌、身、意等诸多感官从物质世界捕捉到的诸多信息，然后人经过汇总、辨别、分析、选择，最后获得真知。如同视力正常的人能够很快地从众多杂

---

① （清）王先谦撰，沈啸寰、王星贤点校《荀子集解》，第 248 页。
② （清）王先谦撰，沈啸寰、王星贤点校《荀子集解》，第 468 页。
③ 王天海校释《荀子校释》，第 850 页。
④ 张觉撰《荀子译注》，第 309 页。

乱看似无规则的颜色和图形中找到统一的有规则图案或数字。荀子用简单的三个"一"传达了心的体验，即脑的意识过程，他的"不以夫一害此一谓之壹"这句话，是一种有着浓郁哲理意味的表达，真正体现了他所说的"以一行万"。

2. "执一无失"的政治理念

"执一无失"这一判断出自《荀子·尧问》，其中，"一"字是一个政治理念，是以尧、舜、禹、文、武、周公为代表的儒家"三代之治"执政理论的肇始，同时也是一个哲学概念，是宋代道统理论的滥觞。其文曰："尧问于舜曰：'我欲致天下，为之奈何？'对曰：'执一无失，行微无怠，忠信无倦，而天下自来。执一如天地，行微如日月，忠诚盛于内，贲于外，形于四海。天下其在一隅邪！夫有何足致也！'"① 杨倞注："执一，专意也。……言精专不怠，而天下自归，不必致也。"骆瑞鹤曰："一，所谓大道之要也。"王天海按："执一，守一也。犹守一定之道也。"② 这里的"一"应是以礼义为中心的儒家之道。但是杨倞、骆瑞鹤、王天海都没有确指，而是把它解释为一种立身行事的总原则，其本质也是一种哲学的思考。

《尚书·大禹谟》："人心惟危，道心惟微，惟精惟一，允执厥中。"③ 孔安国传："危则难安，微则难明，戒以精一，信执其中。"孔颖达认为这是舜戒禹的为君之法，他说："民心惟甚危险，道心惟甚幽微。危则难安，微则难明，汝当精心，惟当一意，信执其中正之道，乃得人安而道明。"④ 孔颖达对这十六字内涵又做了深入阐释："居位则治民，治民必须明道。……道者，径也，物所从之路也。……人心为万虑之主，道心为众道之本。立君所以安人，人心危则难安。安民必须明道，道心微则难明。将欲明道，必须精心；将欲安民必须一意。……又当信执其中，然后可得明道以安民耳。"⑤

《论语·尧曰》也记载了尧传舜、舜传禹之言："天之历数在尔躬，允执其中。四海困穷，天禄永终。"又说："谨权量，审法度，修废官，四方

---

① （清）王先谦撰，沈啸寰、王星贤点校《荀子集解》，第646页。
② 王天海校释《荀子校释》，第1166页。
③ （汉）孔安国传，（唐）孔颖达正义《尚书正义》，第132页。
④ （汉）孔安国传，（唐）孔颖达正义《尚书正义》，第133页。
⑤ （汉）孔安国传，（唐）孔颖达正义《尚书正义》，第139页。

之政行焉。"① 朱熹讲论这则语录时对此内容做了详尽解释："林恭甫说
'允执厥中'，未明。先生曰：'中，只是个恰好底道理。允，信也，是真
个执得。尧当时告舜时，只说这一句。后来舜告禹，又添得"人心惟危，
道心惟微，惟精惟一"三句，是舜说得又较子细。这三句是"允执厥中'
以前事，是舜教禹做工夫处。说道'人心惟危，道心惟微"，须是'惟精
惟一"，方能"允执厥中"。尧当时告舜，只说一句。是时舜已晓得那个
了，所以不复更说。舜告禹时，便是怕禹尚未晓得，故恁地说。《论语》
后面说"谨权量，审法度，修废官，举逸民"之类，皆是恰好当做底事，
这便是执中处。尧舜禹汤文武治天下，只是这个道理。圣门所说，也只是
这个。虽是随他所问说得不同，然却只是一个道理。如屋相似，进来处虽
不同，入到里面，只是共这屋。大概此篇所载，便是尧舜禹汤文武相传治
天下之大法。'"②

　　荀子讲的"执一无失"，与《尚书》讲的"人心惟危，道心惟微，惟
精惟一，允执厥中"是一致的，与孔子讲的"允执其中"是一致的，《论
语》将其阐释为"谨权量，审法度，修废官，举逸民"。与孟子的政治理
想一致，孟子说"禹抑洪水而天下平"，"周公兼夷狄、驱猛兽而天下宁"，
"孔子成《春秋》而乱臣贼子惧"，"我亦欲……承三圣"③。荀子的"执一
无失"思想也为朱熹所赓续，朱熹《朱子语类》把这些理解为"尧舜禹汤
文武相传治天下之大法"。十六字心诀所衍生的政治理念，其实质是对尧
舜禹政治思想的一个凝练，更是对夏、商、周三代政治理念的一个高度概
括，宋代士人更把三代之治作为一种政治信仰，并且将这一政治信仰与理
学家之道统融汇在一起。

　　朱熹说："看圣贤代作，未有孔子，便无《论语》之书；未有孟子，便
无《孟子》之书；未有尧舜，便无《典》《谟》；未有商周，便无《风》
《雅》《颂》。"④ 朱熹在《朱子语类》中又说："'天不生仲尼，万古长如
夜！'唐子西尝于一邮亭梁间见此语。季通云：'天先生伏羲尧舜文王，后
不生孔子，亦不得；后又不生孟子，亦不得；二千年后又不生二程，亦不

① 程树德撰《论语集释》，第 1751 页。
② （宋）黎靖德编《朱子语类》，第 2016～2017 页。
③ 杨伯峻译注《孟子译注》，第 155 页。
④ （宋）黎靖德编《朱子语类》，2350 页。

得。'"① 很显然，朱熹的道统论中的人物与三代之治中的杰出人物都是尧、舜、禹、汤、文、武，接续此便有了孔子、孟子、二程。唐庚、蔡季通、朱熹等宋代理学家的道统理论，究其本质，既是学术也是政治。

荀子"执一无失"的理论与《尧典》《大禹谟》和孔孟之道是血肉贯通的。因循二程的观点，朱熹的道统论虽排斥了荀子，但是并不妨碍荀子思想潜移默化地影响朱熹。

3. "一"主要用于推理判断

首先，"一"是圣人之知，大儒之能。荀子在《儒效》篇谈到了大儒的能力、素养、功效，大儒能够"一制度""以一持万"，能够使"天下为一"②。何谓"一制度"？即用礼义为纲纪并统一制度。何谓"以一持万"？即根据一个真理鉴衡、把握千万事物。何谓"天下为一"？即统一天下，结束纷乱争夺的局面而归于礼仪秩序。在荀子眼中，"一"是大儒必备的素质和能力，这个素质和能力可以改变世界，使纷乱的社会趋于安定。荀子在《性恶》篇提到了圣人的超越"役夫""小人""君子"的智识，智识的核心就是"一"。他说："多言则文而类，终日议其所以，言之千举万变，其统类一也。"③圣人充满智识的言谈，文雅而有统类，讨论事物形成和发展之理，虽然千变万化，而事理能够始终如一条贯统类。

其次，"一"是荀子思想理论体系的普遍之理，荀子把礼称为群治之"大一""古今之所一"。他说："祭，齐大羹而饱庶羞，贵本而亲用也。贵本之谓文，亲用之谓理，两者合而成文，以归大一，夫是之谓大隆。"④杨倞注："贵本、亲用，两者相合然后备成文理。……大一，谓太古时也。"⑤《礼记·礼运》："是故夫礼，必本于大一，分而为天地，转而为阴阳，变而为四时，列而为鬼神。"钱仲联曰："大一，指天地未形成前之混沌物质元气。"⑥结合杨倞、钱仲联注，"大一"是天地形成时期，阴阳相分之前的元气。究其实，是与天地共生的一种真理，它是荀子推崇礼义的根据。他又说："凡礼，事生，饰欢也；送死，饰哀也；祭祀，饰敬也；

---

① （宋）黎靖德编《朱子语类》，2350 页。

② （清）王先谦撰，沈啸寰、王星贤点校《荀子集解》，第 166 ~ 167 页。

③ （清）王先谦撰，沈啸寰、王星贤点校《荀子集解》，第 526 页。

④ （清）王先谦撰，沈啸寰、王星贤点校《荀子集解》，第 416 页。

⑤ （唐）杨倞注，耿芸标校《荀子》，第 232 页。

⑥ 钱仲联主编《十三经精华》，第 397 页。

师旅，饰威也：是百王之所同，古今之所一也，未有知其所由来者也。"①
荀子认为礼即一，是历代圣王所认同肯定的群治真理，是经过时代检验过
的贯穿古今的哲理。

最后，"一"直接参与荀子的推理论断。

"一"，意谓相同，一样。用于对多种情况的本质的推理和判断。如荀
子对陶人、工人、圣人、小人、君子等各色人等的推理、分析和判断。他
说："夫陶人埏埴而生瓦，然则瓦埴岂陶人之性也哉？工人斫木而生器，
然则器木岂工人之性也哉？夫圣人之于礼义也，辟则陶埏而生之也，然则
礼义积伪者，岂人之本性也哉？凡人之性者，尧、舜之与桀、跖，其性一
也；君子之与小人，其性一也。"②杨倞注："言皆恶也。"③荀子认为瓦
埴、器物、礼义都是人积伪而成，不是人的本性，人的本性是相同的，无
论陶人、工人、圣人、君子、小人，其性为恶，荀子用"一"对众人之性
做出了判断。

他又说："民归之如流水，所存者神，所为者化而顺，暴悍勇力之属
为之化而愿，旁辟曲私之属为之化而公，矜纠收缭之属为之化而调，夫是
之谓大化至一。"④荀子认为赏庆、刑罚、势诈之道，是"佣徒鬻卖之道"。
圣王群治，用道德声誉来号召百姓，用礼制道义来指导百姓，用忠诚守信
来爱护百姓，用爵位、服饰、表扬、赏赐来激励百姓，用减轻负担来使百
姓得到休养，那样就会产生"大化至一"的效果。无论残暴、凶狠、胆
大、强壮之类的人，还是偏颇、邪僻、投机取巧、偏私之类的人，甚至狂
傲自大、尖酸刻薄、掠夺纠缠之类的人，都会得到教化，成为具有和气温
顺、淳朴厚道、大公无私等同一素养的国民。这里的"一"，是指性情和
道德素养一致的人。这是荀子所主张的圣王群治的目标，在理论上帮助荀
子实现了推理判断。

三　正名当辞及其相关论断

荀子思想理论体系方法论维度的第三个总原则是"正名当辞"。荀子

① （清）王先谦撰，沈啸寰、王星贤点校《荀子集解》，第437页。
② （清）王先谦撰，沈啸寰、王星贤点校《荀子集解》，第522页。
③ 王天海校释《荀子校释》，第952页。
④ （清）王先谦撰，沈啸寰、王星贤点校《荀子集解》，第339~341页。

《正名》篇论君子之言："彼正其名，当其辞，以务白其志义者也。"① 张觉解释，君子的言论可以"使名称正确无误，辞句恰当确切，以此来努力阐明他的思想学说。"② 张觉的解释注意到了"名正""辞当"对阐明思想学说的重要作用，但是，把"名"仅解释为"名称"，是不准确的，名应该是指包括事物名称在内的荀子的言论，包括讲说者对事物的态度和评价。尹文子曰："名有三科：一曰命物之名，方圆白黑是也。二曰毁誉之名，美恶贵贱是也。三曰况谓之名，贤愚爱憎是也。"③ 尹文子对"名"的定义反映了"名"在讲说论辩过程中的内涵，尹文子关于"名"的界定，与荀子此处之"名"的意思非常接近。广义上讲，荀子学说中的"名"即是荀子对客观世界的反映论，包含了荀子的是非判断和情感态度，尤其是他的名实之论贯穿了荀子思想理论的整个体系。从本质上讲，"正名当辞"是荀子思想体系的方法论，是荀子用以构成自己理论的逻辑思维方法，本节仅就荀子的"制名之枢要""命期说辨""知者论道"等三个论断展开论述。

（一）制名之枢要及两种制名方法

什么是制名？即命名，言说，用以反映客观事物的形状与本质。什么是制名之枢要？即借助大脑和语言对事物考察、辨析、认识、反映的关键，其实质是对事物名实关系的探讨，以期实现对事物深刻而正确的认识。荀子说："状同而为异所者，虽可合，谓之二实。状变而实无别而为异者，谓之化。有化而无别，谓之一实。"④ 荀子已经注意到事物在名实关系上的复杂性，形状相同的事物却各有不同的实体，即使共用一个名称，也是两种实物；形状发生变化，但实质没有区别而成为异物，它还是那个实物。关于制名，荀子指出两种方法，即"共则有共"与"别则有别"，它们是荀子思想方法论的重要内容。

何谓"共则有共"？荀子说："推而共之，共则有共，至于无共然后止。"⑤ 人们在议论交流的过程中有时需要把万物全部概括出来，因此，产生了"物"这个最大的共用名称。共名之中又有共名，直到不再有共名为

---

① （清）王先谦撰，沈啸寰、王星贤点校《荀子集解》，第 503 页。
② 张觉撰《荀子译注》，第 329 页。
③ （清）王先谦撰，沈啸寰、王星贤点校《荀子集解》，第 486 页。
④ （清）王先谦撰，沈啸寰、王星贤点校《荀子集解》，第 497 页。
⑤ （清）王先谦撰，沈啸寰、王星贤点校《荀子集解》，第 495 页。

止。即荀子所谓"遍举之"。物就是最大的共名之一。荀子用这样的方法来命名、概括自己思想理论体系中的真理和规律。例如"礼""一"等名称（范畴）。

礼是荀子思想理论体系中最大的共名之一，"共则有共"是荀子概括其思想理论的一个基本方法。荀子说："刍豢稻粱，五味调香，所以养口也；椒兰芬苾，所以养鼻也；雕琢、刻镂、黼黻、文章，所以养目也；钟鼓、管磬、琴瑟、竽笙，所以养耳也；疏房、檖貌，越席、床笫、几筵，所以养体也。故礼者，养也。"① 荀子把日常生活中满足人的生命需要的各种形式概括为礼，从养体享受的意义上讲，它是刍豢、稻粱、椒兰、芬苾、雕琢、刻镂、黼黻、文章、钟鼓、管磬、琴瑟、竽笙、疏房、檖貌、越席、床笫、几筵等众多事物的共名。礼还不仅指这些内容。又如："天地者，生之本也；先祖者，类之本也；君师者，治之本也。无天地恶生？无先祖恶出？无君师恶治？三者偏亡焉，无安人。故礼上事天，下事地，尊先祖而隆君师，是礼之三本也。"② 荀子把礼作为最大共名，它是概括天地养育生命万物、先祖繁衍种群、君师治理国家的共名。此处之礼，不仅是一个名称，还包括了贤愚爱憎、美恶贵贱等价值态度和情感判断。"一"也是荀子思想体系中的一大共名，它有时是儒家思想的执政理念，如"执一无失"。有时是对事理的一种概括，如"以一行万"。此不赘述。

何谓"别则有别"？荀子说："推而别之，别则有别，至于无别然后止。"③ 人们在议论众多事物时，需要对事物的本质和特征进行分析区别，因此就产生了"大别名"，即荀子所谓"偏举之"。"鸟兽"就是大别名之一。荀子用这样的方法来分析某一事物与众不同的功能和素质，例如荀子对"大儒"和"君子"等名称的论述和分析。

在《儒效》篇中，荀子从俗人中区别出俗儒，从俗儒中区别出雅儒，从雅儒中区别出大儒，最后分析出大儒的特立独行、高风亮节、超凡脱俗、真知灼见等卓异的品质和能力，这是一种"别则有别"的逻辑思维方法。我们看荀子对人的区分，"有俗人者，有俗儒者，有雅儒者，有大儒者"④。这是第一次区别，俗人、俗儒、雅儒、大儒都是人的"别名"。接

---

① （清）王先谦撰，沈啸寰、王星贤点校《荀子集解》，第409～410页。
② （清）王先谦撰，沈啸寰、王星贤点校《荀子集解》，第413页。
③ （清）王先谦撰，沈啸寰、王星贤点校《荀子集解》，第496页。
④ （清）王先谦撰，沈啸寰、王星贤点校《荀子集解》，第164～167页。

下来，荀子对俗人与俗儒进行了区别："不学问，无正义，以富利为隆，是俗人者也。逢衣浅带，解果其冠，略法先王而足乱世术，缪学杂举，不知法后王而一制度，不知隆礼义而杀《诗》、《书》；其衣冠行伪已同于世俗矣，然而不知恶者；其言议谈说已无以异于墨子矣，然而明不能别；呼先王以欺愚者而求衣食焉，得委积足以掩其口则扬扬如也；随其长子，事其便辟，举其上客，偩然若终身之虏而不敢有他志：是俗儒者也。"① 俗人不讲论学习，不以正义为做人原则，只把追求物质利益作为自己人生最高目标。而俗儒与俗人不同，荒谬地学一些东西，杂乱地做一些事，言谈同于墨家，服饰同于俗人，略法先王，甘愿为君主之奴而获取怜悯和衣食，这是第二次"区别"。

接下来荀子把雅儒与大儒做了区分："法后王，一制度，隆礼义而杀《诗》《书》；其言行已有大法矣，然而明不能齐法教之所不及，闻见之所未至，则知不能类也。知之曰知之，不知曰不知，内不自以诬，外不自以欺，以是尊贤畏法而不敢怠傲，是雅儒者也。法先王，统礼义，一制度；以浅持博，以古持今，以一持万，苟仁义之类也，虽在鸟兽之中，若别白黑；倚物怪变，所未尝闻也，所未尝见也，卒然起一方，则举统类而应之，无所儗怎，张法而度之，则晻然若合符节，是大儒者也。"② 荀子认为雅儒与大儒质的区别在于智识的缺乏。雅儒的智慧不能触类旁通，触类而长，不能补足未见闻之"智识"，也不能完善法制教令没有涉及的地方。而大儒德才兼备，不仅能够法先王、统礼义，一制度，而且在智识上能够以一持万，应对仓促之变，荀子是法先王的大儒，他的思想是复古的，即恢复"三代之治"。

荀子还区分评价了俗儒、雅儒、大儒的作用和能力。他认为任用俗儒可以使"万乘之国存"，任用雅儒可以使"千乘之国安"，任用大儒可以使"百里之地久"。荀子对俗人、俗儒、雅儒、大儒等名称的分析，就使用了"别则有别"的逻辑思维方法，这样就使论述明白而有条理，深刻而有说服力。

又如荀子对君子素养的论述也使用了这种"别则有别"的逻辑思维方法。首先他指出君子不是兼具能、知、辩、察等多种能力的人，而是"有

---

① （清）王先谦撰，沈啸寰、王星贤点校《荀子集解》，第 164~165 页。
② （清）王先谦撰，沈啸寰、王星贤点校《荀子集解》，第 165~167 页。

所正"（有所止）的人，即"君子之所谓贤者，非能遍能人之所能之谓也；君子之所谓知者，非能遍知人之所知之谓也；君子之所谓辩者，非能遍辩人之所辩之谓也；君子之所谓察者，非能遍察人之所察之谓也：有所正矣"。① 荀子把君子与遍能之人、遍知之人、遍辩之人、遍察之人进行了区别，得出结论：君子只是掌握了礼义而已。

荀子接下来仍然使用"别则有别"的逻辑分析方法，把君子与农人、贾人、工人、惠施、邓析等刑名学家一一加以区别。他说："相高下，视境肥，序五种，君子不如农人；通财货，相美恶，辩贵贱，君子不如贾人；设规矩，陈绳墨，便备用，君子不如工人；不恤是非然不然之情，以相荐撙，以相耻作，君子不若惠施、邓析。"② 荀子指出在观察地势、识别土质、安排种植庄稼的时间等方面，官吏不如农夫。在买贱卖贵、辨别真假、讨价还价等方面，君子不如商人。在使用尺规、制作器具方面，君子不如工匠。在论辩上发动攻击、指责贬抑对方等方面，君子不如惠施、邓析之徒。通过"别则有别"的逻辑分析，荀子对君子内在能力做出了一个明确的结论："若夫谪德而定次，量能而授官，使贤不肖皆得其位，能不能皆得其官，万物得其宜，事变得其应，慎、墨不得进其谈，惠施、邓析不敢窜其察，言必当理，事必当务，是然后君子之所长也。"③ 在对多种层次的人进行多种区别分析之后，君子的独特性就更加明晰了：君子遵从礼义的原则，评估人们的德行以确定其等级地位，量才而用官，社会成员都能够以己之德才得到职事；同时，君子的言论符合道理，做事符合礼义，能使社会事务与突发公共事件得到妥善处理。于君子，慎到、墨翟不能责难，惠施、邓析无法攻评。荀子很多的议论都是以"别则有别"的逻辑思维展开的，"别则有别"是荀子思想理论的重要方法之一。

（二）命、期、说、辨的讨论

"命、期、说、辨"，实属刑名之学，产生于战国后期的政治土壤，彼时旧的政治秩序已完全崩溃，新的政治制度还没有确立，思想学术不统一，所谓"圣王没，天下乱，奸言起，君子无势以临之，无刑以禁之"④。

---

① （清）王先谦撰，沈啸寰、王星贤点校《荀子集解》，第144~145页。
② （清）王先谦撰，沈啸寰、王星贤点校《荀子集解》，第145页。
③ （清）王先谦撰，沈啸寰、王星贤点校《荀子集解》，第145~146页。
④ （清）王先谦撰，沈啸寰、王星贤点校《荀子集解》，第499页。

群治思想不统一，甚至出现各派纷争的局面，这必然导致政治实践上的官吏持法悖乱的情况，所谓"圣王没，名守慢，奇辞起，名实乱，是非之形不明，则虽守法之吏、诵数之儒，亦皆乱也"①。因此，在荀子看来，"命、期、说、辨"关乎思想统一，关乎天下大治。只有统一思想，才能政令统一。只有政令统一而畅通，才能王天下、君临天下。荀子说："古者天子千官，诸侯百官。以是千官也，令行于诸夏之国，谓之王；以是百官也，令行于境内，国虽不安，不至于废易遂亡，谓之君。"② "令行于境内""令行于诸夏之国"即是"王"。因此，荀子说："期、命、辨、说也者，用之大文也，而王业之始也。"③ 也就是说，思想理论上的"命、期、说、辨"，是帝王大业的起点。

那么，什么是"命""期""说""辨"呢？

荀子说："实不喻然后命，命不喻然后期，期不喻然后说，说不喻然后辨。"④ 张觉解释说："实际事物不能让人明白，就给它们命名，命名了还不能使人了解，就会和众人来约定，约定了还不能使人明白就解说，解说了还不能使人明白就辩论。"⑤ 由此可知，命，即命名之意，期即约定之意，说即解说之意，辨即剖析之意。这四个概念是人们进行交流的重要语言形式，反映了人们发表见解、驳斥异说的思维过程，是一种方法论，是荀子把刑名之法与礼学思想相结合的必然结果。

"名也者，所以期累实也。辞也者，兼异实之名以论一意也。辨说也者，不异实名以喻动静之道也。期命也者，辨说之用也。辨说也者，心之象道也。心也者，道之工宰也。道也者，治之经理也。心合于道，说合于心，辞合于说。正名而期，质请而喻。辨异而不过，推类而不悖。"⑥ 这段文字是荀子对自己学术思想体系内在逻辑关系的论述，是荀子如何把其主要理论范畴凝结成有机整体的证据，其在先秦诸子逻辑思想中也占有重要地位。

首先，他阐明了名、辞、辨、说的定义及作用。名、辞、说是指概

---

① （清）王先谦撰，沈啸寰、王星贤点校《荀子集解》，第490页。
② （清）王先谦撰，沈啸寰、王星贤点校《荀子集解》，第381页。
③ （清）王先谦撰，沈啸寰、王星贤点校《荀子集解》，第499页。
④ （清）王先谦撰，沈啸寰、王星贤点校《荀子集解》，第499页。
⑤ 张觉撰《荀子译注》，第327页。
⑥ （清）王先谦撰，沈啸寰、王星贤点校《荀子集解》，第500～501页。

念、判断、推理三种思维形式，所谓"名也者，所以期累实也"，即名称是用来约定内容进而联系实际事物的。荀子对"名"的定义用现代话说就是：概念是抽象反映一类事物共同属性的思维形式。① 所谓"辞也者，兼异实之名以论一意也"，即言语是用多种事物的名称来描述一个意义的。这是直言判断的定义，荀子界分了实体概念与属性概念的含义，二者相异。例如："白马，马也。"不但"所谓"是名，"所以谓"也是名，只不过它们是"异实之名"，各自所反映的实质不同。所谓"辨说也者，不异实名以喻动静之道也"，这属于推理论证，陈孟麟阐释为"使用自我同一的概念来说明它的运动规律的一种思维形式"。陈孟麟指出："概念是个别和一般的统一，判断是个别和一般的展开，推论则是个别和一般的运动。"② 名称用来联系实际事物，言语用不同事物来阐明一个道理，辩论用来区分名实，廓清谬误，揭示客观道理。

其次，荀子客观描述了他构建理论体系时的思维活动。他说，约定俗成和命名事物可方便解说和辩论，而辩论和解说是心灵对客观规律的反映。心灵驾驭着道，而道是治国理政的原则。进而荀子提出了逻辑思维活动的要求，即"心合于道，说合于心，辞合于说。正名而期，质请而喻，辨异而不过，推类而不悖"。内心与天道相符，解说与内心相符，言语与解说相符，这样就会使思想理论达到理想的境界：因约定俗成而名称正确，名称的内容质朴而直观就让人一目了然，从而对不同事物的辨别就不会出现差错，推论类比的众多事物便不违背它们共有的内在规律。

最后，荀子纠正名实相乱，以孔门圣学为正名，以十二子为非，努力实现思想学术的统一。荀子认为社会世俗传播着一些谬论，诸如"主道利周""桀、纣有天下，汤、武篡而夺之""治古无肉刑，而有象刑""汤、武不能禁令""尧舜禅让""尧舜不能教化""太古薄葬，故不掘也""见侮不辱""山渊平""有牛马非马也"等，因此，《荀子》中有专篇对这些流俗之论加以辨析，现就荀子对"见侮不辱""山渊平""有牛马非马也"的驳斥进行梳理。

荀子吸收了公孙龙的"名实论"，用作他进行统一思想的方法。公孙龙曰："其正者，正其所实也；正其所实者，正其名也。""其名正，则唯

---

① 陈孟麟：《荀况逻辑思想对〈墨辩〉的发展及其局限》，《中国社会科学》1989 年第 6 期。

② 陈孟麟：《荀况逻辑思想对〈墨辩〉的发展及其局限》，《中国社会科学》1989 年第 6 期。

乎其彼此焉。谓彼而彼不唯乎彼，则彼谓不行。谓此而此不唯乎此，则此谓不行。其以当不当也。不当而当，乱也。"① 正名，就是要核实验证它所指称的事实，核实了它所指称的事实是正确的，也就为其正了名。名正就是事物的名称能够指称出事物的唯一属性，不能指称事物唯一属性的名称就会消失。名实相符，就会井然有序，名实不符就会天下大乱。理论与实践的关系也是这样，理论脱离了实践，理论就失去了存在的意义，这是荀子《非十二子》《正名》《正论》等篇的指导思想。

荀子思想理论列出了名实相乱的三种情况：用名以乱名，用实以乱名，用名以乱实。并且举出了三类例证。如"见侮不辱""山渊平""有牛马非马也"等。

"见侮不辱"是宋钘的主张。宋钘，战国时宋国人，主张"禁攻"。他说："明见侮之不辱，使人不斗。人皆以见侮为辱，故斗也；知见侮之为不辱，则不斗矣。"②《公孙龙子·迹府》记载了尹文子与齐王对用人标准的讨论，即对"见侮不辱"的态度。尹文向齐王阐述有人具备了国君所用之士的四种素养，"事君则忠，事亲则孝，交友则信，处乡则顺"，但是，此人在"广庭大众之中，见侵侮而终不敢斗"。齐王认为此人见侮不斗，是士之大辱，不能任用这样的人充任官吏。尹文子却认为此人"见侮不斗"，是为了"全王之令"，即维护齐王法令的尊严，使"杀人者死，伤人者刑"的法令得以实施。这种人不仅具备士的四种素质，而且能够"全王之令"，他在大庭广众之中受到别人的侵犯和凌辱，不认为不去抗争是一件耻辱的事情。不言而喻，尹文子认为这样的人是可以任用的。③

荀子反对宋钘和尹文子的"见侮不辱"的观点，他认为见侮就是受辱。"见侮不辱"是"用名以乱名"。即在名称上使用不准确，从而搞乱了名称。也就是说尹文、宋钘用某一士人因"全王之令"而"见侮不斗"的隐忍行为，来讨论"侮辱"这个问题，这样就把耻辱这一名称搞乱了。怎样禁绝"用名以乱名"的行为？荀子主张"验之所为有名，而观其孰行，则能禁之矣"，即用为什么要有名称的道理来验证它们，并进一步观察它们是否能够行得通。

---

① 谭业谦撰《公孙龙子译注》，中华书局，1997，第48～49页。
② （清）王先谦撰，沈啸寰、王星贤点校《荀子集解》，第402页。
③ 谭业谦撰《公孙龙子译注》，第56页。

荀子强调荣辱的界限要泾渭分明，不能模棱两可，甚至把荣辱范畴纳入不可更易的法治原则。他说："圣王以为法，士大夫以为道，官人以为守，百姓以为成俗，万世不能易也。"① 这一观点与宋钘、尹文子"见侮不辱"的态度截然不同。荀子在《正论》篇对辱的名称做了重要而详尽的论述，他把辱的名称（范畴）分为义辱和势辱，把荣的名称分为义容和势荣，荀子划分了三种界限，荣、辱之界，义、势之界，君子、小人之界，从荣辱对立的角度进行了分析：

> 凡言议期命，是非以圣王为师，而圣王之分，荣辱是也。是有两端矣：有义荣者，有势荣者；有义辱者，有势辱者。志意修，德行厚，知虑明，是荣之由中出者也，夫是之谓义荣。爵列尊，贡禄厚，形势胜，上为天子诸侯，下为卿相士大夫，是荣之从外至者也，夫是之谓势荣。流淫、污僈，犯分、乱理，骄暴、贪利，是辱之由中出者也，夫是之谓义辱。詈侮捽搏，捶笞膑脚，斩断枯磔，藉靡、舌纆，是辱之由外至者也，夫是之谓势辱。是荣辱之两端也。②

荀子所谓的义荣、义辱，是对君子而言，是君子立身的道德素养，是一种自我反省、自我评判、自我选择的立身行事的内在心理机制。它是双向的，一端朝向美好的志向、醇厚的德行、精明的志虑，一端朝向放荡行为、违反道义、破坏伦理、唯利是图、凶暴骄横。君子对此两端都能够做出深刻的反省，并伴之以强烈的情感态度，对前者引以为荣，对后者以之为耻，对义辱加以摒除。

所谓的势荣、势辱是对小人而言，小人唯利是图，凶暴骄横、扰乱伦理、违反道义、放荡丑恶，因此必然铤而走险，攫取势荣，即所谓优越的权势、优厚的俸禄尊贵的爵位。这种铤而走险，也必然导致势辱，即遭受"詈侮捽搏，捶笞膑脚，斩断枯磔，藉靡、舌纆"等刑罚。

因此，荀子说："有势辱无害为尧，有势荣无害为桀。义荣势荣，唯君子然后兼有之；义辱势辱，唯小人然后兼有之。是荣辱之分也。"③

---

① （清）王先谦撰，沈啸寰、王星贤点校《荀子集解》，第405页。
② （清）王先谦撰，沈啸寰、王星贤点校《荀子集解》，第404~405页。
③ （清）王先谦撰，沈啸寰、王星贤点校《荀子集解》，第405页。

　　"山渊平"是惠施的观点。《庄子》称惠施有"天与地卑，山与泽平"之语。① 成玄英疏曰："夫物情见者，则天高而地卑、山崇而泽下。今以道观之，则山泽均平，天地一致矣。"② 即按照惠施所说"至大无外""至小无内"之道，那么，天地没有尊卑，山渊没有高下。荀子认为"此惑于用实以乱名者"③，即措置事实不当而搞乱了名称。荀子与庄子"大同而与小同异，此之谓小同异；万物毕同毕异，此之谓大同异"的观点相近，因此，荀子说："验之所缘无以同异而观其孰调，则能禁之矣。"④ 怎么击穿"用实以乱名"的持论者？那就要认真稽考、验证持论者"所缘以为同异而调使平"⑤，也就是梳理他的论证依据。荀子承认万物的区别，把它作为人类社会的等级理论的基础，为他的礼学思想张本。

　　"马非马也"，即公孙龙"白马非马论"。公孙龙立论："马者，所以命形也。白者，所以命色也。命色者，非命形也，故曰白马非马。"⑥ 公孙龙认为马与白马属于两个名称，一为对形体特征的指称，一为对毛色特征的指称，当分属两个概念。荀子反对这一观点，认为"此惑于用名以乱实者也"。怎么辩驳这样的谬论？荀子说："验之名约，以其所受悖其所辞，则能禁之矣。"⑦ 即验证制名的枢要，稽考事实，"用其心之所受者，违其所辞者"，马非马，则衣非衣，食非食，车非车，屋非屋，持论者就不用衣食住行了，这是持论者所不能接受的，因此正确的论断是"马非非马"，持论者的观点不攻自破，这是归谬法的应用。

　　世间以马非马者，甚至指鹿为马者，不可胜数，怎么来管理天下？荀子说："夫民易一以道，而不可与共故。"⑧ 国君统一老百姓的思想而不让他们获悉思想的根据，这是一件容易办到的事。开明的国君这样做："临之以势，道之以道，申之以命，章之以论，禁之以刑。"⑨ 国君这样治理国家，老百姓容易被感化，也乐于听从，如有神助，就不用口舌辩说了。因

---

① （晋）郭象注，（唐）成玄英疏《庄子注疏》，第571页。
② （晋）郭象注，（唐）成玄英疏《庄子注疏》，第571页。
③ （清）王先谦撰，沈啸寰、王星贤点校《荀子集解》，第498页。
④ （清）王先谦撰，沈啸寰、王星贤点校《荀子集解》，第498页。
⑤ 见郭嵩焘对"用实乱名"的解释（《荀子集解》，第498页）。
⑥ 谭业谦撰《公孙龙子译注》，第2页。
⑦ （清）王先谦撰，沈啸寰、王星贤点校《荀子集解》，第498页。
⑧ （清）王先谦撰，沈啸寰、王星贤点校《荀子集解》，第499页。
⑨ （清）王先谦撰，沈啸寰、王星贤点校《荀子集解》，第499页。

此，荀子指出："上则法舜、禹之制，下则法仲尼、子弓之义，以务息十二子之说，如是则天下之害除，仁人之事毕，圣王之迹著矣。"①

（三）知者论道

"知者论道"的论断出自荀子《正名》篇。荀子说："今人所欲无多，所恶无寡，岂为夫所欲之不可尽也，离得欲之道而取所恶也哉？故可道而从之，奚以损之而乱！不可道而离之，奚以益之而治！故知者论道而已矣，小家珍说之所愿者皆衰矣。"② 这是荀子驳斥宋钘、墨翟的"去欲、寡欲"说所做的论述。荀子认为，人对欲望的追求和对道的追求是两个概念，从人性的实际情况考查，人只想得到他喜欢、爱慕的东西，无论道路多么遥远、多么困难都要去追求，甚至贪得无厌，相反，他绝不想得到自己讨厌的东西，无论道路多么切近、多么容易，也不屑一顾。而治国的原则取决于是否合道，如果既满足了人的需求，又符合道义，那么为什么不去做呢？如果仅满足了人的欲望而不符合道义，即使与宋钘、墨翟"去欲说"相一致，也坚决摒除这种需求而不去做。"知者"谈论的是道，这与"小家珍说"之流不可同日而语。荀子"知者论道"的论断回答了三个问题：什么是知者？什么是道？什么是非道？

1. 知及其重要性

什么是知？荀子多有界定，《解蔽》篇说："凡以知，人之性也""多能非以修荡是，则谓之知"③。《正名》篇言"知之在人者谓之知"。④《修身》篇说"是是非非谓之知"⑤。认识是人的本质属性，是一种对事物辨别是非、判断对错的能力。然而荀子所谓的知，不止于此，它还有更丰富的内涵。它还指人的说话、行事的能力，其实质即人的智慧。荀子在《性恶》篇谈到了"多言则文而类，终日议其所以，言之千举万变，其统类一"的"圣人之知"，谈到了"少言则径而省，论而法，若佚之以绳"的"士君子之知"，谈到了"其言也讠舀，其行也悖，其举事多悔"的"小人之知"，谈到了"齐给、便敏而无类，杂能、旁魄而无用，析速、粹孰而

①　（清）王先谦撰，沈啸寰、王星贤点校《荀子集解》，第 114 页。
②　（清）王先谦撰，沈啸寰、王星贤点校《荀子集解》，第 507～508 页。
③　（清）王先谦撰，沈啸寰、王星贤点校《荀子集解》，第 480～481 页。
④　（清）王先谦撰，沈啸寰、王星贤点校《荀子集解》，第 488 页。
⑤　（清）王先谦撰，沈啸寰、王星贤点校《荀子集解》，第 28 页。

不急，不恤是非，不论曲直，以期胜人为意"的"役夫之知"。① 进而，在荀子思想体系中，"知者"有时就成了智者，是思想家、理论家的代名词。

智者的思想理论，容易理解，也容易让人施行，并且持之有据，把智者的言论付诸实践，成功了就一定会得到心之所好之物，而不会得到心之所厌之物。此即荀子所谓"知者之言也，虑之易知也，行之易安也，持之易立也，成则必得其所好而不遇其所恶焉"②。这种智者是客观规律的总结者，是思想理论的创造者。荀子在《正名》篇中说："异形离心交喻，异物名实玄纽，贵贱不明，同异不别，如是则志必有不喻之患，而事必有困废之祸。故知者为之分别、制名以指实，上以明贵贱，下以辨同异。"③ 在人的语言交际行为中，不同的人意念和设喻不一致，不同事物的名与实纠缠不清，必然导致人之贵贱不能彰明，事物异同不能辨别的混乱局面。智者给万事万物定名来指出它们的本质，用以区分社会地位的高低贵贱和事物的相同和相异，这显然是思想家所具备的素质。

在荀子看来，"知"是衡量人社会价值和道德层次的标尺。《哀公》篇假借孔子之言论及"人有五仪"之说，用知的层次来区别庸人、士、君子、贤人、大圣这五种人。所谓庸人，即"不知色色""不知选贤人善士托其身焉以为己忧""动行不知所务，止立不知所定"的人。这是一种无知的人，既不知忧愁，也不知选贤任能以解除忧愁，立身行事既不知出发点，也不知立足点，日日择物，却不知贵重，日日随波逐流，却不知归宿。

所谓士，士是指哪些虽不尽知国家法令，却有遵循国家法令的操守，了解知识不求多，但务求审慎对待、至死不渝的人。这是一种有操守的人，即"虽不能尽道术，必有率也；虽不能遍美善，必有处也"，"知不务多，务审其所知"，"知既已知之矣，言既已谓之矣，行既已由之矣，则若性命肌肤之不可易也"。④

所谓君子，有这样的智慧，说话忠诚守信却不自矜自伐，心中充满仁义之道却不喜形于色，思考问题明白通透却从不与人争辩。即"言忠信而心不德""思虑明通而辞不争"的人，这种人的知，包含了自己的道德修养和做人原则。

---

① （清）王先谦撰，沈啸寰、王星贤点校《荀子集解》，第 526～527 页。
② （清）王先谦撰，沈啸寰、王星贤点校《荀子集解》，第 504 页。
③ （清）王先谦撰，沈啸寰、王星贤点校《荀子集解》，第 491 页。
④ （清）王先谦撰，沈啸寰、王星贤点校《荀子集解》，第 637 页。

所谓贤人的"知"是指，群治符合法度而不动摇根本，政论能够被天下人取法而不伤人，拥有全天下的财富而不据为己有，布施财物给他人，而不担心自己遭受贫困。即"行中规绳而不伤于本，言足法于天下而不伤于身，富有天下而无怨财，布施天下而不病贫"。① 这种知，超越了自我，以无我为自足，并且渐近自然。

所谓大圣人的知，即"知通乎大道，应变而不穷，辨乎万物之情性者也"②。这是一种最高智慧。这种智慧能够知晓无上之道，能够应变无穷，能够明辨万物的本质。无上之道是万物形成的根源，万物的本质是处理是非、取舍的根据。

荀子在论述"知"的同时，也论及"无知"。他说："万物为道一偏，一物为万物一偏，愚者为一物一偏，而自以为知道，无知也。"③ 荀子认为世间万事万物只体现了宇宙发展规律的一部分，某一事物只是万事万物的局部，愚昧的人认识了某一种事物的某一方面，就认为掌握了自然规律，这是管中窥豹，以蠡测海，是无知的表现。

在荀子看来，慎子、老子、墨子、宋子，都是无知之人。因为他认为这些人的主张不辩证，有破绽。慎到，战国中期赵国人，主张法治、势治，而不主张举贤任能。老子姓李名耳，字伯阳，春秋时楚国苦县人，为周之守藏吏，主张以屈为伸，抑退忍让。墨子，战国初鲁国人，主张"尚同"而"僈差等"。宋钘，战国时宋国人，主张"禁攻""寡欲"。故，荀子总结说："慎子有见于后，无见于先；老子有见于诎，无见于信；墨子有见于齐，无见于畸（畸为不齐）；宋子有见于少，无见于多（多少是指欲望多少）。"④这里论述的"无知"是学术层面的"无知"，是荀子对其他学术的批评与论辩。

荀子还论述了其他学派的学术"无知"所造成的政治危害。他说："有后而无先，则群众无门；有诎而无信，则贵贱不分；有齐而无畸，则政令不施；有少而无多，则群众不化。"⑤ 慎到主张法治和势治，如果没有举贤任能作为前提，群众就没有前进的门径。老子抑退忍让的学术一旦被

---

① （清）王先谦撰，沈啸寰、王星贤点校《荀子集解》，第638页。
② （清）王先谦撰，沈啸寰、王星贤点校《荀子集解》，第639页。
③ （清）王先谦撰，沈啸寰、王星贤点校《荀子集解》，第377页。
④ （清）王先谦撰，沈啸寰、王星贤点校《荀子集解》，第377页。
⑤ （清）王先谦撰，沈啸寰、王星贤点校《荀子集解》，第377~378页。

推崇，老百姓就会混淆了高贵和卑贱的区别。如果大家认可了墨子平等齐同的思想，法令制度就不会得到贯彻施行。在政治上一味强调寡欲而忽略多欲，民众就不容易被感化。荀子不仅辨析了当时思想流派的学术的"无知"，而且还注意到了执政者的"无知"。

《尧问》篇把国君的"无知"与群治民生、国家存亡联系起来。《尧问》篇有这样的论述："昔虞不用宫之奇而晋并之，莱不用子马而齐并之，纣刳王子比干而武王得之。不亲贤用知，故身死国亡也。"① 这里讨论的是国君之知，也是圣人之知。虞、莱、商三国之君无知，从而导致国破、家亡、身死。那么，国君之知具体是指什么？《君道》篇指出，国君的智慧体现在能够熟知三材，"三材"即"官人使吏之材""士大夫官师之材""卿相辅佐之材"②。熟知大臣的才能，并做到知人善任，即荀子所谓的"材人"。

忠诚勤劳、事无巨细、算无遗策的人，是"官人使吏之材"。行为端正、崇尚法令、思想纯正，并且恪尽职守、遵循典章制度而不损益，以之为传世之宝，而不侵夺的人，是"士大夫官师之材"。至于对具有"卿相辅佐之材"的人的素质，就要求更高了，这类人要做到：隆礼尊王、礼士重名、爱民安邦、奉法一俗、尊贤使能，为了增加国家财富而务本禁末，为了政令畅通而不与民争利，为了彰明制度、权衡实用而不拘泥成规。国君如果能够安排这三种人才而没有失误，那么，国君就可以实现"身佚而国治，功大而名美，上可以王，下可以霸"的治国理想。

相反，国君无知，如同虞、莱、商三国之君，"视乎不可见，听乎不可闻，为乎不可成"③，必然招致天下大乱。荀子说："人主不能论此三材者，不知道此道，安值将卑势出劳，并耳目之乐，而亲自贯日而治详，一内而曲辨之，虑与臣下争小察而綦偏能，自古及今，未有如此而不乱者也。"④ 此言正是这个道理。

怎么培养"知"？荀子的主张是"择一而壹焉"。他说："心枝则无知，倾则不精，贰则疑惑。以赞稽之，万物可兼知也。身尽其故则美，类不可两也，故知者择一而壹焉。"⑤ 思想分散就会失去认知的目标，思想偏

---

① （清）王先谦撰，沈啸寰、王星贤点校《荀子集解》，第 652 ~ 653 页。
② （清）王先谦撰，沈啸寰、王星贤点校《荀子集解》，第 290 页。
③ （清）王先谦撰，沈啸寰、王星贤点校《荀子集解》，第 290 页。
④ （清）王先谦撰，沈啸寰、王星贤点校《荀子集解》，第 290 页。
⑤ （清）王先谦撰，沈啸寰、王星贤点校《荀子集解》，第 471 页。

邪，认识就不会精确，思想不专一，认识就会迷惑，从而误入歧途。如果一心一意地稽考研究，便可能全面地掌握事物本质。若事必躬亲，认真推求事物存在的根源，认识的结果就会趋向完美。事理不可两存，因此，"知者"精于一道，并且专心于此。

怎样知道？其要有三。第一，"虚壹而静"是治心之要，也是知道的关键，此不赘述（见本章第二节成圣维度及其论断）。第二，精于道，才能知道、用道。荀子说："精于道者兼物物。故君子壹于道而以赞稽物。壹于道则正，以赞稽物则察，以正志行察论，则万物官矣。"① 精通于道的人，才能够全面地利用各种事物。君子潜心研道，并用道来考察万物，潜心专注于道，统类于一，就能够正确认识事物、行事无误。用道来考察万物，以一行万，就会事理昭然，以正确的思想去处理稽考出的结论，就能够充分地利用万物。第三，"危微之几"是处理人心和道心的关键，也是知道的触媒。"昔者舜之治天下也，不以事诏而万物成。处一危之，其荣满侧；养一之微，荣矣而未知。故《道经》曰：'人心之危，道心之微。'危微之几，惟明君子而后能知之。"② 荀子论述以圣王相传的十六字心诀即所谓"人心惟危，道心惟微，惟精惟一，允执厥中"为中心。他阐述了人心与道心的特征和联系。欲望的存在使人恒久地处在危险的境地，客观规律总隐身于复杂的表象之中，人要看清楚道之存在，就必须克服欲望，"惟精惟一"，潜心于事业，这样，才能够安富尊荣，避免祸害，以人心一念之初灵，洞察事物，洞彻现象背后隐藏的深邃哲理，这是明君子的基本素养。

2. 道与至道

在荀子思想理论体系当中，"道"是一个重要范畴。道的基本内涵是处理人与人关系的态度和方法。《子道》篇称"从义不从父"为"人之大行"，一改"忠君孝亲"的传统为人子之道。③《臣道》篇把人臣分为态臣、篡臣、功臣、圣臣四类，盛推殷之伊尹、周之太公为"圣臣"，认为他们"上则能尊君，下则能爱民，政令教化，刑下如影，应卒遇变，齐给如响，推类接誉，以待无方，曲成制象"④。圣臣能够尊君爱民，行政化

---

① （清）王先谦撰，沈啸寰、王星贤点校《荀子集解》，第 472 页。
② （清）王先谦撰，沈啸寰、王星贤点校《荀子集解》，第 472～473 页。
③ （清）王先谦撰，沈啸寰、王星贤点校《荀子集解》，第 624 页。
④ （清）王先谦撰，沈啸寰、王星贤点校《荀子集解》，第 292 页。

俗，率先垂范，并能快速应对事变，统类万端，举措皆成楷式。荀子明确指出臣道的核心是"从道不从君"，赞美伊尹、箕子之"谏"，比干、子胥之"争"，平原君之"辅"，信陵君之"拂"。① 这里的道是指处理父子关系、君臣关系的基本原则。

《君道》篇把道称为"能群"，是国君"生养""班治""显设""藩饰"人的能力，其目的是处理天子、三公、诸侯、士大夫、庶民等社会各阶层人的关系，以实现群治。他这样论述："道者何也？曰：君道也。君者何也？曰：能群也。能群也者何也？曰：善生养人者也，善班治人者也，善显设人者也，善藩饰人者也。善生养人者人亲之，善班治人者人安之，善显设人者人乐之，善藩饰人者人荣之。四统者俱而天下归之，夫是之谓能群。"② "善班治人""善显设人"即选贤任能，量能授官。"善藩饰人"即隆礼尊贤，明分养人。荀子以"能群"为"道"，并且认为"道存则国存，道亡则国亡"。

荀子的道还涉及人的心性化育和思维品质培养等领域。这里的道是指一种方法、一种规律和一种状态。在心性化育领域，化性起伪就成为一种道。《性恶》篇这样论述："古者圣王以人之性恶，以为偏险而不正，悖乱而不治，是以为之起礼义，制法度，以矫饰人之情性而正之，以扰化人之情性而导之也。始皆出于治、合于道者也。"③ 概括来讲，化性起伪是一种心性化育的方法，即圣王用礼义法度来整治、端正人们偏邪、险恶的本性，矫正、感化人们叛逆作乱、不守秩序的性情，这种方法，不仅是群治的需要，而且符合心性化育的客观规律。同样，培养优良的思维品质也得益于道的存在，荀子称之为"治心之道"。《解蔽》篇所论仁者、圣者的"治心之道"，包括"无为""无强""思也恭""思也乐"等内容。④ 仁者的心态以恭敬慎重为特征，圣人的心态以轻松愉快为特征。荀子把圣人与仁人的奉行大道而无所作为、顺其自然而不勉强的思维品质奉为治心的圭臬。荀子对道的讨论还不止于此。

荀子所述之道的内涵还上升为一种治国的理念和制度。《王制》篇谈到了"强道"、"霸道"和"王道"。荀子所谓的"强道"，是指"虑以王

---

① （清）王先谦撰，沈啸寰、王星贤点校《荀子集解》，第291~295页。
② （清）王先谦撰，沈啸寰、王星贤点校《荀子集解》，第280页。
③ （清）王先谦撰，沈啸寰、王星贤点校《荀子集解》，第514页。
④ （清）王先谦撰，沈啸寰、王星贤点校《荀子集解》，第477页。

命全其力，凝其德"，"力全则诸侯不能弱"，"德凝则诸侯不能削"的治国理念。① 这里的力是指一个国家应该具备的政治、经济、军事力量，相当于现在的综合国力。德是指一种道德建设，用它来团结、凝聚人心。所谓霸道，是指在内政上要做到"辟田野，实仓廪，便备用，案谨募选阅材伎之士，然后渐庆赏以先之，严刑罚以纠之"，在外交上要做到秉持"存亡继绝，卫弱禁暴，而无兼并之心"的治国理念。② 所谓王道，是指"仁眇天下，义眇天下，威眇天下"的治国理念。王道突出的是仁德、礼义和威势。当然，荀子所推崇的正是这种王道天下的治国理想。他的根据是："仁眇天下，故天下莫不亲也；义眇天下，故天下莫不贵也；威眇天下，故天下莫敢敌也。以不敌之威，辅服人之道，故不战而胜，不攻而得，甲兵不劳而天下服。"③ 用仁爱的德行让全天下的人来亲附自己。用合乎礼义的行为让全天下人以他为尊。用威势来震慑全天下的敌人。如果一个国君既具备让人心悦诚服的仁义之道，又具有天下无敌的威势，那么，他就能够做到不战而屈人之兵，使天下归服。

荀子认为道是权衡万物的标准，他说："（圣人）兼陈万物而中悬衡焉""何谓衡？曰：道。"④ 又说："道者，古今之正权也。"⑤ 而这种道是指礼，是人道之极，是至道。他在《礼论》篇指出："衡者，平之至；规矩者，方圆之至；礼者，人道之极也。"⑥ 他在《强国》篇也把道解释为礼，并且指出礼的具体内容："道也者何也？礼让忠信是也。"⑦

荀子在《儒效》篇、《君子》篇盛推先王之道，也指出先王之道是礼，而礼是人道。他说："先王之道，仁之隆也，比中而行之。曷谓中？曰：礼义是也。"⑧ 他在《君子》篇中说："尚贤使能，等贵贱，分亲疏，序长幼，此先王之道也。"⑨ 而先王之道所说的礼就是群治，它的中心就是处理人与人之间的关系，处理人的问题。因此他说："礼者，谨于治生死者也。

① （清）王先谦撰，沈啸寰、王星贤点校《荀子集解》，第184页。
② （清）王先谦撰，沈啸寰、王星贤点校《荀子集解》，第184~185页。
③ （清）王先谦撰，沈啸寰、王星贤点校《荀子集解》，第187页。
④ （清）王先谦撰，沈啸寰、王星贤点校《荀子集解》，第465页。
⑤ （清）王先谦撰，沈啸寰、王星贤点校《荀子集解》，第509页。
⑥ （清）王先谦撰，沈啸寰、王星贤点校《荀子集解》，第421页。
⑦ （清）王先谦撰，沈啸寰、王星贤点校《荀子集解》，第352页。
⑧ （清）王先谦撰，沈啸寰、王星贤点校《荀子集解》，第144页。
⑨ （清）王先谦撰，沈啸寰、王星贤点校《荀子集解》，第535页。

生，人之始也；死，人之终也：终始俱善，人道毕矣。"①

荀子所讲的"至道"，是具体的治国之道，效验显著。他说："至道大形，隆礼至法则国有常，尚贤使能则民知方，纂论公察则民不疑，赏克罚偷则民不怠，兼听齐明则天下归之。然后明分职，序事业，材技官能，莫不治理，则公道达而私门塞矣，公义明而私事息矣。"② 这段话有两个层次。第一，政治制度层面，把礼作为一种法度，使之高于一切，国家就有了常规；尊德尚贤，任人唯才，老百姓就能明确前进的方向；公开辨明治国之道，老百姓就不会怀疑；奖励勤劳的行为，惩罚懒惰之人，民众就不会怠惰；兼听众论，明察实情，天下人就会信服。第二，在官吏使用层面，明确国家事业所需官吏的名分职责，任人唯才，政务就会得到妥善处理，为国效力的道路畅通了，以权谋私的门径便堵住了。一心为公的原则昌明，就会止息谋私利的事情。

3. 论道是人与道关系中的重要一环

论道是思想家的使命和归宿，它是荀子思想体系的价值皈依点。在《解蔽》篇荀子把思想家求道的过程称为"虚壹而静"，具体论述了"求道""须道""事道""体道"，这一过程显示了荀子自我反思的程度及对道本身属性的深刻理解。

荀子首先概括了心的三个基本属性，即"知而有志""知而有异""卧则梦，偷则自行，使则谋"。心有记忆，就会自满。有不同的认知，就会产生错误。有独自的运动特征，俗语谓之"溜号"，就不能专心思考。针对这三种客观属性，要进行调节。心中有自满的情绪，就要调节，虚怀若谷。正确与错误的认知并存，就要有所取舍。心浮躁，就要控制它，使之安静下来。虚怀若谷、去伪存真、心如止水是获得道的心法。

道也有三个特征：唯道集虚、唯道唯一、道处静则明。荀子说："未得道而求道者，谓之虚壹而静。作之，则将须道者之虚则人，将事道者之壹则尽，尽将思道者静则察。知道察，知道行，体道者也。虚壹而静，谓之大清明。"③ 虚怀若谷才能与唯道集虚相契合，去伪存真才能够参透道的真谛，心如止水才能够明道。正如刘师培所说："本虚壹而静之心，推用

---

① （清）王先谦撰，沈啸寰、王星贤点校《荀子集解》，第 424 页。
② （清）王先谦撰，沈啸寰、王星贤点校《荀子集解》，第 282 页。
③ （清）王先谦撰，沈啸寰、王星贤点校《荀子集解》，第 468 页。

之则须道之人可由虚而入道；欲事道之人，可由一而尽道；欲思道之人，可由静而察道。"①杨倞曰："思道者，静则察也，须道者虚则将也。"即"明察足以知道，力行足以体道"。合知道、悟道、与道为一，才能论道。

"道可道，非常道。"论道很难，是知道的最高境界，只有圣人才能达到这个最高境界。荀子在《正名》篇谈及"论道者"。"圣人也者，道之管也：天下之道管是矣，百王之道一是矣。故《诗》《书》《礼》《乐》之道归是矣。《诗》言是，其志也，《书》言是，其事也，《礼》言是，其行也，《乐》言是，其和也，《春秋》言是其微也。"② 圣人具备虚壹而静的心理修养，因此就成为天下之道的枢纽，成为道德化身，尤其成为历代治国经验的集大成者，这些规律通过儒家著书立说而传承下来，相关著作从而成为儒家经典。

"何谓衡？曰：道。故心不可以不知道。心不知道，则不可道而可非道。人孰欲得恣而守其所不可，以禁其所可？以其不可道之心取人，则必合于不道人，而不知合于道人。以其不可道之心，与不道人论道人，乱之本也。夫何以知！曰：心知道，然后可道；可道，然后能守道以禁非道。以其可道之心取人，则合于道人，而不合于不道之人矣。以其可道之心，与道人论非道，治之要也。何患不知？故治之要在于知道。"③

人与道的关系可以达到四种境界。第一种是知道之境。即认识事物发展规律的环节，这是人与道关系的初级阶段。第二种境界是可道之境。即体验和认同事物发展规律的环节。这是人与道关系的发展阶段。第三种境界为守道之境。坚守事物的客观规律来认识世界，利用万物，同时抵制妄言邪说，排除干扰。这是人与道关系的成熟阶段。第四种境界是论道之境。通过辩论磨勘，选取志同道合之人，朝着共同的方向建功立业。这是人与道关系的浑融阶段，是人道合一之境。在某种意义上，荀子所谓的"知者"就是指圣人，所谓的论道就是总结前代治国经验和教训，同其他学术流派的论辩过程，从而使儒家思想彰显出来，在荀子看来，这个道就是尊王隆礼。

---

① 王天海校释《荀子校释》，第852页。
② （清）王先谦撰，沈啸寰、王星贤点校《荀子集解》，第158页。
③ （清）王先谦撰，沈啸寰、王星贤点校《荀子集解》，第465～467页。

参考文献

著作

［1］David Ricardo, *On the Principles of Political Economy and Taxation*, Cambridge University Press, 1817.

［2］安小兰译注《荀子》，中华书局，2007。

［3］〔古希腊〕柏拉图：《理想国》，郭斌和等译，商务印书馆，1986。

［4］北京大学《荀子》注释组注《荀子新注》，中华书局，1979。

［5］蔡仁厚：《王学流衍》，人民出版社，2006。

［6］蔡尚思：《蔡尚思全集》，上海古籍出版社，2005。

［7］蔡尚思：《中国思想研究法　中国礼教思想史》，复旦大学出版社，2015。

［8］蔡尚思主编《十家论墨》，上海人民出版社，2004。

［9］蔡运章：《苏子辑校注释》，上海古籍出版社，2019。

［10］陈克守等：《儒学与墨学比较研究》，中国社会科学出版社，2014。

［11］陈其泰等编《二十世纪中国礼学研究论集》，学苑出版社，1998。

［12］陈奇猷校注《韩非子集释》，上海人民出版社，1974。

［13］陈秋平、尚荣译注《金刚经心经坛经》，中华书局，2007。

［14］陈荣捷：《王阳明传习录详注集评》，重庆出版社，2022。

［15］陈桐生译注《盐铁论》，中华书局，2015。

［16］陈子展撰述《诗经直解》，复旦大学出版社，1983。

［17］（宋）程颢、程颐：《二程集》，中华书局，2004。

［18］程树德撰《论语集释》，中华书局，2014。

［19］（清）戴震著，何文光整理《孟子字义疏证》，中华书局，1982。

［20］〔日〕岛田虔次：《中国思想史研究》，邓红译，上海古籍出版社，

2009。

[21] 邓国光：《圣王之道：先秦诸子的经世智慧》，中华书局，2010。

[22] 郭齐勇主编《中国哲学通史》（明代卷），江苏人民出版社，2022。

[23] 方达：《"成圣"即"王道"：荀子思想的还原与建构》，学苑出版社，2021。

[24] 方勇译注《墨子》，中华书局，2022。

[25] 方勇译注《庄子》，中华书局，2015。

[26] 费孝通等：《皇权与绅权》（增补本），华东师范大学出版社，2015。

[27] 冯友兰：《中国哲学简史》，北京大学出版社，2013。

[28] 〔日〕冈田武彦：《王阳明大传》，杨田等译，重庆出版社，2018。

[29] 高春花：《荀子礼学思想及其现代价值》，人民出版社，2004。

[30] 高亨注译《商君书注译》，中华书局，1974。

[31] 葛剑雄：《统一与分裂》，商务印书馆，2013。

[32] 〔美〕顾立雅：《申不害：公元前四世纪中国的政治哲学家》，马腾译，江苏人民出版社，2019。

[33] （清）顾炎武著，陈垣校注《日知录校注》，安徽大学出版社，2007。

[34] 郭沫若：《十批判书》，载《郭沫若全集》历史编第2卷，人民出版社，1982。

[35] 郭沫若：《中国古代社会研究》，商务印书馆，2011。

[36] 郭朋：《中国佛教思想史》，社会科学文献出版社，2012。

[37] （清）郭庆藩撰，王孝鱼点校《庄子集释》，中华书局，2013。

[38] （晋）郭象注，（唐）成玄英疏《庄子注疏》，中华书局，2011。

[39] 〔德〕汉斯-格奥尔格·伽达默尔：《诠释学Ⅰ：真理与方法》，洪汉鼎译，商务印书馆，2021。

[40] 何宁撰《淮南子集释》，中华书局，1998。

[41] 胡适：《中国哲学史大纲》，北京理工大学出版社，2016。

[42] 黄铭、曾亦译注《春秋公羊传》，中华书局，2016。

[43] （清）惠栋撰，郑万耕点校《周易述》，中华书局，2007。

[44] 惠吉星：《荀子与中国文化》，贵州人民出版社，1996。

[45] 〔德〕康德：《实践理性批判》，张永奇译，中国社会科学出版社，2009。

[46] 康廷山：《清代荀学史略》，中华书局，2020。

[47] 康香阁、梁涛主编《荀子思想研究》，人民出版社，2014。

[48] （汉）孔安国传，（唐）孔颖达正义《尚书正义》，上海古籍出版社，2007。

[49] 孔繁：《荀子评传》，南京大学出版社，2011。

[50] 匡亚明：《孔子评传》，齐鲁书社，1985。

[51] （宋）黎靖德编《朱子语类》，中华书局，1986。

[52] 黎翔凤撰，梁运华整理《管子校注》，中华书局，2004。

[53] 郝润华等校注《李翱文集校注》，中华书局，2021。

[54] 李金松校笺《述学校笺》，中华书局，2014。

[55] 郦波：《五百年来王阳明》，上海人民出版社，2017。

[56] 梁启超：《梁启超论先秦政治思想史》，商务印书馆，2012。

[57] 梁启超：《清代学术概论》，上海古籍出版社，2011。

[58] 梁启超：《儒家哲学》，吉林出版集团股份有限公司，2016。

[59] 梁启超、郭沫若等著，廖名春选编《荀子二十讲》，华夏出版社，2009。

[60] 梁漱溟：《中国文化要义》，上海人民出版社，2011。

[61] 廖名春：《〈荀子〉新探》，中国人民大学出版社，2014。

[62] 林存光：《先秦诸子思想概述》，辽海出版社，2011。

[63] 钟哲点校《陆九渊集》，中华书局，1980。

[64] 陆玖译注《吕氏春秋》，中华书局，2011。

[65] （宋）陆游著，钱仲联校注《剑南诗稿校注》，上海古籍出版社，2005。

[66] 吕思勉：《先秦学术概论》，岳麓书社，2010。

[67] 吕思勉：《中国通史》，中国文史出版社，2014。

[68] 吕文郁：《春秋战国文化史》，新世界出版社，2018。

[69] （汉）毛亨传，（汉）郑玄笺，（唐）孔颖达疏，（唐）陆德明音释《毛诗注疏》，上海古籍出版社，2013。

[70] 缪文远等译注《战国策》，中华书局，2012。

[71] 钱穆：《宋明理学概述》，九州出版社，2011。

[72] 钱穆：《中国历代政治得失》，九州出版社，2012。

[73] 钱穆：《中国历史精神》，九州出版社，2011。

[74] 钱仲联主编《十三经精华》，湖南教育出版社，1992。

[75]〔美〕乔治·斯坦纳:《语言与沉默:论语言、文学与非人道》,李小均译,上海人民出版社,2013。

[76]饶宗颐:《中国史学上之正统论》,中华书局,2015。

[77]郭彧等点校《邵雍全集》,上海古籍出版社,2015。

[78](宋)释契嵩撰,纪雪娟点校《镡津文集》,西南师范大学出版社,2016。

[79](汉)司马迁撰,(宋)裴骃集解,(唐)司马贞索隐,(唐)张守节正义《史记》,中华书局,1982。

[80]〔法〕斯坦尼斯拉斯·迪昂:《脑与意识》,章熠译,浙江教育出版社,2018。

[81]苏舆撰,钟哲点校《春秋繁露义证》,中华书局,1992。

[82](宋)孙复:《孙明复先生小集》,舒大刚主编《宋集珍本丛刊》第3册,线装书局,2004。

[83]孙中原:《中国逻辑史》(先秦),中国人民大学出版社,1987。

[84]谭家健、孙中原译注《墨子今注今译》,商务印书馆,2009。

[85]谭戒甫撰《公孙龙子形名发微》,武汉大学出版社,2006。

[86]谭戒甫撰《墨辩发微》,中华书局,1964。

[87]谭嗣同:《揭乡愿与大盗:仁学》,崇文书局,2019。

[88]谭业谦撰《公孙龙子译注》,中华书局,1997。

[89]童书业:《先秦七子思想研究》,上海人民出版社,2019。

[90]《王安石全集》,复旦大学出版社,2017。

[91](魏)王弼撰,楼宇烈校释《周易注》,中华书局,2011。

[92](魏)王弼撰,楼宇烈校释《周易注校释》,中华书局,2012。

[93]王国轩等译注《孔子家语》,中华书局,2014。

[94](唐)王维撰,(清)赵殿成笺注《王右丞集笺注》,上海古籍出版社,1961。

[95](清)王文诰注,唐云志、张彦修点校《苏东坡全集》第4册,珠海出版社,1996。

[96](清)王先谦撰,沈啸寰、王星贤点校《荀子集解》,中华书局,2013。

[97](清)王先慎撰《韩非子集解》,中华书局,2013。

[98]王永祥:《董仲舒评传》,南京大学出版社,2011。

[99]王子今:《王霸之道:礼法并重的政治制度》,江苏人民出版社,2017。

［100］魏承思：《管子解读：领袖需要的智慧》，上海人民出版社，2014。

［101］魏承思：《荀子解读：人生修养的儒家宝典》，上海人民出版社，2019。

［102］吴光等编校《王阳明全集》，上海古籍出版社，2011。

［103］吴光著，张宏敏编《从道德仁学到民主仁学》，孔学堂书局，2014。

［104］吴毓江撰，孙启治点校《墨子校注》，中华书局，2006。

［105］夏甄涛：《论荀子的哲学思想》，上海人民出版社，1979。

［106］（梁）萧统编，（唐）李善注《文选》，上海古籍出版社，1986。

［107］熊公哲注译《荀子今注今译》，重庆出版社，2009。

［108］熊公哲：《荀卿学案》，山东文艺出版社，2018。

［109］熊十力：《原儒》，中国人民大学出版社，2009。

［110］胥仕元：《荀子治国思想探微》，社会科学文献出版社，2021。

［111］徐复观：《两汉思想史》，华东师范大学出版社，2001。

［112］徐复观：《学术与政治之间》，华东师范大学出版社，2009。

［113］徐元诰撰《国语集解》，中华书局，2002。

［114］许富宏：《慎子集校集注》，中华书局，2013。

［115］许维遹撰，梁运华整理《吕氏春秋集释》，中华书局，2009。

［116］（唐）杨倞注，耿芸标校《荀子》，上海古籍出版社，2014。

［117］王天海校释《荀子校释》，上海古籍出版社，2005。

［118］〔古希腊〕亚里士多德：《尼各马可伦理学》，廖申白译注，商务印书馆，2003。

［119］杨伯峻编著《春秋左传注》，中华书局，2009。

［120］杨伯峻译注《论语译注》，中华书局，1980。

［121］杨伯峻译注《孟子译注》，中华书局，1960。

［122］杨伯峻撰《列子集释》，中华书局，2013。

［123］杨东莼：《中国学术史讲话》，岳麓书社，1986。

［124］杨向奎：《大一统与儒家思想》，北京出版社，2016。

［125］赜藏主编《古尊宿语录》，中华书局，1994。

［126］佚名注，顾广圻识误，姜俊俊标校《韩非子》，上海古籍出版社，1996。

［127］殷晓明：《荀子》，南京大学出版社，2010。

［128］（清）俞樾著，王华宝整理《诸子平议》，凤凰出版社，2020。

［129］袁长江主编，衡水师范专科学校中华传统文化研究所编注《董仲舒

集》，学苑出版社，2003。

［130］张岱年：《中国哲学史方法论发凡》，中华书局，2005。

［131］张觉等撰《韩非子译注》，上海古籍出版社，2012。

［132］张觉撰《荀子译注》，上海古籍出版社，2012。

［133］张立文：《和合学概论——21世纪文化战略的构想》，首都师范大学出版社，1996。

［134］张连伟：《〈管子〉哲学思想研究》，巴蜀书社，2008。

［135］杨世文点校《张栻集》，中华书局，2015。

［136］张祥龙：《从〈春秋〉到荀子》，商务印书馆，2019。

［137］张祥龙：《拒秦兴汉和应对佛教的儒家哲学》，商务印书馆，2019。

［138］张祥龙：《孔子的现象学阐释九讲》，商务印书馆，2019。

［139］张祥龙：《儒家心学及其意识依据》，商务印书馆，2019。

［140］张晓芒：《先秦诸子的论辩思想与方法》，人民出版社，2011。

［141］张学智：《明代哲学史》，中国人民大学出版社，2012。

［142］章锡琛校《张载集》，中华书局，1978。

［143］赵鼎新：《东周战争与儒法国家的诞生》，夏江旗译，华东师范大学出版社，2020。

［144］〔日〕中村元：《东方民族的思维方法》，林太等译，浙江人民出版社，1989。

［145］（宋）朱熹集注《诗集传》，中华书局，1980。

［146］（宋）朱熹撰，廖名春点校《周易本义》，中华书局，2009。

［147］朱杰人等主编《朱子全书》第6册，上海古籍出版社、安徽教育出版社，2010。

论文

［1］陈孟麟：《荀况逻辑思想对〈墨辩〉的发展及其局限》，《中国社会科学》1989年第6期。

［2］陈忠宁：《中国传统和合思想历史演变考察（Ⅱ）——从天命到道德》，《宜春学院学报》2011年第3期。

［3］储昭华：《从身心关系视角看荀子对法家的扬弃及其对儒家文化的意义》，《邯郸学院学报》2013年第1期。

［4］王国明：《郭店儒简〈性自命出〉与荀子"化性起伪"说析论》，《管

子学刊》2022 年第 3 期。

［5］王威威：《"礼义化性"与"习俗化性"——论荀子思想中礼与俗的作用》，《哲学研究》2017 年第 2 期。

［6］杨供法：《先秦和合文化思想体系论析》，《台州学院学报》2020 年第 5 期。

［7］张立文：《管子道德和合新释》，《社会科学战线》2010 年第 2 期。

［8］张奇伟：《荀子圣王思想浅议》，《邯郸学院学报》2013 年第 1 期。

图书在版编目（CIP）数据

荀子思想理论范畴及体系 / 刘振英，田青著. -- 北
京：社会科学文献出版社，2023.11
ISBN 978 - 7 - 5228 - 2796 - 4

Ⅰ.①荀… Ⅱ.①刘… ②田… Ⅲ.①荀况（前 313 -
前 238）- 哲学思想 - 研究 Ⅳ.①B222.65

中国国家版本馆 CIP 数据核字（2023）第 213931 号

荀子思想理论范畴及体系

著　　者 / 刘振英　田　青

出 版 人 / 冀祥德
责任编辑 / 杜文婕
文稿编辑 / 田正帅
责任印制 / 王京美

出　　版 / 社会科学文献出版社·人文分社（010）59367215
　　　　　　地址：北京市北三环中路甲 29 号院华龙大厦　邮编：100029
　　　　　　网址：www. ssap. com. cn
发　　行 / 社会科学文献出版社（010）59367028
印　　装 / 三河市龙林印务有限公司

规　　格 / 开　本：787mm × 1092mm　1/16
　　　　　　印　张：18　字　数：304 千字
版　　次 / 2023 年 11 月第 1 版　2023 年 11 月第 1 次印刷
书　　号 / ISBN 978 - 7 - 5228 - 2796 - 4
定　　价 / 128. 00 元

读者服务电话：4008918866